应用写作（第三版）

主　编　张　瑾　相金妮
副主编　颜　珺　陈　丹
撰稿人（以撰写章节先后为序）　张　瑾　陈　丹　颜　珺　相金妮

西安交通大学出版社
XI'AN JIAOTONG UNIVERSITY PRESS

内容提要

本书分为上下编，共三十三章。体例清晰，内容丰富，除了详细介绍、阐释使用频率较高的公务文书、事务文书、新闻写作、法律文书等常用文体的写作知识外，为适应当前以经济为中心、以科技为先导的社会发展形势，本书加强了经济、科技等方面的内容，尤其注意吸收现实社会中出现的新文种、新写法、新规定、新内容，增加和充实了经济仲裁文书、招标投标文书、科研论文和开题报告、电视新闻、网络新闻、申论写作等方面的内容。为了给学生学习实验、实习、实践类写作提供借鉴，还增加了实习报告、实验报告、考察报告等。本书不仅收入了大量较为典型的各类文书范文，而且在每一类文种后设计了操作性强、利于实训的"综合练习"，便于读者学习、参考和写作训练，利于提高实际写作能力。

本书广泛吸收了应用写作教学方面的最新科研成果，博采众长，取材新鲜、典型，贴近现实社会，力求与时俱进，突出"求新务实"的特点。

本书既可作为大专院校各专业的教材，又可作为机关、企事业单位管理干部的自学、进修用书和参考资料。

图书在版编目(CIP)数据

应用写作/张瑾，相金妮主编. —3 版. —西安：西安交通大学出版社，2014.8(2016.2 重印)
ISBN 978-7-5605-6438-8

Ⅰ.①应… Ⅱ.①张… ②相… Ⅲ.①汉语-应用文-写作 Ⅳ.①H152.3

中国版本图书馆 CIP 数据核字(2014)第 144161 号

书　　名 应用写作(第三版)
主　　编 张　瑾　相金妮
责任编辑 魏照民

出版发行 西安交通大学出版社
(西安市兴庆南路 10 号　邮政编码 710049)
网　　址 http://www.xjtupress.com
电　　话 (029)82668357　82667874(发行中心)
(029)82668315(总编办)
传　　真 (029)82668280
印　　刷 陕西元盛印务有限公司

开　　本 787mm×1092mm　1/16　**印张** 21.75　**字数** 530 千字
版次印次 2014 年 8 月第 3 版　2016 年 2 月第 2 次印刷
印　　数 32001～34000
书　　号 ISBN 978-7-5605-6438-8/H·1669
定　　价 29.90 元

读者购书、书店添货，如发现印装质量问题，请与本社发行中心联系、调换。
订购热线：(029)82665248　(029)82665249
投稿热线：(029)82668133
读者信箱：xj_rwjg@126.com

前　　言

21 世纪是知识经济时代，是科学技术飞速发展的时代。网络全球化的发展态势，使知识、信息的发展如虎添翼。而知识的传播、信息的交流是离不开写作的。尽管到了电子网络时代，传播和交流的方式变了，但写作的本质未变，而且要求越来越高。写作能力是当今大学生必须具备的一种能力，尤其是有直接实用价值，与工作、学习和现实社会生活有紧密联系的应用写作能力，是当代高素质人才不可或缺的能力。因此，学习应用写作是当代大学生的必修课，否则，将有可能落后于时代。而能力的获得需要一个过程，科学地学习写作知识，正确地掌握写作方法，勤勉有序地进行写作训练，是获得写作能力的有效途径。本书是为适应"四化"建设和高校应用写作教学的实际需要而编写的教材，由多年从事应用写作教学和有一定实践经验的专业人员编写而成。

本书既广泛吸收了应用写作教学方面的最新科研成果，博采众长，又重视社会发展的实际需要，重视业已出现的新情况和发展的新趋势，将实用性、针对性和理论性、学术性融为一体，适合高校理论联系实际、理论指导实践的教学特点。

鉴于应用写作的课程性质，本书再版修订时力求与时俱进，继续突出"求新务实"的特点。

所谓"求新"，就是要新鲜、新颖、有新意，体现当今的时代特色。为适应当前以经济为中心、以科技为先导的社会发展形势，本书新添了经济、科技等部分的内容，新增和充实了经济仲裁文书、招标投标文书、科研开题报告、电视新闻、网络新闻、申论写作等方面的内容；为了给学生写作实验、实习实践提供借鉴，还增加了考察报告、实习报告。本书的取材力求新鲜、典型，贴近现实社会，注意吸收现实社会中出现的新文种、新写法、新规定、新内容。本书所依据的《国家行政机关公文处理办法》、《中国共产党机关公文条例》、《中华人民共和国合同法》、《中华人民共和国招标投标法》、《科学技术报告、学位论文和学术论文的编写格式》等法规都是适用于现实的最新法规。基于此，本书再版编写时更换了绝大多数例文，注意例文的新颖性、典型性及时效性；删减了与学生专业需要较远，在现实生活中使用频率较低的文种、文体，诸如命令、公告、议案、审计文书、产品说明书、新闻综述、专利申请书、科普作品等。

所谓"务实"，就是要注重实用，讲求实效，贴近专业，强化实训。内容上突出实用性知识，在学习规律中突出把握操作要领和写作技巧，达到举一反三、提高能力的目的。本书在每章后还设计了"思考与练习"，在每一类文种、文体之后设计了操作性强、利于实训的"综合练习"。希望通过写作实训，引导学生提高动手能力，力求对读者今后的工作也有较大帮助。本书还可作为机关工作人员，企事业单位的经济、科技、行政、管理等人员的自修用书和参考资料。本书自问世以来，受到社会各界的好评，尤其广受政府机关、企事业单位在职行政管理人员的欢迎。本书由西安欧亚学院教师编写完成，体例和提纲由张瑾教授提出，撰写分工如下：

张　瑾：上编　应用写作基本知识第一章至第五章；

下编　经济文书部分第十五章至第十九章(共约 19 万字)。

陈　丹：行政公文第六章至第九章；

事务文书第十四章(共约 9.8 万字)。

颜　珺：事务文书第十章至第十三章；

科技文书第二十四章至第二十八章(共约 9.7 万字)。

相金妮：新闻写作二十章至第二十三章；

申论写作第二十九章；

诉讼文书第三十章至第三十三章(共约 14.5 万字)。。

由于时间仓促，水平有限，该教材虽经修订，但肯定也有不完善、不准确之处，恳请雅正。希望以此教材为起点，与业内同仁共同探索教学改革的新途径。

本书的编写借鉴了国内外大量优秀新颖的写作成果，本书的出版得到了相关方面的热情支持，在此表示深挚的感谢。

编　者

二〇一四年六月

目　录

上编 应用写作基本知识

第一章 应用写作绪论

第一节 应用写作的概念与发展

一、写作和应用写作

人类在从事物质资料生产实践活动的同时又从事着精神产品的实践活动，写作就是其中之一。所谓写作，是人们在感受、认识客观事物的过程中，用语言符号把思维结果有选择地记录、表达出来的创造性精神劳动。根据写作目的、写作内容和写作对象的不同，写作可以分为两大类，一类是为了陶冶情操、娱悦性情，以满足人们审美需求的；另一类是为了记载物质生产知识，传播存储信息，实施管理指挥，进行交际交流，开展调查研究，反映情况、意见、观点与决策等，以满足人们实用需要的。前者是以诗、词、散文、小说、剧本等为主的文艺写作；后者是以各类实用文体为主的应用写作，二者或直接或间接都服务于物质资料的生产，成为整个社会实践不可缺少的组成部分。本书所研究的主要对象，是以各类实用文体为主的应用写作。

何为应用文？应用文又叫实用文，应用文是应用写作的表现形态，是应"用"而写的文章。从广义上讲，任何文章都有一定的意图和功利，没有任何意图和功利的文章是没有必要写，也没有必要存在的。即使文艺作品也有"兴、观、群、怨"，"比、兴、美、刺"的作用。但我们并不能因此而说所有的文章都可归入应用文的范畴。通常所说的应用文，是指国家机关、企事业单位、社会团体以及人民群众个人在日常的工作、学习、生产和生活中用以办理公务以及个人事务、传播信息、表述意愿时所使用的，具有直接实用价值和惯用体式的文章。它区别于对社会实践起间接作用的诗歌、小说、戏剧等文体而存在。

二、应用文的沿革与发展

应用文作为一类文体，古已有之。据《周易·系辞》记载："上古结绳而治，后世圣人易之以书契，百官以治，万民以察。"这段文字说明，远在文字产生之前，就产生了对应用文的写作要求，在文字产生的同时，也就产生了应用文。即是说，应用文从它诞生的那一刻起，就与"用"结下了不解之缘。河南殷墟出土的甲骨文是我国最古老的规范文字的物证，距今已有3500多年的历史。这些文字刻在龟甲兽骨上,主要记载殷商王朝当时的占卜内容,故称"卜辞"。受书写材料的限制,文字相对简短,一个甲骨片上最少的只有几个字,最多的有100多个字。所记除干支数字以外,内容涉及世系、天象、食货、征伐、畋游等事项,文辞古朴简略,真实保留了当时社会的痕迹,其中有些可视为殷商王室的档案资料,记载了王室处理国家事务的活动,只不过包裹了一个迷信的外壳而已。从殷商时期已经具有较为完备的系统文字看,专家推测,至少在夏时,我国就已经有了文字,也就是说,可能夏时已有了应用文。殷商及其之前,是我国应用文的滥觞、萌芽时期。

随着社会的发展和国家管理职能的强化,以及社会交往的频繁,应用文也得到了发展,种类不断增加,撰制逐渐规范。在长期的奴隶社会、封建社会中,以官文书为主的应用文有诏、诰、命、制、旨、谕、敕、策、令、符、教等下行文;有章、奏、表、疏、启、状、笺、上书、驳议等上行文;还有关、移、咨、刺、平牒、照会等平行文。对于应用文的统称,古代也有不同的概念:如"书"、"简"、"策"、"文案"、"文簿"、"文牍"、"尺牍"等。到了清代,才正式提出"应用文"的概念。清代学者刘熙载在《艺概·文概》中指出:"辞命体,推之即可为一切应用之文。应用文有上行、有平行、有下行。重其辞乃所以重其实也。"这一概念自此一直延用至今,同时使用的还有"实用文"的概念。

《尚书》是我国第一部以应用文为主体的文章总集,其中多是虞、夏、商、周四代帝王所发的文告、誓词等,有些是当时史官的记录,有些则是根据史料追述写成的。

随着社会生产力的发展,书写材料也在起着变化,西周时冶炼技术发展很快,青铜器大量生产,并在上面铸有文字,被称为"铭文",自此而后,一些有保存价值的内容常被铸鼎记载或公布。如周景王9年(公元前536年)郑国大夫子产把制定的刑法铸在鼎上公布,史称"刑书";周敬王7年(公元前513年),晋大夫赵鞅和荀寅,也把前执政者范宣子所制定的刑法铸在鼎上公布,史称"刑鼎"。书写材料由甲骨而青铜,尔后又竹石、布帛,再到纸张,不断丰富和发展。史载秦始皇"日读一石",即每天要批阅120斤的简牍公文,应用文在管理国家事务中的作用可见一斑。之后,加之印刷术的发明和发展,应用文的运用更为广泛,逐渐成为社会生活不可缺少的组成部分。

历史上对政令的制作向来是十分重视的,并逐渐建立起一套程序、制度来保证政令的严肃性。《论语·宪问》中说:"为命,裨谌草创之,世叔讨论之,行人子羽修饰之,东里子产润色之。"一道政令,从拟稿、讨论,到修改、润色,须经过多人之手。这反映了春秋战国时期政令制作的大致情况。秦汉时期,颁发诏令的秘书机构设在丞相府,"置御史大夫以贰于相","受公卿奏事",掌天下文书,同时"举劾按章"监察百官(《后汉书·仲长统传》)。历魏晋,至唐宋,政令发布逐渐发展成严格的行政机构之间的职权分工和互相制约,实行"三省制",即"中书出令,门下审议,尚书执行"。并有了制作、审勘、用印、监印、登记、送达等一整套严格制度。至此文书的发展到达成熟时期。

但在长期的奴隶社会和封建社会,总体上应用文的发展还是缓慢的。

任何时候,应用写作总是与社会政治、经济生活相适应的。20世纪以来,我国的应用写作有过三次突破性的进展:第一次是辛亥革命,废除了与君主专制统治相适应的封建官文书,统一了公文程式,将公文文种简化为"令、咨、呈、示、状"五种,增进了民主成分。第二次是新中国成立后,公文等应用文以全新的面貌为新中国的社会主义革命和建设服务。1951年9月,中华人民共和国政务院发布了《公文处理暂行办法》,明确了公文的性质、地位、任务和价值,规定了新的公文文种及其用途、格式、行文关系等，它标志着社会主义新公文的诞生。第三次是党的十一届三中全会以后，随着改革开放和经济建设的蓬勃发展，我国的应用写作进入更加自觉和昌盛的发展时期。在总结丰富实践的基础上，从20世纪80年代初期起，应用写作的理论也得到了发展。从已经出版的众多专门著述和刊载的有关论文看，人们从文学创作和应用写作的比较研究中，寻找其共性与个性，从宏观、微观两方面研究其基本原理、发展历史、内在规律和写作特征，从理论和实践的结合上自觉地建立健全和把握应用写作学的体系，一门新兴的应用性学科已蓬勃地发展起来，而且在向专业化的纵深方向发展，派生出科技写作、财经写作、司法写作、新闻写作等课程。应用文的实用价值在社会活动中得到充分体现，文种迅速增多，现在应用文的主要种类有200余种，使用广泛而频繁，尤其是经济、科技及相关方面的应用文，新增文种更多，这是历史上从未有过的繁荣景象，其充满生机的发展现状和广阔的发展前景令人为之振奋。随着我国经济建设跃上一个新台阶和办公自动化水平的普及和提高，我国应用文的发展也将出现一个崭新的局面。

第二节　应用写作的特性

要学习写作，提高写作水平，应该了解写作的规律与特性，这样才能依据特性，顺应规律，减少学习的盲目性。

概括应用写作的特性，有以下几点：

一、目的性

所谓目的性，就是作者写作的主观意图。每一篇文章都是在一定的目的、意图驱使下写的。例如写商品广告，就要有针对地进行商品宣传，目的是撩拨起顾客的购买欲，以推销商品，获得盈利；撰写论文，目的是通过摆事实讲道理，让人信服并采纳自己的主张、见解；写财务分析报告，为的是正确分析、评价已经完成的经济活动状况，总结经验教训，明确方向，改进管理，使下一步的经济活动开展得更为顺利，更有效率。可以说，世界上根本不存在不体现作者主观意图的作品。

从唯物主义认识论的观点看，文章是客观事物的反映，但这种反映决非对客观事物的机械摹写和复制，而是一种自觉能动的反映，其中不可避免地要渗入作者对生活的理解和判断，包含着作者对客观事物的认识和评价。应用文中对基本情况的概述估价，对问题的分析判断，以及提出的建议、意见和措施、对策，无不带有作者的主观色彩。所以对同一客观事物，不同的人还有不同的见解和倾向。例如改革初期对农村联产承包制，目前对于企业破产、政府职能、经济发展速度等的看法都不尽相同。正是由于这一点，才要求我们努力提高修养水平，拓宽各方面知识，使我们撰写的应用文能正确、积极、健康地反映客观现实。

当然，客观事物也不是“染坊里的衣料”，可以随意由人摆布。一篇文章，既不能是材料的简单罗列，也不能是一套主观空洞的概念结论。而应是对生动的客观世界有独到认识的反映，是主客观的融合统一。

二、智能性

写作是一种艰苦而复杂的特殊劳动。说它具有智能性，主要因为：

其一，它是一种脑力劳动，具有以支出脑力为主的特征。任何劳动都要支出脑力和体力，但各有侧重，写作则以支出脑力为主，因而写作主体应该善于思考。任何称得上文章的东西，即使再简单，也不应是感觉材料的任意涂抹和原始材料的直接堆砌。它凝聚着作者思考的汗水，闪耀着作者思辨的光辉，要通过作者的大脑在思维上下一番功夫，一篇文章才能诞生。我国古代的孙膑，双腿伤残，却著就了军事精典《孙膑兵法》；奥斯特洛夫斯基，双目失明，全身瘫痪，却完成了世界名著《钢铁是怎样炼成的》的写作。此类事例，一方面为世人提供了激人奋进的精神力量，另一方面也客观说明写作是以支出脑力为主的劳动。

其二，积极的思维贯穿于写作过程的始终，而且思维的品质决定写作的水平。"思则得之，不思则不得也。"(《孟子》)每一篇文章，都是思维过程和结果的表达。不同的是，文学作品多是个体思维的产物；应用文，尤其是各类公务文书，往往是群体思维的产物。心理学家认为，思维是人脑借助于语言对客观事物的认识，而且这一认识有一个由感性到理性、由低级到高级的发展过程。写作活动正反映了这一认识过程。从写作流程看，从经过感官摄取材料，到鉴别、研究、选择材料，提炼主题，措置结构，再到用与之相应的语言加以表达，在形成文章的一系列阶段，积极的思维自始至终活跃于其中，成为推进认识不断深化、提高和进展的动力。任何一个阶段，停止了积极的思维，也就中止了写作。

而且思维的品质决定写作的水平。思维的全面深遂、独到坚实，决定着立意的正确精当、新颖深刻；思维的清晰有序，决定着结构的严谨贯通；思维的敏锐精微，决定着表达的周密精湛。所以说，思维是写作的基础，它贯穿于写作过程的始终，并在其中起主宰作用。由此可见，思维能力是写作能力的核心。在学习写作的过程中，有目的、有计划、系统化地进行思维品质的培养，是从根本上提高写作能力的重要因素。

其三，写作是一种自觉的精神产品的生产。其产品，乃是既需通过积极的思维活动才能生产出来，又需通过积极的思维活动才能获得吸收、享用的文章。在作者与读者之间，勾通他们的桥梁就是用来表意的文字符号，因此，积极的思维不仅贯穿于写作过程的始终，而且贯穿于阅读、吸收的始终。读者要通过想象再现作者所描绘的形象和环境；间接体会作者所叙述的感受与经验；间接理解和把握文中所谈及的那些没有感知过、或者根本不可能感知到的事物；借助思维了解作者的逻辑思路及分析、综合、判断与推理过程，并通过联想、发散、比较、创造等思维，融进自己的认识和评价，获得综合吸收和理解、享用。

以上三点共同构成写作的智能性特点。

三、综合性

人们进行写作，总是以自已现有的知识储备为出发点而进行的。一篇文章、一部作品，无论长短，都是作者多方面知识、才能的积累和综合反映。从中既可看出作者的思想认识水平，思维的敏锐程度与力度，又可透视其知识的深广度，语言文字的功底及其他多种才能。正因为如此，中国古代历朝多"以文取仕"。苏轼应考进士的试卷《刑赏忠厚之至论》，文笔酣畅，论理透辟，不仅显示其文字才能，而且表现其"施仁政、宽刑罚、忠厚治国"的政治见解，无怪宋仁宗"御试"后认为他是宰相之才。王安石的《上仁宗皇帝书》，系统阐述了他富国强兵的变法韬略，识见精深，议论宏伟，涉及生产、科举、吏制、法度、市场、财税、赋役、边防、水利等等，是他政治、经济、军事等方面才能的综合体现。

当代社会录用人才，仍然常用这种手法进行考查。学生入学、毕业、申请学位，除了一般知识的考试外，总少不了一篇综合体现知识储备和知识运用能力的作文或论文。日本、南斯拉夫等国录用人才时，应征者要提交一篇宏观论文，以便通过论文对作者各方面的能力进行测评。我国现在公务员录用的笔试形式也是“申论”写作。

与基础写作、文艺写作相比，应用写作更集中地体现了作者的政策理论水平、业务能力等多方面素养与文字表达能力的结合，其综合性的特点更为突出。而这种综合性在今天科技高度发展、文理渗透形成趋势的时代，显得尤为重要，它往往是人们取得成功的重要因素。20世纪70年代末，美国曾对1311位科学家的情况进行了五年的调查，结果发现，那些取得一定成就的科学家极少是只通一门专业的“专才”，绝大多数是文理兼长、掌握了多学科知识和具有多方面才能的“通才”。而且这些知识、能力表现在写作主体身上，不是简单的相加，而是靠作者的智力融汇、沟通、调节，形成合理的结构，并随着社会生活的发展变化而不断调节、更新与优化的。

写作的综合性特点告诉我们，写作水平问题，决非仅仅是“笔头子”功力如何的问题。因此提高写作水平，就必须追求写作主体全面素质的提高，促使其由“专才”转向“通才”。

四、实践性

实践，是使写作知识转化为写作能力的关键。写作，是一种能力，一种运用语言文字反映现实、表达见解的技能。与其他能力一样，它既不能“继承”，也无法直接“传导”。游泳冠军的儿子如不下水，永远不会游泳；作家的后代不经历长期练笔，也无法继承父业。教师所教给学生的，只是一些前人的写作理论、写作知识及体会、得失、方法等经验之谈，要把写作理论，写作知识转化为能力，除了反复实践，别无它法。“纸上得来终觉浅。绝知此事要躬行”。这里包含着古人对写作实践的高度评价。有人天真地认为，只要有了写作理论和写作知识，如何写作的问题就解决了。如果能这样，只要人手一册《写作知识》，岂不人人皆作家了。有人曾向鲁迅先生请教如何写作，鲁迅先生答道：“文章应该怎样做，我说不出，因为自己的作文，是由于多看和练习，此外并无心得或方法的。”（鲁迅《致〈赖少麟〉》）欧阳修也说：“无他术，唯勤读书而多为之，自工。”（胡仔：《苕溪渔隐丛话》）可见，多读多写多实践是其关键。

我们强调实践在写作中的作用，还因为许多写作规律、技巧是在反复实践中摸索、总结和领悟、感知的。例如如何立意、如何安排材料、如何遣词造句，只有通过反复实践，从得失成败的比较中加以咀嚼、体味、揣摩，心有所“悟”，并逐渐入门知径，驱驾自如，才能具备写作能力。而这一切，离开实践，都是空谈。要想突破“文字关”，必须抓住一切动笔机会，采取多种方法主动强化写作实践训练。

如此强调写作实践，是不是写作理论和写作课的开设就成为多余了吗？回答当然是否定的。写作理论是写作实践的指导，通过教师的讲授、指导和督促，可以把写作实践导向有序、科学、高效的正轨，使我们少走弯路，加速提高写作水平。实践证明，有理论指导的实践与无理论指导的实践相比，效果是大不相同的。

“看似寻常最奇崛，成如容易却艰辛。”（王安石《题张司业诗》）只有坚持理论联系实践，持之以恒，勤奋磨炼，才可练就腕底硬功。

第三节 应用文的作用

应用文广泛用于社会实践，在社会生活中起着不容忽视的作用：

一、“经国大业”：应用文是治国兴邦，实现管理职能的重要工具

我国是文章大国，自古注重文章，曹丕《典论·论文》称文章为“经国之大业，不朽之盛事”。这话未免包揽过宽，推崇过誉。而真正能起到经国济世之用，能够解决现实社会重大问题的文章，乃是那些被有些人视为“雕虫小技”、“艺文之末”的优秀应用文。《文心雕龙·章表》亦认为：“章表奏议，经国之枢机。”李斯的一篇《谏逐客书》，使九重之主秦王嬴政收回成命，改变用人制度，广揽贤才，为秦统一天下起了很大作用；诸葛亮的《出师表》，规划了天下三分和发展蜀国的宏图大略；王安石的《上仁宗皇帝言事书》力陈政见，得到采纳，推行变法，为积贫积弱的宋王朝积蓄了国力。毛泽东的《论持久战》和《新民主主义论》两篇论著，统一了全国军民的思想，使人们看清了抗日战争的前途和新民主主义革命的发展方向，从而坚定了抗日的决心和争取民主革命胜利的信念。今天，应用文又是宣传和贯彻党和国家的方针、政策，促进现代化建设的工具，在治国兴邦、经国济世中起着部署、指挥、组织、管理等重大作用。党和国家管理机构主要通过文件、法规等形式向下级传达方针、政策，阐明指导思想，部署各项工作，提出规范要求。下级通过不同的应用文向上级汇报工作、反映情况、请示问题，这些又成为国家、上级制定、调整政策和进行再决策的依据，无疑与国家的政治、经济大局紧密相关。

二、立言之具：应用文是研究规律、探索问题，进行科学研究的手段和表达成果的载体

人类社会是不断进步的，科学是不断发展的，人们对任何事物的认识，总有一个从实践到认识，从经验到科学的提高和深化过程。在这个过程中的每一步进展，都离不开应用写作活动，否则，就不能记载人们的实践经验，也无法揭示事物的发展规律，更无法使经验上升为理论，建立起科学的系统。尤其是蓬勃发展的各项管理科学、自然科学，离开应用文更是无法记载，无法传播，无法发展。所以说应用文是进行科学研究的有效手段。

应用文还是科研成果的载体。所谓“立言”就是把人们进行科学研究、探索规律的成果和经验教训总结成文章，变成社会的精神产品。由于文字记载可以打破时空限制，应用文可以使人们的研究成果“行远传后”，汇成文化的历史长河，造就科学的大厦。从现实角度看，人们又可以通过应用文获得科研信息，利于及时把科研成果转化为生产力，推动经济、科学、技术的发展。可以说，没有数以万计的“立言”应用文问世，科学的繁荣和经济的发展就是一句空话。

而且一门科学的形成、一项事业的发展往往是若干代人共同努力奋斗的结果，没有应用文作为载体，其传递、继承和发展都成为实际问题。相反，正是有了应用文，我们今天就可以从《孙子兵法》中摄取科学的经营策略，可以从春秋时期范蠡“旱则资舟，水则资车”的经验中学到“预测”的科学。正是有了应用文的桥梁和沟通作用，我国的航天、铁路、电力、石油、机械、电子等工业经过几代人的相继努力，才得以形成今天的规模和水平。由此可见，撰写高质量的应用文，不仅是应用文自身发展规律的需求，也是科学、经济发展的需要。

三、交际之需：应用文是交流思想、沟通信息，协调关系，联系业务的手段

社会是一个充满活力的有机整体，没有人际交流，社会就难以维持。人们在社会中，既需要表现自我或群体的意向，也需要接受、吸取他人的影响；既需要让他人了解自己，自己也需要了解他人。这种人际交流是客观需要，也是社会文明进步的表现。而人际间的交流是离不开应用写作的。人们表达意愿、申述理由、反映情况、交流信息、上传下达、左右联系，时时处处都在使用应用文。新闻写作，科技写作，公文写作，以及司法文书、管理文书、事务文书的写作等，都从不同角度满足人们的交际之需，无数的应用文像四通八达的网络，把国家、集体、个人诸方面联系起来，使之互相配合，加强协作，共同实现预期目标。没有应用文这一重要交际工具，人际交往则难以设想。

随着改革、开放的深入，不仅国内跨行业、跨地区、跨单位的横向联系越来越多，而且国际交往与日俱增。因此我们不但要学习、了解国内常用的应用文，还要学习、了解各国各地区的常用应用文及国际通用的应用文，以便适应国际化交际交流的需要。

四、教育之用：应用文还具有宣传群众、教育群众，推动精神文明建设的作用

我们的现代化建设事业是群众性事业，需要全国人民同心同德，共同努力才能完成。文当理切的应用文，可以在指导工作的同时，起到统一思想，宣传、教育、动员群众的作用，使领导者的指挥意志，转化为普遍的群众行动。同时一些应用文，例如承载各项方针政策的应用文，各种法律、法规，各种管理知识等，在规范人们行为的同时，又担负着教育群众、宣传群众的作用。还有一些应用文，驳斥谬论，批评错误，褒扬先进，本身就具有宣传真理和精神文明的作用，所以我们说，应用文在物质文明与精神文明建设中有不容忽视的积极作用。

第四节　必须重视大学生写作能力的培养

应用写作在社会生活中的地位和作用，决定了大学生要成为国家的有用人才和合格干部，必须具备一定的写作能力。另外，从社会需求和工作需要与目前大学生实际写作能力之间的差距看，也必须着力抓好其写作能力的培养和提高。

著名教育家叶圣陶先生说："大学生不一定要能写小说、诗歌，但是一定要能写工作和生活中实用的文章，而且非要写得既通顺又扎实不可。"著名数学家华罗庚也说："学科学的不学好语文，写出的东西文理不通，枯燥乏味，佶屈聱牙，让人难以看下去，这是不利于交流，不利于科学事业的发展的。"的确，古今中外也有不少经验教训。

法国的科学家法拉第，研究电磁现象三十年，运用生动形象的力线来表现他的研究成果，发表了论文《电磁实验研究》。可是，由于他的文字表述"模糊不堪"，他的力线观点提出几十年后仍受人非议，得不到科学界的公认。

而美国的麦克斯韦，有极高的阅读能力和理解能力，当他第一次看到法拉第的《电磁实验研究》时，就看出其见解的新颖与合理，只是表述存在问题。麦克斯韦重新进行了论文的表述，由于他有很强的表达能力，发表后，立即得到科学界的一致承认，给予了极高的评价。一项伟大的科研成果，由于表达不清、使人类社会晚受益五十年，而年轻的麦克斯韦，却由于高超的读写能力，一鸣惊人，为科学的发展作出了卓越贡献。

大学生、研究生毕业前写毕业论文、学位论文。这是对大学生、研究生的综合考核。固然一篇论文不能代表一切,但可从中反映出一个大学生、研究生的工作能力和研究能力,掌握知识的深广度,对素材加工整理、分析研究的能力及文字表达能力。由于写作的综合性特点,用写作来检验人才的能力乃是最常用、最简便、最直接的方式。现在,重视写作已成为世界性普遍现象,也形成一种具有规律性的现象,即科学技术越发展、经济越发达的国家,则越重视写作。他们把写作看成是一门基础学科,一门"应用科学",认为工业的语言是"蓝图",科学的语言是"文章"。在欧美、日本等一些科学发达的国家里,所有大学,包括理工科大学,都十分注重写作训练。普林顿工学院有八组课程,第一组就是必修的"语文"和"写作"。美国著名的哈佛大学,对学生学术论文的写作能力要求很严,如果达不到规定要求,就要照章补课。不仅学校如此,整个社会风气也重视写作。如在日本,考学校、找工作、谋生计,无论干什么,包括招聘经理、职员,都往往通过考"作文"来考查其综合能力。

目前,我国正处在经济、科学、技术迅速发展的变革时期,新事物层出不穷,无论是学习、运用还是传播新知识、新信息,都要运用应用文,因此,必须花大气力,掌握好这一技能,适应社会发展的需要。

怎样学习应用写作呢?

首先,根据写作的综合性特性,必须提高写作主体的基本素质和多方面修养,包括增进思想理论方面的修养,科学文化知识的修养及品德情操的修养;培养观察、调查等采集材料的能力;提高分析概括、策划立意、创造性思维的能力等。

其次,掌握必要的写作理论,理论联系实际地加强基本训练。写作理论,是在前人成功经验的基础上发展起来的,掌握必要的理论,可以克服实践的盲目性,少走弯路,加速提高。加强实践,是提高写作能力的根本途径。这里的实践有两层含义,一是要多看、多练。多看范文,分析他人长处;多改病文,吸取教训;多设题自练,从起草、修改、成文中学会撰写应用文。二是深入实际,广泛积累材料,并不断锻炼提高自己的认识能力及实事求是进行应用文立意的能力。而且,应用文是对社会现实的反映,写好应用文还需要加强社会实践,深入调查研究,这样才能写出正确反映社会实际,解决实际问题的、有针对性的、高质量的应用文来。

【思考与练习】

1. 什么是应用文?它的特性是什么?
2. 结合实际,谈谈应用文的作用。
3. 如何才能掌握应用写作的技能?

第二章

主 旨

第一节 主旨的概念及意义

不管是谁，也不管写什么文章，动笔之前，总有自己的“目的”、“意图”或“宗旨”，总要首先考虑写什么内容，体现什么思想观点，发表什么主张见解，说明什么问题。对此，古人称之为“立意”，今人称之为“确立主题”。何为主题？所谓主题，就是作者在反映社会生活，说明事物，阐述道理时，通过文章内容所表现出来的基本观点或核心思想。它是作者通过对客观事物的观察、体验、分析、研究及对材料的综合提炼而得出的思想结晶。

主题是一个通用的写作术语，不同时代不同题裁的作品还有不同的称谓。古代“意”之说法至今仍被延用。此外，古人还称主题为“旨”、“主脑”、“道”、“题旨”等。今人往往因体裁而异，习惯于将记叙文的主题称之为“中心意思”或“中心思想”，将议论文的主题称之为“中心论点”或“基本观点”，将应用文的主题称之为“主旨”。“旨”，即宗旨，意图，主张，意志。这样称谓，与应用文主题具有很强的旨意性特点有一定的关系，而旨意性又是不少应用文主体法定的权威性及其内容的约束力所决定的。

主旨既有客观性，又有主观性。它既非作者单纯的主观意念，也非对现实社会生活自然主义的纯客观写照，而是现实社会生活在作者头脑中反映的结果，是主观与客观的统一，它受现实生活及作者认识水平的双重制约。一篇应用文，既不能忽视客观情况毫无针对性地作出规定，也不能只罗列情况而拿不出作者的评价、结论和建议、对策。否则，应用文主旨的实施将成为问题。

主旨是全篇的灵魂，是全篇的统帅和核心。对于主要用于反映客观规律，发现与解决现实问题的应用文来说，其主旨有着更为重要的意义。清人王夫之曾说，无论何种文字“俱以意为主；意犹帅也；无帅之兵，谓之乌合”（《船山遗书》）。恰当的比喻，表达了王夫之在创作上深刻的见地。主旨，在任何一篇应用文中都处于支配的地位。文章有了统帅，才能组织千军万马成为一支有机的战斗队伍，才能凝成一篇能够付之于“行”、见之于果、浑然一体的应用文，因此，动笔撰写应用文前，须“意在笔先”，确立好主旨，然后才能对材料、结构、文字的表达驱遣自如，调度从容。否则，临文觅意，心中无数，动起笔来，手忙脚乱，写出的东西也难免杂乱无章，词不达意。

在应用文中，主旨的统帅作用主要表现在三方面：

一、主旨决定材料的取舍和主次的安排

写文章之前，作者需要掌握大量的材料。但能够写入文章的材料却是有限的。取舍材料的重要标准就是看它们和主旨的关系如何，能够说明主旨、支持主旨，和主旨有内在联系的材

料则取,反之则舍。而且被选取的材料,还要依据它们与主旨联系的远近程度和说服力的大小来安排材料的主次与详略。与主旨关系密切、典型、关键、有说服力的材料要详写,关系不密切的一般性材料则略写。一切与主旨无关的东西,都是多余的。如果没有确立主旨,就不能对材料进行取舍,也无法决定其主次详略。在应用文形成之后,应做到观点与材料统一,观点统帅材料,材料说明观点。

二、主旨决定结构的措置

主旨又是布局谋篇、措置结构的依据,古人所谓"作文,以主意为将军,转换开阖,如行军之必由将军号命"(元·程端礼《程氏家塾读书分年日程》),说的就是这个意思。其"转换开阖"就指布局谋篇、措置结构。"兵随将转",围绕主旨构成应用文的开头、中段和结尾。各部分、各层次及其间的过渡、照应也都要由主旨安排,听"将军号命"。这样才能文意连贯,发展自然,有严密的逻辑性。

人们又把主旨比作灵魂,结构比作骨骼,实践证明,只有以主旨为中心安排结构,才能使文章构架匀称,骨骼强健,脉络清晰,疏密合理。如果没有确立主旨,措置结构也就无从谈起。

三、主旨决定语言文字的表达

内容决定形式,结构和语言表达都要受主旨的制约。这恰如清代袁枚所说"意似主人,辞如奴婢"(《读诗品·崇意》)。在文章中,主旨是作者的思想见解,语言是表达思想见解的工具,其具体的表达方式和语言材料的选择都要服务于主旨的需要。阐明政策和道理时,就应以议论为主;交代情况和背景时,就应以叙述为主;解说事务的性质、特点、成因及功用时,就应以说明为主。如若错用,就不利于主旨的表达。主旨还决定着所用语言的特点,决定遣词造句乃至表达的语气。例如,指令性应用文主旨的表达,语气要肯定而坚决;商洽性应用文主旨的表达,语气要委婉而平和;反映调查、科研、实验结果的应用文主旨的表达,语气要客观而准确。如果离开主旨的需求,一味堆砌辞藻、雕琢文字,不但无益,反而会使人感到盲目零乱,不知所云。任何语言只有在一定的主旨调遣下动作起来,准确、恰当地表意,才能发挥作用,显出生气。

第二节　对主旨的基本要求

应用文的主旨,在整个撰写中起着举足轻重的作用,所以,应该了解对主旨的基本要求。

一、正确

正确是对主旨最基本、最起码的要求。主旨不正确。便从根本上否定了整篇文章。由于应用文的主旨往往事关国家、人民、地区及企事业单位的大局,具有很强的策见性,影响面广,其主旨的正确性就必须保证。

看主旨是否正确,应该从应用文的本质特点——实用性出发来加以衡量。要求主旨要符合党的方针政策,符合国家的法律、法规;能反映事物的发展规律,能准确揭示事物的本质与内涵;符合国家、人民的长远利益和根本利益;符合实事求是的原则。这即是说,应用文的主旨,首先应该体现思想性和科学性的结合。

二、明确

应用文的主旨还要求清晰明白,态度明朗;不可似是而非,含糊暧昧,模棱两可。这一点恰恰与文学作品相反。

文学作品的主题贵曲忌直,隐蔽含蓄。作家往往不轻易站出来表白自己对事物的看法,不直截了当提出观点,而是含而不露地通过形象思维写人、记事、绘景,抒情,流露思想倾向,并给读者留下思索、回味和联想的余地。陶铸同志的名篇《松树的风格》,本意是歌颂和提倡那种"要求于人的甚少,给予人的甚多"的崇高思想品质,但却托物言志,于松树的"形似"与"神似"之中曲折流露其思想。

而应用文则不同,贵直忌曲。要求直陈主旨,正面表态,直言不讳地明确自己赞成什么,反对什么;肯定什么,否定什么。哪些成绩应予表彰奖励?哪些缺点应予批评指正?哪些问题应予研究解决?不含蓄,不隐晦,不寄托,不象征,态度明朗,明确摆出主旨。只有这样,才能便于理解和实施。试想,如果一份要求下级具体办理某项事宜的通知,一份交代工作要求的决定,一份向上级请示工作的公文,或一份答复业务联系的信函,观点含混不清,三思而不得其旨,下级将如何执行?上级又如何批复?这样的公文,不但会削弱文件的作用,贻误工作,还可能造成误解,带来损失。因此,应用文的主旨必须明确,这已成为应用文与其他文章的重要区别。

三、集中

主旨的集中与明确紧密相连,明确的主旨同时也要求集中。要做到集中,就须全篇围绕一个中心展开阐述、议论、生发。主旨的"主",即是中心,集中才有中心。"意多文必乱","意多"也难以形成主旨。一篇文章,内容可以丰富,材料可以充实,写法可以灵活,但主旨却不能分散,即使综合性的总结、通讯也要如此,必须枝干分明,纲目清楚。"晓其大纲,则众理可贯。"(刘勰《文心雕龙》卷四)它应能"扩之则为千万言,约之则为一言"(刘熙载《艺概》)。

从总体上说,一切文章都要求集中,但由于文学作品在表达上的含蓄性、形象性特征,往往导致其主题的复杂性、多义性。同一作品从不同角度看往往会得出不同的结论。例如曹雪芹的《红楼梦》,白居易的《长恨歌》,从问世至今,对其主题一直是仁者见仁,智者见智,争议不休。所以文学作品主题的集中只是相对而言,不能与应用文主题的集中同等相待。

应用文不但要求集中,而且不少应用文强调一文一事,一题一议。这已成为许多应用文行文的一条传统规则。早在我国宋代,就规定群臣奏事皆要"直述事状,若名、状不同,应分送所属,而非一宗旨,不得同于一状"(《庆元条法事类·职制敕》)。这里规定,一文只能直陈一事,不同类的事不得同为一文。今天我们仍强调"一事一报"。为此,在动笔之前,应注意提炼主题,抓事物的本质和主要矛盾。如果在分析事物时,确实感到提炼出的几个观点都有必要反映,而又很难以一线贯穿,那么,就应分文专述,决不可强拼硬凑,形成面面俱到的"大杂烩",要力求精粹、凝练。即使是综合性较强的年终总结之类的应用文,也要有统领全篇的主导思想。还应注意不要把题目设得过大,面铺得过宽,以免头绪繁乱,杂然并陈,主旨不易集中。

主旨集中,不仅可以使应用文重点突出、立意明确,而且利于贯彻、执行和检查,也便于收发、传递、立卷、存档和保管,利于促进工作效率的提高。

四、深刻

所谓主旨的深刻,即指能够透过事物表象揭示事物的本质和规律,能够反映事物间的内在联系，能够在纷繁多变中抓住事物的主要矛盾，能够真实地反映事物的本来面貌；而且其观点、见解能经得起实践的检验和历史的考验。一篇应用文(除本身内容简单者外)，如果主旨正确而不深刻，势必流于浮浅、平庸，其社会价值也是有限的。所以，撰写之前，应在主旨正确的基础上继续开掘，使其具有一定的思想深度，去伪存真，由表及里。

要使主旨深刻，必须联系实际广泛调查，仔细观察，深入研究，严谨论证。而且要解放思想，高瞻远瞩，善于跳出方外，突破常人的平庸认识，甚至突破自我的一贯成见，探求事物的“至理”、“真谛”，获得深刻的创见。

五、*新颖*

古人要求文章“命意新奇”，“意必己出”，鲁迅先生也提倡文章“以独创为贵”，要匠心独运，力求文章新颖独特。

社会在发展，历史在前进，新事物层出不穷，新思想不断涌现，这是历史发展的总趋势。应“用”而生的应用文，必须适应这种总趋势，反映新情况、新变化。所以应用文主旨的新颖，不仅是作者为摆脱“千部一腔”、“千文一面”的局面，力求反映新见解，给人以新启迪的主观追求，而且是日新月异的时代对应用文提出的客观而迫切的要求。

应用文的主旨要做到新颖，就必须跟上时代，及时发现和反映新事物、新问题、新经验，提出自己的新见解、新认识、新办法。即是说，主旨要有独创性，应见人所未见，发人所未发。著名的文学家王瑶，把学术文章分为几种境界：一曰有口皆碑，成为定论；二曰自圆其说，言之成理；三曰虽有偏颇，不乏创见；最不好的是人云亦云，空话连篇(参见严家炎《一位受人敬重的学者》1990 年 7 月 15 日《光明日报》)。可见，有无创见、有无新意是学术文章有无价值的标准，也是整个应用文有无价值的标准。

主旨的新颖与人们的认识水平和看问题的角度有直接关系。同一材料，如果能从新的角度，以新的目光重新审视，或以新的认识，新的理论对材料进行开掘，也往往会有新的创意。

无疑，主旨强调创新。但是决不主张为创新而创新，故意标新立异。应当从实际材料出发，在对材料作深入细致分析、综合的基础上，合理引出科学结论。

第三节　主旨的提炼

提炼本是冶金工业的术语，被准确恰当地借鉴、使用于写作学范畴。所谓主旨的提炼，犹如从大量矿石中提取有用的金属一样，是指从大量芜杂的材料中经过鉴别、筛选、分析、研究，从而获得某种思想、见解的工作。主题的提炼有一个由萌芽、形成、发展、成熟到深化、确立的复杂过程。研究这个过程，把握其规律和要点，对于深化主旨，写出高质量的应用文，服务于工作实践是很有必要的。

究竟怎样从占有的大量材料中提炼出好的主旨呢？实际上，提炼应用文主旨的过程，就是主观与客观，理论与实践，观点与材料统一的过程。实践证明，应注意把握以下几点：

一、*站在全局的高度来看待事物，分析问题*

任何事物都存在着一个全局与局部、局部与局部的联系；任何事物都不可避免地隶属于一定的整体。人们的认识也有一个由片面到全面，由感性到理性的过程。高质量的应用文之所以好，首先在于能从全局的高度通过理性的分析来确定正确、深刻的主旨。因此，确立主旨前，作者必须对全局性的情况有所了解。只有全局在胸，分析问题才有比较可靠的标准和尺度，也容易得出符合全局利益、长远利益，具有预见性的观点。在这一方面，具体应考虑以下三个方面：

(1) 党和国家的方针政策、法律法令，上级机关的有关决定、决议、措施、要求以及全局性的工作部署、安排等。

(2) 本单位工作的发展趋势，中心工作和各项业务工作的下一步计划、预测等。

(3) 现实工作的进展状况及需要，尤其要了解对整体工作影响较大的中心工作的实际状况。

分析材料时，应跳出一人一事及本单位、本部门工作的局限，站在全局高度高屋建瓴地分析材料、观察事物、思考问题，看有无意义，有无针对性和指导性。“文以识为主。认题立意，非识之高卓精审，无以中要。”(刘熙载《艺概》)从全局出发，站在思想认识的制高点，才能提炼出深刻的主旨来。

二、细致琢磨剖析材料，抓住事物的本质

提炼主旨是一个反复求索的过程。一个正确的认识，往往需要从实践到认识，由认识到实践的多次反复才能完成。主旨的提炼也未必能一次完成，也需要一个反复思索，不断深化的过程。“意授于思，言授于意。”(刘勰《文心雕龙》)鲁迅先生也主张，对主题“开掘要深”(《关于小说题材的通讯》)。而“深思”和“开掘”，最终都要落实在对丰富材料的精心琢磨和细致剖析上，其具体途径，正如毛泽东同志在《实践论》中概括的：“去粗取精，去伪存真，由此及彼，由表及里。”它科学地揭示了由感性认识到理性认识的基本规律，也揭示了我们提炼主旨的规律。

所谓“去粗取精”，就是对所得到的材料进行筛选，去掉那些关系不大，或虽有联系，但不能集中深刻反映事物本质的粗糙材料或偶然成分，选取那些生动的、能反映事物本质的典型材料。

所谓“去伪存真”，就是对材料进行鉴别，去掉虚伪成分，留下真实的东西。

所谓“由此及彼”，就是把材料连贯起来分析，探索事物间的联系和发展规律。纵的方面，探寻历史的联系；横的方面，探索与其他事物的联系。并把全部关系综合、连贯起来分析。

所谓“由表及里”，就是透过事物的表面现象去认识事物的本质特征。如对人物材料的分析要透过人物的言行，去认识他的思想和精神境界；对事物材料的分析，既要分析事物的来龙去脉，是非曲直，又要分析事物的性质及思想意义。

三、认真比较鉴别材料，抓住事物的个性特征

任何事物都是共性与个性的统一。事物的个性构成了它与其他事物的区别，也是人们处理公务，解决某一特定问题时必须首先认识和把握的前提。否则，遇事一刀切，就要犯主观主义的错误，使实际问题得不到解决。如何才能把握事物的个性特征？常用的做法是运用比较分析，在比较中筛选、鉴别，探寻出它与其他事物的不同之处，抓住特点。

比较可以是相反事物的对比，如是与非、对与错、善与恶、积极与消极等事物的对比。这种对比集中事物对立的性质，有利于辨别正误，弄清是非。例如，一方面是教育经费奇缺，许多穷困地区孩子失学；一方面是惊人的浪费，这就能提炼出必须合理调拨、使用和管理教育经费的主旨。比较可以是不同事物的比较，还可以是同中有异的事物的比较。这些比较应当找出事物间某些性质上的区别和程度上的差异，以便区别对待。要进行比较，必须在比较事物间建立

起比较关系或共同的比较背景。

多角度全方位的比较鉴别，既可以鲜明地表现事物个性，真实反映客观实际，又可以筛选出最佳的立意角度，避免千篇一律，使主旨新颖而有所突破。

第四节 应用文主旨的表述方法

应用文的主旨，最终要落实在表述上，实际上需要解决如何具体表述主旨的方法问题。这一问题解决了，应用文的主旨才能彰显凸显。常用的方法有：

一、标题彰旨

即用标题概括并彰显主旨，如《××市人民政府关于加强"门前三包"责任制管理的通告》。

二、开宗明旨

在应用文中明白、准确地表达主旨的句子，叫主旨句。最直接的方法是在正文开头用主旨句来显示写作主旨，即开宗明义、片言居要。通知、通报、通告、报告、规章文书等常用此法。如《中华人民共和国教师法》第1条："为了保障教师的合法权益，建设具有良好的思想品德修养和业务素质的教师队伍，促进社会主义教育事业的发展，制定本法。"

三、篇末点旨

在应用文正文的结尾"卒章显志"，点明写作主旨，即为篇末点题。

四、呼应显旨

在正文的开头和结尾前后呼应，以突出主旨。

这种写法多于开头提出与主旨相关的问题，篇末呼应之。

五、小标题显旨

把主旨分解成几个部分，每个部分用一个小标题来显示。

也有一些主旨不是以小标题形式出现，而是以段旨句或条旨句的形式出现的。

必须说明的是，在应用文写作中，为使写作主旨更加突出、鲜明，常常将以上显示主旨的方法综合使用。

【思考与练习】

1. 结合实际谈谈应用文主旨的地位及作用。
2. 为什么应用文在撰写之前，必须确立一个明确的主旨？
3. 应用文的主旨要符合哪些要求？
4. 应用文常用的彰显主旨的方法有哪些？试分析例文表现主旨的方法。

第三章

材 料

第一节 材料的概念及作用

一、材料的概念

材料是应用文的构成要素之一，是作者为了某一写作目的而搜集、摄取、积累以及写入文章，用以表达主旨的一系列现象、事实或思想、观念、理论。

材料有素材与题材之分。素材是作者从生活中搜集和积累起来的，未经任何加工整理的，分散、零碎、不系统的感性原始材料；题材则是从素材中经过选择、加工、提炼，集中写入文章，用来表达主旨的材料。在文艺作品中，题材是指构成一篇（或一部）叙事性作品内容的一组完整的生活现象，它一般包括人物、情节、环境三个要素。在应用文中，它包括为主旨和作者意图服务的各类信息、情报、数据、图表、人物、事件及其他例证，还包括人们对客观世界的理性认识、公理、法则、知识等等。区分素材与题材概念的实质意义，在于促进作者完成从素材到题材的转化这一艰巨任务。

材料是写作的基础。有直接实用价值的应用文更要显示以材料取胜，靠材料说话的特点。人们常说“巧妇难为无米之炊”，“米”就是材料，没有“米”，就做不成饭，也难以表现“巧妇”之“巧”。没有材料，再高明的大手笔也无法施展才能。一切真正有科学价值的好文章，都是在大量占有材料的基础上写成的。

马克思以四十年的心血完成了《资本论》的写作。他在收集材料上花了很大气力，曾阅读了 1500 多种书籍，写了 100 多本摘要和记录，仅 1861 年至 l863 年两年内，在大英博物馆摘记的材料就有 23 本。

参加我国人民代表大会的代表为写出一份议案或建议，会前常常要走访许多地方，实地调查许多人和事，力求言之有故，持之有据。

在日常使用的应用文中，无论是汇报情况，反映问题，还是评价工作，预测趋势，都要以充实的材料为基础。而且由于应用文文风尚实，注重以内容取胜，比之文艺作品，材料在其中尤其有着不可低估的地位。

二、材料在应用文中的作用

第一，材料是提出问题的依据。

应用文的一大用途，就是根据工作实际，及时、准确地提出问题，进而分析问题，解决问题。问题，就是矛盾。提出问题，就是抓住需要解决的矛盾。那么，根据什么提出问题呢？就要依靠我们掌握的材料。比如，某厂设备陈旧，影响企业发展，产品质量、产值、利润都受到严重制约。该厂向上级主管部门呈交一份关于引进某种先进设备的请示，即是向上级提出了一个需要解决的问题。在请示中就要根据掌握的材料说明现有设备的实际状况及对生产的影响，还要根据材料说明需要引进的设备概况，引进后会带来什么好的效果，包括产量、质量、品种、消耗、生产条件及经济效益方面的改观预计等，有了这些依据，提出的问题就显得有实在的理由和根基，有了明显的必要性和可行性，就容易得到批准。再如，某单位在资金管理上存在漏洞，某管理人员向领导提出加强资金管理的建议，他就需要先根据自己调查了解的材料列出种种违反资金管理规定的不良表现，诸如私设小金库，套用现金，白条报销和无发票付款等。有了这些材料，才能使单位主管领导感到他提出的是一个确实需要解决的严重问题。如果以上两个例子中的作者，没有充分可靠的材料作为依据，只是抽象、笼统地提要求，讲道理，他们所提的问题就很难列入议事日程，也就谈不上解决了。

第二，材料是确定观点的基础。

观点(主旨)是从材料中形成的。材料积累多了，对材料进行科学的综合分析，就能引出见解与结论来。

观点，就应用文而言，是作者对客观事物所持的态度，或者是为解决客观存在的现实问题而提出的意见、办法、主张、建议等。要及时、准确地发现问题，正确地反映问题和解决问题，即形成正确的观点，就既不能凭我们的主观臆想，也不能根据道听途说或人云亦云，必须根据我们掌握的大量素材，经过加工、分析、整理、提炼，从表面现象看到实质，从感性认识上升到理性认识。材料是形成观点的基础，离开了大量、充分的材料基础，观点就成了空中楼阁。

第三，材料是观点的佐证。

材料是表达观点的物质内容。写作前，正确的观点是从大量的材料中提炼出来的；写作时，正确的观点又需要准确、翔实的材料作为佐证。只有观点，没有材料，观点就成了抽象、空洞、笼统的概念，这样的观点就立不起来，即使勉强立起来，也是软弱无力、缺乏科学性和说服力的。因此，要使观点确立，必须依靠有说服力的、典型的、有普遍意义的材料来加以支持、说明和印证。

德国的地球物理学家魏根纳 1915 年发表了《大陆的起源》一书，提出了大约在三亿年前，地球表面只有一个统一的大陆，大陆周围都是海洋的见解，创立了“大陆漂移说”。他用大量的事实材料为论据加以论证：大西洋两岸海岸线的轮廓极为相似，几乎可以拼合在一起；两岸岩石具有相同的年龄、岩相，甚至岩石的纹理也能吻合，两岸的沉积物和熔岩的层序几乎完全相同；两岸岩层中有相同的动植物化石；两岸的山系、矿产、古气候都极为相似等。魏根纳据此提出了由于太阳和月亮运行造成的引潮力和地球自转产生的离心力，使原始大陆分裂，并且作水平漂移，逐渐形成现在的海陆面貌的科学设想。这些具体、充分的事实，有力地论证了“大陆漂移说”的科学创见。

另外，从应用文写作受体的角度讲，作者的观点、意见、主张、办法，只有变成广大群众的自觉行动，才能发挥应用文指导、规范、约束人们行为、影响社会生活的作用。这就要求作者对自己提出的观点、意见、主张、办法等运用充分的材料加以深入阐述。使人不仅知其然，还知其所以然，清楚要办什么事，为什么办，如何去办。否则，缺乏翔实的事实和充分的理由材料，其主张难以使人信服，也无法付诸实施。

第二节　材料工作的四个环节

一篇文章的完成，从搜集素材始，到用题材表现终，作者的大部分精力时间都投入到材料工作中。一些人写作的失败，其实并非失败在撰写上，而是失败在材料工作的欠缺上。因此，要重视材料工作的各个环节，认真做好材料的占有、鉴别、选择和使用工作。这四项系列性工作，通常被称为材料工作的四个环节。

一、材料的占有

占有材料是写作的起点与基础，也是写作能力培养的一项基本功。

占有材料，必须突出一个“多”字。“积学以储宝，酌理以富才。”（刘勰《文心雕龙》）材料积累得多了，用起来就得心应手，游刃有余。写成的文章也丰满、充实，有感染力和说服力；材料积累不多，用起来捉襟见肘，左右为难，勉强成文，也难免有单薄空泛之感，而且容易出现片面性，更谈不上有吸引力、说服力了。

再说，数量和质量是对立统一的，没有数量便没有质量。材料占有得多，通过比较，鉴别，就可以从中选取高质量的事实和理论论据。材料越多，挑选的余地越大，质量相对就越高。另外，材料也是提炼主旨的基础，材料积累得越多，作者的思想也就越活跃，越能形成好的立意。占有材料，在“多”的原则下，还应力求“全”和“详”。“全”，指搜集、积累资料要全面。不仅要有直接材料，还要有间接材料；不仅有现实材料，还有历史材料；不仅有正面材料，还有反面、侧面材料；不仅有核心材料，还有背景材料；不仅有死材料，还有活材料，尽可能丰富全面。“详”，即具体详尽。写作时使用的材料，有具体材料，也有概括性材料。而概括性材料是作者对具体材料加工之后形成的，为使概括准确，搜集、积累素材应尽可能详细，以便给后期的鉴别、剪裁、提炼和使用留下余地。

占有材料的途径主要有观察体验、调查研究和阅读集录等数种。

（一）观察体验

所谓“观察”，是指通过感官（主要是听觉与视觉）对自然状态下的客观事物的感知和认识。它往往是根据一定的研究目的进行的，是一种有意识、有计划占有材料的行为。在日常工作中，这种方法经常使用。例如，实地观察现场工人的工作，了解其劳动量，以便为某一工种制订定额；观察某道路交叉口的车流量、人流量，为设计立交桥提供依据；观察商店中人们购买某一商品的情况，统计其数量，倾听其意见，为改进商品质量收集资料等。

客观和真实是对观察的基本要求。在观察中，不可片面偏颇，不可记录讹误，要排除主观评价，客观而真实地记录所观察的情况。在此基础上，还应注意观察的深度，不可仅仅满足于观察事物的表象，还应注意观察事物的全貌、全过程，观察这一事物与其他事物的联系。

观察的方法，常见的有：

（1）点面结合观察法。把对事物整体的全面观察与局部的细致观察相结合，以求观察的深入。

（2）多角度观察法。变换角度，力求全方位观察，防止片面性，把握事物的复杂特征。

（3）比较观察法。通过比较观察，辨别事物的差异，抓住事物的特征。比较可以是同一事物在不同发展阶段的纵向比较，也可以是两个以上同类事物在不同环境（地区）中的横向比较。

（4）动态观察法。指对同一事物进行不间断的多次观察。这种方法可以积累系统的资料，有利于认识事物的趋势和规律，也有利于克服偶然性因素，增强观察的准确性。

体验：指人们通过对外界客观现实的直接接触，获得一定的感受，即感性认识。体验是取得直接材料的一种途径，我们所积累的经验就是从体验开始的。各个岗位的工作人员，平时应结合自己的工作实践，把包括体验在内的各类资料积累起来，一则可以逐渐形成见解，二则可以积累储备资料，以免需要时“临时抱佛脚”，手忙脚乱。

（二）调查研究

调查，是通过有目的、有计划地到实践中考察、了解而获取材料的一种方法和途径，这是辩证唯物主义的认识论在实际工作中的具体运用。通过调查可以获得丰富的第一手资料，有了丰富资料的坚实基础，才可能产生优秀的文章，古今中外许多典型实例都证明了这一点。

司马迁作《史记》，除了博览群书获取第二手资料外，他曾两度漫游大江南北，历览了祖国的名山大川和古城重镇，游踪所至有大半个中国，广泛考察了各地区，包括西南、西北少数民族地区在内的风土人情和社会风貌，实地搜集了各类历史人物、历史事件的大量史料，特别是采集了汉初刘邦统治集团的重要人物，如萧何、韩信、张良、樊哙及对立面项羽等人的许多活资料。得益于这些丰富材料，司马迁终于写成了“究天人之际，通古今之变，成一家之言”的史笔鸿著《史记》（司马迁《报任少卿书》）。

郦道元作《水经注》，除参阅各类书籍地图外，还跋山涉水，亲自到各地考察，掌握了大量的第一手资料，《水经注》里记载了1252条大小河流，并对其流域内的地理、气候、物产，名胜以及民俗、城邑兴衰，神话传说都作了综合描写，为我们留下了宝贵的文化遗产。

李时珍踏遍青山，采撷百草，访问了成千上万的人，花了整整27年时间，写出了《本草纲目》54卷，共190多万字，收载药物1892种，药方11096个，并附有动植物插图1110幅，付出了大半生的心血，才完成这一伟大的药学巨著。

今天的应用文，许多文体直接以调查研究为写作内容，例如调查报告，市场调查和市场预测报告、简报、可行性研究报告等。也有不少文体以调查研究为前提条件，例如市场预测报告、总结、计划、通报，甚至广告等。国家每一次重大政策的出台和重大举措的施行，无不以大量的调查工作为基础。

做好调查必须讲究调查方法，目前所使用的调查方法主要有：普通调查、重点调查、典型调查、抽样调查等。其具体操作方法有以下几种：

（1）开调查会。可以有目的选择了解情况或有代表性的人员参加，通过口问手录、讨论征询来采集获取材料。

（2）召开汇报会。

（3）问卷调查。

（4）个别采访。

以上方法各有利弊，可以结合使用，以便使调查结果更为真实准确。

为收到比较理想的调查结果，有三点应予注意：

第一，坚持实事求是的原则。实事求是是调查的根本态度和原则。为提高调查工作效率，调查前，一般都要订一个调查计划，列一个提纲，但绝不允许把结论产生在调查研究之前。如果先入为主，带着结论去找例证，按图索骥，合则留，不合则去，这就从根本上违反了调查研究的本意。也不能人为地夸大、缩小或隐瞒、歪曲事实,无论结论如何,都应实事求是地对待。

第二,态度诚恳、谦虚,充分发挥主观能动性。调查中,调查者要诚恳待人,虚心求教,力求做到“六勤”,即腿勤、口勤、眼勤、手勤、耳勤、脑勤,充分发挥主观能动性。要多跑、多问、多看、多记、多听,多思。边问边听,边听边记,边记边思,还要注意把询问、启发和讨论相结合,提高调查质量。

第三,调查不可浅尝辄止,要尽可能多地掌握材料。浮光掠影、走马观花式的调查,所得材料有限,既难从中提炼出精彩深刻的思想、观点,也不可能有力地说明问题。

因此,调查决不可浅尝辄止。这其中的含义包括:一是数量上尽可能多;二是类型上尽可能广,正面的、反面的、现在的、历史的、具体的、概括的,还要搜集一些可比性材料;三是质量尽可能高,有代表性、典型性的材料要重点搜集,尽可能详细、准确。

(三)阅读集录

阅读集录,是从各类书籍、文献、资料、网络中搜集、积累间接材料的一种重要途径。从文字资料中吸取间接经验,了解和认识社会,丰富知识,增长才干,不仅是必要的,而且是必须的。因为一个人不可能放弃前人、他人创造的知识基础而事事从头做起。

当今社会是信息量急剧膨胀的社会。仅以科学期刊为例,据美国科技史家德里克・普赖斯统计:1750 年全世界仅有 10 种左右的科学期刊,19 世纪初期达到 100 种左右,1865 年突破 1000 种,即每 50 年增加 10 倍;现在正以每年增加 1500 种新期刊的速度发展着。他预计每隔 10～15 年增加一倍。另据 19 世纪 70 年代初统计,全世界每年出版各类科技书籍 50 万种,科技杂志 4 万种,发表科技论文 300 万篇。互联网的建立和发展,更使难以计量的信息以光纤的速度在全世界传送。如此巨大的信息量,就要求我们在收集、传递、整理、使用时要及时、迅速,做个有心人,随时注意收集和接纳。

今天我们应用文中使用的材料,许多来自现成的文字资料,诸如年鉴、统计报表、计划总结、简报、科技报告、会议纪要、各类书籍等。通过阅读、集录、整理、加工后又再次被使用。我们的领导机关、尤其是中高级机关或部门的一部分同志,专门从事各类信息资料的阅读、集录、分类整理和筛选工作,以备各部门使用。国务院办公厅秘书局每天收到的简报、资料达上百种,约几十万字之多,此外还有电报、传真、会议、信访、文件、报刊、网络等涌来的各种信息。经过有关人员阅读集录、加工整理后被分门别类派上用场,其中一部分又成为新的应用文的使用材料。

阅读、集录是一项经常性工作,需要以强烈的事业心和责任感为动力,每个有事业心的人都要养成积累材料的好习惯,随时搜集记录自己认为有价值的材料,与自己的工作和研究课题联系紧密的材料,更应重点收集,这即是梁启超所说的“积铢累寸”。具体方法,可以根据对材料的详略需求、篇幅大小及使用要求分别采取编目、提要、摘录、下载、复印等方式,还可以融进自己阅读后的心得和启发,写成读书笔记。

二、*材料的鉴别*

鉴别是材料工作的第二环节。作者从不同途径获取大量资料,为应用文写作准备了物质基础。但哪些材料可以使用,还需要鉴别,鉴别是选材的基础。同时,鉴别可以把我们占有素材时那种对材料初步、表面、感性的认识,提高一步,加深对材料的理解,所以说,鉴别是对材料的再认识。

鉴别,要突出一个“精”字。要求作者以科学的态度、辩证的方法,根据应用文的目的要求,从材料的本质上区分优劣高低。

(一)确定性质

作者从不同时间、不同空间、不同途径获得的材料是各种各样的,其性质纷呈、蕴意有别。有些材料可以用来说明几方面的问题,有的材料相互游离,缺乏联系,孤立地存在于作者的记忆中。然而从本质上讲,一定的材料,只能表现一定的思想。鉴别就要首先搞清楚某一材料能说明什么问题,能从中提炼或引出什么思想、观点和结论,即确定其性质。

主旨是确定材料性质的依据。凡与主旨联系紧密,能表达同一主旨的材料,就被视为同一性质,具有候选资格。凡不能表达同一主旨的材料,即使再生动、再新颖,也不能纳入以特定主旨为凝聚点的文章系列,否则,会破坏文章的和谐,影响主旨的表达。

在鉴别材料性质时应注意,相反和对立也是一种联系。与主旨相反、对立的材料,在文中可以起到反衬、对比、强化主旨的作用。恰当使用,往往可以收到意想不到的效果。所以,不应将此类材料混同于其他不同性质的材料。

(二)辨别真伪

辨别真伪,旨在确定材料的真实可靠性。真实是实用性文章的生命,因此,它非常强调材料的真实可靠性,文学作品的材料,往往只要求反映事物的本质真实。因而允许虚构、夸张、集中,允许用典型化的手法反映生活。而应用文的材料,要求既符合客观的真实,也符合本质的真实,它们是在“真”、“准”的前提下经筛选、取舍而获得的绝对真实的材料。

辨别真伪,首先要辨别材料的客观真实性,要求材料客观存在,无伪无误。鉴别中要认真核对、查证所取事实、例证、数据,及其时间、地点、涉及的人员等的真实程度。既不能根据需要主观臆造,也不允许移花接木,张冠李戴,还不允许夸张、缩小、扭曲。要首先保证应用文材料的客观真实性。

郭沫若在论及史学研究的材料鉴定时说:“材料的鉴别是最必要的基础阶段,材料不够固然大成问题,而材料的真伪或时代性如未规定清楚,那比缺乏材料还要危险。因为缺乏材料,顶多得不出结论而已;而材料不正确,便会得出错误的结论,这样的结论,比没有更为有害。”(《十批判书》)这段话同样适用于一般的应用文。

有时我们会碰到这样一些材料,从全局看,它是偶然的、个别的材料;从局部看,它确实存在于客观实际中,是真实的,但它却不能反映事物的整体面貌和本质。鉴别材料,就要剔除那些个别的、偶然的、不能反映事物本质的虚假材料,防止以偏概全,以个别代替一般的错误发生。列宁曾强调说:“如果从事实的全部总和,从事实的联系去掌握事实,那么,事实不仅是‘胜于雄辩的东西’,而且是证据确凿的东西。如果不是从全部总和,不是从联系中去掌握事实,而是片断的和随机挑出来的,那么事实就只能是一种儿戏,或者连儿戏也不如。”(《统计学和社会学》,《列宁全集》第23卷)

(三)衡量价值

衡量材料的价值,旨在明确材料对表现主旨的效用的大小。材料的价值如何,在于它能否说明主旨和说明的程度,不同的材料自然会在说明主旨的价值上形成差异。

通过鉴别,我们应明确哪些材料是有用的,哪些材料是无用的。哪些材料说明问题充分有力,价值大,使用时可以作为重点;哪材料价值小,使用时只能作为次要、辅助的材料等等。经过对材料价值的衡量,便对材料分量的轻重,使用的取舍、主次、先后等,有了基本把握。因此,材料的鉴别直接关系到选材与使用环节的质量。

三、材料的选择

人们强调要“言之有物”,但尽管如此,人们不可能,也没有必要把所有收集到的材料都写入文章。应用文强调效用,要精练,要求撰写快、传送快、实施快。精练,也表现在材料的精练上。因此必须认真选材。

选择材料,要突出一个“严”字。大凡内涵深刻,底蕴雄厚的文章,大都是在浩繁如沙的材料中严加筛选,淘洗出如金的材料来表现主旨的。优秀通讯《人民的好医生——李月华》,30多人采访60天,收集了上百万字的素材,而最后使用的仅仅1万字。

历史巨著《第三帝国的兴亡》,是作者威廉·夏伊勒利用他在第二次世界大战爆发前和大战期间在德国采访时积累起来的大量材料写成的。全书共计130万字,看去为数不少,然而作者看过的档案资料就有几吨重。

占有材料,如韩信点兵,要“多多益善”;选用材料,如岳飞打仗,要“以少胜多”。占有、选择材料中的“多”与“少”,显然包含着“质”与“量”的深刻辩证法。这就是说,在经过“严选”而见诸文字的材料背后,有许多没有写出来但作为它的支持和后盾存在的诸多材料。它们潜在于字里行间,显示着无形的“底力”。材料越多,“后盾”越强,“底力”也就越强。所以,选材中的舍弃,决非消极的舍弃,而是积极的“扬弃”。

从应用文写作的角度来看,选择材料的原则和要求是:

(一)围绕主旨选择

应用文材料的选择,要紧紧围绕主旨和中心内容进行,凡写进文章的材料,都应该成为表达主旨的有机组成部分,成为主旨的有力支持。游离于主旨之外,或与主旨关系不密切,不能互相呼应、勾通、交融的材料,都应坚决舍弃;凡能说明和表现主旨的材料,则可使用。所以,所选材料必须切题,必须有针对性,能紧扣写作主旨;有实用性,能具体显示或说明主旨。材料是否切题的实质是观点和材料是否统一,我们应当做到观点统率材料、材料表现观点。材料与观点分离是应用文写作的大忌。

选材时,有两种材料需要注意:一是有的材料虽然与主旨关系不密切,但材料本身新颖、生动;二是自己经过一番艰辛调查,很不容易才收集到的材料。面对这两种材料,有的人往往不忍割爱,千方百计写入文中。这样势必影响应用文的整体效果。对材料坚持严选、精选,是提高应用文质量的重要保证。

(二)选真实准确的材料

真实、准确,即是确凿,是指写进应用文里的材料必须做到一真二准、确凿无误。这是应用文选择材料必须坚持的一条基本原则。

真实是实用性文章的生命,写进应用文的材料必须绝对真实,必须是客观存在的事实和事理。这是应用文写作必须遵循的基本原则,也是职业道德、思想作风、工作作风的具体体现。真实才能经得起实践和历史的考验,也才有雄辩的内在力量。

要做到真实准确,就要求我们以科学求实的精神,认真仔细审析和选择材料,保证应用文使用的每一个事实、数据以至人名、地点、时间、引言等都确凿无误,每一句阐述、概括、评价都准确科学,绝不可夸大、缩小、歪曲和虚构事实。要以实为本,言之有据,实事求是。尤其是信息情报、调查研究、决策计划、指挥管理之类的应用文,更要强调材料的真实准确性。否则,将会给实际工作带来难以弥补的损失。

最常见的材料失实情况有两类，一是以情害义，以主观欲望代替客观现实，这主要是由于主观认识的问题导致的；二是由于工作作风马虎、粗心大意，或知识局限、不求甚解导致的。但无论哪种情况，都于工作无益，都应克服改进。

(三)选典型而富有说服力的材料

写应用文，仅有真实准确的材料是不够的，这只达到了一般要求，还需要选用典型材料。所谓“典型”材料，是指那些能够深刻揭示事物本质和规律，具有广泛代表性和深刻说服力的材料。有的应用文主旨正确，却文章平平，多是材料不典型，缺乏说服力的缘故。使用典型材料，可以收到以少胜多、“以一当十”的效果，它能增强应用文的说服力度。如据《文汇报》报道，复旦大学于 2005 年 6 月在进行的每年一度的汉语言文字大赛中爆出意外，夺魁者竟是该校的留学生队。这一结果令人“尴尬”。这说明，中国学生对母语学习投入的时间和精力普遍有限，对母语的运用能力堪忧。又如新华社记者的文章《奔向二○○○》举的一个例子，1901 年 2 月 3 日，入侵我国的“八国联军”统帅，德国人瓦德西给德皇威廉二世呈了一个“奏议”，其中有这样几句话：“(中国)武备之虚弱，财源之衰竭，政象之纷乱，实为一个千载难逢之实行瓜分之机！”这是中国近代史上铁的事实，一个非常典型的反面材料，它有力地说明了“落后就要挨打”，不发奋图强，虚弱、衰败、动乱，就会给敌人以可乘之机。可见，一个典型事例的恰当使用，马上就会使文章振作起来，给读者以强烈影响。

典型的材料能以一当十，令人注目，起到有力支撑观点的作用。

(四)选新颖、生动的材料

新颖，是指写进应用文里的材料，必须有强烈的时代感，能够表现客观事物的发展变化趋势，反映客观事物的最新面貌，以及现实生活中人们最关心的那些新人、新事、新思想、新成果和新问题。

应用文虽然不像文学作品那样有生动的表现手法，有曲折动人的情节和优美的景物描写，但并不排斥生动。应用文的生动主要表现在材料本身的新颖和生动上。新颖、生动的材料，其本身就有发人深省的力量，具有吸引力、说服力、号召力，能够深刻地说明观点和回答问题，看后使人耳目一新，过目难忘。同时新颖生动的材料，也便于表现新思想、新主题，使文章生动活泼、充满朝气。

有时候，一些“旧闻”因发生了新的变化或发现了新的情况而被激活，也成为引人关注的新颖材料。如著名科学家、中国科学院新疆分院院长彭加木于 1980 年 6 月 17 日在罗布泊考察时失踪。而在时隔 26 年之后，2006 年 4 月在罗布泊发现了一具干尸，疑是彭加木的遗体，《光明日报》以《彭加木：魂归罗布泊》为题对 80 年代至今的相关情况全面报道，使“旧闻”变为“新闻”。又如，2005 年 9 月据《中国新闻周刊》载，发生在 1976 年 7 月 28 日的唐山大地震曾准确预报，但当时未受重视，造成 24 万人死亡，作家张庆洲 29 年后揭开真相，各报刊连连转载，使旧闻变为新闻。

社会在发展，时代在前进，事物在变化，作为直接取材于现实、作用于现实的应用文，理应用新人物、新事例、新情况、新成果、新道理等新颖材料来反映社会现实。像新闻报道、工作总结、调查报告、市场预测、会议纪要等应用文，不但要求事例新，而且要求观点新，提出的问题要新，分析说明问题的角度也要新，这样写成的文章才能吸引人，给人以新的启示。如若所用的材料无一新意、陈陈相因，再好的立意，也是难以收到预期效果的。

为了搜集选用新颖生动的材料，写作者要跟上时代步伐，进行科学思维，用新的眼光考察各种现象，以高度的敏感发现新事物、新经验、新问题，处处作个有心人。

四、材料的使用

材料的占有、鉴定、选择完成之后，材料工作就进入最后的实质性环节——使用环节。材料的使用与文章的结构、表达是密不可分、同时进行的，所以要融汇到结构、表达中去讲述。在这里只谈谈材料的剪裁、详略的处理和合理使用的方法。

经过鉴定选择的待用材料，从总体上看，它们都能够表现主旨。但如果进一步做具体分析，就会发现，一个材料，往往是精华与糟粕并存，有用与无用同在。最终表现主旨的，常常不是整个材料，而是其中的一部分。所以，使用时，就不能原封不动地搬进文章，而必须根据主旨的需要和体裁的要求做合理的删剪。要删掉与表达主旨无关或关系不大的枝叉蔓节，减略它们自身冗长而无关紧要的发展过程，截取它们最能说明主旨的精要、核心部分，这样才能集中有效地表达主旨。

确定材料的详略和主次，应以与主旨的关系远近、材料的价值高低和特点为准，一般来说，对主旨表达价值越高的材料越应详尽，反之，则应略写；处于主体地位的材料应详，处于从属地位，只起过渡、铺垫作用的材料要略。同其他入选材料相比，彼此间的相异处要详，相同处要略；就材料本身而言，显示其个性的部分要详，反映其共性部分的要略；新颖的，鲜为人知的材料要详，一般性材料要略。总之，材料的剪裁和详略处理，就文章整体来看，应主次分明，详略得当，疏密有致；就材料自身来看，或淋漓尽致，或点到为止，物尽其用，各得其所。

合理使用材料，是指在应用文写作中，要根据表现主旨的需要，按照一定的思路合乎逻辑地、和谐地组织材料，使材料与观点形成一个有机的整体，达到说明主旨的目的。

应用文写作使用材料的方法主要有：

1. 先亮观点，后举材料

这是先用层、段、条概括出观点，然后列举事实材料或理论材料来陈述观点的方法。用这种方法安排材料的优点是观点鲜明，引人注目。

2. 先举材料，后亮观点

这是先举事实、列数字或说明根据，然后推导出结论、归纳出观点的方法。这种方法的优点是由事到理，说服力强。叙事性应用文或文中叙事性较强的片断常用此法写作。

3. 边举材料，边亮观点

这是边举材料，边亮观点的夹叙夹议方法。这种方法的优点是既摆事实又讲道理，行文层层深入，便于理解。应用文中叙事说理性较强的部分常用此法写作。

【思考与练习】

1. 什么是素材？什么是题材？明确其概念的意义何在？

2. 材料在文章中的作用是什么？

3. 搜集材料和选择材料的原则各是什么？为什么要遵循这些原则？

4. 如何确定材料的详略？

第四章

结　构

第一节　结构的概念及意义

结构是文章的内部组织构造。安排结构，是作者围绕主旨，按照一定的顺序，把选入的材料科学地组织起来。人们也称之为“谋篇布局”。

结构和主旨、材料、语言一起，被称为写作的四大要素。对此，人们常以形象的比喻来说明它们的作用和相互关系：一篇好文章犹如一个健康的人，主旨犹如灵魂，材料好比血肉，结构恰似骨骼，没有坚实、健壮的“骨骼”，血肉无所依附，灵魂无所寄托；“骨骼”如不完整、匀称，人势必畸形变态。所以结构是动笔之前必须精心运思，努力解决好的问题。

文章的起码要求，是要言之有理，言之有物，言之有序。有理，指主旨明确；有物，指内容充实；有序，指组织结构条理清晰。应用文也无例外。但我们却常常看到这样的情形：一些人在动笔写应用文之前，对于这篇文章怎样布局，从哪几个方面表现主旨，段落、层次怎样安排，用哪些事例去加以说明，以至怎样开头，怎样结尾，怎样搞好层次之间的过渡与照应等，既没有比较完整的考虑与安排，也没有一个提纲，边写边想，边想边写，想到什么就写什么，写出的东西罗列现象，堆砌材料，以致杂乱无章，不知所云。

一位导师看过一位研究生的论文初稿后，提出如下意见：

这里写的两万多字还不是一篇学术论文，甚至还不是一篇文章，而只是一些没有串联起来的“散装”的看法和史料。文章没有一个中心议题，没有主帅，各个部分各自为政；相同的断语多次重复出现；同一资料前后重复使用。本文究竟要说明一个什么样的问题，作者心中无数。作者只感到有这么一些问题要写，要议论，但它们之间是什么关系——主属关系？并列关系？不明确，没有理出一个系统来。

必须打散重写！首先找出一个中心来，找出一个主帅来，然后分出几部分。这几部分应当是并列或者是递进的，而不应当是重复的或交叉的。它们围绕一个中心，统属于一个主帅，集中论证一个中心议题，要重新检查，挑选现有的材料，把它们分别归属到有关的论点之下，把重复的材料删去，欠缺的材料继续搜集，补足。同一史料，相同的词语在文章中重复出现，既不必要，又令人厌烦。

这段评语指出的论文除了主旨的问题外，还有结构问题：纲目不清，章法无序，安排紊乱。所以，杂乱无章的文章是无法达到预期目的的。这一事例从反面说明结构之于文章的重要意义。正像日本作家小林多喜二所说：“正如‘结构’两字的字面含义是盖房子一样，不管你的材料有多么优良，不管你的目的又是多么高尚，如果盖得不好，摇摇晃晃，结果是毫无用场的。”（《小说写作法》，《小林多喜二选集》第三卷）

第二节　思路与结构

一、思路与结构的关系

思路与结构是什么关系？思路就是作者思想的路子，换句话说。就是作者思想的头绪和脉络；结构则是文章的整体框架、内部构成及顺序。思路和结构互为表里，在人的头脑中表现为思路，在文章中表现为结构。作者的思路借助文章结构加以表现，文章的结构又成为作者思路的外化。因此，思路不清，文章的结构不可能清楚。由于人们的思想观念、生活经历、文化素质、才情禀赋各不相同，写作目的和对文体的认识掌握存在差异，对问题的思考方法、习惯也有所区别，这些情况反映到文章里，就表现为文章的不同思路和形态。文章的思路，应当是作者整体思维、系统思考的结果。

马克思主义认识论和现代系统学告诉我们，任何客观事物都是有序的。“序”，是客观事物本身排列的依据，是客观规律。从认识论的角度讲，由于事物的多角度，多侧面，多层次，多时态，人们最初对它的认识，往往是模糊的、杂乱的，经过对材料的一系列加工，到诉诸文字、形成文章时，就要求作者依据事物所固有的顺序，使自己的认识和事物发生、发展的步骤相一致，和事物间的联结状态相吻合。即依据事物的“序”，对自己的认识进行调整，使其条理化，科学化，形成一个有机联系的系统。有时所写的事物比较复杂，许多方面、各种因素、各种矛盾交织在一起，那么就应该下大力气把它们的头绪理出来，使之形成一个有纲有目有层次有先后的系统。这一认识系统就是“思路”，表现在文章中就是结构。

二、应用文写作的思维特点

任何写作，都是思维的艺术。思维主宰着写作的全过程。写作有其共同的思维规律，而不同门类的写作，又有其不同的思维特点。一般说来，应用文写作，有以下思维特点：

（一）构思谋篇主要运用逻辑思维

不同类型的写作，会采用不同类型的思维形式。文艺创作主要采用形象思维，而应用写作则主要采用抽象思维，即逻辑思维。所谓逻辑思维，是一种舍弃具体表象，依靠概念、判断、推理而进行的思维活动，它要在思维过程中实现由形象到概念、由具体到抽象的转变，并以抽象的概念来揭示事物的本质，表述认识的结果。

在应用写作中，选题立意的过程，主要是对材料进行提炼、升华，需要凭借逻辑思维来实现；在围绕主旨选择材料时，要通过鉴别判断材料有无价值，筛选出能说明、佐证、支持立意成立的材料，这个过程，也主要凭借逻辑思维来完成；而安排结构，也是根据应用文特定的目的要求，按照一定的逻辑顺序来组织内容的；至于下笔行文，也主要靠严谨、理性的逻辑思维驱动笔端。成文后读之，首先要让人感到文章内在的逻辑通畅，说服力强，其次要做到语体恰当。

当然，强调应用文以逻辑思维为主，并不排斥以形象思维为辅，而且，有时还要借助灵感思维。

（二）思维主体注重群体思维

应用文往往是群体思维的结晶。多数应用文是代机关立言，反映集体的意志、领导集团的意图。而且在构思、成文、制发的整个过程，已经综合了领导、业务部门和群众的众多意见，不再只是某人的个人意愿，而是集体劳动的成果、群体意愿的集中。因此撰笔人必须依据这一特点，注重群体思维。当然，应用文写作并不排斥撰写者充分发挥个体思维的积极性，但看问题的立脚点、高度、角度等都要注意靠近群体，调整至机关整体的角度来展开思维。

（三）思维过程常有一个由被动思维向主动思维的转化过程

文艺创作，思维起点通常是作者的主动思维。而撰写应用文，常常是“奉命而作”，思维起点常常是被动思维。倘若一味被动思维，就会缺乏写作积极性，影响写作质量，写出的文章也会呆滞、平庸，缺乏生气，甚至贻误工作。因此，在应用文写作中，撰笔人又必须努力、尽快地实现“换位思考”，由被动思维向主动思维的转化，变“要我写”为“我要写”。进而如能发挥主观能动性，恰当运用创造性思维，写出的应用文会在质量上跃上一个新高度。

三、应用文结构原则

第一，要正确反映客观事物的发展规律和内部联系。

应用文是管理国家事务的工具，是反映政治经济活动的工具，因此结构应用文时，必须注意看它是否有利于表现公务、经济、科研等活动的发展规律和固有联系。日常的许多应用文，例如经济预测报告，财务分析报告，人民代表大会的议案等，都是依据“提出问题——分析问题——解决问题”的规律来结构的。人们之所以采用以时间为序的“纵式结构”，是因为事件、活动总有开头、过程和结果，总有时间或情节发展的先后顺序。人们之所以采用并列的“横式结构”，也是因为一些事物转换的空间或事物的性质的几个方面、几个问题、几个观点之间的关系是并列的。所以要想写出结构严谨，层次清晰的文章，必须从研究客观事物本身的内在联系和发展规律做起。人们常说“顺理成章”，“理”就指内在联系，指逻辑、规律；“章”就是篇章、结构和章法。“顺理成章”，即是尊重客观规律，循理而为，自然也就合乎章法。

第二，要服从表达主旨的需要。

主旨是文章的“灵魂”、“统帅”，结构是表现主旨的手段。有了主旨和材料，但安排不当，结构紊乱，势必影响主旨的表达效果，甚至会使人感到不知所云。反过来，离开主旨的需求，再好的结构也失去了根据。安排结构，就是要对材料进行合理的调度与组织，使之构成以文旨为“轴心”的有机统一体。否则，主旨不明确，中心不突出，就会“言愈多而理愈乱”。《文心雕龙·附会》曾以树木、江河为例来阐述结构文章的道理与技巧：

“凡大体文章，类多枝派，整派者依源，理枝者循干。是以附辞会义，务总纲领。驱万途于同归，贞百虑于一致，使众理虽繁，而无倒置之乖，群言虽多，而无棼丝之乱；扶阳而出条，顺阴而藏迹；首尾周密，表里一体，此附会之术也。”

这段话的意思是说：一切文章，从大体上看来，就像树林多分枝，江河多支流，整理支流要顺着主流，理清分枝要遵循主干。因此连缀词句，组织思想，必须提纲挈领，把众多的思路驱向同一目标，众多的思想归属于同一主题，使得道理虽繁并无悖谬之处，议论虽多而无混乱现象。应该突出的部分就集中叙写，像枝条向着阳光繁茂生长；应该简略的地方就几笔带过，像树叶在背阴处深藏不露，使作品前后周密，形式和内容一致。这就是命意谋篇的方法。这段议论十分精辟，形象而生动地把谋篇布局对突出主旨的重要性说得十分透彻。

第三，要符合人们对客观事物的认识规律。

应用文要向它的读者传递信息，宣传观点，或提出看法、建议和措施。为便于读者认识和理解，应用文的结构必须符合人们对客观事物的认识规律。

一般来说，人们认识事物是依循由浅而深，由近而远，由低而高，由表而里，由感性到理性，由简单到复杂的规律进行的，措置结构必须考虑这些认识规律。例如，对于人们尚不熟悉的事物，结构文章时，就应该先列举种种事实再得出结论，这符合从感性到理性的认识规律。而对于人们比较熟悉、已有较为理性认识的事物，就可先亮出观点，再作分析说明和引申，这可使文章简明扼要，又符合人们认识事物由近而远，由浅而深的规律。说明、介绍事物，可以采取由概况到具体，由主而次，由表而里，逐层递进，逐渐深入的结构方式，这正符合人们对事物循序渐进的认识规律。叙述某个事件，要有让人了解事件发生、发展、结局的过程，写问题，就有暴露、认识和解决的过程，而这些都要求作者循着“开端→发展→结局”或“发现问题→分析问题→解决问题”的逻辑顺序进行。诸如此类的结构方式，符合人们的认识规律，思路容易理清，文脉容易贯通。具体展示作者思路的文章结构，自然就能做到层次清楚，逻辑顺畅。

第四，要适应不同应用文体的要求。

应用文是个比较宽泛的概念，它包括各种不同的体式。撰写文章，除了上面共有的要求外，每一种文体还有自己的内容和特点。例如规章制度、章程、条例、守则、须知等，其内容要求明确具体，易记易行易检查，因此宜于采取条款式结构；而学术论文、总结、报告等，其内容相对要求丰赡深透，需展开阐述，宜采用层段式结构；请示、起诉书、合同等文体，也各有其特定的结构模式。内容决定形式，任何应用文的结构都必须适应特定的内容和文体的要求。

按照上述原则形成的结构，应该达到，“主题显豁、脉络清晰、层次清楚、格式规范”的要求。

第三节　结构的内容

文章结构的基本内容包括：层次与段落，过渡与照应，开头与结尾。应用文也是如此。不过应用文能够以自身的特点区别于其他文章而存在，这种特点也必然表现在结构安排上。例如，应用文强调格式的定型化和结构的模式化，而且随着办公自动化的加强与推广，这一特点还有强化的趋势。所以在结构应用文时，应特别注意其自身的特点。

一、*根据内容要求精心拟题*

标题，是应用文结构的有机组成部分。好的标题，一名立就，画龙点睛，能起到提纲挈领的作用。它或提示主旨，帮助读者理解文章内容；或震撼读者心灵，给人留下深刻的印象；或提示文章的中心内容，引人注意。写应用文时，必须注意精心拟题。

标题的主要要求是：简明、准确、醒目、新颖、规范。应用文的标题最忌文题不符、含糊失当，冗长繁杂，不得其要。同时还要求遵循相对固定的文题格式。

公文标题有法定的构成要求，多数应用文也有约定俗成的文题格式。为便于实施、传递、保管和适应办公自动化的发展趋势，这一要求还须强调。表述时，除广告、讲演稿等少数文种外，应用文一般不使用比喻、象征等积极修辞手法拟标题。否则，让读者在想象中体会文意，就违背了应用文实用、准确的基本要求。标题若运用比喻、象征等手法，就应该用务实的副标题给予补充说明。例如市场调查报告的标题《水欲流而渠不畅——工业品下乡问题调查》，《是扬汤止沸还是釜底抽薪？——关于农机增长宏观控制的调查》，正副标题相互配合，达到对文题的要求。

应用文体裁纷杂，标题多样，现将常见的文题概括如下：

（1）法定公文文题。法定公文即《国家行政机关公文处理办法》规定的十三种公文，题型相对规范，使用频率高。不仅法定公文用，一般应用文也常按此结构仿效拟题。题型以基本型为主，有时有所变化。法定公文文题的写法，参见公文部分。

（2）一般应用文文题。大致可分两大类：

一是公文式，即仿效法定公文拟题。

应用文的标题可以是完全的公文式标题，也可以有所变化。通常变化时，是在发文单位，发文对象，涉及的时间、范围、目的、事由等因素中提出一个或几个因素，与"文种"组合成标题。"文种"在公文式标题中都不可少，但并不限于《国家行政机关公文处理办法》和《中国共产党机关公文处理条例》中规定的公文文种。例如：

《××省交通厅二〇〇×年工作总结》

《2010—2013年国内建材市场预测报告》

《关于改造陈旧设备的方案》

《××市××区人民法院民事调解书》

二是文章式。文章式标题比较灵活，可以用于多种应用文体。可以是单行标题；也可以是以正题为主的双行标题、多行标题。上可以有引题，下可以有副题，相互配合。此类标题又称为新闻式标题，学习时可参见新闻一章。

常见的单行文章式标题有：

主旨式：如《小排量轿车需求量日益增大》

论题式：如《论住房改革》

祈使、号召式：如《大力发展养殖业》

提问式：如《××厂为什么能迅速扭亏》

文章式标题的题型要因文制宜，按照准确、简洁、醒目、新颖的要求精心拟定，其拟写方式不限于上述几种。

二、安排好层次与段落

（一）层次

1. 层次

层次又叫"意义段"、"逻辑段"。是作者在表述主旨过程中形成的相对完整、相对独立的思想单位和意义单位，人们平常称之为"部分"。文章层次所表现的，或是事物发展的阶段性，或是客观矛盾的各个侧面，或是某一论断所包含的几个方面，或是人们表达思想的逻辑推理构成。层次是构成文章的基本单位，结构的基本任务就是根据主旨的需要，把层次安排好。

2. 层次的安排方法

对层次的安排，要前后有序，条理清楚。应注意从两方面着眼：第一，从文章的总体内容和通篇格局着眼来考虑层次划分，考虑文章应由几个部分组成，同时把材料安排到各个部分去。第二，从逻辑联系上安排各部分顺序，具体的层次安排方法有下列几种：

（1）纵向推进。这种方式按时间推移或内容深化来排列层次，其思路是纵向展开的。常见的有三种情形：

① 时序法。时序法是指按生产流程、事物发展过程或时间先后顺序安排层次的方法，这种结构方式记叙文多用。应用文中，涉及汇报工作进程、事件发生、发展经过的通报、简报、调

查报告等文种也常使用。这种方法又称为“纵向结构法”。

② 递进法。人们认识事物总有一个由浅入深、由表及里、由感性到理性的认识过程，将这一过程反映在文章层次上，就是层层深入、层层递进的结构方式。这种结构的关键，是把握好客观事物本身的事理层次或阶段，这样才能反映出事物由次到主，由轻到重，逐步纵深的发展趋向，其变异形式是递减式。

③ 因果法。因果法是指依照事物自身的因果关系进行组合的方法。它要求作者从原因到结果，或从结果到原因地结构文章层次。

(2) 横向展开。也称并列法，是指按事物不同方面、不同性质或不同类别的并列关系来安排层次的方法，其思路是横向展开的。这种结构方法在应用文中使用频率较高。如规章制度、条例、合同及分条款而写的指示，工作总结、调查报告及讲话稿等都经常使用这种结构方法。

并列结构的关键，是把材料的思想提炼好，把问题分门别类归纳准确，做到条理清晰。

这种层次安排可具体分为两种方式：

① 按照空间位置的变换来划分层次。即按事物的不同角度、不同空间转换依次安排层次。

② 按照材料的性质、内容特点划分层次。即按事物各个方面、其构成因素或材料的各种不同性质组合层次。

(3) 综合法。也称纵横法。由于文章内容复杂，可将纵向推进和横向展开综合运用来安排层次结构。采用这种纵横交叉方式要注意有主有从：或以纵向为主，横向为辅；或以横向为主，纵向为辅，不能平均用力。如先以“横向结构法”把内容按问题划分为几个并列的大层次，再以某一问题的发展时间或阶段为序表述第二层次的内容。一些内容复杂、时空变换较大、篇幅较长的应用文往往采用这种方式。

(4) 总提分承。简称总分法，这是一种辐射式展开的层次。它鲜明地体现着领属关系或整体与部分的关系，其特点是中心突出，层次分明，条理清楚。总分法是说明性、议论性应用文经常采用的组合方法。它或先总说，后分说；或先分说，后总说；或先总说，次分说，再总说。“总”，是作者的基本观点，是应用文的主旨；“分”，是对基本观点的具体阐述、分析和说明。应用文中的决定、意见、会议纪要、通知等的正文结构常呈现这种层次。

3. 层次的表述方法

为使层次清楚，可以采用以下方法表述：

(1) 采用小标题表示。每一层次拟写一个反映分观点或提示主要内容的小标题。

(2) 用序号表示。如：一、二、三、四……或“第一、第二、第三、第四……”等。

(3) 用序列词、词组表示。如用“首先，其次，再次，最后”等序列词，或用“会议认为……”，“会议决定……”，“关于××问题……”等词组来表示区分。

(二)段落

一般来说，段落是构成文章的基本单位。它是文章内容在表达时由于转折、强调、间歇等情况所形成的文字上的停顿。段落即是平常所说的“自然段”，具有换行、另起的外在标志。层次划分之后，就需要安排好段落。

划分段落的原则是必须做到单一、完整、有序和合理。单一，指在一个自然段里，只说一个意思，不把其他无关的意思混杂在一起说。完整，指一个自然段把一个意思说完全，不残缺，不留尾巴，除为了特殊的表达效果，一般不把一个意思分散在几段去说。有序，指段内的句子之间、段落之间的组合关系要合理，要有逻辑性与连贯性。合理，指段落的划分，要注意长短适度，匀称得当，既要服从应用文内容表达的需要，又要注意应用文阅读者接受心理的需要。

层次和段落关系密切。层次着眼于思想内容的划分；段落侧重于文字表达的需要。在形式上，它们有时是一致的，即段落的划分正好反映层次的内容；有时层次大于段落，即几个自然段表达同一个层次的内容；有时段落大于层次，即一个大的自然段里包含若干个小层次；有时甚至篇段合一，一段就是一篇文章，即篇章、层次、段落都相等。这种情况在一般性文章中少有，但应用文中却相对较多，尤其在命令、批复、通知、裁定书、判决书中，此类情况最为多见。

段落是反映思维进程的阶段和间歇，恰当地分段，便于阅读和理解，同时也是表达的手段之一。段落的划分，一是根据内容，一是根据需要。前者表现为内容单一，意见完整的规范段，也称意义段；后者表现为与之相对应的种种非规范段：起承上启下作用的过渡段，起强调、突出、转折、递进、提示、概括作用而独立成行的词、词组和句子等。如：

"现将情况报告如下："

"为此："

"此复。"

规范段的划分应注意以下三个问题：

其一，注意段落的单一性和完整性相结合，即一段只表达一个中心意思，这一个意思要在这一段落中说完、说透。

其二，注意各段落之间的内在联系。上下段之间衔接要紧密，不要脱节。

其三，根据内容需要划分段落的长短，使之大体匀称，并与整个篇章相宜。节奏慢的长文章，段落相对长些；节奏快的短文章，段落相对短些。

三、掌握好过渡与照应

文章是一层一层、一段一段地展开的，为了使之脉络贯通，线索分明，浑然一体，除了以主旨为纲领使各层各段显示内在联系外，过渡和照应在全文中还起着穿针引线、连缀贯穿的作用。

过渡是上下文之间的衔接与转换。需要过渡的，大体有三种情况：一种是内容的转换处，记叙事物由此件到彼件，从此时此地到彼时彼地，说明、议论事物从这个问题到那个问题，或从这层意思到那层意思的转换处；一种是由分到总，或由总到分的转换处；还有一种是在不同表达方法的转换处，如在叙述与议论，顺叙与倒叙、插叙之间的变换处等。

过渡的方法大体有三种：一种是采用过渡段，在转换幅度较大的层次与段落之间安排一个承上启下的段落；二是采用过渡句，在前一段末尾或后一段开头，用富于提示性的句子或设问句过渡；三是采用关联词语过渡。例如，两层次之间，常用"为什么"、"怎么样"的设问句过渡；由分述到总述，常用"总之……"，"综上所述……"，"总而言之……"等过渡；由总述到分述，可采用"以下一一详述"、"从以下几个方面进行分析"等过渡。另外，关联词语"但是……"、"即使……"、"尽管……"、"虽然……"、"那么……"等等也往往在段落的过渡中起着关键作用。

照应，是应用文上下文之间的关照和呼应。照应的目的，是增加文章的整体感和周密性。常见的照应方法有三种：

其一，首尾照应。开头有交代，结尾加以照应，使文章具有首尾连贯的逻辑性。如一些学术论文或调查报告，开头提出问题，主体部分展开分析、论证、阐述，结尾作出回答，得出结论，或有针对性地提出建议，使前后照应，文意贯通。

其二，前后呼应。这种方法往往通过"伏笔照应"的手法使文章意旨在同一文章中反复多次出现，它可以突出主旨，增强文章的感染力。特别是用于一些报告性质的应用文中，先有伏笔，后加照应，并在文中多处照应，使文章起伏跌宕，增强吸引力和逻辑性。

其三，文题照应。即文章内容和文章标题的照应，这种照应在应用文中使用广泛。如在学术论文，工作报告、市场调查与预测报告等应用文中都经常使用。常见的有两种情况：一是文章标题直接揭示主旨的含义，文中一处或多处“点题”、“回应”，起到突出主旨、增强效果的作用。此类文章，题目集中反映正文的主旨，正文在题目指导下展开，文题呼应紧密。二是文章标题虽包含了主旨，但比较含蓄隐晦，读者一下子难以透彻理解，就需要作者在文中适当的地方予以点破。此类文章文对题的呼应常突出表现在开头或结尾部分。

四、认真写好开头与结尾

应用文的开头和结尾，由于其地位特殊，在文章中的作用特殊，因此要认真对待。

(一)应用文的开头

开头虽然文字不多，篇幅不长，但却关系文章的全局，它反映了作者对其所要表达的思想观点的“整体”认识。在作者还没有形成对事物整体的明确认识时，就很难确定开头怎样落笔，这就是一些人写文章时为难以开头大伤脑筋的原因。

开头，在文章中起着决定基调的作用。“全篇之意，往往见于发端一、二语”（林纾《春觉斋论文》），“通篇之纲在首一段，首段得势，则通篇皆佳”（唐彪《读书作文谱》）。头开得好，如抽丝剥茧，文章主体就容易顺利展开，又可增强文章的感染力。应用文的开头多采用直截了当的平实写法，就近落笔，单刀直入，尽快引入正题；最忌讳不着边际的绕弯子，兜圈子，“下笔千言，离题万里”。有些应用文虽然也可以生动形象一些，但毕竟不是文艺作品，不能花花哨哨，故弄玄虚，或猎奇追险。

具体的开头方法很多，最常用的有以下几种：

(1) 开宗明义，提出要点和结论，引起读者注意，引导下读全文。

(2) 说明写作的目的、理由和依据，帮助读者理解应用文的内容。请示、批复、决定、规章制度都多以此法开头。

(3) 以概述基本情况或交代写作背景开头。总结、报告、调查报告、会议纪要等文种常用此法开头。基本概况可以用文字表达，也可用数据或表格表达。

(4) 以点出问题、矛盾或摆出谬论开头。部分通报、财务分析、调查报告等常用此法开头，读者可以在开头就了解应用文的针对性，进而关注它的结论和解决措施。

(5) 以表明态度开头。如：“国务院同意你部××字××号《关于……的意见》，现批转你们，望……”

(6) 以提问的方式开头，以引起注意，下文的内容主要是回答提问。

(7) 以引用法规法令、方针政策、经典著作、名人名言开头。

(8) 摘要式、回顾式开头。

应用文开头的方法很多，因文而异，因内容而异，不限于上述各种。

(二)应用文的结尾

结尾是文章的结束，是全文内容发展的自然结果。结尾好，能够加强结构的完整匀称感，深化主题，扩大效果。它可以是意尽言止，不写什么；可以是一句话，也可以单写一段。结尾要求简练，注意与全文的和谐统一及与开头的呼应，不能尾大不掉，也不可虎头蛇尾，更不能首尾乖互，互不相干。最好将开头和结尾同时考虑，统筹安排。

结尾的具体方法很多，常与开头呼应，常见的有：

(1) 卒章显志，总结全文。

(2) 照应点题，重申结论。

(3) 以专用词语结尾，如："特此报告"、"此复"、"妥否，请批复"。

(4) 揭示问题，促人深思。

(5) 提出改进建议、措施和解决办法。

(6) 表明要求、希望、态度。如"请尽快复函为盼。""上述报告，如无不妥，请批转。"

(7) 展望未来，鼓舞斗志。

开头与结尾，在格局相对固定的文体中，不宜随意改动，如来往公函、公告、通知、请示、批复、合同、诉状等。在格式要求不严的文体中，则不要千篇一律。开头结尾最忌套话敷衍，应力求简洁凝练。

五、结构安排应落实为提纲

把结构落实为提纲是构思阶段的重要任务。内容单纯、结构简单的应用文，理清思路，打好腹稿就可以执笔写。而内容复杂的文章，必须列提纲，并应反复修改提纲。提纲是将思路固定下来的手段，既便于起草，又可帮助检查思路是否通畅，还利于从整体上统筹安排材料的使用。而且，许多应用文所写的并非作者个人的观点意图，而是受命于单位、领导或某一会议，最终要经领导审阅、会议讨论才能成文。因此拟好提纲，便于在起草前及早地吸收意见，顺利完成撰写任务，有利于提高工作效率。

提纲的写法是：初拟一个标题，写下主题句或主题段，但不要一开始就把主要精力投入主题句或主题段的推敲中去。接着把层次分开，概括出各层次的主要内容和要点。然后在层次中分出段落，简括列出各段的意思和使用的材料。提纲要反复修改、补充、删减、调度。力求匀称得体，逻辑严密，层次清晰。结构复杂、材料丰富的文章要列出详细提纲；结构相对简单，材料相对较少的文章，列个粗纲即可；请领导人审阅或会议讨论、征询意见的提纲，应尽量详细些，并抄写清楚。

【思考与练习】

1. 谈谈你对结构与思路关系的理解。
2. 结构的原则是什么？
3. 搜集十篇应用文的标题，进行分析比较，说出它们各自的类型及你对它们的评价。
4. 过渡和照应的常用方法是什么？

第五章

语言表达

第一节　语言表达的意义

文章以语言为表达工具。这是它与绘画、雕塑、音乐、舞蹈等其他表达思想感情、反映社会现实的意识形态的不同之处。“语言是思想的直接现实。”(马克思、恩格斯《德意志意识形态》)这即是说,语言与思维是互为表里、互相依存、相互统一的。离开语言,就难以进行思维活动,文章也就失去了表达的基础。文字是记录语言的符号,它打破了语言的时空限制,使有声语言书面化。离开了文字,文章就失去了构成的质料。因此,语言是思想的物质外壳,是表达、交流、承载、传递信息和思想的工具,是构成文章的第一基本要素。要写好文章必须学好、用好语言,具备一定的语言表达能力。

应用文的性质和社会功能,决定了撰写应用文必须十分重视语言表达。应用文,特别是公务文书,往往直接与国家、人民、社会组织的利益相连,直接关系党的路线、方针、政策的贯彻执行,是治国兴邦的大事。有人说,应用文“笔下有财产万千,笔下有人命关天,笔下有是非曲直,笔下有毁誉忠奸”。“一字入公文,九牛拔不出。”这些话生动地说明应用文语言表达的重要性。

然而在现实生活中却存在着刘勰在《文心雕龙》里谈的现象:“才冠鸿笔,多疏尺牍。”意思是说,有些人虽然擅长写散文、诗歌、小说之类的文艺作品,但写起“尺牍”之类的应用文来,却颇为生疏,难以自如表达。之所以“多疏尺牍”,一个重要原因是他们忽视了应用文的个性,忽视了它的语言要求、表达特点及表达技巧。

第二节　应用文的主要表达方式

写作中采用的具体表达方法有五种:记叙、描写、抒情、议论和说明。由于文章性质和写作目的不同,文学作品和应用文运用的表达方式呈现出明显的差异,不同种类的应用文运用的表达方式也各有侧重。应用文很少使用描写和抒情,语言的主要表达方式为说明、叙述和议论。本章也以这三种方式为主进行介绍。

一、说明

说明是用简洁明了的文字,对事物或事理的各种属性,如性质、特征、形状、成因、结构和功能等进行客观解释和介绍。

(一)常用的说明种类

1. 定义说明

定义说明是对事物的本质属性做简要说明的方法。其重点是讲明事物、事理的质所规定性。如:“物理,是研究物质运动基本规律的学问。”

在定义说明中,判断词“是”的前、后项是可以互换的,互换后对所定义的内容并无影响。

2. 分类说明

分类说明是将事物按一定的标准划分成不同类别,并对各类别加以说明的方法。

3. 举例说明

举例说明是列举具体的例子说明事物特征的方法。其作用是把比较抽象、复杂的事物和事理解说得更加具体而明晰。举例说明要求所选例子真实、具体、典型、有代表性。

4. 数字说明

数字说明是用确凿的数据来说明事物和事理的方法。用数字来说明事物,能更科学、精确、简捷地勾勒出事物的客观面貌,给读者十分具体的印象。

5. 比较说明

比较说明是将相似或不同的事物进行类比、对比来说明事物、揭示事物性质和特征的方法。

在使用比较说明时,应考虑比较的事物之间要有可比性,比较的标准应一致。

(二)应用文说明的特点

(1) 应用文行文时往往是说明与议论、叙述结合使用。只用“说明”一种表达方式的情况较少,即使是以说明为主的一些文种,也多离不开议论、叙述。

(2) 多种说明方式常常同时使用。如数字说明和比较说明结合运用,可以从定量、定性两个方面把工作、生产、经济活动情况的历史、现状和发展变化解说得更为具体、确切,增强人们对事物认识的直感。

(3) 应用文在使用说明时,更讲究说明的客观性、内容的科学性和语言的准确性。

二、叙述

叙述是有次序地将人物、事件、管理等的经历和发展变化过程叙说、交代出来的一种表达方式。完整的叙述一般有六要素,即:时间、地点、人物、事件、原因、结果。

叙述是写作中最基本的表达方式,无论非文学作品还是文学作品都离不开它。在写作表彰或处分通报、调查报告、事故报告等应用文中,它主要用于交代背景,介绍所涉及的人、事、单位的概况,记叙事件的发生、发展、结局,以及为议论提供事实依据等。

(一)叙述的方法

1. 顺叙

顺叙是按照人物经历或事件发生、发展的自然时序进行的叙述。

2. 倒叙

倒叙是把事件的结局、事件中最突出的片断或高潮提到前面来叙述,然后再以顺叙的方式进行过程叙述的方法。

3. 插叙

插叙是在叙述主要事件的过程中,因为需要,暂时中断叙述主线,插入与中心事件有关的内容的叙述。

插叙可以对主要说明对象起到说明、补充和解释的作用。

(二)应用文叙述的特点

应用文叙述的特点主要有：

(1) 以概括叙述为主，一般不使用具体叙述。应用文的叙述要求概括准、线条粗，着重事件的整体勾画，无需具体、详尽。掌握这种叙述方法的关键在于对事件要有整体而又清晰的认识，否则难以把握好取舍、详略的尺度。

(2) 以顺叙为主，讲求平铺直叙，注重事件的过程性特点，以符合人们的认识规律，能让读者尽快了解所叙事物的内容。

(3) 以客观叙述为主。应用文要显示靠事实说话的特点，叙述要客观、准确，少用富于感情色彩的词语，要着眼于显示事实原貌、原委和事理。

三、议论

议论是作者就某个问题、事件进行评论、分析，表明自己立场、观点和态度的一种表达方式。

(一)议论的构成

完整的议论由论点、论据和论证构成。

1. 论点

论点是作者通过对材料和客观事物的分析提出的见解、主张和态度，常常由作者直截了当地提出。如："现行招标投标行政监管体制存在的弊端，亟待通过改革来完善。"

论点分为中心论点和分论点。中心论点是文章论述的核心，也称做基本论点、大论点；分论点是围绕中心论点，支撑中心论点的小论点。

2. 论据

论据是论点成立的理由和依据，即证明论点的材料。论据包括两大类：事实论据和理论论据。

事实论据指客观存在的情况、数据、事实等；理论论据指被实践证明了的正确的理论，如科学原理、定律、公理、格言、警句等。

论据支撑论点，论点统帅论据，两者相辅相成。

3. 论证

论证是组织和运用论据证明论点成立的过程和方法。

论点是核心，论据是基础，论证是连接论点和论据的桥梁。

(二)议论的类型

若以证明论点的方式来分，议论的类型有立论和驳论两种。

立论又称证明，是针对问题或事件，运用论据从正面证明自己的见解和主张的论证方法。应用文在写作时往往省略论证过程，直接写出结论、结果。

驳论是反驳对方观点，证明对方观点错误，从而确立自己观点正确的论证方法。

立论和驳论是相辅相成的，其划分也并不是绝对的。在立论文章中，常有驳论，要确立一个观点、主张，便意味着否定、批驳与之相对立的观点，破与立是辩证统一的，只不过在运用时有所侧重而已。

(三)论证的方法

应用文常用的论证方法有四种。

1. 例证法

例证法是用事实作论据,直接证明论点的方法。

2. 引证法

引证法是引用经典性言论,党和国家法规、政策、文件,公理定理,名人名言,格言谚语等来直接证明论点成立的方法,具有极大的权威性和鲜明的理论性。

运用引证法时,要完整、准确地把握原义,不能断章取义,并要做到引用的语句、标点都正确无误。

3. 对比法

对比法是将性质相反、相对或有区别的事物进行比较、对照,以证明论点的论证方法。

运用对比法时,要注意事物之间是否具有可比性。

4. 因果法

因果法是通过分析事理,揭示论点和论据之间的因果关系来证明论点正确的方法。

没有无因之果,也没有无果之因。因果联系是事物间客观、普遍的联系,采用这种论证方法,便于阐明道理,说明原因,指明发展趋势。

(四)应用文议论的特点

(1) 常常采用不完整论证以简化论证过程,直接表明论证结果、立场、主张等。

(2) 多以正面论证为主,旗帜鲜明地表明观点。

(3) 往往与其他表达方式结合使用,夹叙夹议是最常见的方式。这样可以省约叙述、说明的笔墨,突出文章主干。

第三节 应用文语言表达的要求

应用文的语言,除了文字之外,还有数字、表格和图形等,它们与文字互相补充,相得益彰,使应用文的语言独具一格,这也可以说是应用文语言的一个显著特点,下面谈谈应用文语言的要求。

一、准确精当

准确是对应用文的基本要求。它不仅仅是语言文字的问题,也是个涉及时代风尚、政治观点,以及作者品格、写作态度、文化素养等多方面因素的文风问题。所以谈准确,须从广义和狭义两方面去理解。

首先,从广义上看,它是指准确如实地反映客观事物及其本质与规律。这包括以下两点:

第一,反映事实要准确。主要是指要真实、准确、无误地反映客观事物,准确说明情况,准确分析问题,准确引出结论,而且对事物的反映程度要确切,细节要真实,完全符合事物原貌。譬如某公安干部触犯刑律,如判决书言其"知法犯法"就未准确道明真实情况,而"执法犯法"才符合事实。

班固称《史记》"其文直,其事核,不虚美,不隐恶,故谓之实录"。王充也视"虚妄之文"为寇仇。这些都是我们民族文风的好传统，写应用文就要特别注意继承发扬这种传统文风。

第二，阐述道理准确。应用文所依据的理论、方针、政策、讲话等要确实，不能歪曲篡改，不能断章取义，各取所需，也不能不顾背景、原意，生搬硬套，或任意引申。所谈的道理能说明事物的本质和规律，具有普遍指导意义。

其次，从狭义上讲，是指从语言上、逻辑上追求确切精当。它主要包括以下内容：

第一，辨析词义，掌握分寸。应用文所用的每一个词都有其表示的确切含义。真正用得精当的词语是不能替代的，一旦更换，意思就不同了。要准确表达，首先要辨析词义，尤其是要注意从同义词、近义词当中选择适当的词语。例如：妨碍——妨害，时代——时期，灾难——灾害，批评——批判，询问——讯问等，要讲究用词的分寸，恰如其分地表达事物的范围、程度、数量，轻重缓急、利弊得失，是非成败等。

表示分寸的词语很多，表数量的，有"全部"、"绝大多数"、"多数"、"半数"、"近半数"、"少数"、"极少数"、"个别"、"极个别"等十多个层次。

表程度的，有"很"、"极"、"太"、"挺"、"顶"、"最"、"更"、"十分"、"非常"、"异常"、"更加"、"比较"、"稍稍"、"略微"等。

表范围的，有"都"、"全"、"总"、"共"、"全部"、"只"、"光"、"净"、"仅仅"等。

表示时间状态的，有"已经"、"曾经"、"早已"、"刚刚"、"才"、"正在"、"将"、"就要"、"就"、"马上"、"立刻"、"顿时"、"然后"、"终于"、"常常"、"时常"、"时时"、"经常"、"不时"、"一再"、"再三"、"一直"、"一向"、"向来"、"始终"、"永远"、"忽然"、"偶然"、"偶尔"、"逐渐"、"渐渐"、"仍旧"、"依然"等。

准确运用词语应以实际情况和具体程度为依据，仔细推敲，认真对待，处处注意选词，把握用词的"分寸感"和"精确性"。某一新产品刚刚试制成功，就不能说"已大批量投入生产"；某项活动有 60％的人表示赞同，就不能说"受到普遍赞赏"。如果措辞不严密，分寸不当，就谈不上语言的准确了。

某厂的总结有这样一段话：

由于我们采取了上述措施，开始扭转了多年来前松后紧的状况，生产趋向平衡，产品稳步提高，原材料消耗普遍下降。

这里使用的"开始"、"趋向"、"稳步"、"普遍"等词，既讲出了发生的可喜变化，又没有把话说过头。从文字可以看出，作者十分注意用语的分寸，力求准确表达客观情况。

为了准确运用语言，人们常常添加一些限制、修饰词来表示分寸的区别。如"万不可做空头理论家"，"一般情况下，这一问题可以很快解决"。许多说理判断、政策和法律条文，对于词语的运用要求严格，更为讲究修饰限制词的使用。如果缺少或运用不当，表达就会不准确，实施也将成为问题。例如《民法通则》中法人的定义为："法人是具有民事权利能力和民事行为能力，依法独立享有民事权利和承担民事义务的组织。"如果缺少"组织"之前的修饰限制成分，也就抽去了这一概念的实质性标准，定义也就失去了根本意义。

第二，语言规范，语气得体。应用文所用的语言是规范的书面语言。尽管书面语言的根基是口头语言，但应用文却要求使用由口语加工提炼而成的规范书面语言，这主要是为了适应应用文庄重客观的文风的要求。应用文一般忌用方言、俚语，少用描绘性、情感性和主观成分浓郁的词语，力避因语言不规范而产生的"言外之意"，更要摒弃错别字和含糊、混乱、容易发生歧义的词语，完全口语化的语言也是应用文尤其是公务文书所排斥的。

例如，有一件答复下级评定职称工作有关问题的复函写道：

最近很多单位来函反映职称评定工作中出现了很多问题，这样搞下去有不少困难，希望我们订一个具体点的标准。其实，我们机关内的职称评定工作也有与下面反映的问题类似的情况。现在只好先试着来，过一段时间再看看，不行就开个会，大家集中起来把各自遇到的情况都说一说，一块儿订个具体办法。所以，现在你们也不要太着急，着急反而不好办。什么时候开会，定下来就告诉你们。

上例所涉及的，实际是如何对待职称评定工作中出现的标准难以掌握的问题。本是严肃的公务，然而公文的口气近乎谈天，完全口语化，这样的公文自然不符合"语言规范"的要求，相对正确的写法是：

最近收到一些单位来函，反映职称评定工作中出现标准不易掌握的问题，我们正在综合各地情况，准备召开专门会议研究解决，希望各单位总结前段工作，为会议研究解决这一问题准备材料。会议召开的具体时间、地点将另行通知。

语言的准确还包括语言情味、语气的得当。撰写应用文要根据写作的目的、对象、内容措辞，选择相宜的语气表述。向下级的决定、决议，语气应严肃果断；给上级的请示、报告应谨慎平和；磋商性公函应谦和委婉。

语言的语气、情味除受写作目的、对象制约外，还要受内容的制约，应与不同内容相适应。如同为领导的大会讲话稿，年终表彰先进就要热烈欢快；颁布规章制度就要庄重严肃；通报批评干部职工的错误就要有理有力；动员突击某项工作任务就要富于激情，具有鼓动性。本身具有褒贬的词语更应恰当使用，例如：

"××同志在一次飞机失事中毙命了。"

"全国武术比赛昨日在××市偃旗息鼓。"

其中"毙命"、"偃旗息鼓"的情味显然不当。语气情味上的错误，亦直接影响应用文的效果。

第三，合乎语法，合乎逻辑。应用文语言的准确规范，也包括合乎语法和逻辑的要求。有的人认为，应用文只要能看懂其意，有个把病句，出现点逻辑错误无关紧要，其实这是一种误解。"语言的使用是社会经济政治文化生活的重要条件"，"学习把语言用得正确，对于我们思想的精确程度和工作效率的提高，都有极重要的意义"（《人民日报》社论《正确地使用祖国的语言，为语言的纯洁和健康而斗争》）。可是，在日常工作生活中，不合语法、不合逻辑的现象并不乏见。有的由于词义重复、交叉、矛盾造成语病。例如：

(1) 这件事出乎人们的意表之外。

(2) 他的一席话，正中我的下怀。

(3) 我们一定有完成任务的可能。

(4) 他每学期的学习成绩都在优良以上。

(5) 这种做法，在经济上造成不必要的浪费。

以上这些句子都是有逻辑问题的病句：(1)"表"和"外"重复，"意表"即"意料之外"；(2)"下"和"我"重复，"下怀"即"我的心意"；(3)"一定"与"可能"矛盾，应取其一；(4)"优良以上"不合逻辑，"良"以上有优，"优"已是最高成绩，谈不上"以上"，准确的说法是"成绩优良"；(5)用"不必要"修饰"浪费"是多余，岂有"必要"的"浪费"。

有些句子是由于成分残缺或搭配不当造成语病的。例如：

(1) 这样的情况何止王××一人。

(2) 这一成功,鼓舞了广大职工进行产品试验的决心和信心。

(3) 我们应学习他无私无畏,见义勇为。

(4) 革命工作人员牺牲证明书,由省(民政)厅统一掌握,经行署、市批准的因公牺牲工作人员,来厅认领。

上面的句子,(1)主宾搭配不当,主语是"情况",宾语却成了"人";(2)谓语动词"鼓舞"与宾语搭配不当,通常只说"坚定了信心","鼓舞了斗志",而不讲"鼓舞了决心和信心";(3)和(4)均为句子成分残缺,(4)句子成分残缺,并还因此造成语意严重错误。

有的语句是由于语序错误,造成语病。例如:

(1) 为了写好这篇人物传记,他们调查了解了许多老李同志的优秀事迹。

(2) 故宫博物院展出了两千九百年前新出土的文物。

(3) 他的错误已经不简单是什么认识问题。

(4) 他已于昨日下午四时乘飞机离开纽约抵达北京。

上面句子中,(1)"许多"应修饰"优秀事迹",而非"老李",应将"许多"移至"优秀事迹"前;(2)属多层次定语中的语序错误,应改为"新出土的两千九百年前的文物";(3)"简单"本是定语,错居状语位置,应是"已经不是什么简单的认识问题";(4)由于语序导致不合事实,"离开纽约"和"抵达北京"不可能同在"昨日下午四时发生",应改为"他于昨日乘飞机离开纽约,下午四时抵达北京"。

除了上述各项,要做到语言的准确精当,还要注意句式的选择和复句中关联词语的恰当运用。该用主动句的,就不能用使动句、被动句;该用陈述句的,就不能用设问句、反诘句。复句的关系要理清,不可混杂纠缠,破坏语言的准确性。

二、简明扼要

21 世纪是"信息爆炸"的时代,越来越多的人认识到,信息就是资源,作为信息载体的应用文要求写得快、传递快、使用快。也就是说,写应用文时既要注意节约自己的时间,也要节约读者的时间,力求行文简明扼要,文约而事丰。它要求:

(一)文字简洁凝练,干净利落,摒弃冗辞赘语

有些人常有一种误解,认为短文章难以说清问题,也表现不出水平,所以一动笔就短话长说。实际上,简洁明快,文约而事丰的文章既难成文,要求水平也较高,有人曾问美国二十八届总统伍德罗·威尔逊:"准备一份十分钟的讲稿需要花多长时间?"威尔逊回答:"两星期。""准备一份一小时的讲稿呢?"答:"一星期。""两个小时的讲稿呢?""不用准备,马上就可以讲。"可见短小精悍的文章对撰笔者的要求更高。

恩格斯也主张文字简洁,他说:"言简意赅的句子,一经了解,就能牢牢记住,变成口号,而这是冗长的论述绝对办不到的。"(《马克思·恩格斯全集》第 22 卷 265 页)列宁也提倡撰文"要像写电报那样写得极其简短"。应用文的工具性和实用性,决定了它行文的简明性。

我国历来评文以简洁为美。清人刘大櫆曾在《论文偶记》中云:"简为文章尽境。"如何才能简洁?他认为:"意真则简,辞切则简,理当则简。"把简洁与思想认识联系一起,认为认识越深刻,越能抓住事物本质,一语中的,文章才能越简洁。而当今现实中存在的语言不简洁现象很多:诸如同义语反复,浮文虚词堆砌,喜用外国语式的长句子等都是积弊。

(二)准确把握应用文的表达方法及特点

应用文强调形式为内容服务,突出文章的中心,事理与结论。

文学作品以形象再现生活,表达上的特色是丰富多彩,细致周详,婉转反复,淋漓尽致;而应用文却要求用最简洁的语言,准确明了地表达内容,追求"文约事丰","文简理周","要而不繁"的"尽境"。同样使用叙述,应用文不同于记叙文。记叙文中的叙述,强调事件的完整、细致和形象,要求绘声绘色地再现生活场景和人物事件的发展过程;而应用文的叙述则主张抓住事件变化的特征,着重整体勾画,扼要讲明原委,为目的、分析、结论和评价铺垫。表达方式上多采取概括叙述、简略叙述(或称梗概叙述)。例如下面这段文字:

自1840鸦片战争失败时起,先进的中国人,经过千辛万苦,向西方国家寻求真理。

这段概述囊括了自鸦片战争以来的太平天国运动、洋务运动、戊戌变法、辛亥革命、北伐战争、五四运动等大小史实。它所叙述的内容,既不是某一史实的具体过程,也不是按时间顺序对上述史实的逐一陈述,而是抓住众多史实共有的活动形式的实质,对其发展过程进行高度综合概括,并用极其简明扼要的语言表达出来。这种概括叙述适用于若干同类事物的表述,显然与文学作品中绘声绘色的具体记叙不同。

简略叙述或梗概叙述则适用于对某个单一事物状况及发展变化的表述。在简报、通报、事故报告、司法及诉讼文书、嘉奖令、讲演稿、消息等应用文中经常采用。

同为说明,在一般情况下,应用文不像说明文那样面面俱到地解说事物,剖析事理,而是以简明浅近、准确平实的说明方式指出应该怎样做,不应该怎样做,客观情况是什么等。

运用议论,应用文也不同于一般议论文。在议论文中,结论要经过反复的逻辑推理和多次的证明;在应用文中,除了学术论文,一般不需要详尽的议论推理过程,而要求直接加以论断,一针见血地提出论点,简洁地摆出论据。

总之,应用写作在表达方法的运用上,要抓住特点,重义不重形,打破常规,创造性地运用叙述、说明、议论等表达方法,突出事理和结论。

(三)讲究直陈

应用文内容的表达必须以直陈为主,无论叙事、说明还是议论都应直截了当,和盘托出。不转圈子,不绕弯子,这样不但能省简文字,还可使文意明确。应用文素来排斥含糊其辞、模棱两可的表达,更忌用影射暗示、隐晦曲折的方法,质直是其表达的本色。

怎样才能使文章简明扼要?

首先,扫除一切套话、空话。一些人写文章,总喜欢"穿靴戴帽",开始时运用若干"在……之下"为前提,结尾处或以"谦虚式",或以"口号式"作结,空泛无物,逢文必用,实际上毫无用处,应在剔除之列。请看下面的例子:

这个县计划生育搞得好,首先在于县委重视。一把手亲自抓,县委委员人人抓。分管委员认真抓,主管部门直接抓,有关部门配合抓。

一连写了六个"抓",排比句式,看似有力,细推究却无一实事。

其次,删繁就简。这包括删除多余的段、句、词、字和正确使用缩略语。

再次,恰当运用一些精简文字的表达方法。如运用加附件、附表、附图及略去文中已知因素等方式,使文章主干突出。

三、庄重平实

所谓庄重，是指文风严谨、端庄。除广告等文体外，一般情况下，应用文不能过分诙谐、滑稽，不能用不典雅的口语。之所以这样要求，一是因为多数应用文内容严肃；二是因为应用文主体多是机关单位，有法定的权威性。表达应与文章内容、写作主体相谐调，这样才能保证应用文的严肃性与权威性。

所谓平实，就是朴实无华，平易通俗。应用文不需要精雕细刻、烘托渲染，忌用生僻奇险和溢美之词，也忌用半文不白、洋腔洋调的句子。要不断在日常口语的基础上加工提炼书面语言，使之俗中见雅，易中见巧，平实而流畅。

四、正确运用术语、数据与图表

(一)专业术语

应用文所用的术语大致分两类：一类是各类专业、各个行业的专业术语；一类是应用文本身常用的专用术语。

1. 专业术语

应用文作为一种广泛使用的工具，与各类专业、各个行业有密不可分的关系。写作中，经常使用各行业的专业术语，这已成为应用文语言的又一特征。例如司法应用文常使用“立案”、“管辖”、“诉讼请求”、“一审”、“终审”、“执行”、“意思表示”等术语；经济应用文常使用“流动资金”、“税后利润”、“成本核算”、“折旧”、“提留”、“产值利润率”等术语；电子行业的应用文常使用“计算机终端”、“集成电路”、“程序”、“网络”、“系统”，“软件”等术语；交通行业的应用文常使用“航班航线”、“道路桥梁”、“干线”、“公路网”、“交通噪声”、“车流量”等术语。这些专业术语具有高度的概括性与专业性，有各自特定的内涵和外延，使用它既可节省文字，又便于准确表述特定的内容，避免造成意义上的含混。它们的作用是一般性词语所不能替代的。

使用专业术语要注意读者对象，区分层次对待，面向公众或本专业之外的对象时，应考虑对方的理解能力，有所选择地加以使用，非用不可而对方又难以理解的，可做适当诠释或变成大众化语言加以表达，以免因理解上的障碍影响应用文的实用价值。

随着国外科学技术的不断引进和内外交流的频繁，大量的科技、经济资料被译为中文，其中不少外来语逐渐被国人接受和使用，甚至直接借用原文原词，因此，音译、意译的外来语在科技、经济等领域的使用越来越广泛，越来越频繁，这已成为科技、经济应用文的一个特色，例如激光、卡、磅、拷贝、电脑、微机、马达、欧姆等。

2. 专用术语

(1) 称谓词。即表示称谓关系的词。在应用文中，涉及机关或个人时，一般应直呼机关的全称或规范化的简称，以及对方的职务或“××同志”、“××先生”。在表述指代关系的称谓时，一般用下列专门用语：

第一人称：“本”、“我”，后面加上所代表的单位简称。如部、委、办、厅、局、厂或所等。

第二人称：“贵”、“你”，后面加上所代表的单位简称。一般用于平行文或涉外公文。

第三人称：“该”，在应用文中使用广泛，可用于指代人、单位或事物。如“该厂”、“该部”、“该同志”、“该产品”等。“该”字在文件中正确使用，可以使应用文简明、语气庄重。

(2) 领叙词。领叙词是用以引出应用文撰写的根据、理由或应用文的具体内容的词。领叙词在应用文中出现的频率较高，多用于文章开端，引出法律、法规以及政策，指示的根据或事实根据，也有的用于文章中间，起前后过渡、衔接的作用。常用的有：

根据、按照、为了、接……、前接……、近接……、遵照、敬悉、惊悉、鉴于、关于、兹、兹定于、今、随着、由于、……收悉、……查、为……特……、现……如下等。

(3) 追叙词。追叙词是用以引出被追叙事实的词。应用文中有时需要简要追叙一下有关事件的办理过程，为使追叙的内容出现得自然，常常要使用一些追叙词语。常用的有：业经、前经、均经、即经、复经等。

在使用时，要注意上述词语在表述次数和时态方面的差异，以便有选择地使用。

(4) 承转词。又称过渡用语，即承接上文转入下文时使用的关联、过渡词语，用于陈述理由及事实之后引出作者的意见和结论等。这种词语不仅有利于文辞简明，而且可起到前后照应的作用。常用的有：为此、据此、故此、鉴此、综上所述、总而言之、总之等。

(5) 祈请词。又称期请词、请示词，用于向受文者表示请求与希望。依行文方向不同，用法也有区别。主要有：

上行：请、恳请、拟请、特请、报请、即希、敬希、望、敬请、烦请等。

平行：请、拟请、特请、务请、即请、切盼等。

下行：希、望、希望、尚望、切望、请、希予、勿误、要求等。

(6) 商洽词。又称询问词，用于征询对方意见。主要有：是否可行、妥否、当否、是否妥当、是否可以、是否同意、意见如何、能否、可否等。

这类词语一般在公文的上行文、平行文中使用，在使用时要注意针对性，即在确需征询对方的意见时使用。

(7) 受事词。受事词即向对方表示感激、感谢时使用的词语。一般用于平行文或涉外公文。如：蒙、承蒙。

(8) 命令词。命令词即表示命令或告诫语气的词语。用以增强公文的严肃性与权威性，引起受文者的高度注意。

表示命令语气的词语有：着、着令、特命、责成、令其、着即。

表示告诫语气的词语有：切切、毋违、切实执行、不得有误、严格办理。

(9) 目的词。目的词是直接交代行文目的的词语。人们撰写应用文尤其是公文都有明确而具体的目的，须有针对性地使用简洁的词语加以表述，以便受文者正确理解并加速办理。

用于上行文、平行文的目的词，常在词前加上期请词，如：请批复、请函复、望批示等。

用于下行文，如：查证办理、遵照办理、参照执行。

用于知照性的文件，如：周知、知照、备案、审阅。

(10) 表态词。又称回复用语，即针对对方的请示、问函，表示明确意见时使用的词语。如：应、应当、同意、不同意、准予备案、特此批准、请即试行、遵照执行、可行、不可行等。

在使用上述词语时应对公文中的下行文和平行文严加区别。

(11) 拟办用语。用于未办、将办事项的拟办。如：拟办、本拟、拟将、拟予、拟于。

(12) 结尾词。结尾词即置于正文最后，表示正文结束的词语。使用时注意其中的细微区别。用以结束上文的词语。如：特予公布、此布、此令、特此报告、特予通知、特此批复、函复、函告、谨此……、特此……。

强调行文的具体目的与要求。如：……为要、……为盼、……是荷、……为荷。

表示敬意、谢意、希望。如：此致敬礼、敬礼、致以谢意、谨致谢忱等。

结尾语在使用时要依据行文目的和关系不同加以选择。如：

上行：当否，请批示；可否，请指示；如无不当，请批转；如无不妥，请批准；特此报告；以上报告，请批转；以上报告，请审核。

平行：此致敬礼、为盼、为荷、特此函达、特此证明、特此函复、尚望函复。

下行：……为要(为宜、为妥)、希遵照执行、特此通知、此复、……现予公布、为……而努力。

使用这些词语，可以使文章表述简练、严谨并富有节奏感，从而赋予应用文庄重、严肃的特色。

(二)数据、表格与图示

应用文中数据的使用相当普遍。人们常用数据来说明情况，反映问题，展示事物的发展变化，提示事物发生质变的数量界限，说明事物发展的规律和趋势等。很少有应用文不使用数据的，有的应用文，例如总结、情况性通报、计划、调查报告、各种经济应用文、各种科技应用文等，还往往以数据为出发点展开分析、说明和阐述，又以数据为归结点得出结论，提出决策、建议或预测结果，数据的使用更为集中。科学地使用数据可以增强应用文的可信性和说服力。

应用文常用的数据有三类：

(1) 绝对数：如年末人数、总产值、年销售额等。绝对数常用来表明事物的总体规模或水平。

(2) 相对数：如系数、倍数、成数、百分数、千分数等，一般用来表示两个相互联系的数值的比率。例如，某厂计划年产值为 240 万元，上半年完成 160 万元，为计划的 66.7%。

(3) 平均数：如人均劳动生产率、平均亩产量、年人均收入、人均住房面积等，是代表同质单位数量一般水平的综合指标。

使用数据的关键在于把握准确性，这是首要前提，错误的数据不但缺乏说服力，还可能引出错误的结论，造成不应有的损失；其次要注意相对数与绝对数的配合，以防止片面性；再次要注意数据的可比性，注意数据比较的背景，不是同类现象不能拿来对比，不同背景的对比也缺乏说服力。

为便于运用和传递信息，国家对数据的书写有统一规定，我们在使用数据时要严格按规定书写。

表格和图示具有简明紧凑、便于对比、直观生动的优点，在应用文中经常使用。撰写应用文时，应根据特定的目的和对象，精心设计各种表格，恰当使用各种公式、图示、照片等，并努力使之内容集中，形式生动，讲究科学性、精确性，如与文字配合得当，可收到简洁生动、直观醒目、相得益彰的效果。

【思考与练习】

1. 应用文语言表达的基本要求是什么？
2. 如何使语言简洁？
3. 比较记叙文和应用文中记叙的不同，进行概括叙述和简略叙述的练习。

应用写作基础知识单元综合练习

一、选择题(每个选择题有 4 个待选答案,其中至少有 1 个是正确的)

1. 下列词语全组表示“征询”的有:________。

A. 是否可行、妥否、当否、是否同意　B. 蒙、承蒙、妥否、当否、是否同意

C. 敬希、烦请、恳请、希望、要求　D. 可行、不可行、希望、妥否

2. 下列词语全组表示“期请”的有:________。

A. 是否可行、妥否、当否、是否同意　B. 蒙、承蒙、妥否、当否、是否同意

C. 敬希、烦请、恳请、希望、要求　D. 可行、不可行、希望、妥否

3. 记叙要素齐全的是下列哪组? ________。

A. 时间、地点、人物、事件、对话、情节　B. 时间、地点、人物、事件、描写、对话

C. 时间、地点、人物、事件、原因、结果　D. 时间、地点、人物、事件、描写、情节

4. 论据可简单地分为两类,这两类是________。

A. 理论论据　B. 事实论据　C. 直接论据　D. 间接论据

二、简要回答下列概念

素材和题材:

比较说明:

分类说明:

过渡和照应:

三、运用应用文专用词语填空:

1.《××××办法》经厂务委员会讨论通过,现发给你们,望结合本单位具体情况________执行。

2. ……以上意见,如________,________批转各部属院校。

3. ×××来函________,关于××一事,我部完全同意________局意见,……特此________。

4. ________该厂此类错误做法,上级有关部门曾多次行文,________有关领导迅即查清问题,限期纠正错误。

5. ________悉________总公司成立,谨表________。

6. 随函附送《××××情况统计资料》一份,请________。

7. ________国务院领导同志的指示精神,我们________有关部门,对农村电网改造工作进行了研究。

8. ________进一步提高我省企业管理干部的管理素质,决定对在岗企业管理干部有计划地进行培训。________征得四川省行政管理学院同意,________委托________院举办企业管理专业班……

9. 以上请示,望予________,并列入二〇一〇年招生计划。

10. ________防止网络经济欺诈,________财政部批准,________将有关问题通知如下。

四、填空

1. 应用写作的特性:________、________、________和________。

2. 对应用文主旨的基本要求:__________、__________、__________、__________和__________。

3. 应用文写作进行材料处理有四个环节:________、________、________和________。

4. 选择材料的标准是:__________、__________、__________和__________。

5. 材料是否切题的实质,是________和材料是否统一的问题。

6. 材料鉴别环节的主要任务是:__________、__________和__________。

7. 过渡的方法大体有三种:__________、__________和__________。

8. 常见的照应方法有三种：____________、____________和____________。

9. 思路和结构________，在人的头脑中表现为________，在文章中表现为________。作者的思路借助文章结构加以________，文章的结构又成为作者思路的________。

10. 叙述的六要素包括：________、________、________、________、________、________。

五、简答题

1. 应用文中，主旨的统帅作用主要表现在哪些方面？

2. 应用文写作的思维特点是什么？

3. 材料在应用文中有哪些作用？

4. 选择材料的原则和要求是什么？

5. 应用文结构原则是什么？

6. 应用文常用的开头和结尾方法是什么？

7. 应用文说明的特点是什么？

8. 应用文叙述的特点是什么？

9. 应用文议论的特点是什么？

10. 应用文语言表达的基本要求是什么？

六、修改下列病句

1. 许多周围的群众都赶来帮忙。

2. 王××在会上公开批评领导，造成很坏影响。

3. 近年来，人们的购买力大大增强了。

4. 读书能力的提高是完全可能的，这是由于读书能力是人人需要的，它是学习其他知识和技能的基础。

5. 某市公安机关通告：

"据查，最近我市市区养狗成风，影响环境卫生，且多次发生疯狗咬人事件。现有养狗者，必须于本月15日之前将所养之狗自行处理。违反此规定者，公安局将派人捕杀。"

6. 欢迎来我处光临指导。

7. 他生长在知识分子家庭，怎么能不愿学习呢？

七、阅读与分析

1. 找出下面各段的段旨句或归纳段旨：

① 请看一组数字。从20世纪初至70年代中期，全世界农业用水量增长7倍，而工业用水量增长20倍。目前，已有63个国家和地区面临缺水危机。我国是一个淡水资源贫乏的国家，人均淡水占有量只有2700吨，只及世界平均水平的1/4，居世界第84位。我国淡水资源的分布与人口和耕地的分布是不相适应的，80%集中在长江以南，所以，有一个南水北调的任务。因此，从全局出发，我们必须十分重视长江水源的涵养和保护。

② 反腐败斗争涉及面较广，特别是行业不正之风，几乎侵蚀到各行各业以及这些行业的许多方面。因此要抓好面上的思想教育，从根本上提高干部队伍的素质，坚决制止以手中的职权谋利的歪风，大力发扬全心全意为人民服务的精神，表彰为国家、集体、社会做出奉献的优秀人物，切忌鼓吹"一切向钱看"。要大力加强思想道德教育，特别是职业道德教育，树立良好的社会风尚，清理产生不正之风的社会环境条件。

③ 人类如果要改善自身的营养状况，就需要增加动物蛋白的摄入量，而要增加动物蛋白的摄入量，就必须发展饲养业，而饲养业的长足发展，又有赖于蛋白饲料工业的腾飞。因此，目前世界各国都十分注意致力于蛋白质源的开发。

2. 在本书中选择一篇例文，阅读分析并回答问题。

① 例文的主旨是什么？

② 划分层次，并概括出各层的层意。

③ 列出例文的提纲，并说明结构形式。

④ 说明例文所用的材料类型。

⑤ 说明例文所运用的具体表达方法。

八、讨论下面例文，从主旨和表达的角度看有无问题

华力五金厂关于加强安全保卫工作的通告

近来，我厂连续发生盗窃、斗殴和小型失火事故。有数位职工被歹徒打伤，财物损失数万元，为保证工厂的正常生产秩序，特作如下通告：

一、凡是本厂职工进入厂门，均要佩带厂徽标志，否则作违反厂纪处理，扣发奖金。

二、外来人员进入工厂时，必须持所属单位介绍信或证件登记，出厂时，应接受行李物品，甚至搜身检查。

三、来客投宿，有关人员应报厂保卫科批准。在此期间，如厂内发生盗窃、失火事故，来客不准离开工厂，并要集中接受审查。

四、厂内职工离开车间或办公室，应关好门窗，以防小偷破门而入。

通告自二OO六年七月一日生效。凡自觉执行本通告的给予表彰，拒不执行者予以经济处罚或行政处分。

华力五金厂保卫科

2006.6.20

下编　各种文体的写作

第六章

行政公文概述

第一节　行政公文的含义与特点

一、行政公文的含义

公文，系公务文书的简称，是党政机关、社会团体、企事业单位以及其他社会组织行使法定职权、处理日常事务时经常使用的一种文体。公文有其特定的撰写程式和行文格式，是传达党和国家的方针政策、发布党规政令、指导和商洽工作、请示和答复问题、报告情况、交流经验的一种重要文字工具。它是应用文中最重要且用途最为广泛的一种文体。

公文有广义和狭义之分。广义的公文涵盖面很广，主要是指在处理各种公务活动中形成的文书材料，包括全部通用公文和专用公文。所谓通用公文，是指党政机关、社会团体、企事业单位等在处理公务中的各种问题，反映各方面情况，或联系各项工作所形成的文书材料；所谓专用公文，是指在一定的业务范围内，按照特定需要而专门使用的各种文书材料。专用公文具有很强的专业特点，如外交公文、法规公文、司法公文、经济公文、军事公文等等。

狭义的公文特指国务院颁发的《国家行政机关公文处理办法》（以下简称《办法》）中规定的13种行政机关公文。行政机关公文是国家行政机关在行政管理过程中形成的具有法定效力和规范体式的文书，是依法行政和进行公务活动的重要工具，是国家行政机关实施行政管理活动的主要手段之一。本章重点介绍的就是狭义上的公文，即行政机关公文。

行政机关公文简称为行政公文。它是法定的公文，其种类、格式、行文规则等方面都有严格的规定，即必须遵照《办法》中的相关规定来办理。它的使用范围非常广泛，不仅在国家各级行政机关内通用，而且还通用于各级各类企事业单位和群众团体。

二、行政公文的特点

行政公文作为依法行政和进行公务活动的重要工具，是国家行政机关实施行政管理活动的主要手段之一，除了“工具”这一特点外，它还具有以下特点：

（一）鲜明的政策性

公文既然是国家行政机关在处理行政公务中用到的文书，其内容必然同党和国家的各项方针、政策密切联系，因此在内容上具有鲜明的政策性。各级机关运用公文，必须贯彻党和国家的路线、方针、政策，有利于坚持社会主义制度，维护人民的利益。

（二）法定的权威性

公文是机关或组织在职能活动中形成的，是这一活动的直接产物。它代表制发机关颁布法律、命令、决定，下发通知或者报送请示、报告，传达制发机关的决策与意图。各级机关所发公文在有效的时限、范围内，具有国家法律所赋予的权威性和约束力，不允许任意违背，做到有令必行，有章必循，违令必究。公文一经制发，有关的受文机关和人员就必须严肃认真地对待，保证它的执行效能。公文在办理过程中所发挥的法定效力也是现行效用。当公文执行办理完毕，其现行效用消失后，将转化为档案文献，成为历史的凭证。公文法定的权威性取决于两个方面：一是公文制发机关的法定地位和职权；二是公文本身内容的合法性。两者缺一不可。

（三）作者的法定性

公文的法定作者指依法成立并能以自己的名义行使职权和担负义务的机关或组织。撰写和制发公文不是个人行为，所代表的是机关或组织，因此它的内容受法律、工作需要和领导人指示的制约，其法定作者制发公文的权利和名义受法律的保护。需要注意的是，在机关中起草公文的工作人员和签发公文的领导人都不能称为公文的作者。这里需要区别的是公文的撰稿人和作者不是同一个概念。一般的文章，谁写谁就是作者，作者和撰写者是同一个概念；公文的撰写却不一样，公文的撰写者只是机关里承担写作任务的工作人员，领导人所代表的机关单位才是真正的作者，撰写者撰写完的草稿只有经过领导机关的审批后才可以正式定稿，撰写者不得擅自做主。我国《刑法》第 167 条规定："伪造、变造国家机关、企业、事业、人民团体的公文，处三年以下有期徒刑、拘役、管制或者剥夺政治权利；情节严重的，处三年以上十年以下有期徒刑。"这充分说明了法定作者的名义不容侵犯。但是，公文的法定作者只能在自己的职权范围内制发公文，超越职权范围制发的公文一律无效。

（四）体式的规范性

公文的规范体式，一是指撰写公文所采用的语体，即现代汉语语体；二是指文体的格式，即公文结构与公文各组成部分的文字符号在载体排列上的规定形式。公文是一种高度程式化的应用文体，在长期实践中形成了一套独特的写作格式和用国家法规予以规定的制发体式，任何机关都不得另搞一套，各行其是。公文的拟制必须遵循规范化的体式，其目的是为了维护公文的法定效力和机关的权威性，也是为了实现公文工作的标准化，提高工作效率。

（五）制发的程序性

公文由法定作者制发，在撰写和制发的过程中，它要受公文处理程序的严格制约。比如公文的制发，必须经过拟稿、审核、签发、复核、发文注册、缮印、用印、发文登记、分发等程序；对收文的办理，一般应包括签收、登记、拟办、批办、承办、催办等程序。这一系列过程不是无序的，《办法》中都有详细的规定。其目的是保证公文制发的质量，以维护公文的法定效力和机关的权威性。

（六）文风的庄重性

撰写公文是一项严肃的工作。公文要维护其政策性和权威性，就必须保持准确、严肃、庄重的文体特点。这就要求反映事物客观实际，表达意见态度明朗，选词用语严谨准确，从而形成理正辞严、简练明达、庄重有力的公文风格。

第二节 行政公文的作用和分类

一、行政公文的作用

(一)依据和凭证作用

这是公文的基本作用之一。公文是联系工作和开展公务活动的书面凭证,也是有关人员处理工作和解决问题的重要依据。换句话说,公文既是传达发文机关意图的工具和凭证,也是收文机关办理公务的依据。当时过境迁,公文处理完毕,失去本身的现实效用后,行政公文作为档案保存下来,需要查对或佐证时,也能起到依据和凭证的作用。

(二)领导和指导作用

所有的公务活动,本质上都是一种管理活动。上级机关通过制发各种公文,传达决定和意见,部署工作,提出原则和要求,贯彻上级领导意图或有针对性地解决有关问题等,都是对下级机关单位进行直接或间接的领导和指挥。对下级机关各项工作实施有效领导和指导是公文的重要作用。

(三)沟通和交流作用

公文是沟通上下左右的重要工具。各类各级机关在一系列管理活动中,通过行政公文使上情迅速下达,下情及时上传;各职能部门之间相互联系,传递信息,交流经验,协调关系,在广泛的沟通交流之中,保证工作的顺利开展。

(四)宣传和教育作用

公文是传达贯彻党和政府的方针政策的重要工具,具有宣传和教育作用。许多公务文书直接向广大干部和人民群众宣传党和国家的重大方针政策,宣传单位个人的先进事迹和经验,报道重大情况,起到统一思想认识、鼓舞信心、宣传教育的作用。

二、行政公文的分类

依照不同的标准,行政公文划分为以下几种:

(1) 按适用范围分:按照国务院颁发的《国家行政机关公文处理办法 》这一标准,行政公文可分为 13 种,分别是命令(令)、决定、公告、通告、通知、通报、议案、报告、请示、批复、意见、函、会议纪要。

(2) 按行文的方向分为:上行文(请示、报告等)、下行文(决定、批复等)、平行文(函等)以及通行文(意见、会议纪要等)。

(3) 按公文的性质分为:指令性公文(命令、决定等)、指导性公文(意见等)、知照性公文(通知、通报等)、公布性公文(公告、通告等)、商洽性公文(函等)、报请性公文(请示、报告等)、记录性公文(会议纪要)。

(4) 按公文的办理时限要求分为:特急件、急件、常规件。

(5) 按机密程度分为:绝密公文、机密公文、秘密公文和普通公文。

(6) 按公文的载体分为:传统纸质公文和电子公文。

第三节 行文规则

为了确保公文迅速而准确地传递和办理，避免行文混乱，《办法》第 13 条、第 14 条指出："行文应当确有必要，注重效用。行文关系根据隶属关系和职权范围确定。"

行文规则是指各级机关公文往来时需要共同遵守的制度和原则。遵守这一原则，有利于公文传递方向正确、线路短捷有效，避免公文旅行，阻止部分公文进入不必要的流通过程，抑制无价值公文的产生。行文规则规定了各级机关的行文关系，即各级机关之间公文的授受关系，它是根据机关的组织系统、领导关系和职权范围来确定的。

机关之间的工作关系是由各自的组织系统或专业系统归属、地位、职责、权利范围等因素决定的。它对行文关系有决定性的影响，规定着公文传递的基本方向。机关之间的工作关系有如下几种类型：

第一类，处于同一组织系统的上级机关与下级机关存在领导与被领导的关系。

第二类，处于同一专业系统的上级主管业务部门与下级主管业务部门之间存在指导与被指导关系。

第三类，处于同一组织系统或专业系统的同级机关之间的平行关系。如全国各省、自治区、直辖市人民政府之间。

第四类，非同一组织系统、专业系统的机关之间，无论级别高低，均为不相隶属关系。如军事机关与各级地方人民政府之间。

根据公文授受机关的工作关系不同，可以将公文划分为上行文、下行文和平行文。上行文和下行文主要存在于以上第一类和第二类工作关系类型中。上行文是指下级机关向上级机关发送的公文，如报告、请示等；下行文正好相反，是上级机关向下级发送的公文，如批复、指示等。平行文存在于以上第三类和第四类关系类型中，同级机关和不相隶属机关相互发送公文都是平行文，如函等。具体的行文规则如下：

一、*按机关隶属关系和职责范围行文的规则*

这条规则要明确两点：一是按机关隶属关系行文。上级机关对下级机关可以作指示、布置工作、提出要求；下级机关可以向直接的上级机关报告工作、提出请示，上级机关对请示事项应予研究答复。除了这一层关系外，在我们国家现行管理体制中，还形成了一种各业务部门上下垂直的对应关系，其中有些部门受本级政府和上级部门的双重领导，大部分部门和上级业务部门之间虽然不属直接领导与被领导的关系，但在业务上的确存在指导与被指导的关系，也就形成了直接的上下行文关系。换个角度讲，即政府各部门依据部门职权可以向下一级政府的相关业务部门行文。二是按机关、部门的职责范围行文。这一点的要求是，行文的内容应是本机关、本部门职责范围内的事项，而不能超出，超出了即为越权。如果干涉了别的机关事务，不仅在实践中行不通，而且会造成政令混乱。当然，不相隶属机关之间也有公文往来，那只能是商洽工作、通知事项、征询意见等，而不存在请示、报告或布置任务的性质。

《办法》中还规定："部门内设结构除办公厅(室)外不得对外正式行文。"

二、授权行文的规则

这条规则是上一条规则的引申。如果一个部门的业务需要下级政府和有关部门的支持与配合，按隶属关系和职责范围又不具备布置工作提出要求的行文权限时，就可以通过授权行文来解决。具体说，这个部门可向本级政府请示，经本级政府同意并授权后，向下级政府行文。在操作中，应将文稿拟好，由本部门领导签署，请本级政府分管领导审批。经政府领导审批后的文稿，在行文时，才能在文首或文中注明“经××政府同意”的字样。这里特别需要说明的是各级政府办公厅（室）的行文都具有授权行文的性质（内部事务除外）。各级政府办公厅（室）以及各部门的办公室是政府和部门的综合办事机构，对外行文都是代表政府和部门的，与本级政府和本部门的公文具有同等效力，下级机关（部门）都应贯彻执行。

三、联合行文的规则

这条规则仍属第一条规则的引申。同级政府与政府之间，部门与部门之间，上级部门与下级政府之间可以联合行文；政府与同级党委、军事机关之间可以联合行文；政府部门与同级党委部门、军事机关部门之间可以联合行文；政府部门与同级人民团体和行使行政职能的事业单位之间，就某些互相有关的业务，经过会商一致后也可以联合行文。

联合行文，既可联合向上行文，也可联合向下行文。联合行文确有必要，但单位不宜过多。

四、一般情况下不越级行文的规则

不越级行文体现了一级抓一级、一级对一级负责的原则。一般情况下不能破坏这种原则，破坏了，就会造成混乱，也影响机关办事效率。所以通常情况下不越级行文。遇有特殊情况，如发生重大的事故、防汛救灾等突发事件或上级领导在现场办公中特别交代的问题，可越级行文，特事特办，但要抄送被越过的上级机关。否则，受文机关对越级公文，可退回原呈报机关，或可作为阅件处理，不予办理或答复。

五、不越权行文的规则

第一条规则中已明确要求按机关职责范围行文，如果有涉及其他部门职责范围的事项又未与其他部门协商，或虽经协商但未达成一致意见，不可以单独向下行文。如果擅自行文就构成侵权行为，会造成工作中的许多矛盾。上级机关如发现这种情况，有权责令纠正或撤销这类公文。现实中，这类情况时有发生，因此造成“文件打架”、“政出多门”。解决这类问题，应提倡部门之间多协商、多对话、多沟通，通过联合行文或授权行文的方式解决。

六、“请示”不直接报送领导者个人的规则

“请示”直接报送领导者个人，其危害性大体上有三点：一是未经文秘机构签收、登记，成了“账外公文”，公文的流向、处理情况不得而知，查无踪迹，成了“断线的风筝”，因领导工作忙，极有可能被积压搁置，而文秘机构又无法催办，办理上“欲速而不达”。二是这类公文到了领导同志手里，领导同志也颇为难。批，没有部门的审批意见，只能以经验、凭感觉办事，往往失去决策的科学性；不批，也有可能影响报送单位的工作。三是现实中一些单位拿着直送领导的批示件当“尚方宝剑”，到有关部门要钱要物，借领导批示向对方施加压力，引起矛盾。所以，领导同

志一般不受理这类直报的请示,而是退给文秘机构统一签收、登记、分办,这便形成了公文"倒流",它破坏了公文处理的正常程序,造成了不必要的混乱。如果属上级领导个别交办、答应的事项,由此而上报的"请示",最好也应主送该领导所在的机关,并在公文中作出说明。收文机关在分办时,自然会把这份公文分送给这位领导同志批阅。

七、"请示"应一文一事、只主送一个机关、不抄送下级机关的规则

这条规则包括三项内容:一是一文一事。机关或部门都有明确分工,各自只能办理职责范围内的事,如果一文数事,必然涉及几个主管部门,给公文交办带来困难,即使勉强交办出去,可能谁也不愿牵头办理,造成互相推诿、扯皮。二是请示公文只主送一个机关。请示内容是要求答复的事项,主送机关有责任研究并作出答复。相关的机关或部门采用抄送形式,以便主办机关征求意见或会签。如果多头呈送,上级机关一般不予受理。如果办理,会造成机关之间相互等待或意见不统一,增加协调难度,影响工作效率。三是不同时抄送下级机关。请示内容是未决事项,在上级机关还没有批准前,向下级机关抄送透露,会引起不必要的误会或矛盾,不利于工作的开展。因此,请示事项只能在上级机关答复或批准之后,通知下级机关。

八、"报告"中不得夹带请示事项的规则

"报告"和"请示"是两种不同的文种,适用范围有明显的界限,不能混用。"报告"一般用于向上级机关汇报工作,反映情况,或向上级机关提出意见、建议,供上级机关决策参考。上级机关对"报告"一般不作答复,如果报告中夹带请示事项,很容易误事。如果既想汇报工作,让上级掌握情况,又想请示解决问题,一般有两种办法解决:一是将"报告"和"请示"分开,形成两份公文分别上报;二是以请示公文为主,将报告的内容作为附件,附在请示后面作为背景材料,让上级了解请示的充分理由。

九、公文由文秘机构统一处理的规则

为了使公文按正常渠道运转,按规范的程序办理,机关都设有专门公文处理的文秘机构或配备专人处理公文。公文的正常流程应该是:"收"由文秘机构统一签收,拆封,清点分类,登记,拟办,分办,催办;"发"由文秘机构统一核稿,分送领导签批,然后再回到文秘机构登记编号,缮印,校对,用印,分发。分发前,要经过复核或第一读者认真阅读无误后,才可照单分发。这样,无论是公文收进或发出,都经过专门公文处理环节把关,就能保证公文在机关有秩序地运转,规范办理,提高机关办事效率,保证公文质量。

行文规则中还要说明的是,党的领导机关根据工作需要,可向同级政府及部门或下级政府机关行文;而政府机关不得向党的组织行文作指示、交任务。经批准的报刊上全文发布的行政法规和规章,应视为正式公文依照执行,可不再另外发文。发文机关可印制少量文本,供存档备查。

第四节 行政公文的格式

行政公文的格式是指正式印发并运行的行政公文各构成要素排列标志的法定位置及标志

样式，也包括正式制发的公文书面印刷、装订的固定格式，一般由书面文本格式、用纸格式、印装格式三部分构成。

一、书面格式

公文的书面格式，是指公文全部文面组成要素的排列顺序和标识规则。《国家行政机关公文格式》将公文的书面格式划分为眉首、主体、版记三部分：置于公文首页红色反线（又称间隔横线）以上的各要素统称眉首，置于红色反线（不含红色反线）以下至主题词（不含主题词）之间的各要素统称主体，置于主题词以下的各要素统称版记。

（一）眉首

眉首一般由公文份数序号、秘密等级和保密期限、紧急程度、发文机关标识、发文字号、签发人、红色反线等要素组成，实际上就是置于公文首页红色反线（宽度同版心，即 156mm）以上的各要素。

1. 公文份数序号

公文份数序号是将同一文稿印制若干份时每份公文的顺序编号。公文如需标识份数序号，用阿拉伯数字顶格标识在版心左上角第一行，采用红色号码机套印，比如同一文稿共印 100 份，其中第一份的序号可写“001”，最后一份的序号可写成“100”。

使用份数序号主要是有密级的公文。其作用是便于机密文件的分发和回收，有利于提高受文机关和阅读者的保密责任感。一旦出了问题，也便于追查，明确责任归属。如发文机关认为有必要，也可对不带密级的公文编制份数序号。发文机关根据份数序号可以掌握每一份公文的去向。因此，发文机关在发文和收文机关在收文时，都要登记份数序号。

2. 秘密等级和保密期限

秘密等级和保密期限是对涉及党和国家秘密的公文的保密程度和传递处理的要求，是在一定时间内只限于特定范围的人员知晓的。党和国家机关的公文密级分为“绝密”、“机密”、“秘密”三个等级，其中“绝密”、“机密”两个密级的公文应当标明份数序号。绝密是最重要的国家秘密，如果泄露出去会使国家的安全和利益遭受特别严重的损害。公文如需标识密级，用 3 号黑体字，顶格标识在版心右上角第一行，并且标识密级的两字之间须空一个字；如需同时标识密级和保密期限，则两项同用 3 号黑体字，并且密级在前，保密期限置后，顶格标识在版心右上角第一行，秘密等级和保密期限之间用“★”隔开。保密期限一般分一年以内、一年及一年以上，长期的期限不作标注。期限不作标注的一般按保密期 20 年认定，如：秘密★6 个月、机密★3 年、绝密★长期。

3. 紧急程度

紧急程度是对公文送达和办理的时间要求。国家行政机关公文的紧急程度分为“特急”、“急件”、“常规”三种。如需标识紧急程度，常用到的是“特急”、“急件”两种，用 3 号黑体字，顶格标识在版心右上角第一行，并且标识紧急程度的两字之间须空一个字；如需同时标识密级、保密期限和紧急程度，则密级和保密期限顶格标识在版心右上角第一行，紧急程度顶格标识在版心右上角第二行。

4. 发文机关标识

发文机关标识由发文机关全称或规范化简称加“文件”组成，某些特定的公文可只标识发文机关全称或规范化简称，不加“文件”字样。《国家行政机关公文格式》规定：发文机关标识原则上应使用小标宋体字，用红色标识，居中印在公文首页上部。字号以醒目美观为原则，由发文机关酌定，但一般应小于22mm×15mm。发文机关标识上边缘至版心上边缘为25mm，对于上报的公文，发文机关标识上边缘至版心上边缘为80mm。联合行文时应使主办机关名称在前，“文件”二字置于发文机关名称右侧，上下居中排列。即使是联合行文机关较多，也必须保证公文首页显示正文。

5. 发文字号

发文字号由发文机关代字、年份和序号组成。发文字号一般在发文机关标识下空两行处，用3号仿宋体字标注并居中排布。

发文字号中的机关代字，要由一定范围内的领导机关对自己直属机关的单位代字统一编定，以免重复、混乱。编好后要保持稳定。机关代字一般由两个层次组成。第一层次是发文机关代字，第二层次是发文机关主办文件的部门的代字，如铁道部文件的机关代字有“铁办”、“铁财”等，“铁”代铁道部，“办”、“财”代主办该铁道部文件的铁道部的秘书部门、财务部门。有的机关代字还包含其他的层次，如国务院发文的机关代字有“国发”、“国函”，“国”代国务院，而“发”和“函”则代“国务院文件”和“国务院函”这两种发文形式。有的文件机关代字有七八个、十几个字之多，可能各有其所代表的层次，但尽量以简化为好。联合行文一般只标明主办机关发文字号。

年份、序号用阿拉伯数字标识；年份应标全称，不要把“2006”简化为“06”，用六角括号“〔〕”括入，不要用方括号“[ ]”或半圆括号“( )”。

序号是发文的流水号，一般都按文件的形式统一编号。同一个部门主办的，只要是同一发文形式，就要统一按顺序编号。序号不编虚位(即1不编为01或001)，不加“第”字。

6. 签发人

签发人指发文机关签发、签批公文的领导人的姓名。上报的公文需标识签发人姓名，签发人姓名平行排列于发文字号右侧。发文字号居左空1字，签发人姓名居右空1字；“签发人”用3号仿宋体字，“签发人”后标全角冒号，冒号后用3号楷体字标识签发人姓名。如果是联合行文，则有多个签发人，这时，主办机关签发人姓名置于第一行，其他签发人姓名从第二行起在主办机关签发人姓名之下，按发文机关顺序依次顺排，下移红色反线，并使发文字号与最后一个签发人姓名处在同一行并使红色反线与其距离为4mm。

7. 红色反线

红色反线一般标印在发文字号之下4mm处，其长度与版心等宽(即156mm)。

(二)主体

主体在红色反线之下，一般由标题、主送机关、正文、附件、成文时间、印章、附注等要素组成。

1. 标题

公文的标题是对公文内容的概括和对行文目的的揭示，因而应当准确扼要地反映公文的主要内容。公文标题中除法律、法规、规章名称加书名号外，一般不使用标点符号。公文标题一般由发文机关、事由(即主要内容或发文目的)、文种三部分构成，我们称完全式标题，如《镇平县人民政府关于征收矿山地质环境恢复治理保证金的通知》。有时也可用非完全式标题，即根据实际情况省略其中事由或发文机关，如《关于召开招生工作会议的报告》、《中华人民共和国主席令》和《公告》等。

公文标题一般标识在红色反线下空两行处，用2号小标宋体字居中排布。如果字数偏多，需要分行排列，分行时须注意不要把各行上下对齐排成等长，更不得将两个字以上的词拆开排在不同行的首尾，总之标题的排布要做到词义完整、排列对称、间距恰当。

2. 主送机关

主送机关是指公文的主要接收和承办机关，应当使用全称或者规范化简称、统称。

主送机关一般在标题下空一行、左侧顶格用3号仿宋体字标识，回行时仍顶格，最后一个主送机关名称后标全角冒号。如果主送机关名称过多而使公文首页不能显示正文时，应将主送机关名称移至版记中的主题词之下、抄送之上，标识方法同抄送。

向下级机关发送的公文，主送机关较多，一般使用泛称，可采用"各有关部门和单位"等办法概写，主送机关之间则应按其性质、级别和有关规定或惯例依次排列，同性质或同级别的机关之间用顿号，不同性质或不同级别的机关之间用逗号。比如国务院对下行文，其主送机关的排列形式是："各省、自治区、直辖市人民政府，国务院各部委、各直属机构。"如果发送机关少，可将发送机关名称全部写上。

向上级机关行文的主送机关一般是一个。

主送机关要注意准确拟写。写哪个主送机关必须根据公文内容与机关职能决定。该写主送机关的决不能漏写，否则公文无法得到及时有效的送达和办理。

3. 正文

正文是公文的主体部分。正文应置于主送机关下一行，用3号仿宋体字，每自然段左空两字，回行顶格；数字、年份不能回行。

正文中的人名、地名、数字、引文应当准确。引用公文应当先引标题，后引发文字号；引用外文应当注明其中文含义；日期应当写明具体的年、月、日；必须使用国家法定的计量单位。用词、用字要准确、规范，文内如果要使用非规范化简称，必须在首次使用全称的同时注明简称，并且还要注意简称在同一篇公文中必须前后统一；公文中的数字，除成文日期、部分结构层次数和在词、词组、成语、惯用词、缩略语、具有修辞色彩语句中作为词素的数字必须使用汉字外，一般应当使用阿拉伯数字；用数字表示多层次结构序数，其标识方法为：

第一层用"一、""二、""三、"……

第二层用"(一)""(二)""(三)"……

第三层用"1.""2.""3."……

第四层用"(1)""(2)""(3)"……

绝对不可以将层次颠倒过来，随意使用，比如用"(一)""(二)""(三)"……作第一层，用"一、""二、""三、"……作第二层，等等。

4. 附件

附件是正文的附属部分，是补充公文正文内容的其他公文或材料(包括图表、名单、规定、被转发的文件及其他资料)。公文附件是公文正文内容的组成部分，与公文正文一样具有同等效力。

公文有的有附件，有的没有附件。公文如有附件，应在正文下空一行左空两字的位置用3号仿宋体字标识"附件"，后标全角冒号和名称。附件名称后不加标点符号。公文仅一个附件的只标注其名称，不标序号，如有两个或两个以上附件，则应在附件名称前标明序号，序号使用阿拉伯数字，比如：

附件：1. ××××

　　2. ××××

如果正文中已写明附件的名称，在正文之下可不做附件说明。附件应在公文成文日期之后，另起一页与正文一起装订，并在附件左上角第一行顶格标识“附件”，有序号时还要标识序号，比如“附件1”、“附件2”等。附件的序号和名称应与公文正文之下的附件说明一致。如果附件与公文正文不能一起装订，应在附件左上角第一行顶格标识公文的发文字号并在其后标识附件。

5. 成文时间

成文时间指文件落款处的时间。该时间不是指印刷时间或起草时间，一般文件以负责人签发日期为准；经会议讨论通过的文件以会议通过日期为准；法规性文件以批准日期为准；联合发文以最后签发机关(部门)的负责人签发日期为准；电报以发出的日期为准。

公文成文时间用汉字将年、月、日标全，“零”写为“○”，一般置于正文右下方。“命令(令)”的成文时间标识在签发人签名章下一行右空两字处。

6. 印章

印章指正文末尾加盖的发文机关印章或领导同志签名章，是发文机关对公文表示负责并标志公文生效的凭证。

单一机关制发的公文在落款处不署发文机关名称，只标识成文时间并加盖印章。成文日期右空四字。加盖印章应上距正文2～4mm，端正、居中下压成文时间。正确的盖章方式有：(1)下套方式。当印章文字环行排列、下弧无文字时，采用下套方式，即仅以下弧压在成文日期上。(2)中套方式。当印章下弧有文字时，采用中套方式，即印章中心线压在成文时间上。

当联合行文需加盖两个印章时，应将成文时间拉开，左右各空七字。主办机关印章在前，两个印章均压成文日期。要注意只能采用同种加盖印章方式，以保证印章排列整齐。两印章互不相交或相切，相距不超过3mm。

当联合行文需加盖三个或三个以上印章时，为防止出现空白印章，应将各发文机关名称(可用简称)排在成文时间和正文之间。主办机关印章在前，每排最多排三个印章，两端不得超出版心；最后一排不满三个印章，如是一个或两个印章，则居中排布；印章之间互不相交或相切。在最后一排印章之下右空两字标识成文时间。

当公文排版后所剩空白处不能容下印章位置时，应采取调整行距、字距的措施加以解决，务必使印章与正文同处一面，不得采取标识“此页无正文”的方法解决。

7. 附注

公文需说明其他事项时用附注，一般是对公文的发放范围、使用时需注意事项等情况的说明，比如“此件发至省、军级”、“此件发至县、团级”等。

公文如有附注，一般用3号仿宋体字，居左空两字加圆括号标识在成文时间下一行。

(三)版记

版记一般由主题词、抄送机关、印发机关和印发时间、共印份数、版记反线等要素组成。版记应置于公文的最后一页(即封四，亦称封底)，版记的最后一个要素置于最后一行。

1. 主题词

主题词是反映公文主要内容的规范化名词或名词性词组，应按照上级机关的要求标注主题词。

“主题词”用 3 号黑体字，居左顶格标识，后标全角冒号；词目用 3 号小标宋体字，词目之间空一字，不加标点符号。主题词应先标反映公文内容的词，后标反映公文文种的词。一般情况下，一篇公文可标 2～3 个主题词，但最多不超过 5 个。

2. 抄送机关

抄送机关指除主送机关外需要执行或知晓公文的其他机关，应当使用全称或者规范化简称、统称。

抄送机关标注在主题词下一行，左右各空一字，用 3 号仿宋体字标“抄送”，后标全角冒号，抄送机关之间用逗号隔开，回行时与冒号后的抄送机关对齐；在最后一个抄送机关后标句号。

如主送机关移至主题词之下，标识方法同抄送机关。

3. 印发机关和印发时间

印发机关，是指具体主办、制发公文的机关或部门。位于抄送机关之下（如无抄送机关则在“主题词”之下），占 1 行位置，用 3 号仿宋体字。印发机关左空一字，印发时间右空一字。印发时间以公文付印的日期为准，用阿拉伯数字标识。

4. 共印份数

共印份数是同一文稿印制的总份数，置于印发时间之下，右空三字，用 3 号仿宋体字和阿拉伯数字标识。

5. 版记反线

版记反线是版记部分各要素之间的间隔线，即在主题词、抄送机关、印发机关和印发时间等要素之下分别加一条反线，其宽度等同于版心。

二、公文的用纸格式

国家机关公文用纸的幅面尺寸，《国家行政机关公文格式》规定：“公文用纸采用 GB/T148 中规定的 A4 型纸，其成品幅面尺寸为：210mm×297mm。”当前党内系统公文仍可采用幅面为 184mm×260mm 的纸张，不够统一。张贴的公文用纸大小，可根据实际需要确定，但应保持一定的纸型，如 8 开型、A4 开型等，以便于折叠和装订。

公文用纸的页边和版心尺寸，《国家行政机关公文格式》规定：“公文用纸天头（上白边）为：37mm±1mm”，“公文用纸订口（左白边）为：28mm±1mm”，“版心尺寸为：156mm×225mm（不含页码）”。

三、公文的印装格式

公文一律采用从左至右横写、横排的格式。在民族自治地方，可以并用汉字和通用的少数民族文字，少数民族文字版的公文应按其习惯书写和排版。

公文的排版规格，《国家行政机关公文格式》规定：“正文用 3 号仿宋体字，一般每面排 22 行，每行排 28 个字。”一个基准行的距离为一个 3 号字的高度加上该 3 号字高度的 7/8。

公文的制版要求是：版面干净无底灰，字迹清楚无断划，尺寸标准，版心不斜，误差不超过 1mm。

公文的印刷要求是：双面印刷；页码应套正，两面误差不得超过 2mm；印品着墨要实而均匀，字面不花、不白、无断划，黑色油墨应达到色谱所标 BL100%，红色油墨应达到色谱所标 Y80%、M80%。

公文的装订要求是:左侧装订,不掉页;包本公文的封面与书心不脱落,后背平整、不空;两页页码之间误差不超过 4mm。骑马订或平订的订位为两钉钉锯订眼距书心上下各 1/4 处,允许误差±4mm。平订钉锯与书脊间的距离为 3～5mm;无坏钉、漏钉、重钉,钉脚平伏牢固;后背不可散页明订。

公文的页码标识,要求用 4 号半角白体阿拉伯数字,置于版心下边缘之下一行,数码左右各放一条 4 号一字线,一字线距版心下边缘 7mm。单页码居右空一字,双页码居左空一字,空白页和空白页以后的页不标页码。

0001　　　　　　　　　　　　　　　　　　绝　密★一年
　　　　　　　　　　　　　　　　　　　　急　件

×××××××文件

××发〔××××〕××号　　　　　　　　　签发人：×××

关于××××××的请示

×××××(主送机关名称)：

(正文)××××××××××××××× ××××××××××××
×××××××× ×××× ××××××××× ××××。

附件:1. ×××××
　　2. ×××××

二×××年×月×日

附表一:上行文首页格式

0001 绝　密★一年
急　件

×××××××× 文件

××发〔××××〕××号

关于××××××工作的通知

×××××（主送机关名称）：

（正文）××××××××××××××××× ×××××××××××
××××××××××××× ×××× ×××××××× ××××。

附件：1. ×××××
2. ×××××

二×××年×月×日

附表二：下行文首页格式

附件：1. ×××××

　　　2. ×××××

（发文机关名称）　　（发文机关名称）　　（发文机关名称）

（发文机关名称）　　（发文机关名称）

二×××年×月×日

主题词：××　××　通知

抄送：×××××，××××，××××，××××，××××，××××

×××××（印发单位）　　二×××年×月×日印发

共印××份

附表三：公文末页格式

【思考与练习】

1. 狭义的公文和广义的公文有何区别？

2. “公文的撰写者就是公文的作者”，这种说法对吗？为什么？

3. 主送机关与抄送机关有何区别？

第七章

决定、通知和通报

第一节　决定

一、决定的含义

适用于对重要事项或者重大行动做出安排，奖惩有关单位及人员，变更或者撤销下级机关不适当的决定事项。

决定是各级党政机关普遍使用的一种具有领导性和规定性的下行公文，凡上级机关做出的决定作为公文下发，下级机关和个人必须认真贯彻执行。这里的重要事项，是指带有全局性或具有重大意义和影响的事项，重大行动是指对社会产生巨大影响的行动。当然，重要事项和重大行动是相对而言的，并不是事事都是党和国家的重大事项。各级党政机关、企事业单位经常使用决定，比如一些表彰、处分、机构编制、人事安排等事项都可用决定行文。

二、决定的特点

（一）制约性

决定比较集中地体现发文机关对重要事项或重大行动的指挥和处置意图，要求下级机关无条件执行，具有一定的强制性和制约性。决定的制约性和强制性虽然没有命令那么强，但比其他公文都要强，有些决定还具有法规作用，在某些方面，决定往往是法规的延伸和补充，具有较强的行政约束力。

（二）指导性

决定是对重要事项或重大行动做出安排，相比较而言具有较强的理论性和政策性，是指导下级机关开展工作的准则，对下级机关有一定的指挥性和指导性。

（三）稳定性

决定的稳定性主要表现在其内容上。某一问题，一经领导机关讨论商议做出决定，能在相当长时期之内发挥其效用，具有较强的稳定性。

三、决定的分类

（一）法规性决定

用于发布权力机关制定、修订或试行的法律文件，以及由政府部门制定的行政法规。如《甘肃省人民代表大会常务委员会关于修改〈甘肃省人口与计划生育条例〉决定》。

（二）指挥性决定

用于对某个问题、某种事项、某种行动进行决策的指挥性公文。

【例文 1】

国务院关于进一步深化化肥流通体制改革的决定

国发〔2009〕31 号

各省、自治区、直辖市人民政府，国务院各部委、各直属机构：

1998 年以来，各地区、各有关部门认真贯彻落实《国务院关于深化化肥流通体制改革的通知》(国发〔1998〕39 号)精神，积极稳妥地推进化肥流通体制改革，化肥产业得到持续快速发展。为进一步深化化肥流通体制改革，调动各方面参与化肥经营的积极性，不断提高为农服务水平，满足农业生产发展需要，现做出如下决定：

一、放开化肥经营限制

取消对化肥经营企业所有制性质的限制，允许具备条件的各种所有制及组织类型的企业、农民专业合作社和个体工商户等市场主体进入化肥流通领域，参与经营，公平竞争。申请从事化肥经营的企业要有相应的住所，申请从事化肥经营的个体工商户要有相应的经营场所；企业注册资本(金)、个体工商户的资金数额不得少于 3 万元人民币；申请在省域范围内设立分支机构、从事化肥经营的企业，企业总部的注册资本(金)不得少于 1000 万元人民币；申请跨省域设立分支机构、从事化肥经营的企业，企业总部的注册资本(金)不得少于 3000 万元人民币。满足注册资本(金)、资金数额条件的企业、个体工商户等可直接向当地工商行政管理部门申请办理登记，从事化肥经营业务。企业从事化肥连锁经营的，可持企业总部的连锁经营相关文件和登记材料，直接到门店所在地工商行政管理部门申请办理登记手续。

二、规范企业经营行为

化肥经营者应建立进货验收制度、索证索票制度、进货台账和销售台账制度，相关记录必须保存至化肥销售后两年，以备查验。化肥经营应明码标价，化肥的包装、标识要符合有关法律法规规定和国家标准。化肥生产和经营者不得在化肥中掺杂、掺假，以假充真、以次充好或者以不合格商品冒充合格商品。化肥经营者要对所销售化肥的质量负责，在销售时应主动出具质量保证证明，如果化肥存在质量问题，消费者可根据质量保证证明依法向销售者索赔。化肥经营者应掌握基本的化肥业务知识，并应主动向化肥使用者提供化肥特性、使用条件和方法等有关咨询服务。

三、鼓励连锁集约经营

国家鼓励大型化肥生产、流通企业以及具备一定实力和规模的社会资本通过兼并重组等方式，整合资源，发展连锁和集约化经营。对建设和完善区域性化肥交易市场以及化肥储备、经营与现代物流设施的，各级政府要积极予以扶持。化肥交易市场要建立健全化肥产品质量管理制度，不断完善交易规则，有效保护客户的合法权益。

四、强化市场监督管理

各地区和有关部门要切实加强对化肥经营放开后的市场监管工作。农业部门应当定期对可能危害农产品质量安全的肥料进行监督抽查，并公布抽查结果。质检部门要加强化肥生产源头质量监管，加强检查，严厉查处有效含量不足、掺杂使假、标识欺诈、计量违法等行为。工商部门要加强化肥经营主体监管，加大对销售假冒伪劣化肥、虚假广告等坑农害农行为的查处力度，督促经营者建立和完善购销台账、索证索票制度，开展化肥市场信用分类监管，推进化肥市场信用体系建设。价格部门要加强对哄抬价格、串通涨价、价格欺诈以及不按规定明码标价等行为的查处。海关系统要严厉打击化肥走私。各有关部门要加强信息共享，协同开展农资打假，提高行政效能。要大力普及化肥知识，提高农民群众维权能力，畅通举报投诉渠道。要建立健全有关法律法规，依法加强监督管理工作。地方各级人民政府要维护公平竞争的市场秩序，坚决破除地方保护主义。

国务院（印章）
二〇〇九年八月二十四日
（选自《国务院公报》）

（三）知照性决定

用于宣布重大事项，不要求受文单位办理，只需知晓。如教育部教高〔2009〕12号《关于批准第六届高等教育国家级教学成果奖获奖项目的决定》。

（四）奖惩性决定

用于表彰或处分有关人员。

【例文2】

国务院关于表彰全国民族团结进步模范集体和模范个人的决定

国发〔2009〕37号

各省、自治区、直辖市人民政府，国务院各部委、各直属机构：

2005年全国民族团结进步表彰大会以来，全国各族人民在党中央、国务院领导下，积极投身改革开放和社会主义现代化建设的伟大实践，各地区、各行业涌现出一大批认真贯彻执行党和国家民族政策，为巩固和发展平等、团结、互助、和谐的社会主义民族关系，促进少数民族和民族地区经济社会发展做出重要贡献的模范集体和模范个人，他们是推进我国民族团结进步事业的优秀代表。为彰显模范集体和模范个人的先进思想和模范事迹，促进我国民族团结进步事业的发展，进一步激励全国各族人民为夺取全面建设小康社会新胜利、开创中国特色社会主义事业新局面而努力奋斗，国务院决定授予739个集体全国民族团结进步模范集体荣誉称号，授予749人全国民族团结进步模范个人荣誉称号。希望受到表彰的模范集体和模范个人，珍惜荣誉，再接再厉，继续在改革开放和社会主义现代化建设中发挥模范表率作用，为民族团结进步事业做出新的更大贡献。

全国各族人民要以民族团结进步模范为榜样，学习他们热爱祖国、维护民族团结和国家统一的崇高品质，学习他们和睦相处、和衷共济的优良品德，学习他们积极进取、甘于奉献的高尚风格，学习他们求真务实、开拓创新的奋斗精神。要更加紧密地团结在以胡锦涛同志为总书记的党中央周围，高举中国特色社会主义伟大旗帜，以邓小平理论和“三个代表”重要思想为指导，深入贯彻落实科学发展观，紧紧围绕“共同团结奋斗，共同繁荣发展”的民族工作主题，全面贯彻执行党和国家的民族政策和民族法律法规，坚持和完善民族区域自治制度，开拓进取，扎实工作，为夺取全面建设小康社会新胜利，实现中华民族的伟大复兴而努力奋斗。

国务院（印章）
二〇〇九年九月二十六日
（选自《国务院公报》）

(五)变更性决定

用于变更或撤销下级机关不当的决定事项,区域或人员的变更等。如国发〔2007〕33号《国务院关于第四批取消和调整行政审批项目的决定》。

【例文3】

辽宁省人民代表大会常务委员会
关于接受张文岳辞去辽宁省人大常委会主任职务请求的决定
(辽宁省十一届人民代表大会常务委员会第十五次会议通过)

辽宁省十一届人民代表大会常务委员会第十五次会议决定:接受张文岳辞去辽宁省人大常委会主任职务的请求。

二〇一〇年一月十九日

四、决定的写法

(一)标题

决定的标题一般采取公文标题的常规模式,即发文机关+事由+文种的写法,如《北京林业大学关于成立自然保护区学院的决定》。

标题中有时可在主要内容部分加书名号,如《全国人民代表大会常务委员会关于批准〈亚太空间合作组织公约〉的决定》,但标题中不得使用其他标点符号。

(二)发文字号

发文字号为完全式。

(三)主送机关

决定的主送机关为应知照和执行的单位或群体。

(四)正文

正文由开头、主体、结尾三部分组成。

(1)开头一般是说明为什么要做出这个决定,即做出决定的背景、根据、目的和意义。可以用相关的政策、法规依据或实际的工作情况来写明具体的原因。写完后,一般以“现决定如下”、“特做出如下决定”等话语过渡到事项部分。

(2)主体写决定事项。根据具体内容结合实际情况撰写,内容可多可少。

用于发布法规的决定,这部分一般只写明发布的法规的名称和执行日期即可,具体的法规内容放在附件中来说明。

用于指挥工作的决定,这部分要提出工作任务、措施、方案、要求等,有的还要写明指挥决定的理由,内容复杂时要用小标题或条款显示出层次来。

用于批准事项的决定,这部分要表达批准意见,如有必要,还可对批准此事项的根据和意义予以阐述。

用于表彰或惩戒的决定,这部分要写明奖惩对象的主要事实和组织决定。

(3)结尾比较简单,主要写执行要求或希望号召。

(五)落款

正文右下方写明发文机关名称。若标题上已有发文机关,则签署可省略。

(六)成文时间

如果是会议通过的决定，在标题的下方居中以括号注明批准、通过的会议名称和会议批准通过的日期；如果是领导机关的决定，日期一般放在落款之后。

五、决定写作的注意事项

(一)不能滥用决定行文

决定的事项应该是相对重要、重大的，而且写进决定的内容是相对稳定的，在相当长的一段时期之内都是适用的，这就决定了决定的内容必须与这一文种的特点和功能相匹配，一般的，轻微的事情不要随意乱用决定来行文。

(二)事项要明确具体

不少决定都带有一定的政策性、指挥性，这就要求决定的事项要明确、具体，将各事项内容有序地排列，便于下级机关准确地理解和认真地执行。

(三)语体风格要妥当

决定的强制性仅次于命令，其语体风格往往表现为态度明确，语气坚决，语言简练、庄重、严肃。

六、决定与决议的区别

决议曾经也是国家行政机关公文之一，1993 年 11 月 21 日修订后的《国家行政公文处理办法》把这一文种去掉了，但决议仍然是党政机关和人民代表大会及其常务委员会的重要公文文种。决定和决议都是具有法规性质的重要文件，都比一般的指示性文件具有更为重要的意义，都适用于对重要事项、重要问题、重大行动做出安排决策，但它们又是有一定的区别的：

(1) 决定可以由会议做出，也可以由领导集体做出；而决议必须由会议审议通过，所以一般在决议的标题下会标明决议通过的时间和会议名称。

(2) 决定和决议都是决策性公文，一般来说，决定偏重于务实，决议偏重于务虚，决议的理论性强。

第二节　通知

一、通知的概念

通知适用于批转下级机关公文，转发上级机关和不相隶属机关的公文；发布规章制度；传达要求下级机关办理和有关单位需要周知或者共同执行的事项；任免或聘用干部。

通知是各级党政机关、人民团体、企事业单位在公务活动中最常用的一种公文，使用范围相当广泛，不仅可以下达指示，布置工作，传达有关事项，还可任免或聘用干部。上级机关对下级机关可以用通知，平级机关之间有时也可以用，所以通知大多属于下行文或平行文。

二、通知的特点

(一)使用的广泛性

通知不受发文机关级别高低的限制,不论机关级别高低都可以用,党政机关可以用,人民团体、企事业单位也可以用。主要用于上级机关对下级机关、组织对所属成员公布相关事项,平行机关之间、不相隶属的机关之间,有时也可使用通知知照有关事项。

(二)功用的指导性

上级机关在向下级机关发布规章、布置安排工作、批转和转发文件等,都需明确阐述处理问题的原则方法和具体措施,说明需要做什么,怎样做,达到什么要求等,来指导下级机关工作的开展,从发挥的功用上来说具有很强的指导性。

(三)行文的时效性

通知都是在受文对象对某件事情应知而未知、应办而未办的情况下下达的,事项一般是要求立即办理、执行或知晓的,不容拖延,否则会失效或误事。有的通知如会议通知,只在指定的一段时间内有效,行文要及时,具有较强的时效性。

三、通知的分类

根据内容与作用,通知可分为以下几种类型:

(一)发布性通知

用于发布条例、规定、办法和实施细则等行政法规时使用。如工信部保〔2009〕156 号《工业和信息化部关于印发〈互联网网络安全信息通报实施办法〉的通知》。

(二)批转、转发性通知

用于批转下级机关的公文,转发上级、同级或不相隶属机关的公文时使用。这类通知包括批转性和转发性两种。批转性通知,适用于上级机关对下级部门的文件加批语下发,需在标题中加“批转”两字;转发性通知主要用于“转发”上级、平级和不相隶属机关、部门和单位的文件,同样需在标题中注明“转发”字样。

【例文 4】

国务院办公厅关于转发人力资源社会保障部
财政部城镇企业职工基本养老保险关系转移接续暂行办法的通知

国办发〔2009〕66 号

各省、自治区、直辖市人民政府,国务院各部委、各直属机构:

人力资源社会保障部、财政部《城镇企业职工基本养老保险关系转移接续暂行办法》已经国务院同意,现转发给你们,请结合实际,认真贯彻执行。

国务院办公厅(印章)

二〇〇九年十二月二十八日

(选自《国务院公报》)

(三)指示性通知

上级机关对下级机关某一项工作作出指示和安排,而根据公文内容又不必用“命令”或“指示”时,可使用这类通知。

【例文 5】

国务院办公厅关于做好强降雪防范应对工作的通知

国办发明电〔2009〕25 号

各省、自治区、直辖市人民政府，国务院各部委、各直属机构：

近日，受冷暖空气共同影响，华北地区及西北地区东部普降大到暴雪，河北省南部、山西省中南部暴雪创历史纪录，给这些地区生产、运输和群众生活带来一定影响。对此，党中央、国务院领导同志高度重视，作出了一系列重要指示。各有关地区和部门积极采取有效措施，取得了初步成效。为进一步做好防范应对工作，经国务院同意，现就有关事项通知如下：

一、高度重视，加强领导。（略）

二、确保城乡群众正常生活秩序。（略）

三、努力保障交通运输安全畅通。（略）

四、切实保证工农业生产正常运行。（略）

五、进一步加强监测预警和信息发布。（略）

六、切实安排好值班工作。（略）

国务院办公厅（印章）

二〇〇九年十一月十二日

（选自《国务院公报》）

（四）知照性通知

用于告知各有关方面周知的事项等。这种通知发送对象广泛，对下级、平级均可发送。

【例文 6】

国务院关于发布第七批
国家级风景名胜区名单的通知

国函〔2009〕152 号

各省、自治区、直辖市人民政府，国务院各部委、各直属机构：

第七批国家级风景名胜区名单已经国务院审定，现予发布。

风景名胜区是中华民族珍贵的、不可再生的自然文化遗产。地方各级人民政府要正确处理开发利用与资源保护的关系，科学规划，统一管理，切实做好风景名胜资源的保护和管理工作。国务院有关部门要密切配合，加强对风景名胜区有关工作的指导和监督检查，促进风景名胜区可持续发展。

附件：第七批国家级风景名胜区名单（共 21 处，略）

国务院（印章）

二〇〇九年十二月二十八日

（选自《国务院公报》）

(五)会议通知

组织会议的单位告诉有关单位或个人参加会议的通知。

【例文7】

陕西省农业厅办公室关于召开全省农业工作会议的通知

陕农业办发〔2010〕7号

各设区市农业、畜牧、农机、果业局,杨凌示范区农业局,各县(区、市)人民政府,厅机关各处(室、局)、厅属各单位,省农垦总公司:

经省委、省政府同意,定于2010年1月中旬召开全省农业工作会议,现就有关事宜通知如下:

一、主要内容

传达贯彻中央农村工作会议和全国农业工作会议精神,分析我省农业经济发展形势,交流农业发展先进经验,重点安排部署2010年农业工作。

二、会议形式

全省农业工作会议与全省农村工作会议套开,全省农业工作会议代表列席全省农村工作会议。会后,接着召开全省农业系统精神文明建设工作会议。

三、时间地点

时间:2010年1月18—19日,1月17日报到,会期2天。

地点:陕西宾馆12号楼(西安市丈八北路1号)。

四、参加人员

(一)各设区市及杨凌示范区农业局主要负责同志;榆林、延安、商洛市畜牧局主要负责同志;咸阳、渭南、榆林市农机中心(局)主要负责同志;铜川市果业局主要负责同志。

(二)各县(区、市)人民政府分管农业农村工作的副县(区、市)长及农业(农牧、农林)、畜牧局主要负责同志。

(三)厅领导,厅机关各处(室、局)处长(主任、局长)、副处长(副主任、副局长,含省畜牧局内设各处室),省农机局、果业局班子成员及各处室主要负责同志,厅属各单位主要负责同志,省农垦总公司主要负责同志。

(四)部分龙头企业代表(见附件1)。

(五)邀请省级有关部门负责同志及新闻媒体记者等。

五、有关要求

(一)按照省委、省政府要求,各县(区、市)人民政府分管农业农村工作的副县(区、市)长参加全省农业工作会议,列席全省农村工作会议,不参加全省农业系统精神文明建设工作会议。请各县(区、市)人民政府将参加会议人员名单报各市区农业局(如副县、区长代表县政府参加全省农村工作会议的,请注明),由市区农业局汇总统一上报。

(二)请各设区市及杨凌示范区农业局接到通知后,及时将会议通知转所属县(区、市)人民政府,并通知所属县区农业(农牧、农林)局,落实参会人员,汇总后统一报送参会人员名单。

(三)请会议代表持会议通知,在陕西宾馆12号楼一层大厅报到。

(四)名单报送时间:2010年1月14日12:00前。

报送方式:通过传真或发电子邮件形式报厅办公室。

联系人：张荣军，87329701，13759991552；张欣，87321692(传真)，13389220818。邮箱：snytbgs@163.com。

附件：1. 参加全省农业工作会议的龙头企业名单
2. 全省农业工作会议参会代表回执

陕西省农业厅办公室(印章)
二〇一〇年一月十一日
(稿件来源：陕西省农业厅办公室 有删减)

(六)任免性通知

用于机关或团体任免或聘用干部时使用。

【例文 8】

关于澳门特别行政区第三届政府
陈丽敏等 10 人任职的通知

国人字〔2009〕90 号

澳门特别行政区政府：

依照《中华人民共和国澳门特别行政区基本法》的有关规定，根据澳门特别行政区第三任行政长官崔世安的提名，国务院 2009 年 11 月 23 日决定，任命澳门特别行政区第三届政府下列主要官员和检察长：

任命陈丽敏(女)为行政法务司司长；

任命谭伯源为经济财政司司长；

任命张国华为保安司司长；

任命张裕为社会文化司司长；

任命刘仕尧为运输工务司司长；

任命冯文庄为廉政公署廉政专员；

任命何永安为审计署审计长；

任命白英伟为警察总局局长；

任命徐礼恒为海关关长；

任命何超明为检察院检察长。

国务院(印章)
二〇〇九年十一月二十三日
(选自《国务院公报》)

四、通知的写法

(一)标题

通知的标题有完全式和省略式两种。完全式标题是发文机关＋事由＋文种齐全的标题。

如例文 7 标题。

省略式标题有两种形式：一种指的是由于标题太长，省略发文机关，由事由＋文种组成的标题。如《关于召开春季田径运动会的通知》，这个标题便省略了发文机关。如果是两个单位以上联合发文，则不能省略发文机关。

另一种指的是省略多余的“关于”和“通知”字样。转发性和批转性通知的标题由“发文机关＋批转、转发＋被发布文件标题＋通知”构成。被批转、转发公文为法规、规章时，一般应加上书名号。有时由于被批转、转发公文标题中已有“关于”和“通知”字样，或者被批转、转发的公文标题比较长，这时通知的标题一般可保留末次发布（批转、转发）文件机关和始发文件机关，省略多余的“关于”和“通知”字样，否则就会出现一个标题中有多个“关于”和“通知”的现象，显得很长，读起来也拗口。如：“××县人民政府关于转发《××市人民政府关于转发国务院关于防止重大火灾事故的紧急通知的通知》。”这个标题有四个层次，用了三个“关于”，两个“的通知”，很拗口。通过省略可把这个标题简化为《××县人民政府关于转发国务院防止重大火灾事故的通知》。至于被省、地区等转发过的内容，可在转发意见中交代清楚。

（二）发文字号

发文字号为完全式。

（三）主送机关

所有通知都需有主送机关，一般为直属下级机关或需了解通知内容的不相隶属的单位，一个或多个均可。

（四）正文

通知的正文主要包括缘由、事项、结尾三部分。

缘由写明制发通知的理由、目的、依据或情况。

通知事项，即通知主体，要求写明受文机关承办、执行和应予知晓的事项。不同类型的通知在这一部分写作要求有所不同：

发布性通知写明被发布公文的全称，提出执行要求，具体内容用附件形式来标明，必要时可强调该法规的重要性，请受文单位予以重视。文字要简短，不要长篇大论。

指示性通知，或写有关单位应执行的办法、步骤、措施等，或写带有强制性、指挥性、决策性的原则（或指示性意见）、具体工作要求等。指示性通知的事项，一般影响面较大，比较紧急而且有一定的政策性。

批转、转发性通知写明被批转、转发公文的全称，根据不同情况可用“现转发给你们，请遵照执行”、“请认真贯彻执行”、“希研究执行”等词语对受文单位提出贯彻执行的具体要求；还可以根据具体情况做出补充性的规定。被转发或批转的具体内容放在附件中来交代。

知照性通知要写明受文单位应知应晓的具体内容。要求文字准确、明白、简练，涉及到时间、地点、名称和活动内容应清楚无误。

会议通知，依据其不同类型，有不同的写法。通过文件传递渠道发出的会议通知，一般应写明召开会议的原因、目的、会议名称、主要议题、到会人员、会议及报到时间、地点、需要的材料等，通常采用条文式写法，要求内容周密、语言清楚、表述准确，不致产生歧义。供机关、单位内部张贴或广播的周知性会议通知，应在通知事项中说明会议时间、地点、内容、准备材料及出席人员等，语言力求明白、简短。

任免通知比会议通知更为简单，一般的固定格式是：按任免决定写明任免人员的单位名称，人员姓名，职务即可。

通知的结尾常用的有三种写法

(1) 事项结束，全文就自然结尾，意尽言止，不单写结束语。

(2) 用习惯用语“特此通知”收尾，但前言和主体之间如用了“特作如下通知”作过渡语，则不宜在收尾处再用习惯用语。

(3) 用简要的文字再次明确主题或作必要的说明，以引起收文单位对该通知的重视。

(五)落款

在正文右下方写明发文机关名称，如果发文机关在标题中标明，落款时可以省略。

(六)成文时间

成文时间一般为主管领导签发日期，写在发文机关下方。

五、通知写作的注意事项

(一)内容要具体明确

通知与实际工作关系非常密切，因此通知的内容要具体明确，便于理解与执行，充分保证日常工作的正常开展。

(二)制发要迅速及时

通知具有很强的时效性。及时行文，不仅仅是在部署安排重大工作，大量的日常工作也必须及时处理，所以通知应撰制及时，传递及时，执行、办理及时，力求高效率。

(三)用语要准确恰当

通知的适用范围不同，行文方向不同，因此必须根据实际的需要，区别使用不同的公文用语。

第三节　通报

一、通报的含义

通报适用于表彰先进、批评错误、传达重要精神或者情况。

通报属于周知性公文。各级机关对于工作中出现的新情况、新问题、新经验、好坏典型等都可以用通报的形式在一定范围内传播。

二、通报的特点

(一)真实性

真实是通报的生命。通报的任何情况、事实都必须是真实的，不能有差错，更不能编造假情况。因此，写通报，对正反两方面的事实都要认真核实，做到准确无误，没有水分。例如对先进事迹的通报表扬，要实事求是地反映，不要拔高，更不能借贬低群众，来提高先进人物。

(二)教育性

表彰先进的通报，对被表彰单位是一种鼓舞、激励；对其他单位是一种教育，引导其找差距，学先进；对后进单位是一种鞭策，激励他们学习先进，迎头赶上。批评性通报的目的则是让人们知道错误，认识错误，吸取教训，改正错误，引以为戒。不论是对正面还是反面事例的报道，都对大家有一定的教育意义。

（三）典型性

无论是表彰先进的通报，还是批评性通报，所选事例都是应当具备典型意义的，而非一般性的先进事迹或错误事实。

（四）知照性

通报传递了信息，起到了告知通晓的作用，扩大了所通报事项的影响，具有知照、告晓的特点。

（五）时效性

通报的内容一般都是近期发生的事情，对当前的工作具有指导和促进作用，这就要求及时行文，越及时，发挥的作用就越大。

三、通报的分类

（一）表彰性通报

主要用来表彰先进，介绍单位或个人的先进事迹或成功的经验、做法，注重从典型实例中提倡先进事迹和优秀品质，概括出具有普遍意义的好经验，号召人们学习先进，进一步做好工作。

【例文 9】

关于给予寿光市渔政监督管理站

记集体一等功的通报

鲁政字〔2009〕205 号

各市人民政府，各县（市、区）人民政府，省政府各部门、各直属机构，各大企业，各高等院校：

2009 年 4 月 15 日，渤海莱州湾沿海发生特大风暴潮，寿光市近海滩涂很快变成一片汪洋，38 名没来得及撤离的广饶籍群众被海水围困，情况万分紧急。面对遇险受困群众，寿光市渔政监督管理站工作人员临危不惧，冒着生命危险，奋战 5 个多小时，成功解救出了被潮水围困的 38 名遇险群众，危难之际保护了人民群众生命财产安全，为我省“平安渔业”建设作出了突出贡献。为表彰在这次抢险救生中作出突出贡献的寿光市渔政监督管理站全体工作人员，大力弘扬他们不畏艰险、身先士卒，为保护人民生命财产安全奋不顾身的精神，省政府决定，给予寿光市渔政监督管理站记集体一等功。

希望寿光市渔政监督管理站珍惜荣誉，再接再厉，在海洋与渔业管理和海上抢险救生工作中不断取得新的成绩。全省各行各业干部职工要认真学习寿光市渔政监督管理站干部职工忠于职守、情系群众、一心为民的高尚情操，学习他们无私无畏、不怕牺牲、勇于奉献的职业风范，开拓进取，努力奋斗，为建设和谐稳定的社会主义新山东作出新的贡献。

山东省人民政府（印章）

二〇〇九年八月二十八日

（选自《山东省政府网》）

(二)批评性通报

用来批评后进,纠正错误,打击歪风,目的是惩戒坏人和防止事故再度发生,以引起有关方面有关人员的警觉。

(三)情况性通报

用于传达上级重要精神与重要情况,让下级了解和掌握上级的重要精神和工作意图,以指导下级的工作。

【例文10】

教育部办公厅关于近期几起中小学生溺水事故情况的紧急通报

教基一厅〔2009〕7号

各省、自治区、直辖市教育厅(教委),新疆生产建设兵团教育局:

最近一段时间,一些地方连续发生多起中小学生溺水身亡事故。5月15日下午,湖南省涟源市金石镇湖广丰年学校3名小学生放学后结伴到白杨桥旁的河里洗澡,不幸溺水死亡;5月16日下午,河南省商丘市民权县4名小学生结伴去鱼塘洗澡时玩船,船翻溺水,被打捞出水后抢救无效死亡;5月16日,甘肃省张掖市甘州区新墩镇中心学校、西关小学3名小学生在新墩镇白塔村滨河新区建设工地一水潭边摸鱼时不慎滑入水中溺水死亡;6月12日,河南省南阳市唐河县苍台镇第一中心小学发生一起溺水事故,1名教师4名学生死亡;7月3日下午,河南省驻马店市确山县留庄镇石庄村发生一起溺水事故,5名儿童(3男2女)在鱼塘中溺水死亡。

这些溺水事故的发生,教训十分惨痛。针对预防溺水事故,教育部曾三令五申,发出预警并提出相关要求,但个别地方安全意识依然淡薄,没有足够的重视,没有采取有效的措施。为确保学生的安全,现对预防中小学生溺水事故的发生提出如下工作要求:

一、各地教育行政部门要速将近期连续发生的溺水事件通报到本行政区域内所有中小学校和全体学生,使学校和学生都从这些事故中充分吸取教训,引起高度重视,采取有效措施,防止此类事故的再次发生。

二、各地要结合实际,充分利用教育部提供的各类教育资源,结合以上事故在暑假前开展一次专门的预防溺水安全教育,尤其要教育学生不准擅自与同学结伴游泳,在上下学途中不要下江(河)、池塘,建设工地残留水坑玩耍、洗澡、摸鱼。对已经放暑假的地方,要采取电视滚动播放字幕、教师家访、告家长通知书等多种形式提醒广大中小学生注意游泳安全。

三、各地教育行政部门和学校要进一步加强与有关部门、社区、村委会、家长的密切联系,切实建立预防溺水事故发生的联动工作机制。

目前,广西、江西等南方强降雨地区在洪涝灾害中要特别注意师生的安全,重点预防学生在上下学途中被洪水围困或冲走,避免发生伤亡事故。同时,暑期临近,各地要切实教育学生注意在假期中的安全,防止溺水等各类安全事故的发生。

教育部办公厅(印章)

二〇〇九年七月五日

(选自教育部网)

批评性通报和表彰性通报，都是下行文，制发单位没有级别限制。情况性通报多作下行文，也兼作平行文。

四、通报的写法

（一）标题

通报的标题通常由发文机关＋事由＋文种三个要素构成，如《北京市人民政府关于表彰政绩突出单位的通报》，有时可省略发文机关，由事由＋文种构成，如《关于违纪售房情况通报》。

（二）发文字号

发文字号为完全式。

（三）主送机关

主送机关一般为直属下级机关，或需要了解该内容的不相隶属的单位。

（四）正文

（1）表彰性通报和批评性通报的正文一般分为三部分：

一是简要概述主要事实：表彰性通报要突出主要先进事迹，批评性通报要抓住主要错误事实。

二是分析指出事例的教育意义：表彰性通报要在阐述先进事迹的基础上，提炼出主要经验、意义和值得学习与发扬的精神。批评性通报要分析错误的性质、危害，产生的根源和责任，指出应吸取的主要教训等。

三是决定要求：表彰性和批评性的通报，应写明组织结论与予以表彰或处理的决定，同时提出对表彰或批评对象与读者的希望、要求。为了防范和杜绝类似错误发生，批评性通报的结尾处，通常要有针对性地提出防范的措施或规定。

（2）情况通报有两种形式：一种只对有关事实作客观叙述；另一种在叙述情况的基础上，还对有关情况加以分析说明，有时还针对具体问题提出应采取何种对策的指导性意见。

情况通报的正文，关键在于对情况的掌握要确实、全面、充分。它的正文包括通报有关情况，分析并作出结论。具体写法，有的是先摆情况，然后进行分析得出结论；有的是先通过简要分析作出结论，再列举情况，来说明结论的正确性和针对性。

（五）落款

在正文右下方标注发文机关，如在标题中已出现发文机关，也可不署发文机关。

（六）成文时间

成文时间一般为领导签发日期。

五、通报写作的注意事项

（一）事例要典型

不论写哪一类通报，既是为了处理解决点上的问题，更是为了指导面上的工作。因此，选取的事例必须典型，具有鲜明的特点，这样才会具有教育意义，达到写作的目的。

（二）分析要准确

通报对事实的叙述要清楚，分析评价讲究理据。在分析评价时，要依据国家的相关法律和方针政策，用语严谨，实事求是，是褒是贬，是奖是罚，必须恰如其分，称善不溢其美，言恶不过其极。

（三）通报要及时

通报在具有指导性和教育性的同时，也具有很强的时效性，因此，必须把握时机，迅速行文，使它和当前的中心工作密切结合。

（四）写作态度要严肃

通报的影响比较大，写作态度要严肃而慎重。对无论哪一种通报所涉及的内容，动笔前都要核对事实，情况说明要以确凿无误为前提，写作中要把握好分寸，不可主观想象和随意推理。分析、判断要以事实为基础，以法律、规章为依据。情况的确凿，结论的准确和表达的严谨，是严肃性的集中体现。

六、*通报与通知的区别*

从通报与通知的特点和作用两方面，可以看出它们的主要区别有：

（一）内容范围不同

通知可以发布行政法规和规章制度，批转和转发公文，传达需办理和周知的事项等；通报则是表扬先进，批评错误，传达、交流重要的情况、信息。两者虽然都有告知的作用，但通知告知的主要是工作的情况，以及共同遵守执行的事项；通报则是告知正反面典型，或有关重要的精神或情况。

（二）目的要求不同

通知的目的是告知事项、布置工作、部署行动，内容具体，要求受文机关了解要办什么事，该怎样办理，不能怎样办理，有严格的约束力，要求遵照执行；通报的目的主要是或交流、了解情况，或通过正反面的典型去教育人们，宣传先进的思想和事迹，提高人们的认识。

（三）表现方法不同

通知的表现方法主要是叙述，告知人们做什么，怎样做，叙述具体，语言平实；通报的表现方法则常兼用叙述、说明、分析和议论，有较强的感情色彩。

（四）行文时间不同

通知告知的是相关事项，一般是在事前来行文，而通报告知的是已经发生过了的有关情况，只有在事后才可以行文。

【思考与练习】

1. 写作决定的注意事项有哪些？
2. 如何区分批转性通知和转发性通知？
3. 通知标题的写作应当注意什么问题？
4. 在“表扬先进，批评错误”时，通报、决定两种文种在行文上有什么区别？
5. 如何理解通报的“典型性”？

第八章

报告、请示和批复

第一节　报告

一、报告的含义

报告是行政机关和党务机关都广泛采用的重要上行文，适用于向上级机关汇报工作，反映情况，答复上级机关的询问。

报告属于陈述性公文，一般产生于事后和事情过程中。它是上级机关了解下情、制定政策、指导工作的重要依据之一；也是下级机关及时反映情况，取得上级对工作支持、指导的重要途径之一。报告属于上行文，在中下级机关中普遍使用。

二、报告的特点

（一）单向性

报告是下级机关向上级机关汇报工作、反映情况、提出建议时使用的单方向上行文，不需要上级机关给予回复。

（二）陈述性

报告具有汇报性，是向上级机关讲述单位遵照上级的指示，做了什么工作、怎样做的、取得了哪些成绩、还存在哪些不足；反映情况时，应将时间、地点、人物、事件、原因、结果叙述清楚，向上级机关提供准确的现实性信息。报告所表达的内容和使用的语言都是陈述性的，即便是提出建议的报告，也要在汇报情况的基础上，才能深入一步提出建议来。

（三）事后性

多数报告，都是在某项工作开展了一段时间或完成之后，或是在某种情况发生之后，向上级做出的汇报，具有事后性。

三、报告的分类

（一）工作报告

凡是用来向上级汇报工作的报告，都是工作报告。

工作报告可分为综合工作报告和专题工作报告两种。

（1）综合工作报告涉及面宽，要把主要工作范围之内的方方面面都涉及到，可以有主次的区分，但不能有大的遗漏。如各级人民政府向同级人民代表大会作的政府工作报告，单位向上级提供的年度、季度、月份工作报告，都属于这种类型。

（2）专题工作报告的涉及面窄，只针对某一方面的工作或者某一项具体工作进行汇报，如党的机关关于“反腐倡廉教育”工作报告，只围绕这一中心，就属于专题工作报告。

(二)情况报告

向上级机关反映本单位的重要情况，如本单位的工作进展情况、先进人物和先进事迹、意外事故、群众的意见，以及一些新的动态、倾向，最近出现的新事物等，以使上级机关及时了解情况，做出决策。作为下级机关，有责任做到"下情上达"，保证上级机关耳聪目明，对下面的情况始终了如指掌，这就是情况报告的作用和意义。如果隐情不报，则是一种失职的表现。

【例文 1】

关于清理"12·29"小商品批发市场特大火灾现场和受毁楼房装修加固的情况报告

（发文字号略）

市政府办公厅：

去年 12 月 29 日凌晨 2 时 15 分左右，因××区街道办事处所属×××小商品批发市场起火酿成了特大火灾事故。事发后，我区常务副区长×××同志、主管副区长××同志，立即赶赴现场，并组织区房管局、区环卫局、××街道党委、××街道办事处、派出所、××房管站，全力以赴投入救灾抢险和善后工作。今年 1 月开始，我们组织力量清理了火灾现场，保证了交通畅通，并得到西区供电局×××副局长的支持，把住户被切断的电源接好，保证了居民照明用电。1 月 10 日对火灾现场的淤泥杂物进行清理，对被烧毁损坏的楼房进行了装顶加固排危，并在火灾现场正面，砌了两米多高的围墙，保证了马路行人安全。

我区房管局曾多次与××区街道办事处联系，要求赔偿抢险费、清场费、租金损失费、房屋修复费、住户居民损失费。但该××区街道办事处一拖再拖，至今仍未做出妥善处理。恳请市政府督促××区街道办事处尽快做出处理。

××区人民政府（印章）

二〇〇×年二月四日

（稿件来源：http://222.200.11.4 有删改）

(三)建议报告

对自己职权范围内的某方面工作经过深思熟虑，有了切实可行的设想之后，将其归纳整理成意见、办法、方案，上报上级，希望上级机关采纳，这就是建议报告。

对于建议报告，上级如果采纳，可能会批转给有关部门实施，这是建议报告目的的最终实现。但上级部门也可能不予采纳，这也是很正常的。作为下级机关，有建议的权力，但上级机关需要从全局、实际基础、时机、资金等主客观条件考虑来决策，下级机关不应加以干涉，具体的建议内容是上级机关制定决策的依据。

(四)答复报告

答复上级机关询问的报告内容针对性较强，上级询问什么，就答复什么，不能答非所问，被动地行文。对待上级机关的询问，要经过深入的调查研究后再作答复。

(五)报送报告

这是向上级报送文件、物件时使用的报告，正文通常非常简略，只需写明"现将××××报上，请查收"即可。具体的内容都在所报送的文件里。

【例文 2】

××电视机厂关于报送最新设计的电视机样机的报告

（发文字号略）

省质监局：

现报上我厂最新设计的电视机样机 4 种各 2 件，并附上说明书，请查收。

×××电视机厂（印章）

二〇〇九年七月十九日

四、报告的写法

（一）报告的标题

报告的标题，有两种写法：一是发文机关＋事由＋文种的写法，如《铁道部关于××次旅客快车发生重大追尾碰撞事故的报告》；二是事由＋文种的写法，如《关于招生工作情况的报告》。

（二）发文字号

发文字号为完全式。

（三）主送机关

行政机关的报告，主送机关一般只送一个上级机关。但受双重领导的单位，要依据分工和管理权限，可以报送其中一个上级机关，抄送另一个。报告应报送自己的直接上级机关，一般情况下不要越级行文。

（四）正文

（1）报告缘由。不同类型的报告，其缘由有不同的写法。可以交代报告产生的现实背景，可以交代报告产生的原因，可以说明报告的根据，或者在开头简略叙述一个事件的概况，或者明确阐述发文的目的，均要落笔入题，有利于表达主体内容和主旨。

（2）报告主体。报告的主体也有多种写法，常见的写法有：

工作报告主体部分的内容，以成绩、做法、经验、体会、打算、安排为主，在叙述基本情况的同时，有所分析、归纳，找出规律性认识，类似于工作总结。

建议报告希望上级部门采纳建议，或批转给有关部门执行、实施，这是建议报告的基本写作目的。为此，这类报告的重点要放在建议内容上。提出的建议要针对某项工作有系统、完整的方法、措施和要求，且对工作有切实可行的指导作用。形式上可采用分条列项的方法逐层表达。

回复报告根据上级机关或领导的查询、提问，有针对性地作出回答，问什么答什么，要突出专一性、时效性。

情况报告汇报发生的情况，并客观地分析这些情况产生的原因、性质和造成的影响等。对情况已经做了处理的，应报告处理结果；尚未做处理的，应报告处理打算。

递送报告的正文一般很简短，只用一两句话说明报送的文件或物件的名称及数量即可。

（3）报告结语。报告的结语比较简单，可以重申意义、展望未来，也可采用“特此报告”、“以上报告，请审阅”、“特此报告，请审示”、“以上报告如无不妥，请批转执行”等等习惯用语收结全文。

(五)落款

在正文右下方标注发文机关。如在标题中已出现发文机关,则落款省略。

(六)成文时间

成文时间一般为领导签发日期。

五、报告写作的注意事项

(1) 要注意结构、层次的合理安排。

(2) 要善于抓住事物的本质。

(3) 注重时效,情况真实。

(4) 语言简洁,篇幅短小。

第二节　请示

一、请示的含义

请示是党政机关广泛使用的一种上行公文,主要适用于向上级机关请求指示、批准。

请示作为报请性的上行文,应用范围十分广泛。但下级机关不能事无巨细地遇事就向上级请示,请示一般是有限制的,大致可归纳为以下几个方面:

(1) 下级机关遇到新情况、新问题,因无章可循而没有对策或没有把握,需要上级机关给予明确指示的时候,要用请示。

(2) 下级机关在处理较为重大的事件和问题时,因涉及有关方针政策必须慎重对待,或为防止工作失误,需要报请上级机关,要用请示。

(3) 下级机关在工作中遇到问题,虽然有解决的办法,但由于职权、条件的限制,没有权力或没有能力实施这些办法,需要上级机关帮助解决时,要用请示。

(4) 下级机关对有关方针、政策和上级机关发布的规定、指示有疑问,需要上级机关明确答复同意才能办理时,要用请示。

(5) 下级机关在较重要的问题上出现意见分歧,无法统一,需要上级机关裁决才能办理时,要用请示。

(6) 因情况特殊,遇到某些难以执行现行规定、有待上级重新指示才能办理的事项时,要用请示。

(7) 下级机关遇到上级领导、主管部门明确规定必须请示、批准才能办理的事项,或上级明文规定完成一项工作任务后,需要上级审核认定的事项时,要用请示。

二、请示的特点

(一)回复性

在公文体系中,请示是为数不多的双向对应的文体之一,具有较强的期复性。下级机关往往是在遇到比较重要的情况和急需解决的问题时,才向上级机关请示的,不管上级机关是否同意下级的请示事项,都应尽快明确回复。

(二)单一性

请示具有强制回复性,上级机关要及时给予答复,因此在一份请示中,只能就一项工作或一种情况、一个问题做出请示,不得在一份公文中就若干事项请求指示和批准,耽误正常工作的开展。如果确有若干事项都需要同时向同一上级机关请示,可以同时写出若干份请示,它们各自都是一份独立的文件,有不同的发文字号和标题。而上级机关则会分别对不同的请示做出不同的回复。

(三)针对性

请示的行文,有很强的针对性。必须针对超出了本机关职权、能力、认识范围之外的事情运用请示。不得动辄就请示,那样看起来像是尊重上级,实际上却是把矛盾交给上级,影响工作的开展。

(四)超前性

请示的行文时机具有超前性,必须在事前行文,等上级机关做出答复后才能付诸实施。事中行文或事后行文都是不正确的。

(五)可行性

请示中提出的请上级机关予以批准的要求,应该是切实可行的,应考虑到上级机关的审批权限和解决能力,不应提出根本办不到的不合理的要求。

三、请示的分类

(一)请求指示的请示

请求指示的请示主要适用于以下三种情况:

下级机关遇到新情况、新问题,无章可循,需要请示上级机关。

对有关方针、政策和上级机关发布的规定、指示在理解上有疑问和分歧,在执行上把握不准,或在执行中需要变通时,需要请示上级机关。

事关重大,需要上级机关给予原则上的指导。

【例文 3】

关于暂缓调高旅游专项资金在交通建设附加费中分配比例的请示

(发文字号略)

市人民政府:

今年 4 月 7 日,市委、××市政府《关于加快发展旅游业的决定》(××字〔××〕8 号),同意建立旅游建设发展专项资金,其部分资金来源于交通建设附加费的分配,并将此分配比例从原来的 5%调高到 10%。对此,我委认为该措施无疑有利于筹集资金,促进旅游业发展。但当初决定征收交通建设附加费的目的,主要是筹集地铁资金,现要提高旅游专项资金在交通建设附加费中的分配比例,必然减少地铁资金的来源。地铁工程建设年度投资高达 30 亿元,筹资任务十分艰巨,而今年地铁资金缺口更大,需开拓更多的资金来源。因此,任何减少筹集地铁资金的做法都会导致工期拖长和投资增大,不利于工程建设。

鉴此,我委建议在地铁建设期内,暂缓调高旅游专项资金在交通建设附加费中的分配比例,仍执行旅游专项资金在交通建设附加费中占 5%的分配比例不变。

专此请示,请批复。

××市计委(印章)
××××年×月×日
(稿件来源:pp-cn.com)

(二)请求批准的请示

依据管理权限和有关规章,下级机关就某些工作、某些问题请求上级机关给予审定、认可时使用的请示。如管理区域的变更、机构设置、干部人事安排、财款的动用等,都属此类。

(三)请求批转的请示

某职能部门在自己的职权范围内制定了相关的办法和措施,却不能直接要求平级机关和不相隶属机关照办,可用请示的方式要求上级机关批转给有关部门执行。

四、请示的写法

(一)标题

请示的标题可以由发文机关+事由+文种构成,如《××省农业厅关于急拨救灾款的请示》。也可以由事由+文种构成,如《关于成立老干部活动室的请示》。

(二)发文字号

发文字号为完全式。

(三)主送机关

为直属上级机关,一般只报送一个主管领导机关,需要送其他机关的用抄送形式。

(四)正文

请示的正文由请示缘由、请示事项、请示结语三部分构成。

请示缘由是请示事项的基础,是上级机关批复的主要依据。一般而言,这部分要写明所遇到的新情况、新问题,或自身没有能力解决的困难,要写得充分恰当、言之有据。交代完请示缘由之后,一般用"特请示如下"过渡到请示事项。

请示事项要写清要求上级机关予以指示、审核、批准的具体问题和事项,这是请示的实质内容,是请示最核心、最重要的部分。请示事项要符合法规,符合实际,具有可行性和可操作性。

请示结语是请示的结尾。这部分内容比较简单,在主体之后,另起一段,以惯用的"当否,请批示","妥否,请批复","以上请示,请予审批","以上请示如无不妥,请批转有关部门执行"等结束语收尾即可。

(五)落款

在正文右下方标注发文机关。如在标题中已出现发文机关,则落款省略。

(六)成文时间

成文时间一般为发文日期,在发文机关下方标明。

五、请示写作的注意事项

(1) 要坚持一文一事,报送一个主送机关。请示事项必须明确、具体、可行;不要多头请示,确需了解请示事项的领导机关或领导人,采取抄报形式处理。

(2) 一般不得越级请示,个别需要越级请示的,常采用两种方式:一种是转呈式,既可以避免越级，又明确主送机关；另一种是在越级请示的同时，把请示抄报被越过的主管部门。

(3) 不能把请示写成报告或请示报告。

(4) 除领导直接交办的事项外，请示不要直接送领导者个人。

(5) 一般情况下，不得在上报上级机关的同时将请示抄送平级和下级机关。

六、请示与报告的异同

(一)相同点

(1) 两者都属上行文。

(2) 为督促各级领导干部认真履行职责，对行文负全责，上报的报告、请示首页须注明签发人。

(3) 通常情况下，报告和请示的标题可省略发文机关。

(二)不同点

(1) 写作性质不同。报告属陈述性公文，请示属呈请性公文。

(2) 行文目的不同。报告行文目的在于汇报工作、反映情况、提出意见和建议、答复询问等，故不要求上级机关回复；请示行文目的在于请求指示或审核批准，需要上级机关给予答复。

(3) 内容含量不同。报告的内容含量比较大，往往涉及多个事项，可以一文多事，即使是专题报告，也常常包括一个事项的多个方面，篇幅较长；对请示则严格要求一文一事，一事一请，篇幅相对较短小。

(4) 行文时间不同。报告在事中、事后均可行文；而请示必须事前行文，不能边干边请示，或先斩后奏。

(5) 结尾形式不同。报告因不需要上级机关作出回答，因此常用“特此报告”、“以上报告，请审阅”、“以上报告如无不妥，请批转……”等词语来收尾；而请示需要上级机关给予回复，所以常用“以上所请，妥否(当否)，请批复(批示、答复、回复)”、“以上所请如无不妥，请批转……”等词语作结语。

第三节　批复

一、批复的含义

批复为下行文，主要适用于答复下级机关的请示事项。

批复是针对下级机关无权、无能力解决的事项，做出具体答复，来指导下级机关工作开展时使用到的文书。批复，首先就是要“批”，即对下级机关的请示表明态度，如同意或不同意，原则上同意，暂缓进行等；其次是“复”，即在表明态度的基础上，做出回复，指出下级机关在开展工作的过程中应注意的事项。

二、批复的特点

(一)被动性

批复是用来答复下级请求事项的，下级有请示，上级才会有批复。下级有多少份请示呈报上来，上级就有多少份批复回转下去。批复不是主动的行文，是公文中唯一的纯粹被动性文种。另有两种公文也可以是被动性的，就是报告和函。不过，报告只有在答复上级机关询问时才是被动的，函只有答复对方的来函事项时才是被动的，所以说，批复是唯一的被动性文种。

（二）针对性

批复的针对性极强，下级机关请示什么事项或问题，上级机关的批复就指向这一事项或问题，决不能答非所问，也无需旁牵他涉。

（三）权威性

批复的目的是指导下级机关的工作，批复代表着上级机关的权力和意志，批复意见具有指令作用，下级机关必须遵照执行。

（四）简明性

批复对请示中的事项只作原则性、结论性的表态，无需作具体的分析和阐述，因而一般要简明扼要。

三、批复的分类

（一）表态性批复

表态性批复是指上级机关对下级机关的请示，根据有关的方针、政策、法令、规定和请示的实际情况，给予明确的答复，只用“同意”、“原则上同意”、“基本同意”、“不同意”、“暂缓进行”等词语表明态度，而不提出具体要求的批复。

【例文 4】

国务院关于同意成立保障性安居工程协调小组的批复

国函〔2009〕84 号

住房城乡建设部：

你部《关于成立保障性安居工程协调小组的请示》（建保〔2009〕113 号）收悉。现批复如下：

同意成立保障性安居工程协调小组。协调小组不刻制印章，不正式行文，请按照国务院有关文件精神认真组织开展工作。

附件：保障性安居工程协调小组组建方案

国 务 院（印章）

二〇〇九年七月十四日

（选自《国务院公报》）

（二）指示性批复

上级机关对下级机关的请示事项在表明态度的基础上给予适当的原则性指示，并提出明确要求的批复。与表态性批复相比较，这种批复的内容较多，篇幅稍长。

【例文 5】

陕西省人民政府关于榆林市节水型社会建设规划的批复

陕政函〔2008〕204 号

榆林市人民政府：

你市《关于请求批准榆林市节水型社会建设规划的请示》(榆政字〔2008〕62号)收悉。现批复如下：

一、原则同意你市组织编制并经省发展改革委、省水利厅、省建设厅审核通过的《榆林市节水型社会建设规划》(以下简称《规划》)。

二、你市水资源短缺，生态环境脆弱，随着经济社会发展特别是能源化工基地建设的不断深入，水资源供需矛盾日益突出，加快推进节水型社会建设，是经济社会可持续发展的必然要求。请加强组织领导，落实工作责任，认真抓好《规划》的组织实施工作。

三、《规划》的实施，要立足当前，着眼长远，突出重点，统筹安排，加强管理。要健全总量控制、定额管理的用水制度，完善供水价格形成机制，强化水资源统一管理，建立高效协调的水资源开发利用和节约保护管理体制；要创新投入机制，加大节水投入，加快农业、工业、城镇节水设施建设，提高水资源利用效率，增强水环境承载能力；要加强节约用水的宣传工作，在全社会营造珍惜水、节约水、保护水的良好氛围，使节约水资源、保护水环境成为广大群众的自觉行动。

四、省发展改革委、省水利厅、省建设厅、省环保局等省级相关部门根据各自职能分工，加强《规划》实施的指导监督。

陕西省人民政府(印章)
二〇〇八年十二月八日
(选自陕西省人民政府网)

四、批复的写法

(一)批复的标题

批复的标题一般采用公文常规模式写法，即发文机关＋事由＋文种。

由于批复的被动性，一般批复的事由都是由请示的内容来充当。常见的批复的事由有以下三种写法：

(1)“关于”或“关于同意”＋请示名称，如《陕西省人民政府关于同意安康市人民政府请求急拨救灾款项的请示的批复》。

(2)“关于”或“关于同意”＋请示内容，如《国务院关于丹江口库区及上游水污染防治和水土保持规划的批复》。

(3)“关于”或“关于同意”＋请示内容＋“给”＋请示单位名称，如《国务院关于同意河北省设立廊坊市给河北省人民政府的批复》。

(二)发文字号

发文字号为完全式。

(三)主送机关

批复的主送机关，一般只有一个，那就是发出请示的下级机关。

(四)批复的正文

批复的正文由三部分组成，分别是批复依据、批复事项、执行要求。

(1) 批复依据。批复依据主要涉及两个方面：一是对方的请示，二是与请示事项有关的方针政策和上级规定。

批复的开头通常要引述来文作为批复的行文依据，一般常用到以下几种方式：

“来文名称＋来文字号”的方式引述来文，如：“××政府关于……的请示（××府办发〔2005〕××号）收悉”；或者以“来文日期＋来文发文字号”来引述，如：“××年×月×日×号来文已收悉”；或者“来文日期＋来文事项”来引述，如“××年×月×日关于……问题来文收悉”；或者以“来文名称＋来文日期”引述，如××年×月×日关于……请示已收悉。

上级有关的文件和规定是答复请示的政策和理论依据。可表述为：“根据××、关于××的规定或经××××研究讨论，现作如下答复。”必要时，可标引文件名称、文件编号和条款序号。

（2）批复事项。这部分应针对下级机关请示的事项，表明同意与否的态度，有时还要阐述同意或不同意的理由。答复请示事项针对性要强，答复要明确具体，简明扼要，表达要准确无误。

（3）结尾。结尾是批复正文的最后部分，它的写法有三种：

第一种，提行写“此复”或“特此批复”；

第二种，写希望和要求，给执行请求事项的答复指明方向；

第三种，无结语，请示事项答复完毕就告结束。

（五）落款

在正文右下方标注发文机关。如在标题中已出现发文机关，则落款省略。

（六）成文时间

成文时间一般为领导签发日期。

五、批复写作的注意事项

（一）态度明确，表达准确，措词严谨

批复是请示单位处理问题的依据，因此对请示内容进行回复，是否同意，是否批准，应明确表态。概念要准确，措词要严谨，语气要肯定，不能含糊其辞、模棱两可，更不能答非所问，以免发生歧义，使下级无可适从。

（二）批复要及时

批复是被动行文的，是下级机关在遇到超出自己能力、职权、认识范围之外的事情时向上级机关请求指示的，上级若不回答，问题就得不到解决或妥善的处理，因此，上级机关应尽可能迅速及时给予回复，以免延误工作，甚至给工作造成重大损失。

六、批复与指示的区别

批复跟指示有相似之处，都是指导性的下行文，所表达的内容都是受文的下级机关开展某项工作的依据。不过，它们又有着很大的不同：

（一）行文范围不同

指示适用于对下级机关布置工作，阐明工作活动的指导原则，面向所属的下级机关。批复适用于答复下级机关的请示事项，只面向来文请示的下级机关。

（二）行文原因不同

指示是上级机关根据实际需要主动向下级机关来行文的。批复则是上级机关根据下级机关的请示事项被动地来行文的。

(三)行文篇幅不同

指示内容一般比较丰富,篇幅较长,常常分条列项来写。批复一般内容较简单,只针对性地来回答请示的相关内容,表态性的批复只三言两语表明态度即可,即使提出要求的批复须分条列项来写,篇幅也不会很长。

【思考与练习】

1. 工作报告和情况报告有什么区别?
2. 为什么下级机关不可以越级向上级机关行文?
3. 在什么情况下可以使用"请示"来向上级机关行文?
4. 为什么报告中不能夹带请示事项?
5. 请示为什么不可以多头主送?
6. 简析批复"被动性"的特点。
7. 批复的"发文机关和主送机关"与请示的"发文机关和主送机关"有何联系?

第九章

函和会议纪要

第一节　函

一、函的含义

函适用于不相隶属机关之间相互商洽工作、询问和答复问题，向有关主管部门请求批准和答复审批事项。

函的使用范围广泛，涉及各方面的公务联系，是行政公文中用于平行文的文种。

二、函的特点

(一)行文广泛

平行机关之间，不相隶属机关之间，上下级机关之间，均可以使用函。

(二)内容多样

函既可以用于商洽工作，互通情况，也可以询问或答复问题，还可以向有关部门请求批准事项等，涉及的内容具有多样性。

(三)灵活简便

一般来说，函的篇幅都比较短小，内容单一。特别是便函，格式上没有严格的要求，写法灵活，使用起来非常方便。

三、函的分类

根据行文的主动与被动，函有发(去、问)函和复函之别。

根据写作形式和规格，函又可分公函与便函两类。

根据内容，函还可分为商洽函、询问函、答复函。

【例文1】

××学院关于合办教师进修班的函

(发文字号略)

××大学：

为贯彻《中国教育改革和发展纲要》，落实我院年轻教师培养计划，以期使教学质量有较大幅度的提高。为此，我院拟同贵校合办我院5个基础课专业的教师进修班。现将协商事项函告如下：

(一)学习期限两年半，总计560学时。利用双休日和每周三晚上授课。必要时占用部分寒暑假时间。教学场地由我院安排,教师由贵校派出,教学计划由贵校制订,授课教师的接送由我院负责。

(二)开办专业及人数:数学 20 人、外语 25 人、物理 12 人、语文 12 人、哲学 10 人,共计 5 个专业 79 人。

(三)教材由贵校提供。所需经费由我院负责,授课教师的报酬按国家教委制订的有关标准执行。

贵校师资力量雄厚,富有教学经验,如条件允许请给予大力支持。

特此函达,谨候回复。

××学院(印章)

二〇〇九年十二月六日

(稿件来源:www.xx999.com 有删除)

【例文 2】

卫生部办公厅

关于《医疗卫生机构信息公开实施办法》(征求意见稿)公开征求意见的函

(发文字号略)

为推进和规范医疗卫生机构信息公开工作,保障公民、法人和其他组织依法获取卫生信息,提高医疗卫生工作的透明度,促进医疗卫生机构科学民主管理,依法行政,依法执业,诚信服务,根据《中华人民共和国政府信息公开条例》和国家有关卫生法律法规,卫生部办公厅组织制订了《医疗卫生机构信息公开实施办法》(征求意见稿)。

欢迎有关医疗卫生机构和社会各界人士就《医疗卫生机构信息公开实施办法》(征求意见稿)提出修改意见,并请于 2009 年 9 月 7 日前,通过信函或者电子邮件方式将修改意见发送至卫生部办公厅。以信函方式邮寄的,请在信封上注明"办法征求意见"字样。

通讯地址:北京市西城区西直门外南路 1 号 卫生部办公厅政务公开办公室

邮政编码:100044

电子信箱:apply@moh.gov.cn

附件:《医疗卫生机构信息公开实施办法》(征求意见稿)

卫 生 部(印章)

二〇〇九年八月二十四日

(选自卫生部公开文件)

【例文 3】

国务院办公厅关于同意成立广州 2010 年亚洲残疾人运动会组委会的复函

国办函〔2009〕80 号

广东省人民政府、体育总局、中国残疾人联合会:

你们报来的《关于成立广州 2010 年亚洲残疾人运动会组织委员会的请示》(粤府〔2009〕75 号)收悉。经国务院领导同志批准,现函复如下:

一、同意成立广州 2010 年亚洲残疾人运动会组织委员会(以下简称组委会)。组委会名誉主席由全国政协副主席、中国残联名誉主席邓朴方担任,组委会主席由体育总局局长刘鹏担任，执行主席由广东省省长黄华华、中国残联理事长王新宪担任。

二、组委会内设机构由组委会根据工作需要自行确定。

国务院办公厅(印章)

二〇〇九年八月二十一日

(选自《国务院公报》)

公函与便函都是处理公务的文书，但公函的内容往往比较重要，涉及行使权力，故行文郑重，具有完整的公文格式。便函为单位、领导之间处理具体事务时用，格式如同一般书信，不加标题，不编文号，不需存档，但亦需加盖公章。

四、函的写法

(一)标题

由制发机关+事由+文种三部分组成。如《国务院办公厅关于调整和增补全国油气田及输油气管道安全保护工作部际联席会议成员单位及成员的复函》。

如果是便函，也可以不写标题。

(二)发文字号

发文字号为完全式。如果是便函，可以不写文号。

(三)主送机关

主送机关为需要商洽工作、询问情况或答复问题的有关机关。

(四)正文

开头。发函的开头应简述发函的缘由或目的；复函的开头应引述来函的日期、标题和文号等。

主体。发函要写清商洽、询问、告知、请准的主要事项；复函则要针对来函内容，做出具体的、明确的答复。不论去函还是复函主体的内容都要求明确、集中、单一，做到一函一事。

尾语。发函一般用“特此函告”，“敬请函复”等作结；复函多用“此复”、“特此函复”等为结尾。尾语应根据内容、要求来拟写。

(五)落款

在正文之后的右下方标注发文机关名称，如在标题中已出现发文机关，落款可省略。

(六)成文时间

成文时间写在落款之下。

五、函的写作的注意事项

(1) 要体现平等坦诚精神，无论是商洽工作还是询问情况，无论是公函还是便函，文辞都不能像私人函件那样随意，要措辞得体，既有公文的庄重，又有礼貌。

(2) 要一函一事，切忌一函数事。

六、函与相近文种的区别

(一)函与请示的区别

相同点：请求批准的函和请示都有请求批准的功用。

不同点:请求批准的函是向不相隶属机关或有关主管部门发出请求批准的公文;请示只限于向具有隶属关系的上级机关请求指示或批准。

(二)复函与批复的区别

相同点:两者都有答复有关事项的功用,都是被动地来行文的,具有被动性。

不同点:复函用于回复平级或不相隶属机关的来函,也可以用于上下级机关之间就一些简单问题进行答复;批复只能用于答复下级机关的请示事项,不如复函使用灵活。

(三)函与报告的区别

相同点:两者都可以用来交流反映情况。

不同点:作为上行文,下级机关用来回答或交流反映比较重要的问题时,一般采用报告;涉及一些细小的事务性问题时可以使用函。现实中,上下级之间一般不用函互相行文。上级机关遇到一些细小问题可以用函向下级机关行文,但一般情况下,下级机关不用函向上级机关行文。

第二节 会议纪要

一、会议纪要的含义

会议纪要用于记载会议主要精神和议定事项。

会议纪要是根据会议记录和会议文件以及其他有关材料加工整理而成的,它是反映会议基本情况和精神的纪实性公文,是记载和传达会议议定事项和重要精神,并要求有关单位执行的一种文体。

会议纪要基本上是下行文,但与会单位不一定是召集会议机关的下属,有时是协作单位,所以它作为下行文是相对而言的。有时会议纪要也可以作为向上级机关汇报工作的材料,取得上级机关的指导。有时向同级机关发送,使其及时了解会议的相关精神和要点,便于工作的展开和协作。有时也可作为本单位的档案资料记载,是日后进一步开展工作的依据和凭证。

二、会议纪要的特点

(一)纪实性

会议纪要必须是会议宗旨、基本精神和议定事项的概要纪实。会议纪要的撰写者,不能擅自更改会议议定的事项,更不能随意改动会议上达成的共识和形成的决定。除此之外,撰写者也不能根据个人主观感情需要对会议内容进行评论。总之,会议纪要必须忠实反映会议的基本情况,传达会议议定的事项和形成的决议。会议纪要的纪实性特点,使得它具有凭证作用和资料文献价值。特别是一些重要的会议纪要,多年后还会作为人们确认那段历史的依据。

(二)提要性

会议纪要是在会议记录的基础上整理归纳出来的会议要点,并不是把会议的所有内容都原原本本地记录下来。会议纪要重点说明会议的主要参加者,基本议程,与会者有哪些主要观点,最后达成了什么共识,形成了什么决定或决议,把会议的基本情况如实反映出来,不必像记流水账一样事无巨细一律照录。要防止主次不分,甚至主次颠倒的情况,以免会议精神得不到如实的贯彻落实。所以,会议纪要一般是会议后期甚至会议结束之后通过概括整理才能写出,而不像会议记录那样随会议的进行自然而然地产生。

(三)指导性

除凭证作用、资料作用之外，多数会议纪要具有指导工作的作用。会议纪要中传达会议情况、会议精神或要点，对有关部门或单位的实际工作具有指导作用，要求与会单位和相关部门以此为依据展开工作，落实会议的议定事项。

(四)称谓语的特定性

会议纪要通常在段首采用特定的称谓，如“会议认为”、“会议指出”、“会议强调”、“会议希望”、“会议号召”、“与会代表一致同意”等词语来领起本段的内容。

三、会议纪要的分类

(一)决议型会议纪要

以会议形成的决定、决议或者议定事项为主要内容的会议纪要，称为决议型会议纪要。这种会议纪要的特点是指导性强，会议上确定的工作重点，对工作的步骤、方法和措施的安排，都要求与会单位共同遵守或执行。这种会议纪要的内容有些类似于指示和安排工作的通知，只是发出的指导性意见不是由领导机关作出的，而是由会议讨论议定的。这样的会议纪要，除大家共同遵守的内容外，还常常会有一些工作分工，每个与会单位除完成共同任务之外，还要完成会议确定自己承担的那些工作。

(二)情况型会议纪要

这是以传达会议情况为主要内容的会议纪要。它具有全面概括会议的议程、议案、讨论情况、讨论结果等，起到交流情况的作用。它的主要特点是：以统一思想、达成原则共识或树立学习榜样为目的，而不布置具体工作，有明显的思想引导性，但没有明显的工作指导性。一些理论务虚会、经验交流会、座谈会形成的会议纪要，大多属于这种类型。这样的会议纪要，往往多处采用“会议认为”的说法来表达会议在原则问题上达成的共识，或者将会议上介绍的先进经验以及与会单位的评价、态度作为主要内容。

(三)研讨型会议纪要

这种会议纪要的鲜明特点是并不以共识和议定事项为主要内容，而是以交流信息、交换看法和各种不同的观点与争鸣情况为主。研讨会和学术讨论会的纪要多是这种类型。会议开完了，各家的观点也发表过了，但是并没有形成统一意见，当然更谈不上确定什么议定事项，在这种情况下，仍然有必要发送会议纪要，以便让更多的人了解会议的情况，了解不同的观点及其争鸣过程。这对启发和活跃思想，对百花齐放、百家争鸣的学术空气的形成和推动学术深入进展具有促进作用。

作为行政公文中的会议纪要，以决议型和情况型会议纪要多见。

【例文 4】

襄阳学院教育学院

2009 年第 10 次党政联席会会议纪要

会议纪要〔2009〕5 号

9 月 4 日下午，院长刘伦钊在 N8－503 会议室主持召开学院第 10 次党政联席会。会议审议了《教育学院事业发展规划》、《教育学院教职工工作量考核办法》、《教育学院教职工校内工资分配办法》，讨论了第一届教代会筹备工作、新生入学教育、下半年主要工作等事宜，现纪要如下：

一、关于《教育学院事业发展规划》(讨论稿)

会议对《教育学院事业发展规划》(讨论稿)进行了研究。会议决定，会后由杨德军同志根据讨论意见进行修改完善后提交院教代会审议。

二、关于《教育学院教师、职工工作量考核办法》(讨论稿)

会议结合8月27日教研室主任以上会议对《教育学院教职工工作量考核办法》(讨论稿)的讨论意见以及教职工的反馈意见，对讨论稿进行了研究。会议决定，会后由杨德军、汪家宝同志根据讨论意见进行修改完善后印发执行。

三、关于《教育学院教职工校内工资分配办法》(讨论稿)

会议结合8月27日教研室主任以上会议对《教育学院教职工校内工资分配办法》(讨论稿)的讨论意见以及教职工的反馈意见，对讨论稿进行了研究。会议决定，会后由杨德军同志根据讨论意见进行修改完善后印发执行。

四、教育学院第一届教代会事宜

会议对第一届教代会会议内容、教代会规模、代表选举办法等进行了讨论，会议要求马永刚同志牵头负责教代会筹备工作。会议决定召开专门会议商讨首届教代会相关工作。

五、关于新生入学教育事宜(略)

六、关于2009年教育实习工作事宜(略)

七、关于对学前教育教研室主任职务任免事宜(略)

八、关于进一步加强甲型H1N1流感防控工作事宜(略)

九、下半年主要工作(略)

十、其他工作(略)

参加会议：刘伦钊　何　忠　杨德军　汪家宝　杨　明　马永刚

列席会议：周红萍　杨　剑

记录整理：毛　竹

二〇〇九年九月五日

(选自：襄阳学院教育学院网)

四、会议纪要的写法

(一)会议纪要的标题

常见的会议纪要的标题有三种形式；

(1) 机关名称＋会议名称＋文种。如《××市人民政府第×次市长办公会议纪要》，这一类标题多为例行会议纪要常用的标题形式。

(2) 会议名称＋文种。如《全国十佳文明旅游城市现场经验交流会纪要》。

(3) 双标题。如《畅所欲言，献计献策——中青年教师座谈会议纪要》。

(二)会议纪要的成文日期

会议纪要的成文日期一般加括号标写于标题之下正中位置，以会议通过日期或领导人签发日期为准。也有出现在正文之后的。

(三)主送机关

不写主送机关,而是用抄送的方式发送给各与会机关和需要知道会议情况的机关。

(四)正文

会议纪要的正文分为前言、主体、结尾三大部分。

1. 前言

前言主要用来记述会议的基本概况。包括:召开会议的时间、地点、会议名称、主持人、主要出席人、会议主要议程、讨论的主要问题等。

2. 主体

主体是会议纪要的核心部分,会议的主要精神、会议议定的事项、会议上达成的共识、会议对与会单位布置的工作和提出的要求、会议上各种主要观点及争鸣情况等等,都在这一部分予以表述。决议型、交流型、研讨型的会议纪要,各自在主体部分的写作上有较大的不同,前面在分类时已有介绍。由于这部分内容复杂,多数情况下都需要分条分项撰写。不分条的,也多用"会议认为"、"会议指出"、"会议提出"等惯用语作为各层意思的开头语,以体现内容的层次感。一般采用以下三种方式:

(1) 概述式,即把会议的内容综合到一起,概括地叙述出来。篇幅短小,不加小标题。适用于小型会议或内容单一的会议。

(2) 归纳式,即把会议讨论的许多问题和意见,按内部逻辑顺序归纳为几个方面或几个问题,系统完整地写出来,突出会议的精神和要点。用于内容比较重要,规模比较大,讨论问题比较多的大型会议。

(3) 摘要式,即按会议的发言顺序,把每个人发言的主要意见归纳出来,以此体现会议的主要精神和基本内容。适用于小型的座谈会或研讨会。

3. 结尾

结尾比较简短,通常用来强调意义、提出希望和号召等,结尾处还可以对会议的情况作一些补充说明,在不影响全文结构完整的前提下,也可以不写专门的结尾部分。

五、会议纪要写作的注意事项

(1) 如实反映会议的各项内容,不夹杂任何个人主观感情色彩。

(2) 要言简意明,突出重点,有详略地整理归纳出会议的主要内容和要点。

(3) 层次分明,清楚地突显出会议的侧重点。

六、会议纪要与相近文种的区别

(一)会议纪要与会议记录的区别

会议纪要容易和会议记录相混淆,其实,二者有着本质的不同,主要体现在以下几个方面:

第一,从文体性质上看,会议记录只是会议情况的记录,只是原始材料,属于事务文书,不是正式公文,而会议纪要是正式的行政公文文种。

第二,从内容上看,会议记录无选择性、提要性,会议上的情况都要一一记录下来,而会议纪要有选择性、提要性,不一定要包容会议的所有内容。

第三,从形成的过程和时间方面看,会议记录是随着会议的进行过程同步产生的,而会议纪要则要在会议后期、甚至会议结束后通过选择归纳、加工提炼之后才能形成。

第四，从形式上看，会议记录没有统一的格式，而会议纪要作为正式的行政公文则有固定的格式要求。

第五，从写作要求上来看，会议记录是按会议的议程来记载，正式会议每会必记，而会议纪要则是在会议记录的基础上整理归纳出来的，并非每会必有，只有当会议结果需要正式行文外发时才撰写制作。

第六，从保存发布方式来看，会议记录仅作为内部资料保存，不予发布，而会议纪要则按公文程序发布，按公文处理办法保存。

(二)会议纪要与会议决议的区别

第一，会议纪要是根据会议情况写的要点；而决议必须经与会者表决，按照法定程序通过后，才能生效。

第二，一份会议纪要可以同时写不同方面的毫无关联的几项决定，而一个决议只能写某一方面或某一问题，内容较单一。

第三，会议纪要的内容可轻可重，可大可小，只要是会议议定了的就要写进去；而决议的内容常常是一个单位或部门、一个地区或系统乃至党和国家的重大问题。

【思考与练习】

1. 函的用语有何要求？
2. 会议纪要在写法上有什么特点？
3. 会议纪要和会议记录之间有什么联系和区别？

行政公文单元综合练习

一、选择题(每个选择题有 4 个备选答案,其中至少有 1 个是正确的)

1. 公文的作者指________。

A. 单位第一负责人　B. 单位秘书　C. 公文的执笔者　D. 制发公文的单位

2. 上行文的行文方向指________。

A. 给比本机关级别高的单位发文　B. 给比本机关级别低的单位发文

C. 给具有隶属关系的上级单位发文　D. 任何级别的机关都可以使用

3. 政府各部门依据职权,其下行文可以向________行文。

A. 下一级政府　B. 下一级政府业务部门

C. 政府各部门之间　D. 无隶属关系的比本部门级别低的机关

4. 对有关问题协商未果而各部门单独向下的行文,上级单位________。

A. 应责令纠正或撤销　B. 应肯定一方的公文,撤销另一方的公文

C. 应另行行文　D. 应与这些部门再次联合行文

5. 受双重领导的下级机关向上行文,应当________。

A. 给两个领导机关主送公文

B. 给负责答复的领导机关主送,另一领导机关抄送

C. 越级给更上一级机关行文,两个机关均为抄送

D. 任选其一主送,另一抄送

6. 请示可以抄送给________。

A. 主送机关之外的另一个领导机关　B. 本机关的下级机关

C. 其他比自己级别低的机关　D. 本机关的同级机关

7. 能够以机关名义向上级机关负责人报送文件的情况是________。

A. 撰写的报告　B. 撰写的请示

C. 上级领导直接交办的事项　D. 撰写的意见

8. 需要标明公文份数序号的是________。

A. 任何公文　B. 报请类公文

C. 具有绝密和机密级的公文　D. 下行文

9. “成文日期”指________。

A. 公文生效的日期　B. 完成稿件的日期

C. 文件发出的日期　D. 开始撰稿的日期

10. 公文标题中除法规、________名称加书名号外,一般不用标点符号。

A. 规章　B. 指令　C. 公告　D. 决定

11. 任免一般干部,应使用________。

A. 函　B. 通知　C. 通报　D. 意见

12. 答复不相隶属机关的请示事项,应使用________。

A. 函　B. 通报　C. 意见　D. 批复

13. 撤销下级下发的不适当的文件应使用________。

A. 令　B. 决定　C. 通知　D. 意见

14. 需要标识签发人的是________。

A. 令、会议记录和批复　　B. 报告、请示和上行的意见

C. 函、通知、通报　　D. 公告和通告

15. 不能作为批复结束语的是________。

A. 上述批复如无不妥，请参照执行

B. 此致敬礼

C. 此复，在执行中若有新问题，必须立即上报

D. 特此批复

二、给下面标题填写文种

1. 某县关于要求解决救灾款的________。

2. 某部关于几起重大交通事故的________。

3. 某所关于扶贫工作的________。

4. 国务院办公厅关于发布《行政公文处理办法》的________。

三、判断正误并说明原因

1. 凡收到下级机关来文，上级机关必须用“批复”回复。

2. 平行文只能在同级机关之间使用。

3. 几个机关的联合发文，应当在公文版头部分标明几个机关的发文字号。

4. 会议记录和会议纪要都是会议的产物，所以它们是一回事。

5. 机关制发文件，应遵守事无巨细都要发文的原则。

6. 联合行文时，必须做好会签工作，使各机关或部门领导人均履行签发手续。

7. 公文的标题通常由作者、事由、文种三部分构成，为了文字简练，可以将文种省略。

四、修改下列公文标题

1. 省人民政府就市有关企业改革问题的答复。

2. 某某总公司组建某某实业公司的请示报告。

3. 某人民广播电台迁址公告。

4. 某大学关于开展春季运动会的决定的通知。

5. 某研究所关于改变拨款待遇的要求。

五、简答题

1. 简述决定和决议的异同。

2. 通知有何特点？转发性通知和批转性通知有何不同？

3. 通报的类型有哪些？

4. 报告中为什么不可以夹带请示事项？

5. 在何种情况下使用请示行文？

六、根据下面材料拟写公文

1. 某市人民政府拟于2009年8月24日至27日在香山饭店召开环保建设工作会议，要求各区派1名副区长参加，与会人员请带上各区相关的环保资料，会费自理。请按工整的公文正规格式代写符合实际要求的会议通知。

2. ××县根据该县气候条件和特点，决定推广水稻种植项目。为解决水稻种植过程中的技术问题，县农科所决定请省农科所派技术专家来县里进行专业培训。共举办3期培训班，每期200人。参训学员为具有高中或同等学力文化程度的农业技术骨干。请代为写一份请求函。

3. 某市劳动局根据国务院再就业工程的精神和市政府解决下岗职工再就业的精神，为下岗职工排忧解难，为他们再上岗创造条件，决定在200×年×月之前对下岗职工进行义务培训，特向市县有关单位发文，要求大家高度重视并积极配合。

七、指出下列公文文稿的错误之处，并根据公文写作要求改写一份正确的公文。

××省××县农业局

农业局发(09年)第043号

申报

某县财政局：

因工作需要，我局原有的两辆小麦联合收割机经常出现故障，严重影响到正常工作的开展，满足不了群众的需要，所以急需购买小麦联合收割机，希望批准。

同时我局尚缺一些农业技术指导人员，请在制定明年人员编制时一并考虑。

上述意见与要求如无不妥，请考虑。

附注：×××××

县农业局

2009.04.28

抄送：×××××× ×××××× ××××××
×××××× ××××××

主题词：×××，×××，×××，×××。

共印12份

事　务　文　书

第十章

事务文书概述

第一节　事务文书的概念和种类

一、事务文书的概念

事务文书是党政机关、社会团体、企事业单位及个人在处理日常事务时，用来沟通信息、总结得失、研究问题、指导工作、规范行为的实用性文书，其重点以实用、办事为目的，强调日常化。常见的事务文书有计划、总结、调查报告、述职报告、简报、规章制度、求职书、启事等。

这些文书虽不是《国家机关行政公文处理办法》中法定的行政公文，但在日常工作和生活中被广泛使用，也属于广义的公务文书。与行政公文相比，事务文书仅在体式的规范性、行文规则和收发处理程序的严格性上略有减弱，而其实用办事功能更为普遍。本章将着重介绍几种常用办公事务文书，便于日常工作参考。

二、事务文书的种类

事务文书按照不同的标准，可以划分为不同的类型。按照其适用范围可划分为以下六类：

（一）计划类

计划类文书是单位或个人对将要进行的工作和活动所作的设计和部署，并将其写成书面材料。通常根据内容涉及的时间长短、实施步骤详略及成熟程度不同，计划又有不同的名称，常见的有规划、纲要、要点、方案、设想、安排、打算等。

（二）总结报告类

总结报告类文书是单位或个人用来对既已完成的工作或发生的事项进行回顾、分析、调查、研究，从中得出经验教训和具有普遍指导意义的结论性认识。此类文书包括总结、述职报告、调查报告等。

（三）简报类

简报类文书是单位内部使用的一种简要的工作报告或情况报道，主要用来反映情况、沟通信息、交流经验。常见的有工作简报、工作动态、内部参考、信息快报及大事记等。

（四）规章制度类

规章制度类文书是机关、团体、企事业单位为保障劳动、生产、学习等活动的正常开展，在不违背国家法律、法规的基础上，根据自己的职权范围而制定的具有约束性和规范性的文书。常见的有规则、章程、制度、条例、职责、办法、细则等。

（五）会议类

会议类文书是以记录、反映会议情况为主要内容的文书资料。此类文书除会议记录、会议议程外，还包括讲话稿、发言稿、开幕词、闭幕词等。

（六）日常生活类

日常生活类文书是人们在日常生活中用来处理个人事务的文书。此类文书种类较多，包括申请、书信、借条、收据、请柬、启事、海报、检讨、求职信、自荐书、个人简历、辞职信等。

第二节 事务文书的特点

事务文书通常具有以下特点：

一、运用的广泛性

人们的日常工作、学习、生活都离不开事务文书。在工作和学习中我们可以运用它制定科学的工作方法，总结先进经验和沉痛教训，及时沟通信息，有效规范行为等。在日常生活中我们可以用来处理各种日常事务，如总结工作、安排活动、布置任务、交流信息，也可申请入党、倡议有益活动、感谢他人或单位帮助等。

二、格式的多样性

事务文书的写作格式较行政公文灵活多样，无统一固定格式，一般都是约定俗成，根据行文需要而定，各具一格。如总结、计划、调查报告其落款可根据行文需要落在标题之下，也可标注在文尾；成文时间一般不要求大写；无主送抄送等划分；正文的形式可以文字为主，也可以表格为主，还可以是文字与表格的结合。

三、材料的真实性

事务文书的材料来源强调真实性，分析研究注重客观性。如计划的目标确定必须从事物发展的客观规律出发，制定出切实可行的目标与措施，才能对社会实践活动发挥指导意义；总结应真实反映已往工作情况并对其做出客观评价；调查报告应以客观事实为依据，推出科学、实用的结论和建议；述职报告应对自身所作工作做出客观公正的评价，并看到成绩和差距。

四、内容的公开性

事务文书必要时可公开面向社会发布，交流经验、讨论得失、提供新闻线索（如调查报告、经验总结、简报）；通过传媒进行宣传（如演讲稿等）；有的还要张贴、邮寄、登报、通过网络、电视进行公开传播（如会议纪要、规章制度、启事、海报、请柬等），当然这是相对的。

五、语言的简明性

事务文书在语言表达上要求简练、准确，能够反映事物的本来面目。忌用过多的辞藻和艺术手法修饰，必要时还可加入某些文言句式和文言词语，增强文章的严肃性、郑重感。如写自荐信、感谢信、请柬等可使用"贵、承蒙、阁下、敬请、烦请、为盼"等文言词。

【思考与练习】

1. 与法定公文相比，事务文书有什么特点？
2. 事务文书的作用有哪些？

第十一章

计划和总结

第一节　计划

一、计划的概念

计划是国家机关、企事业单位、社会团体或个人为完成某一任务或实现某项目标，预先对今后一定时期内的工作、活动所做的安排、设想、部署、规划和筹措。计划是决策，是对理想、目标的具体化。它是对工作完成的具体任务、质量及数量的要求，是对工作完成时间，进行步骤、措施以及内外部保证条件等内容进行通盘考虑和周密安排的一种说明性应用文体。

《礼记》云："凡事预则立，不预则废。""预"就是事先的构想、计划和安排。人们无论做什么工作，有了事先的安排和设想，事情成功的可能性就大。否则，工作就会陷入盲目和被动，以致遭遇失败和挫折。因此，制定计划是一种科学的工作方法，能够克服工作的盲目性和随意性，提高工作效率，便于有效完成工作任务。

计划是计划类文书的统称。按内容涉及的范围大小、期限长短和实施步骤的详略不同，计划有以下不同的名称。

(1) 规划：具有全局性的、较长时期的远景计划称规划。规划，一般跨度五年以上，目标大、涉及范围广、内容较概括，具有原则性、指导性和鼓舞性。如《××大学五年发展规划》、《××省经济发展十年规划》。有时这类较长远、宏大的计划还被称为"纲要"，如《中国残疾人事业"十二五"发展纲要》(2011—2015)。

(2) 方案：对某项工作完成的多种可能性进行比较、筛选、论证后，做出的相对优化、周密的计划称方案。方案一般都要从完成任务的目的、要求、工作步骤，到工作方式、方法，做出比较全面、详细的部署和安排，多用于对需短期完成的目标和任务做出计划。如《天驹商贸公司第四季度销售方案》、《3·12 特大刑事案件侦查方案》。

(3) 安排：对短期内预计要完成的工作进行具体布置的计划称安排。安排一般比较切近、具体，如《开元商场童装部周工作安排》、《××省化学学会 2010 年度年会准备工作安排》。

(4) 设想：对长远的工作做出粗线条的部署称设想。设想属初步的草案性计划，其实施方法和步骤较为简略。如《××省建立生态保护区的设想》、《建立健全农村人口医疗保障体系的设想》。

(5) 打算：短期内工作的要点式计划称打算。一般只写出需完成任务的概要，不做详细部署。如《元旦文艺汇演筹备工作打算》。

(6) 要点：对一段时间的主要工作做出简要安排的计划称要点。如《某建筑公司 2010—2011 年度工作要点》、《生产安全管理工作要点》。

二、计划的种类

计划从性质、时间、形式等角度可划分出以下不同类型：

(1) 按性质划分，可分为综合性计划和专题性计划。

(2) 按内容划分，可分为工作计划、培训计划、科研计划、教学计划、基建计划等。

(3) 按时间划分，可分为长期计划、短期计划、年度计划、季度计划、月计划、周计划等。

(4) 按范围划分，可分为国家计划、部门计划、单位计划、个人计划、行业计划等。

(5) 按表达方式划分，可分为条文式计划、表格式计划、文表结合式计划。

三、计划的特点

(一) 预见性

计划是先于实践活动制定的，必须对未来工作中可能发生的问题有充分的估计和预测，要遵循客观事物的发展规律，结合已有的经验和实际情况，进行科学的预见。没有预见性，计划就不能成立。另外，正因计划具有预见性、设想性，所以在执行中，当情况、条件发生了变化时，也必须视实际情况，对计划做出相应的调整。

(二) 可行性

计划是行动的指南，计划的目标和措施必须具有科学性，确保切实可行。因此确定计划目标时必须以主客观条件为依据，对各种有利因素和不利因素进行研究、论证，既要发挥主观能动性，也要考虑客观可能性。有了可行的目标，完成目标的措施也必须得当，方法正确、步骤合理，不脱离实际，才能实现预期目标。

(三) 指导性

计划是结合实际工作而制定的科学方案，对人们有目的、有秩序、有步骤地进行某项工作有一定的指导作用。计划既是指导下级工作的依据，也是考核下级工作的尺度，计划一经制定下达，就有一定的约束力，尤其是经过一定的会议讨论通过和批准的计划，更具有权威性和约束力，若无重大变化，必须严格按照计划执行。

(四) 简明性

计划在制定时必须简明扼要，条款清晰，目标明确，步骤性强，以便指导实际工作和进行具体操作。

四、计划的结构与写法

计划由标题、正文和落款三部分构成，其写法如下：

(一) 标题

计划标题有多种拟写方式，常见的有以下几种：

1. 完整式标题

此类标题一般由制定计划的单位名称、完成时限、计划内容和计划名称四部分构成。如《××机械厂 2010 年财务工作计划》

2. 省略式标题

(1) 省略时限。如《家乐福超市销售计划》。

(2) 省略单位。如《2010 年第一季度生产方案》。

(3) 省略单位和时限。如《工作计划》、《读书计划》、《自修计划》。

3. 加注式标题

所拟计划若还需讨论定稿或经上级批准，就应在标题的后面或下方用括号加注“草案”、“初稿”或“讨论稿”等字样。

（二）正文

计划的正文包括引言、主体和结尾三部分。

1. 引言

引言又称“前言”。在全文中起引导作用，简明扼要介绍制定计划的背景、依据、指导思想，说明其意义和重要性，并列出所要达到的目标。

例：为全面提高我区街道工作的整体水平，加快区域经济发展，强化城市管理工作，着力推进社区建设，切实抓好社会主义精神文明建设。根据区委、区政府未来五年内对全区街道工作的总体要求，本着高标准、高起步、求实效、创一流的工作原则，特制定本规划。

这段引言简洁明了，一语道出制订计划的目的和依据。

2. 主体

主体部分主要具体全面说明计划内容，即计划的目标和任务要求、措施和时间、实施步骤等事项。

（1）目标：即计划需完成的任务，是计划的核心内容，是具体提出计划目标和工作要求的部分。首先要明确指出总体目标和基本任务，对工作任务要达到的数量和质量都要有明确的指标。

（2）措施：即完成计划任务所采用的方式、方法。以什么方法，用什么措施来确保完成任务、实现目标，这是关乎计划是否具有可操作性的关键一环。一个完整的计划，应既有目标任务，也有措施办法。所谓有措施办法，就是对完成计划须动员哪些力量，创造哪些条件，排除哪些困难，采取哪些手段，通过哪些途径等做到心中有数。这既需要熟悉实际工作，又需要有科学预见。只有如此，制订的措施、办法才能切实可行。

（3）步骤：步骤是工作的阶段划分，强调时限和先后顺序。编制计划必须胸有全局，经过分析、对比、统筹，设计出科学的工作阶段和工作流程，并对人、财、物进行合理分工和周密组织。工作要有先后、主次、缓急之分，工作进程要有一定的阶段性。在编制计划时要对整体的工作任务进行分解，规定操作步骤，将各项工作的完成时限、质量要求及责任人落到实处。这样才能职责明确、操作有序，执行无误，保证计划的完成。

以上三点可称计划三要素。一份成功的计划，措施要具体，分工要明确，步骤要有序，表达要条理清楚。

3. 结尾

（1）总括式结尾。为使文意完整，少数计划可在文尾概括说明完成计划的有利条件或表明信心和决心。

例：本学期的工作一定会开展得丰富多彩，希望我部在以往所取得成绩的基础上，再创辉煌，将我部的宣传工作推上一个新的台阶。

这段结尾简明扼要，表明信心，提出希望。

（2）自然式结尾。即，叙述完主体自然收尾。

（三）落款

在正文右下方署上制定计划的单位名称和日期，并加盖公章。

五、计划的写作要求

(一)从实际出发,统筹兼顾

无论是撰写长期计划还是短期计划,都必须从实际出发,要充分分析客观条件,所撰写的计划既要有前瞻性,又要留有余地,使计划执行者通过一番努力就能够完成。事关全局性计划,应考虑周全,处理好大计划与小计划的关系、整体与局部的关系。

(二)重点突出,主次分明

计划在目标较多的情况下,要解决好先与后、重与轻、主与次的关系,一定要做到点面结合,有条不紊,才能有利于工作的全面开展并达到事半功倍的效果。

(三)目标明确,步骤具体

计划的目标必须明确,才会使计划的执行者有明确的努力方向。步骤和措施越具体,越有利于指导实际工作,也越便于检验计划的优劣。

【例文 1】

北京市建设人文交通科技交通绿色交通行动计划

(2009—2015 年)

为深入贯彻落实科学发展观,建设"人文北京、科技北京、绿色北京",在《北京交通发展纲要(2004—2020 年)》提出的中长期交通发展战略基础上,结合北京奥运会后发展的新形势和新要求,进一步明确 2009 年至 2015 年交通发展目标和重点,制定本行动计划。

一、发展理念

以科学发展观为指导,加快转变交通发展方式,强化管理,实现建设、养护、管理并重;坚持优先发展公共交通战略,着力推进"公交城市"建设;加大创新力度,提高交通设施承载能力和交通运输服务水平,构建以"人文交通、科技交通、绿色交通"为特征的新北京交通体系,实现全面协调可持续发展。

(一)建设"人文交通",突出"以人为本"。(略)

(二)建设"科技交通",突出"技术创新"。(略)

(三)建设"绿色交通",突出"节能减排"。(略)

二、主要目标

到 2015 年,基本建成适应首都经济社会发展需要,满足不断增长和变化的交通需求,以"人文交通、科技交通、绿色交通"为特征的新北京交通体系,为建设繁荣、文明、和谐、宜居的首善之区提供有力的交通保障。

(一)公共交通吸引力明显增强。(略)

(二)城市物流配送体系形成规模。(略)

(三)交通出行效率不断提升。(略)

(四)道路交通安全水平进一步提高。(略)

(五)交通节能减排效果显著。(略)

三、行动计划

(一)着力推进"公交城市"建设。全方位深化优先发展公共交通政策措施,以方便广大市民出行、最大限度减少路网交通负荷为目标,推进以轨道交通为骨干、地面公交为主体、步行和自行车等多种交通方式协调运转的绿色出行系统建设,实现交通与城市和谐发展。

1. 轨道交通网络化服务工程。(略)

2. 地面公交网络化服务工程。(略)

3. 交通出行便捷换乘服务工程。(略)

(二)着力推进路网承载能力提高。以提高路网承载能力和运行效率为中心，以改造道路微循环系统为重点，建成功能完善的综合交通设施网络，使道路交通设施总体承载能力与服务水平明显提升。

1. 城市干线路网建设工程。(略)

2. 道路微循环系统建设工程。(略)

(三)着力推进交通信息化建设。整合信息资源，加快新一代智能交通系统建设，提高管理、运输服务水平和运行效率。

1. 交通信息采集资源整合工程。(略)

2. 智能化交通运行管理决策支持工程。(略)

(四)着力推进交通技术创新与产业化发展。建设一批交通重点科研基地，突破一批关键技术和共性难题，加快科研成果在交通领域的产业化，打造一批自主创新的关联品牌产业。

1. 交通技术创新工程。(略)

2. 交通节能减排工程。(略)

(五)着力推进交通精细化管理。以科技创新为手段，体制机制创新为载体，寓管理于服务之中，在管理中体现服务，注重管理的人性化、标准化、规范化、信息化、精细化和智能化，提高交通系统安全、有序、顺畅运行水平。

1. 交通组织优化工程。(略)

2. 交通标识系统规范化工程。(略)

(六)着力推进交通文明建设。加大宣传教育力度，增强交通参与者现代交通意识，营造“改善交通我参与，交通顺畅我快乐”的社会氛围，完善文明出行、文明服务、文明管理长效机制。

1. 交通文明宣传工程。(略)

2. 绿色出行倡导工程。(略)

四、保障措施

(一)规划与用地保障。(略)

(二)资金与政策保障。(略)

(三)体制与机制保障。(略)

(四)法制与标准保障。(略)

(五)加强组织领导。(略)

北京市交通局

二〇〇九年×月×日

(摘自 news.sina.com.cn，有删改)

【例文简析】

这是一篇结构比较完整的计划，内容包含了指导思想、计划目标、具体行动、主要措施等要素。文章开头直陈目的，使计划内容水到渠成。全文层次清晰，目标明确，具有很强的可行性，是一篇成功的例文。

第二节 总结

一、总结的概念

总结是单位或个人对已完成的工作或已发生的事项进行回顾、检查、分析评价，从而得出经验教训，概括出规律性的认识，以备查考和指导今后工作实践所写的一种应用文体。日常工作中形成的总结还有以下名称，回顾、小结、体会、经验、做法、心得等。

总结最基本的特点是回顾过去，评估得失以指导未来。通过对以往工作、学习、思想等的回顾，在此基础上进行客观分析，肯定成绩和经验，发现问题和缺点，以更好地指导今后实践。在具体工作中总结不仅能起到承前启后的作用，也可为决策部门制定路线、方针、政策提供依据，是不断提高思想认识水平和工作能力的重要途径。

二、总结的种类

总结从性质、时间、形式等角度可划分为以下不同类型：

(1) 按性质划分，可分为综合性总结和专题性总结。

综合性总结，又称全面总结，它是对某一时期各项工作的全面回顾和检查，进而总结经验与教训，如《××公司2009年度工作总结》、《××省体工委工作总结》。

专题性总结，也称单项总结，是对某项工作或某方面问题进行专门的总结，尤以总结推广成功经验为多见，如《中天集团2009年度销售工作总结》、《××市××区植树造林工作总结》。

(2) 按内容划分，可分为工作总结、学习总结、科研总结、教学总结、行业总结等。

(3) 按时间划分，可分为年度总结、季度总结、月份总结等。

(4) 按范围划分，可分为地区总结、部门总结、个人总结等。

三、总结的特点

(一)实践性

总结是人们以自身的实践活动为基础，通过客观的回顾、认识、评价、分析得出的具有指导性和规律性的认识，它的根源是客观实践活动，总结的对象和材料来自于实践，观点也是从实践中提炼出来的。因此总结的写作必须忠于事实，不能添枝加叶、无中生有或避重就轻、报喜不报忧。否则，就失去了总结的价值和意义。

(二)理论性

总结不是对已完成工作事实的简单复述，也不是对工作实践过程和情况的表面反映。总结的目的在于得出浓缩的、经典的规律性东西，以便在今后工作中能够正确把握事物的客观规律，提高工作效率和成功率。这是一个把零星的、肤浅的、感性认识上升为全面的、系统的、理性认识高度的过程。应当从取得的成绩中提炼出经验，从失败中分析出教训，因此总结必须具备一定的理论性。

(三)简明性

总结的语言必须简明扼要，条理清楚，忌长篇大论，要以提炼规律性东西为目的，忌说空话、大话。

四、总结的结构与写法

总结同计划一样由标题、正文、落款三部分构成，具体写法如下：

(一)标题

总结的标题有多种拟写方式，常见的有以下几种：

1. 文件式标题

此类标题一般由写作总结的单位名称、时限、内容、文种名称四部分构成。如《××局2009年度拥军优属工作总结》、《××市2009年城市绿化工作总结》。

2. 文章式标题

以单行标题概括主要内容或基本观点，不出现总结字样，但对总结内容有提示作用。如某企业的专题总结《技术改造是企业振兴之路》、某高校的专题总结《我们是如何实行教学与科研相结合的》。

3. 双行式标题

分别以文章式标题和文件式标题为总结的正副标题，正标题揭示观点或概括主要内容，副标题点明单位、时限、性质和总结种类。

例：知名教授上讲台　教书育人放异彩

——××大学德育工作总结

(二)正文

1. 前言

前言一般介绍总结写作的依据、背景、基本概况等，也可交代总结主旨并作出基本评价，力求简洁，开宗明义。

常见的总结开头有以下几种写法：

(1) 概括式。简要介绍基本情况，分清主次，为下文叙述奠定基础。

例：在卫生厅党组织的关怀和领导下，在各处室的支持和帮助下，××××年全院党政团结、上下齐心，全体职工积极努力奋斗，以全国结核病防治规划为目标，以全国和全省卫生工作大会精神为动力，结合我省和我院实际，圆满完成了院长和党支部两个工作合同所规定的任务，并通过抓“项目”试点，为开创我省“结防”工作新局面奠定了良好的基础，现将主要工作总结如下。

这段开头简要介绍了工作完成的基本情况和取得的总成绩，具有承前启后作用。

(2) 提问式。以提问的方式将总结的主题直接点明，引人注意。

例：党校培训是每一个有志于加入中国共产党的青年学子的必修课。那么，究竟通过学习可以得到哪些提高呢？现以我个人的学习经历，谈几点体会：

这段开头在点明主题的同时，并以提问的方式，设置悬念，引起读者的重视。

(3) 对比式。用前后、新旧或先进与落后进行对比，从而分出优劣，引出下文。

例：2006—2009年3年间我厂平均每年亏损130余万元人民币。建立集团公司后，公司不仅扭亏为盈，而且连年来产值、利润以7.8%的幅度稳步提高，2009年首次创盈利新高，净增利润2000万元人民币。(略)

这段开头用前后两组差别显著的数据作为对比，以引起读者对所总结的经验和所取得的成绩的兴趣。

(4) 结论式。开门见山提出总结的结论,引发人们对总结过程的兴趣。

例:2009年上半年,我局的社会治安综合治理工作稳步推进,取得了一定的成效,得到了各级领导的肯定。这归功于市委、市政府的指示和市综合治理责任领导小组的正确领导,以及我局采取的有效措施。现将上半年维护社会稳定工作总结如下。

这段开头直截了当给出总结结论,先声夺人,激起读者对经验过程的索求欲。

2. 主体

主体包括主要工作的基本情况、成绩及评价、经验和体会、问题或教训等。这些内容是总结的核心部分,可按纵式或横式结构形式撰写。所谓纵式结构,即按主体内容从所做的工作、方法、成绩、经验、教训等逐层展开。所谓横式结构即按材料的逻辑关系将其分成若干部分,标序加题,逐一写来。典型结构如下:

(1) 基本情况和评价。基本情况是总结分析评价的基础,这部分应较为概括地对已完成的工作或任务,及取得的成绩和效果作以叙述,并作出简要评价。

(2) 主要成绩和经验。从上述基本情况自然会引出结论性、规律性的东西。这部分是总结的主要目的和内容,应以具体事例、具体材料为依据,然后上升到理性认识,围绕成绩的主要方面进行阐述;也可采取纵横对比的方式展示所得成绩、经验及优势、特点,要条理清楚,有理有据。

(3) 存在问题和教训。找出问题也是总结的主要目的之一,因而在看到经验的同时不能忽视问题和教训,只有对问题实事求是地认识,才能使今后工作做得更好。

3. 结尾

作为总结的结束语可以归纳呼应主题、指出努力方向、提出改进意见或用表示决心信心等语作结,要求简短利索。

例:一年来,我局在党建方面做了一些工作,取得了一些成绩,全系统没有发生违反党纪国法的事件,没有发生政治事件,没有发现腐败行为,保持了工作的正常运转和稳定,保证了党的方针、政策的贯彻落实,为我省的经济建设添光增彩,做出了应有的贡献。

这段结尾即是综述全篇,又是增强主题,简洁明了,很是完美。

(三)落款

一般在正文右下方署名。(若是报刊杂志或简报刊用,应在标题下方居中署名)

五、总结与计划的关系

总结和计划有着密不可分的关系,总结可以检验计划的优劣得失,计划可以依据总结得出的经验制定得更加科学、合理。具体表现为以下几点:

(1) 总结是对计划实践活动的检验。总结要以计划为依据,要检查计划的执行情况,检验计划的准确程度,检验它是否科学、是否可行,是否的确具有较强的指导性。任务完成结果与目标基本一致,则会总结出有价值的规律性认识;二者差距较大或结果截然相反,则会得出引以为鉴的教训。

(2) 计划可以采用成熟的经验总结。经过对前一次的计划完成情况进行全面系统的总结分析,得到的先进经验可用来指导下一轮计划的制定,使得计划更加符合事物发展的客观规律,具有较高的成功率。而总结得出的失败和教训,则也可作为制定计划的前车之鉴。

(3) 总结依赖计划不断创新。每一次计划的实施都会有不同的特征表现,而对每一次计划实施的总结，都会得出有益的结论。如此周而复始则会使计划更加科学、可行，总结更加深刻、新颖，更有利于指导以后的实践。因此看来，计划与总结既是相互制约、相互依赖的关系，同时又是相互促进、不断提高的关系。计划—实践—总结—再计划—再实践—再总结……如此周而复始，循环无穷，不断提高，这就是计划与总结最本质、最有价值的关系。

【例文 2】

××区环卫局2009年度信访工作总结

2009年，××区环境卫生管理局以中国特色社会主义理论体系为指导，认真贯彻落实党的十七大、十七届三中全会精神，树立"以人为本"重要理念，不断加强对信访工作的领导，着力改善信访工作环境，把信访接待、投诉办理作为一项重要政治任务。做到了接待、登记、反馈一站式服务，进一步加大了对信访工作的领导与工作力度。现将一年来我局的信访工作总结如下：

一、加强领导，把信访工作纳入重要工作议程

为突出信访工作的重要地位，我局以"十七大"精神和科学发展观为指导，高度统一思想，明确工作目标，把环卫信访纳入全局重要工作议程。

(1)成立领导小组。局领导班子树立了"以人为本"新理念，及时调整了信访工作领导小组，组长由一把手亲自挂帅，局各科、室、队负责人为小组成员，形成了高效、协调的工作运行机制，信访工作得到了全局的高度重视，营造了良好的工作氛围。

(2)成立了信访办。我们在局办公室内设了信访办，配备了专(兼)职信访员，专门受理环卫信访和投诉；制定了《信访工作人员职责》、《信访工作制度》等一系列信访工作制度，使我局信访工作基本做到了有规可依，推动了信访工作的开展，增强了工作可操作性，提高了信访工作整体水平，为信访接待创造了良好的工作环境。

(3)加强人员培训。我局十分重视信访人员的学习培训，购买了有关学习资料，督促信访工作人员加强信访基础知识、理论知识和法律法规知识的学习，重点学习了《信访条例》、《中共××市××区委××区人民政府关于加强和改进新时期信访工作的实施意见》等法律法规及信访职业道德、信访工作主要任务、作用、信访办理知识等。通过学习，提高了工作人员的综合素质和工作水平。

(4)严格信访投诉责任制。我局信访接待、投诉受理实行责任制，严格值班制度，保证做到信访接待、投诉受理不缺位、不空岗，并把0888－5181624作为信访渠道面向社会公开，确保24小时有人接听，交接班和值班人员有病有事时不留缝隙；接到电话投诉后，要有记录、有人出现场、有处理结果、有反馈；接听电话用语要礼貌，现场执法要文明、规范。

二、强化措施，把信访工作提高到一个新水平

信访工作是一项十分艰巨复杂的工作，我们牢固树立"群众利益无小事"的观念，热情接待，认真办理，及时反馈，做到了"件件有着落，事事有回音"，信访工作质量明显提升。

(1)做好接待、受理工作。一是在思想上充分认识新时期信访工作的地位和作用，增强政治责任感，持之以恒地开展"开门接访"；二是在行为上确定"六心"要求。(略)

(2)认真办理信访、投诉案件。一是印制了专门信访、投诉记录本，做好接待、受理记录；二是领导及时阅批来信来访，做到一般性信访由分管领导批转办理，重要信访事项由班子成员集体研究处理；三是办理信访、投诉坚持原则，秉公办事，做到了不违反政策，不激化矛盾。(略)

(3)开展专项整治，消除环卫焦点难点问题。对城市环境卫生管理方面存在的问题进行专题研究讨论，制定有力措施，认真进行整改。要加大环卫监督检查力度，我局监察队认真做好对环境卫生监督、检查和整治垃圾死角的繁重工作，取得实效，进一步改善和提高了整个城区环境卫生质量。(略)

三、注重实效，努力提高信访工作效率

随着人民群众对环境卫生质量要求的提高，环卫信访、投诉案件将会越来越多，环境卫生纠纷、环境卫生矛盾越来越突出，我局始终站在战略的高度、全局的高度，用与时俱进的思想，加强环卫队伍能力建设，注重实效，努力提高信访工作效率。

(1)加强党风廉政建设。加强全局干部职工特别是领导干部的廉政建设，建立了党风廉政建设责任制，平时加强监督检查。

(2)加强行风建设。一是加强学习，提高认识。今年全局的各项政治学习做到了学习制度化，形式多样化。二是落实政务公开制度，局有关科室、队都在办公楼以长期“固定栏”的形式向社会公布了各自的服务公示信息牌及投诉电话，欢迎广大市民对我局的各项工作情况和工作人员进行监督、检查、举报，自觉接受社会监督，赢得了社会好评。

(3)落实责任，强化对信访案件的督办工作。2009年，我局继续落实信访工作领导责任制和责任追究制，在具体实施过程中，严格按照“依法、负责、热情、奉献”的要求，始终坚持“属地管理、分级负责，谁主管、谁负责和依法、及时、就地解决问题与疏导教育相结合”的原则，有效缓解各种矛盾，真正将突出问题解决在基层、解决在萌芽状态。(略)

一年来，我局在信访工作方面做出了努力，但离上级领导和广大人民群众的要求还有一定的差距。在今后的工作中，我们将认真学习贯彻落实科学发展观，开拓进取，努力工作，为改善我区环境卫生质量、促进经济发展、维护社会稳定做出更大的贡献。

××区环卫局

二〇〇九年×月×日

(摘自 www.ora.com.cn，有删改)

【例文分析】

这是一篇反映信访工作全貌的工作总结，文章开头部分采用简短的语言介绍了全年信访工作的宗旨及概貌，自然引出下文。主体部分从三方面对工作完成的具体情况和所取得的成果进行了详细介绍。全文内容丰富，有理有据，生动具体。结尾总括全文，指明今后的努力方向。文章整体层次清晰，主次明确，重点突出。

【思考与练习】

1. 简述总结与计划的关系和作用。
2. 怎样写好总结的主体部分？
3. 总结一学期或一段时间的学习。

第十二章

调查报告和简报

第一节 调查报告的概念、种类及特点

一、调查报告的概念

调查报告是指有目的、有计划地，对客观事物进行全面、深入、科学的调查研究、分析推理，从而得出能够反映客观事实，揭示事物本质规律的书面报告。其目的在于得出某种具有普遍意义的结论、解决某一问题的措施和意见，或制定某项政策与决策的依据。正由于调查报告是调查与分析、实践与理论、客观与主观相结合的实用性文体，是从调查目的通向社会效益和经济效益的桥梁和工具，它在社会生活、经济活动和人类的其他实践活动中具有十分重要的作用。

二、调查报告的种类

除“调查报告”之外，此类文书还有“考察报告”、“调研报告”及“调查”、“状况”等常见的名称。

从内容性质划分，调查报告有以下几种：

(1) 专题型调查报告。这类调查报告是针对某个事件或问题撰写的调查报告。它能及时揭露现实生活中的矛盾和黑暗，反映群众的意见和要求，研究急需解决的具体的实际问题，并根据调查的结果提出处理意见、对策或解决问题的措施。如《关于私吞救灾款项的调查报告》、《关于女大学生就业危机的调查报告》。

(2) 综合型调查报告。这类调查报告是以综合调查众多对象及其基本情况为内容的调查报告，具有全面、系统、深入和篇幅较长的特点。它与专题调查报告的主要区别就在于它的综合性。正因此读者可以从此类报告中看到事物相对完整的“立体全貌”。如《城乡能源节约状况》,《关于全国下岗职工再就业情况的调查报告》。

(3) 理论研究型调查报告。这类调查报告是为学术研究而撰写的，它以收集、分类、整理、研究资料为主，在此基础上提出问题、得出报告结论。大多发表在学术刊物上，或载于学术著作中。如《关于核能源有效利用的调查报告》。

(4) 实际建议型调查报告。这类调查报告是根据实际工作需要而撰写的，其主要内容是为预测、决策，或制定政策、处理问题等事项进行调查所获得的材料及有关建议。它可以为正确处理上述事项提供可靠的依据。如《九阳新型果蔬豆浆机市场拓展调查报告》。

(5) 历史情况型调查报告。这类调查报告是以历史情况为对象进行调查而形成的调查报告。它可以供人们了解某一事物或问题的历史资料和历史真相。如《关于皖南事变始末的调查报告》,《秦阿房宫遗址调查》。

(6) 推广经验型调查报告。这类调查报告是对在工作中做出显著成绩的先进人物或单位的先进事迹进行调查研究之后所写成的，它主要报道的是先进单位、先进事物和先进人物的典型经验，他们的经验一般具有示范和指导的意义，可以起到以点带面、推动全局的作用。此类调查报告主要介绍先进经验产生的背景、基本情况、做法措施以及效果、意义等。如《××地区育种致富调查报告》。

(7) 揭露问题型调查报告。这类调查报告侧重于反映社会、工作、生活中存在的某些问题。通过揭露问题、查清事实性质和工作失误的程度，剖析原因，辨明是非，说明危害，提出解决问题的建议。它既可以作为上级公正处理问题的依据，又能借以引起有关部门和社会的警觉，接受教训，少犯或不犯类似错误。它要求写作者要弄清事实真相和是非界限，揭露问题实质，以引起人们的重视和思考。如《××医院一起整形医疗事故调查》。

(8) 反映新生事物型调查报告。这类调查报告主要介绍新生事物产生和发展的过程，分析其产生的意义或负面影响，探索预测其成长的规律和发展的趋势，达到指导工作的目的。这类报告侧重于介绍新情况、新问题、新事物等。如《海归派学者工作情况调查报告》。

三、调查报告的特点

(一)真实性

调查报告必须以客观事实为基础，注重真实性，用事实说话是其首要特点。通过全面调查、科学分析材料，揭示事物的本质特征。写作调查报告时，陈述事实应占到整个篇幅的70%以上，涉及的人物和事件要绝对真实，事件的时间、地点、过程、细节等也要绝对真实，不可把臆想和推理当成事实。作者的观点和结论，也必须是建立在大量事实材料的基础之上，观点结论最好是在事实之后水到渠成地准确概括出来。这样才有说服力和可信度。

(二)典型性

调查所选取的对象是否具备典型性，是调查报告能否得出正确结论的关键。因此在调查中应当对调查对象进行科学的筛选，找出最具代表性的事物作为调查对象，要能起到以局部反映全局，以“点”带“面”的作用。否则，难以对工作产生指导意义。

(三)针对性

进行调查研究，撰写调查报告，是为了解决实际问题，因此调查报告要有很强的针对性，要关注社会热点问题或群众普遍关心的问题。一篇调查报告是否成功，往往首先看它是否具有针对性。针对性越强，效果就越好，指导作用就越大。从某种意义上说，针对性是调查报告的灵魂。

(四)新颖性

调查报告要对社会普遍关注或亟待解决的问题提出见解，要能体现新方法、新观点、新思路、新角度，才能产生强烈反响。如2009年经济危机对各国经济发展势态影响的调查，就具有较强时效性和新颖性。

四、调查报告的写作准备

调查报告的写作只是调查报告完成的最后一步，一般来说调查报告的形成可分为“选题—调查—研究—撰写”四个阶段，要完成一份高质量的调查报告，也必须对其准备阶段熟悉和了解。

(一)选题阶段

选题对调查报告写作的成败具有决定性的意义,选题要有针对性,要能解决现实工作、生活中的焦点、难点和热点问题;要有可行性,范围适当,并要注意选择有能力驾驭的题目。

有些调查是机关、单位交代的任务,是奉命调查,需要了解清楚调查的意图和现有的材料基础,一般选题环节在此种情况下就简单化了。

(二)调查阶段

这一步是了解、掌握实际情况和获取资料的关键,直接影响着调查报告的效果。

调查前应拟好调查提纲,做到有的放矢,还要选定调查方式,列出调查范围、对象及其需要了解的具体问题,拟出调查日程表。参与人员比较多的调查,要有分工,以免重复和疏漏有些方面的工作。为了使调查顺利进行,应掌握以下几种常见的科学调查方法:

1. 普遍调查法

这种方法是指在一定范围内,对所有对象进行全面调查,以获得完整、系统的资料,即所谓的"普查"。其特点是,所获资料全面、准确、误差小。缺点是周期长,费时、费力,如几年一度的人口普查、工业普查、农业普查。

2. 典型调查法

这种方法是指在一定范围内选取最能代表总体普遍状况的事物作为调查对象,进行深入细致的调查研究,以得出指导全局的一般性规律。如成功人士创业历程调查。

3. 抽样调查法

这种方法是指在总体中任意抽取一定数目的样本进行调查研究,以此推断总体情况。其特点是经济、省时。

4. 实地考察法

这种方法是指调查者亲身深入第一线,通过与调查对象面对面的观察、访谈等方式,来获取资料的方法。通过使用以上科学的调查方法,可获取大量有价值的资料,这一环节是研究的基础,也是决定调查质量的关键。

(三)研究阶段

这一环节主要是根据研究目的和要求对已获得材料进行梳理、分析、比较、筛选、概括的工作过程,包括以下三个步骤:

1. 确立研究目的

调查研究的大目标实际在选题和单位交代任务时已经有了轮廓,再次确立研究目的,实质是结合调查所得的材料确定本次调查究竟具体能解决什么问题,解决到什么程度,使目的更清晰、明确。有些问题很大,有的还和其他问题纠葛在一起,也不是一次调查、一个方面能解决的,有些问题限于现有条件,只能解决一部分、一个阶段的问题,更深层次的问题需要创造条件来解决。所以,需要搞清本次调查的目的和要解决的问题。

2. 运用研究方法

研究工作中常用的方法有分析、综合、比较三种。它们是密切相关的,分析是综合的基础,综合是分析的归纳,比较能够鉴别综合结果的优劣。只有合理有效地运用这三种研究方法,才能得出客观、全面、准确的理性认识。

3. 提炼观点,得出结论、评价及对策、建议

在占有大量的素材之后,要对材料进行整理、鉴别、筛选,认真分析研究,探寻其中的本质

和规律，对调查对象从整体高度进行评价，得出具有普遍意义的结论和观点，进而研究解决问题的对策、措施和办法。

（四）拟定写作提纲阶段

确立好研究目的，完成对材料的科学鉴别，就应考虑调查报告的结构安排。拟定提纲，对报告的开头、展开、结尾有一个简单的规划，有助于理清写作思路。大型调查报告的提纲应详细、完整，在结构安排上多采用横式结构，以拟写小标题形式确定每层内容。小型调查报告的提纲可简略，结构相对简单，可省略提纲或列个粗纲。

五、调查报告的结构与写法

调查报告的结构包括标题、正文和落款三部分，各部分的写法如下：

（一）标题

调查报告的标题要精练、醒目，用简洁明快的语言表明文章主题，以引起人们关注。

一般有以下几种形式：

1. 单行标题

（1）公文式标题。由“调查对象、调查时间、调查范围、调查内容”等因素加“文种名称”构成，如《关于三峡移民安置情况的调查报告》、《2009 年度北京高校毕业生就业状况调查》。

这种标题形式，可省略或变化其中某些因素，如《中学生心理健康调查报告》、《失地农民就业和社会保障的调查与思考》、《会计委派制度改革情况的调查与思考》。

（2）文章式标题。此类标题通常不出现调查报告、考察报告等文种字样，只点明文章主题或调查对象名称即可，如《艾滋病在中国的传播》、《电信服务消费者满意度如何？》、《群众集体上访的现状、成因及对策》、《湖南与全国及外省私营经济发展比较》。

2. 双标题

正标题揭示文章主题，副标题指明调查对象、地点、范围等，如《大学生是否应具备自我牺牲精神——首都十所大学的调查报告》、《还我美好河山——我国风景名胜区的保护和治理有待加强》。

（二）正文

1. 前言

前言也称导语或引言，简洁明了地介绍调查概况、调查对象，说明调查目的或提出问题，设置悬念，引出正文。常见的导语有：

（1）简介式。这类前言主要对调查的课题、对象、时间、地点、范围、方式、经过及调查组等情况作简明介绍。

例：《优化整合区域卫生资源　大力提升卫生事业水平——赴河北保定市、北京市朝阳区学习调查报告》的前言：

为学习借鉴外地整合和优化区域卫生资源的经验，促进我区卫生事业发展，3 月 2 日至 3 日由副区长郭××、大港油田集团公司副总经理石××带队，区政府办、研究室、卫生局、大港医院、油田医院一行 11 人，赴河北省保定市、北京市朝阳区学习考察，先后考察了保定市人民医院、保定市第三医院、北京市朝阳医院和垂杨柳医院。虽然考察时间短暂，但是由于考察内容明确，安排周密，考察人员结合我区医疗资源现状去思考和研讨，收获很大。现将有关情况报告如下。

这段开头简单介绍了调查课题、时间、对象、范围、地点、方式，以及调查组情况等，信息交代得较为完整。

(2) 概述式。这类前言主要对调查报告的内容和宗旨作概括的说明，开门见山点明基本观点或主张。

例：林木种苗是林业建设的基础和前提，林业要发展，种苗是关键。为进一步搞好我省的林木种苗建设，推动我省林业持续快速健康发展，我们组织力量对全省的林木种苗情况进行了详细的调查，并据此提出了几点意见，现分述如下：

这段开头概括简略交代了调查报告的宗旨和意图，并直接引出下文。

(3) 揭露式。这类前言主要揭露社会或工作中的重大问题和黑暗面，并说明问题的严重性和危害性，以引起读者注意。

例：当人们听说一个成功商界人士的传奇故事，很可能被故事情节所吸引，而且重要的是，如果讲述中没有表述任何显示性别的细节，人们通常会不知不觉地认为，这是一个有关男性的故事。人们能够普遍接受一个传奇式男老板的故事，不管这种传奇中有多少真实的成分，但却很难接受一个女老板可以用同样正当、诚实、道德、传奇的方式实现成功，对于这种表面成功的背后，往往产生不好的推论。其实，这种表象的下面存在着这样一个问题：人们是否已经具备了接受一个女性领导者的成熟而自然的心理。

这段开头以揭示矛盾为切入点，引出调查对象，具有较强的吸引力。

(4) 议论式。这类前言把主要的成绩、经验或问题揭示出来，突出其重要性、意义或问题的严重性及危害，引起读者重视。

例：劳务输出是通过有序转移富余劳动力创造经济社会效益的一种有效形式。扩大劳务输出，发展劳务经济，对于增加农民收入，发展壮大地区经济，有重大意义。×县在这一工作中，为全国广大地区树立了榜样。

这段开头首先诠释调查问题，然后点明调查的具体对象，并指出其之所以成为调查对象的意义所在，以达到推广经验的目的。

还可采取提问式开头、概要式开头等，有时几种方式还可兼而用之，作者应根据材料、主题、结构和表达的需要自由灵活地运用。总之，要在前言部分开门见山、言简意赅地把全文的中心思想、基本情况说明，为主体的展开打好基础。

2. 主体

主体包括对调查事实和基本情况的介绍，对调查资料的理性分析，以及最终得出的结论、措施或建议，也可附加相关研究材料。这是充分体现调查报告价值和质量的核心部分，其结构组成通常如下：

(1) 基本情况。这部分要具体写明调查的时间、地点、人物、数据及事件的起因、发展、经过和结果等，尽可能地运用人物有典型意义的原型语言和典型事例，以增强报告的说服力度。

(2) 事实分析。这部分运用夹叙夹议的写作手法对调查事实进行分析归纳，得出经验教训，说明原因和影响。

(3) 归纳结论。这部分是调查报告的目的所在，经过上述叙述和分析，归纳出客观、正确的观点和结论。

3. 结尾

调查报告的结尾以简短有力、耐人寻味为宗旨。常见的形式有建议式、深化式、鼓舞式等。

例：教育优先发展的战略地位，决定了各级党委政府必须对当地教育发展作出长期性和阶段性的规划，而规划的依据必须充分考虑和预测到生源的变化情况，必须充分考虑国家对教育发展的要求和国家对课程开设改革的要求。

这段结尾简短有力，富有总结性地深化了全篇的主题。

(三)落款

1. 文尾标注

在正文右下角落款，写上调查者和完成日期。单位内部使用的调查报告一般多采用此法落款。

2. 题下标注

公开发表的调查报告，多在标题之下署上调查者和完成日期。

六、调查报告的写作要求

(一)深入调查，广泛占有材料

调查报告是调查研究的产物，没有调查就没有调查报告；调查不充分，占有材料少，基础就薄弱，结论就可能缺乏说服力，甚至是错误的。在调查取材过程中，要亲临现场，对调查对象作深入细致的了解，获取大量的第一手材料。这些材料可以是正面的、反面的、侧面的；可以是具体的、概括的、典型的、一般的；可以是口头的或书面的，历史的或现实的等等。只有充分占有材料，才能为科学分析和提炼观点提供坚实的基础，写出的调查报告才有价值。

(二)认真分析研究材料，提炼正确观点

在占有大量的素材之后，要对原始材料进行整理、鉴别、筛选、分析，作一番去粗取精、去伪存真、由此及彼、由表及里的分析研究工作。经过认真分析研究，找出事物的本质和规律，提炼出具有普遍意义的正确结论和观点。在研究中，要把零散的、孤立的材料联系、统一起来思考，选择出典型的、有说服力的材料，来支持、说明观点。我们在调查报告中常见的经验、教训的总结，建议、对策的提出，观点、结论、评价的归纳等，都是在分析研究材料之后得出的。

(三)点面结合，材料和观点统一

要把材料和观点统一起来，用材料说明观点，用观点统帅材料。材料的叙述要真实、确切、具体，观点的论述要鲜明、深刻、周密。结论、观点应在材料基础上水到渠成地得出，材料和结论、观点之间要有内在的逻辑性。典型材料要在其中发挥重要作用，要详细叙写和重点分析；一般材料也不可缺少，或事实或数据，或代表面上情况，点面结合，才能正确反映情况，结论、观点才能使人信服。

(四)夹叙夹议，具体简明

调查报告不仅要报告事实，也要报告事实基础上的结论、观点及其分析推理，所以文体决定其基本写法是夹叙夹议，叙议结合。只叙不议，是罗列现象；只议不叙，是空发议论；叙议结合，才能使材料通向观点。与其他文体相比，调查报告的文风要求朴实简明，事实具体可感，观点、结论要客观、中肯，总体上体现“靠事实说话”的特点。

【例文 1】

2009年中国乙肝歧视现状调查报告

根据2009年8月2日的新闻报道，国内权威乙肝专家、中国疾控中心免疫规划中心病毒肝炎室主任崔富强在成都首次透露，卫生部将出台政策——常规体检表(含入学、入托、就业、健康证申请等)的待选“菜单”中，将统统取消乙肝“两对半”这个项目！消息刚出，网上立刻响起了一片反对之声。1天后，卫生部表示“这只是专家的观点，并不代表政府的官方意见”。据调查显示，全国超过1亿人是乙肝表面抗原携带者，但由于乙肝知识宣传力度薄弱……使人们谈乙肝色变，乙肝患者以及病毒携带者受到广泛而公开的歧视。乙肝歧视，是一种无知的表现，不仅使一个庞大的群体受到不公平对待的伤害，丧失了平等入学、就业等权利，甚至带来了社会群体之间的分化，给社会安定、团结与和谐造成了负面影响。

此次中国乙肝歧视现状调查项目，由39健康网发起，通过科学方法对乙肝歧视现状进行普查。39健康网力求通过客观、科学、严谨、专业的调查手段与统计、分析方法，体现本次调查的专业性、权威性，同时结合39健康网自身在健康行业中的专业特性，针对如何消除乙肝歧视提供了客观、科学的分析和专业的改善建议。

一、乙肝病毒携带者基本情况

1. 乙携者数量庞大——但毫无隐私

在参与调查的非乙肝病毒携带者中，表示知道自己身边有好几个乙肝病毒携带者的占了49%；知道有一两个的占41.2%；表示没有和不知道的人只占1.1%和8.7%。

我国是乙型肝炎高发区，堪称“肝炎大国”。根据卫生部统计资料显示，我国乙型肝炎的现患率为277万，是美国的40多倍，年发病率为95万。在法定传染病中，居第三位。流行病学调查表明，我国至少有8亿人感染过乙型肝炎，而我国人群中的乙肝表面抗原的携带率高达10.34%，也就是说，我国约有1.2亿人为乙肝病毒携带者，占全球感染人数的1/3。

由数据可见，大部分人知道身边谁是乙肝病毒携带者，这反映出这一项健康隐私未得到信息保护的现状。专家指出，这一数据正反映出我国对乙肝病毒携带者的隐私保护几近不存在。这种信息的公开，无疑会对乙肝病毒携带者造成许多不必要的困扰和麻烦。

2. 强制体检——为治疗还是为了区别对待?

在参与调查的乙肝病毒携带者中，通过入学或入职体检发现自己感染乙肝病毒的，占了50.5%；在常规体检中发现感染的占23.7%；通过婚检发现的占3.6%；而从小就知道自己感染的人占14.5%；还有7.7%的人是通过其他途径发现感染的。可见大部分乙肝病毒携带者是通过入职、入学体检或婚检(2003年取消)获知自身情况，因此可以确定通过强制体检这一形式获知乙肝病情的携带者超过五成以上。

部分观点认为，通过强制体检让患者知道自己患有乙肝，有利于指导患者治疗，对我国的乙肝传染状况有积极作用。但专家认为，对某种情况而言，不知道自己患上乙肝，对乙肝患者并没有坏处。而强制体检进行的只是筛查淘汰，实质是应用于区别对待。

二、人群对乙肝常识的了解度

1. 乙肝传染真有那么危险?

调查显示，对于乙肝传染的途径，84.7%的人认为输血可能传染；72.6%的人认为母亲是乙肝病毒携带者会造成传染；45.1%的人认为父亲是乙肝病毒携带者会传染；67.1%的人认为不洁性生活会传染；认为与乙肝病毒携带者接吻可能会感染乙肝病毒的人占39%；还有30.3%的人认为与乙肝病毒携带者共餐有可能感染；认为与乙肝病毒携带者握手拥抱可能造成感染的人占4.7%。

乙肝只通过血液、性接触和母婴途径传播，不会通过空气、水或食物传播。关玉娟教授认为，与乙肝病毒携带者在日常工作和生活中进行一般的接触，是不会被感染的。接吻、吃饭、性交、握手、拥抱等接触方式也不会传染乙肝，但双方表皮粘膜破裂除外。（略）

2.乙肝传染的有效阻隔途径

对于切断乙肝传染最有效的方法，80.2%的人认为是注射乙肝疫苗；7.4%的人认为是不跟乙肝病毒携带者亲密接触；10.3%的人则认为要注意个人卫生；有2.1%的人表示不清楚要如何才能切断乙肝的传播。某医科大学教授高志良认为，要切断传染，主要是打预防针。（略）

三、乙肝歧视现状

1.歧视似有若无为哪般？

在参与调查的乙肝病毒携带者当中，45.2%的人认为社会对乙肝的歧视非常严重；52.9%的人认为有部分人存在歧视；认为没有歧视的人仅仅占了1.9%。（略）

2.歧视的五大表现

入学：6%的乙肝病毒携带者表示，曾经因此而被拒入学；23.7%的人表示因为乙肝，在学校受到了不公平的待遇；还有71.3%的人认为没有在这方面受到影响。

就业：调查显示，8.5%的乙肝病毒携带者是因乙肝病毒感染而失业；15.4%的人因为乙肝病毒没有找到工作；44.8%的病毒携带者已经就业，但单位不知道自己的病情；只有19.6%的就业者没有受到乙肝影响；11.7%的乙肝患者目前还是学生，还没就业。

社交：如果知道自己身边的人感染了乙肝病毒，39.2%的人会像以前一样与之交往；23.6%的人表示会与感染者减少接触；33.7%的人心里会介意；3.5%的人甚至会立刻避而远之。

恋爱：得知自己喜欢的人是乙肝患者，48.3%的人表示没什么，会继续交往；24.4%的人选择不再继续交往；27.3%的人则不知道怎么办好，很纠结。

家人：对于因得知自己丈夫/妻子患了乙肝而闹离婚的这种行为，20.7%的人表示很能理解；而19.5%的人表示这种行为让人感觉很悲哀；51.5%的人认为，这主要是由于认识不够；另外，有8.3%的人坚决鄙视这种行为。（略）

四、乙肝病毒携带者压力状况

1.罪疚心理与恐惧心理并存

对于最大压力的来源，16.6%的人认为最大的压力来自病情恶化；有33.3%的乙肝病毒携带者觉得担心会传染给家人或其他亲近的人；23.6%的人认为别人的另类眼光带来最大的压力；因为求学、求职困难而感觉最大压力的人占了23.7%；其他情况的占2.8%。（略）

2.封闭自我 逃避与他人正常交往

面对朋友、同事间的聚餐等社交活动，25.3%的乙肝病毒携带者表示不会故意逃避；46.8%的乙肝病毒携带者表示不会逃避，但会注意；27.9%的携带者表示尽量能不去就不去。（略）

3.乙肝病毒携带者心理健康状况堪忧

知道自己是乙肝病毒携带者后，有85%的人会出现各种不良情绪，如自卑、害怕、担心、低落、气愤甚至绝望；有 12.3 %的人能够平静地去接受；有 2.6%的乙肝病毒携带者认为知道自身情况后，能更激励自己。（略）

五、歧视如何消除

1. 乙携者趋向于体检制度的取消

如何能消除对乙肝的歧视，在乙肝病毒携带者群体中，65.6%的人认为要在入学或入职时取消两对半检查；29.8%的人认为要国家立法保护；36.9%的人认为要多做科普宣传乙肝知识；6.4%的人则表示要对感染者的病情进行保密。

2. 非乙肝病毒携带者趋向于知识的宣传

同样的问题，在非乙肝病毒携带者群体中，认为消除歧视应该多做科普宣传的人达到77.5%；认为需要通过国家立法保护的人占 41.4%；认为要取消入学或入职等两对半检查的人占 30.1%；有 24.5%的人认为要对感染者病情绝对保密；3.7%的人表示有其他看法。（略）

3. 乙肝歧视源于无知以及由此产生的恐惧心理

消除乙肝歧视，需要乙肝知识为其铺路，但公众中乙肝知识相当匮乏。因此，卫生部门应弥补过去工作的不力，像普及艾滋病知识那样大力普及乙肝知识。

4. 国家政策上的调整与改变

对于乙肝歧视现状的改变，专家认为，国家政策上的调整改变在十年内能完成。因此对国家逐步完善政策法规，让乙肝病毒携带者获得平等的人权很有信心。（略）

39 健康网

2009 年×月×日

（文章来源：中新网，有删改）

【例文简析】

这是一篇针对乙肝歧视现状的调查报告，反映社会热点话题。全文大量运用调查数据及权威言论对社会歧视乙肝患者的误区做了科学分析与澄清。内容重点对我国乙肝患者的感染数量、歧视现状、有效治疗预防措施，以及缓解乙肝歧视现状的解决途径作了详尽阐述。层次清晰，重点突出，有理有据，具有较强说服力。

第二节　简报

一、简报的概念

简报是机关、团体、企事业单位内部，或者是某项中心工作、某次重要会议中用来沟通信息、交流经验、反映情况、汇报工作的期刊式文字载体。它能够迅速向上级汇报工作，反映业务活动，便于领导了解下情，作出相关决策。也可在同级机关之间广泛使用，沟通情况、交流经验，以便推动工作。上级需上情下达时，也可使用简报，如向下级提出领导意图、工作要求或介绍经验和教训等。

二、简报的种类

简报从不同角度有不同的分类，其名称也很多，常见的有《××简报》、《××简讯》、《××

信息》、《××动态》、《××通报》、《××通讯》及《内部参考》、《情况反映》等形式。以下是按内容划分的三种形式：

(一)综合简报

这类简报以全面、综合反映编发单位工作进展、思想动态、成绩缺点等为内容，一般常年定期编发，如某省省长办公厅编的《情况反映》。

(二)专题简报

这类简报是为开展、推动或配合某项工作而印发的，工作完成后即停发，具有临时性和专项性的特点，如某工程局总工办公室编的《××工程动态》。

(三)会议简报

这类简报以报道会议概况，反映会议交流的经验和探讨的问题，传达和贯彻会议精神和决议为内容。会议简报用于大中型会议，在会议期间视会期长短及规模可编发一期或多期，如《××市人民代表大会简报》。

三、简报的特点

(1) 快。即快速、及时。这是指简报必须具有新闻性、时效性的特点，能以最快的速度将有关情况报道出来，使人们及时了解和掌握情况，寻求解决问题的对策。

(2) 新。即新鲜、有新意。这是指简报的内容必须以反映新情况、新问题、新经验、新事物为宗旨，具有较强的指导性和交流性，否则将失去其魅力。

(3) 实。即真实、客观。这是指简报所反映的内容必须完全真实，所采用的材料必须准确可靠，不能随意夸大或缩小。要以客观、科学的态度对事物进行分析、解释。

(4) 短。即简短，简明。这是指简报的篇幅要简短、观点要简明、语言要简练。要做到开门见山、一语中的，使读者花最少的时间，得到最多的信息。

四、简报的格式与写法

简报的格式较为固定，一般由报头、主体和报尾三部分构成。

(一)报头

简报首页上端1/3处由分割线将报头与文稿部分隔开，横线以上部分为报头。一般包括以下几个要素：

(1) 简报名称。位于报头上端中央，一般套红、大号字体印刷(见文后版式)。

(2) 期号。位于简报名称正下方，标明年度期数和用括号的总期数，如“第8期(总第123期)”。

(3) 编印单位。位于分割线左上方，一般为制发简报单位的办公部门、中心工作领导小组或会议的秘书处(组)，要求用全称或规范化简称。

(4) 编印日期。位于分割线右上方，要求年月日齐全。

(5) 保密程度。位于简报名称左上端，空出一行，顶格标出。分绝密、机密、秘密、内部文件等不同等级。

(6) 编号。位于简报名称右上端，标出保密简报印发的份数号，以便保存和查找。若不属保密性简报则不必编号。

附：简报报头版式

<table><tr><td>秘密</td><td>编号：0006</td></tr><tr><td colspan="2" align="center">会议简报
第 3 期(总第 168 期)</td></tr><tr><td>国家物资储备局编</td><td>2009 年 6 月 12 日</td></tr></table>

(二)主体

报头分割线以下至报尾分割线以上部分为简报的主体部分，一般包括四个要素：

1. 按语

按语位于报头分割线之下，目录之前。它是代简报编制机关立言，对文稿及使用意图作出评价、说明。如说明材料来源、转引目的、转发范围或表明对简报内容的倾向性意见及表示对所提问题引起讨论研究的希望等，可视需要而定，并非每篇必有。一般在较为重要的简报正文前才配用按语。常见的按语类型有以下三种：

(1) 题解性按语。它类似于前言，主要简单介绍文稿产生的过程、作者情况、主体内容等。

(2) 提示性按语。它重在对简报内容理解的揭示或针对当前存在的重要事实做出提醒。

(3) 批示性按语。它多援引领导人的原话或上级机关的指示，结合简报内容对实际工作提出批示性意见。

2. 目录

简报通常采用成册编辑形式，一期一编。因此根据需要可将一组性质接近的文章编为一期。这样就须在按语下设计“目录”一栏，将各篇文章标题先印于此并标明页码，然后依次刊出每篇文章。

3. 标题

简报的具体内容不同，其标题的写法也不同，因此形式多样。大多数文章类似新闻中的消息，因此标题的写作也可参考新闻标题的写法。常见的标题有：

(1) 公文式。这类标题有单位、内容、文种三要素齐全的；也有省略单位，只保留内容和文种的。如《科研成果表彰大会情况汇报》。

(2) 文章式。这类标题用精练的语言将简报的主要观点或基本内容加以概括，具有较强文学性和吸引力。如《领导干部必须五官端正——嘴不馋、腿不懒、耳不偏、心不散、手不长》、《海尔电器挺进国际市场》。

(3)正副式。即双标题，正标题鲜明揭示主题，副标题点明单位、内容、文种等。如《建设社会主义新农村是我党目前的根本任务——某省党务工作会议简报》。

4. 正文

这是简报的核心内容，一般根据文体性质和文稿来源，可采用以下四种写作体式：

(1) 报道体。这类体式以及时、简明、准确地叙述或报告部门、行业、系统、领域内最新发生的新情况、新动态为主要内容。通常也被称为动态消息、动态信息。

(2) 汇编体。这类体式是在众多稿源基础上剪辑而成的类似综合消息的简报文体，其信息量大、面广，能做到点面结合反映全局性情况。

(3) 总结体。这类体式其内容类似于一般意义的总结，但又比总结具有典型性和推广价值，编入简报能发挥其指导一般的作用。

(4) 转引体。这类体式专门用来转载其他单位有参考借鉴意义的材料，可成篇完整转引，也可选择精辟片段转引。

正因体式各异，正文格式也相去甚远。报道体、汇编体类似于消息的写作结构，正文由导语、主体、背景等组成；总结体可完整地将“总结”刊于简报；转引体则因所引文章不同，正文或可能是片断章节，也可能是整篇文稿。

附：简报主体版式

编者按：××。

目录

××××××…………………………………………(1)

××××××…………………………………………(2)

标题　××××××

正文：×××。

(三)报尾

在简报末页下1/3处用分割线与文稿部分隔开，分割线下与之平行的另一横线之间，标明本期简报的“报、送、发”单位名称，上级部门称“报”，同级或不相隶属的部门称“送”，下级部门称“发”。线下右侧注明本期共印份数。

附：简报报尾版式

报：××××、××××、××××、××××。 送：××××、××××、××××、××××、××××。 发：××××、××××、××××。
共印××份

五、简报与报告和新闻的关系

(一)简报与报告的异同

简报与报告都有反映工作情况的功能，但差异较大：

(1) 编发形式不同。报告是由下级单位编写并由其主要负责人签发的正式公文；简报不一定由单位主要负责人签发，可由其主编部门直接编发。

(2) 内容侧重不同。报告是用来向上级机关反映一些较为重要的工作动态、问题、经验、观点和建议的正式公文；简报主要用来及时快速地反映情况和信息。

(3) 报送对象不同。报告只能报送其直属上级单位，属上行文。简报可向上级部门"报"，向同级或不相隶属的部门"送"，向下级部门"发"，形式较为灵活。

(二)简报与新闻的异同

简报和新闻都具有报道性，表述方式都以叙述为主，兼有议论。它们的不同之处有以下几点：

(1) 公开程度不同。简报属内部报道，有一定保密性；新闻是公开报道，面向全社会。

(2) 内容范围不同。简报只限于报道本单位、本部门、本地区的内容，新闻可以报道全社会的内容。

(3) 表达方式不同。简报是一种机关应用文体，只能采用叙议结合的表达方式。新闻报道除用叙议结合外，还可采用描写、抒情等文艺性表述手法。

【例文 2】

检疫申报规范运作　严格监管初显成效

近期，湖北省监利县毛市镇动物检疫申报管理捷报频传，截至目前共为 1451 头生猪、63 头牛、12389 只家禽进行了检疫申报，动物检疫管理日趋规范。具体做法是：

一、宣传发动。动物检疫申报管理专题会议之后，毛市分站执法人员用 5 天时间对全镇从事养殖、收购、贩运、屠宰等经营动物及动物产品的管理相对人进行了摸底，并逐一上门宣传新修订的《动物防疫法》、《湖北省动物检疫申报管理办法》等动物检疫申报管理的法律法规，组织 37 人参加了培训学习，与管理相对人签订了动物检疫申报的责任书，发放了督促其进行检疫申报的告知书。

二、规范运作。一是设立报检点。除中心报检点外，还在养殖稠密地区以及动物产品生产、加工区域增设了检疫消毒点。二是公示报检电话。除将印有执法人员的姓名、电话号码等内容的名(卡)片发放给相对人外，还在交通要道口、公路两边墙体上公布了报检电话。三是落实工作制度。按照县站统一部署，毛市分站以分工负责、凭标凭证施检、健康合格出证的工作程序，实行手机24小时开机，接受检疫申报，随报随检，让广大管理相对人报检方便，受检不难。四是针对规模化养殖、收购、屠宰等不同的生产经营活动制定了不同的操作方式。（略）

三、严格监管。为了进一步规范动物检疫申报管理，体现动物卫生监督执法的严肃性，执法人员还对不凭《动物产地检疫合格证明》收购生猪、不申报检疫屠宰生猪的曾××、杨××、夏××三名业主下达了责令改正通知书，对其经营的生猪肉品依法进行了补检。3月12日，红城乡何××在毛市收购的26头生猪没有申报检疫，毛市分站的执法人员张北洋、刘克典在接到举报后，迅速赶到收购地点将准备起运的生猪予以扣押，并进行了详细的追根溯源，其收购的生猪虽然有免疫证明也佩戴了标识，但没有进行检疫申报，执法人员当场对其收购的生猪进行了补检，并对其不依法申报检疫的违法行为进行了立案查处。

通过一段时间的规范运作，该镇的动物检疫申报管理工作已步入正轨，形势喜人，管理相对人自觉接受检疫，主动申报检疫的意识不断增强。规模化养殖场（户）的产地检疫开展面已达到100％，散养动物的产地检疫的开展面已达85％以上，屠宰检疫的受检率达到100％，上市动物、动物产品的持证率达到100％。

（选自 http://www.govyi.com，湖北省监利县动物防疫监督站工作简报，有删改）

【例文简析】

这是一篇报道式的简报，全文用简洁、明快的语言为我们报道了湖北省监利县动物防疫监督站针对动物疫情防控工作，采取的诸多有效措施，反映工作情况全面、详尽。

【思考与练习】

1. 简述调查与研究的关系。
2. 调查报告写作有哪些要求？
3. 简述简报的特点及作用。

第十三章

述职报告和求职书

第一节　述职报告

一、述职报告的概念

述职报告是指党政机关、社会团体、企事业单位的机关和部门负责人，向所在单位的权力机关、上级机关或者代表大会、董事会等部门陈述自己在一定时间内履行岗位工作的成绩、问题、情况等。这是推动社会组织工作的重要环节，对于促进和监督其各项工作有着重要的意义。

述职报告可看作是工作报告中的总结性报告。它除了向上级管理机关陈述自己某一阶段工作情况之外，还要进行总结、回顾、分析、评价，找出内在规律性的东西，用以指导未来工作实践，是一种具有较强综合性的公文。

二、述职报告的种类

根据不同的划分标准述职报告有不同的种类，通常有以下几种分法：

(1) 按时间划分：可分为任期述职报告、年度述职报告、临时述职报告。

(2) 按范围划分：可分为个人述职报告、部门述职报告。

(3) 按内容划分：可分为专题(单项)述职报告和综合述职报告。专题(单项)述职报告是指对某一方面工作或某项具体工作进行的专门汇报，如《开发项目建设必须增加投资力度——××公司项目部经理述职》；综合述职报告是指对一个时期内所做工作的总体情况进行汇报，如《2009 年度各部门经理述职报告》。

(4) 按表达形式划分：可分为口头述职报告和书面述职报告。

三、述职报告的特点

(一)表述客观公正

述职报告是述职人对自身所负责的组织或部门在某一阶段的工作进行全面的回顾、分析、评价，从工作实践中去总结成绩和经验，找出不足与教训，从而用以指导今后的工作。因此它特别强调客观公正性，所反映的内容必须是个人亲身经历或负责的事实，要公正真实、认真负责地向上级机关汇报自己的工作情况，并能对自己在任期内的“德、能、勤、绩”四方面，尤其是政绩方面做出实事求是的评价。

(二)内容严谨规律

述职报告要有对过去工作事实的回顾，但又不是对事实的简单罗列。它必须对所有工作事实、数据、材料等进行认真的归类、整理、分析、研究，从中找出某种普遍性的规律，得出公正严谨的评价结论。这是一个从感性事实上升到理性认识的过程,否则就不能作为未来行动的向导。因此述职报告是否具有理论性、规律性是衡量一篇述职报告好坏的重要标志。

(三)论述规范确定

述职报告是对自己在一定任期内所做工作的客观评述,其评价标准是对本岗位职责的遵守情况和一定时期内工作目标任务的完成情况,表述内容和衡量标准都非常规范确定。这也正是述职报告与工作总结、工作报告的不同之处,后两种往往以上级部门的工作部署和基本要求为评价依据,评价标准不固定。

四、述职报告的结构与写法

述职报告一般由标题、署名、称谓、正文四个部分构成。

(一)标题

述职报告的标题常见有以下几种写法:

(1) 直接用文种名称"述职报告"四个字作标题,这种标题最常见。

(2) 公文式。此类标题一般由年份、职务、文种三部分构成。如《2009 年任××区区长的述职报告》。也可省略年份或职务某一要素,使标题变得较为简短。如《环卫局局长的述职报告》、《2009 年度述职报告》。

(3) 文章式。此类标题以精练的语言概括出报告的主要内容或基本观点。如《建立信誉知名度是企业生存的关键》、《严格人事聘用制度 把好人才入口关》。

(二)署名及日期

(1) 题下标注。在标题之下注明述职日期、会议名称、职务和姓名。

(2) 文尾标注。在文章结尾右下角注明作者姓名、职务和日期。

(三)称谓

书面述职报在开头写明主送单位名称,如"××党委"、"××组织部",或"××人事处"等。口述述职报告的抬头,写明听取对象的称谓,如"各位代表"、"各位委员"、"各位同志",或"各位领导,同志们"。

(四)正文

1. 前言

前言又叫引语,用简洁的文字介绍述职人的基本情况或任职概况,并对本人的尽职情况做出总体评价,确定好述职范围和基调。基本内容包括介绍学历、政治面貌、任职时间、工作变动、背景情况、岗位职责、目标等。

例:2009 年 3 月—2010 年 1 月,我专职担任公司工会主席。在公司班子、基层领导的大力支持和各基层工会全体职工的共同配合下,按照工会主席的职责做好本职工作,为保障我分公司的工作,为生产经营服务以及公司的稳定发展做了一定的工作,现将本年度工作述职如下,请予评议。

这段开头先简单介绍了述职人所担任的职务,并交代了在本岗位工作的基本情况,较为客观。

2. 主体

(1) 工作基本情况。这是述职报告的核心,在写法上以叙述说明为主,叙议结合,采用第一人称的手法详细介绍工作完成的情况和所取得的成绩、经验,找出存在的问题并分析原因。

可强调以下几个方面：① 对党和国家的方针、政策、法纪等的贯彻执行情况；② 对上级交办事项的完成情况；③ 对主管工作任务的完成情况；④ 在工作中有哪些创新，采取了哪些措施，作出哪些决策，解决了哪些实际问题，纠正了哪些偏差，做了哪些实际工作，取得了哪些业绩；⑤ 个人的思想作风、职业道德，廉洁从政和关心群众等情况。为使报告层次清晰，可采用列小标题的形式表述，但重点是要突现个人的工作能力和管理水平，尤其是在处理敏感、棘手问题、突发事件或重大事件方面，更要体现出个人的素质、才能和领导水平。这样才能使上级领导和听众对述职者是否称职作出判断。

(2) 今后的设想和决心。在报告结束部分，结合工作实际情况和经验，对今后工作做出科学的战略性规划，并表明要尽职尽责努力完成，简短有力地收结全文。

例：总而言之，总结一年来的工作，我可以问心无愧地说：自己尽了心，努力了、流汗了。不管这次述职能否通过，我将一如既往地做事，一如既往地为人。并将再接再厉，努力做好本职工作。

这段结尾不仅对以往的工作做出了总结，也对将来的工作表明了决心和态度，简单明了。

(3) 结尾。一般写结束语，用“以上报告，请审阅”、“以上报告，请审查”、“特此报告，请审查”、“以上报告，请领导、同志们批评指正”等作结。

五、述职报告的写作要求

(1) 内容要客观。述职报告的内容必须实事求是、客观真实、全面准确。既要讲成绩，又要讲失误；既要讲优点，又要讲不足；既不能夸大成绩，也不能回避问题。只有客观陈述履行职务的情况，才能使上级机关和所属单位对述职人的工作予以肯定。

(2) 重点要突出。述职时应抓住带有影响性、全局性的主要工作进行陈述。有创造性、开拓性的特色工作是重点着笔的对象，力求详尽具体。而日常性、一般性、事务性的工作表述要尽量简洁。

(3) 个性要鲜明。述职人的岗位不同，则职责要求不同，即使是相同的岗位，也由于述职者的个性存在差异，其工作方法、工作业绩有所不同。因而，述职报告要突出个性特点，展示述职者个人风格和魄力，切忌千人一面，千篇一律。

(4) 语言要庄重。述职报告的语言要朴实得体，评价要中肯，措词要严谨，语气要谦恭，尽量以陈述为主；也可稍加议论，写一些工作的感想和启示，对个人业绩略加评述，但不得描写、抒情，更不能使用夸张的语言。

【例文 1】

区地税分局计会征收科 2009 年述职述廉报告

(科长：×××)

××××：

2009 年以来，计会征收科坚持以“三个代表”和科学发展观为指导，按照局长室和上级相关处室的具体工作要求，认真履行计会征收科的工作职责，全面加强机关作风建设，不断提高科室工作效能，以积极的态度全力以赴开展各项工作，取得了一定成效。下面，将 2009 年以来的计会征收科有关工作做以下简要陈述：

一、加强理论学习，提高干部素质。

2009 年以来，积极安排时间开展传统文化与人生观的教育，组织科室同志积极参加学习

《毛泽东邓小平江泽民论科学发展》、《科学发展观重要论述摘编》等著作和有关文件精神。并联系工作生活实际展开讨论,如讨论:如何转变作风,优化服务,构建和谐的征纳关系……同时,针对计财工作特点,2009年组织计财人员系统学习新形势下计财财务制度、税收新政策等业务知识,在工作实践中不断探索。从而,进一步提高计财人员业务水平,使自己能较好地把握财税改革和发展的方向,提高驾驭财税工作的能力。

二、认真执行廉洁自律规定,提高拒腐防变能力。

一年来,全科室同志认真执行《××地税分局2009年党风廉政建设责任制考核方案》(×地税[2009]27号)。认真抓好责任分解、责任考核和责任追究三个关键环节的工作,更好推动党风廉政建设责任制的贯彻落实,并能自觉接受各方面的监督,使腐败现象没有滋生的土壤,从而进一步增强本科室人员廉洁从政的意识,增强立党为公、执政为民的自觉性和坚定性。

三、以更好地服务基层为宗旨,做好税收服务工作。

1. 急纳税人所急,及时办理税款退库和税收代保管资金退付入库工作。(略)

2. 克服困难,努力完成税收调查工作。(略)

3. 加强基层服务,为基层征收单位和分局业务科室税收征管工作提供技术支持。(略)

4. 做好网络运行状态监控和硬件的日常维护工作,以及计算机硬件清理工作。(略)

四、以组织收入为中心,全力做好税收计会统票工作。

1. 做好税收经济预测分析,提高数据和管理应用能力,增强组织收入的前瞻性、主动性。(略)

2. 重点税源监控管理工作得到进一步加强。(略)

3. 探索建立适合我局实际情况的税收分析员队伍和税收预测办法,提高基层税收预测分析能力。(略)

4. 高质量完成税收年报和定报工作。(略)

5. 强化管理,规范执法,保证税收票证和国家税款安全完整。(略)

五、2010年工作思路

1. 进一步深化税收预测和分析工作。(略)

2. 进一步加强和规范税款退库管理。(略)

3. 组织兼职税收分析员进行有针对性的业务培训和交流,充分发挥和挖掘税收分析员的作用和潜力。

4. 做好省局"代征单位开票软件"的推广应用工作,为分局税收委托代征工作提供技术支持,依托信息化,不断加强税款入库管理。

5. 进一步完善税收票款和税收经费管理工作。(略)

6. 完成分局计算机硬件清理报废工作,探索建立符合分局实际的计算机硬件管理办法。

7. 对分局电脑、机房进行了一次安全检查,查补安全漏洞,保障系统的安全运行。

二〇〇九年×月×日

(选自 http://www.ora.com.cn,有删改)

【例文简析】

这篇述职报告内容丰富,条理清楚,重点突出,个性鲜明,不失为一篇佳作。文章重点陈述了自己通过不断努力学习和提高,积极思变,主动出击,使区计会征收科的工作开展得井井有条、有声有色，充分彰显了个人出色的工作能力和严谨的工作态度。文章简明扼要，主次分明。结尾展望来年，进一步体现出清晰的工作思路。

第二节 求职书

一、求职书的概念

求职书是求职人根据已知某单位发布的用人信息，向用人单位申请一份工作或职位时，主动向其主管部门写的一种专用信函，它属于广义的申请。但其作用与一般的申请有别，它的根本功能在于把自己的有效信息和竞争优势传递给社会和用人单位，以求得人才和社会需求的合理配置。当今社会求职信的使用颇为频繁，是个人就业时必须掌握的一种应用文体。

二、求职书的种类

（1）根据求职者的身份不同，求职书可分为毕业生求职书、待业人员求职书和从业人员应聘求职书三种。

（2）根据阐述问题的角度不同，求职书可分为自荐书和应聘书两种。

自荐书是求职者以书信的方式自我举荐、表达求职愿望、陈述求职理由、提出求职要求的一种信函。求职者可以此向用人单位展示自己适合于工作岗位的知识水平、工作能力、人格魅力，从而建立起与用人单位之间的密切联系，为择业的成功打下良好的基础。

应聘书是求职者在已经获知某单位用人的前提条件下写的具有高度针对性的求职书。其称呼和内容都针对特定单位的人或该单位的某一具体问题。主要表述求职者的主观愿望和特长，以求吸引招聘者的注意力，取得面试机会。这种求职信写时需花费一定的工夫，有的放矢，命中率也较高。

三、求职书的特点

（一）针对性

求职书的内容必须具有较强的针对性。首先，要从自身的条件出发，认真、客观地分析自己的优势和劣势，确定适合自己的求职方向。其次，针对用人单位的性质、特点和需要，寻找二者的切合点，便于在写作时突出自己某方面的特点和潜力。再次，要“换位思维”，立足于用人单位的立场来组织材料，确定求职突破口。自荐要分清主次，突出重点，有的放矢，与求职无关的话一概不提。

（二）自荐性

求职书的目的在于向用人单位推介自己，以期成功获得自己想要的工作或职位。这就要求应聘者能够客观、正确地评价自己，对自己的特长、优势、能力有具体、充分的介绍，同时还要态度谦虚、语气委婉，做到自信而不妄自尊大，自谦而不妄自菲薄，言辞诚恳、充满热情、有人情味，切忌枯燥、呆板、教条化，难以给用人单位留下鲜明、深刻的印象。

（三）个人性

求职书的内容是否具有个性化特征，也是鉴别它优劣的关键。虽然在格式上求职信讲究稳定规范，但在其内容表述上却最忌讳千篇一律，人云亦云。可从强调能力，突出特长，展示文采,表现书法等几方面着手,尽可能地展示自己与众不同的、让对方欣赏的特长和优势;也可在语言表达和构思上匠心独运,巧妙运用各种修辞手法,灵活安排材料层次结构,以求在有限的篇幅中充分体现出鲜明的个性特征、人格魅力和竞争优势,使用人单位刮目相看。

(四)目的性

求职书的目的非常明确,就是要促使用人单位对自己产生兴趣,进而争取谋求工作和职位的机会。要达到这一目的,求职者必须有针对性地做三件事情:一是深入了解招聘单位和所要应聘工作的具体情况,更为重要的是要了解招聘单位对人才的要求及选择标准;二是在分析自己的基础上,找出能够吸引用人单位的条件;三是"投其所好"把自己的优势和应聘岗位的要求和标准相结合。做好以上三点,所写的求职信才能体现出较强的目的性。

四、求职书的结构与写法

求职书的结构不尽相同,要根据求职者的设计来确定应载明哪些内容,一般包括封面、求职(自荐)信、个人简历、附件四部分。

(一)封面

封面是引起招聘者注意的重要元素,其要领是要体现特色和信息。有特色才能在第一时间吸引招聘者的"眼球",为你率先赢得机会。封面信息主要是求职者的姓名、联系方式、职称、学历、毕业学校或曾工作单位等。精心设计的封面不仅能给用人单位留下初步印象,还便于招聘单位和你取得进一步的联系。

例:姓名:李××

专业:计算机信息工程

学历:大学本科

毕业院校:南京财经大学

E-Mail:Xyzwe163×××

手机:1399 -×××-××××

注意事项:

(1) 通常将姓名放在第一行"天头"位置,这样做的目的就是推销自己,名字是个人的品牌,所以名字应置于封面最醒目的位置,可用色彩和字体加以强调。

(2) 通常将最方便联系到求职者的电话号码放在最末一行。

(3) 若自荐书投递外地需在固定电话号码前加区号如"029 -×××"。根据国际通行电话号码分节法,8 位号码采用"四四分",7 位采用"三四分",即最后一节为四个数字的原则。如,2397-8763,367-5327。

(4) 写手机号或向人通报手机号码时,要用"四三四"的分节原则。

(二)求职(自荐)信

翻开求职书的封面就是求职信,它是求职书的主要部分。作为一种信函,它具有一般信件的书写格式,主要由称谓、开头、主体、结尾、署名、日期六个部分组成。

1. 称谓

一般来说,收信人应该是单位里有录用实权的人。需特别注意此人的姓名和职务,书写要准确无误。若用人单位有关人员姓名不详,在求职信中可直接称阅信人的职务头衔。如"美德华公司负责人"、"陕西省商业银行负责人"。

求职信的目的在于求职，因而称谓还要严肃谨慎，恭敬有礼。不可过分随便亲昵，以免有阿谀奉承、唐突之嫌。称谓后的问候语一般为“您好”而非“你好”。

2. 开头

求职信的开头应开宗明义，自报家门，直截了当地说明求职意图，使信的主旨明确、醒目，以引起对方注意。在语言表达上力求简洁，富有吸引力。切忌虚与委蛇，客套问候，离题万里，让人产生厌恶情绪。

例如以下两则求职信的开头就较为理想：

(1) 我是××大学即将毕业的学生，想在贵公司谋求一份职业。

(2) 得悉贵公司正在拓展业务，招聘新人，且昨日又在《××报》读到贵公司招聘广告，故有意角逐营业代表一职。

3. 主体

这是求职信的核心部分，主要内容一般是：简明扼要地介绍自己与应聘职位有关的学历水平、毕业学校、专业、副修专业、经历、成绩等，重点放在介绍自己适合所求职位或岗位的条件，突出这方面的重要成绩、特长和优势，也可简要阐述自己被聘用后的敬业精神和工作态度。

总之，要做到突出重点、言简意赅、自然诚恳，具有吸引力和新鲜感。使对方阅读后即对求职者产生兴趣。但这部分不能代替简历，较详细的个人简历应作为求职书的另一部分。

4. 结尾

求职信的结尾，主要是进一步强调求职的愿望，希望用人单位能给予考虑，或希望前往面谈，接受单位的进一步考察等；也可用表示敬意、祝福之类的词句作结。如“深表谢意”、“祝贵公司事业蒸蒸日上”或“此致敬礼”。用语要注意分寸，恰当得体，切忌用“紧迫逼人”之语，如“请尽快给予肯定答复”等。这种“强迫推销”的方式，只会令你败北。

例如以下两则求职信结尾，就能够达到理想效果：

(1) 我的个人简历及相关材料一并附上，如能给我面谈的机会，我将不胜荣幸。

(2) 如我有幸成为贵单位的一员，将严格遵守单位的各项规章制度，发挥自己的聪明才智，开拓创新，创造业绩，以报答贵单位对我的信任！祝贵单位事业蒸蒸日上！

5. 署名、日期

在致敬语右下方，签署求职者的姓名及具体日期。中国人习惯，直接签上姓名即可。国外一般在名字前加“你诚挚的、你忠实的、你信赖的”等形容词。日期写在署名下方，应用阿拉伯数字书写，年、月、日俱全。最好是手写署名，但字迹要工整，切不可用署名炫耀自己的书法，使对方难以辨认，而引起不快。

(三)个人简历

简历是具体介绍求职者的部分，要求简单直观，层次清晰。可采用表格式和文字叙述式两种。一般包括个人自然信息(姓名、性别、年龄、籍贯等)、专业、毕业院校、职称、求职意向、经历、外语水平、个人技能、个性特长、自我评价等内容。

(四)附件

附件是附在简历后用来对求职者起到证明或介绍作用的材料。通常包括学历证明、成绩单、获奖证书、专项资格等级证书及发表的论文、作品和著作等，有些材料需加盖公章。附件不必太多，但要有分量，能够证明自己的才华和能力。

五、求职书的注意事项

(一)忌饥不择食,无的放矢

面对社会就业形势日益严峻,许多人求职心切,随意在招聘信息中找一些单位盲目发出求职信。这种“饥不择食”的做法,对求职者极为不利。一方面对招聘单位基本情况和应聘岗位要求缺乏了解,难有胜算把握;另一方面招聘陷阱颇多,盲目中很可能会上当受骗,造成不必要的损失。应当结合自身的专业、能力、性格等情况对招聘信息有所选择,对拟定的招聘单位进行调查了解,尽量做到“知己知彼”,以求“百战百胜”。

(二)忌形式简陋,内容错乱

求职信的形式美至关重要。正所谓“字如其人,文如其人”,一个人内在的素质修养、工作经验、品性习惯常在文章布局、装饰排版、语句使用、材料选择等方面可以透露出来。因此要精心设计求职书的封面包装和版面格式以及内容布局。努力做到外观精美独特,内容准确清楚,给人留下美好的第一印象。

另外,求职书的信纸应当保证清洁。复印的求职书最好颜色深度适中;手写求职书不可有手印、墨迹、擦痕,尽量少用或不用修正液。纸质较好,不能过轻过薄,有褶皱。

(三)忌逻辑混乱、条理不清

求职书虽然要求言简意赅、突出重点,但却不可如记流水账般干巴生硬,也不能像写随感录那样“跟着感觉走”,要有提纲,有计划,有主题,有逻辑性和层次感。否则就会降低招聘单位对求职者写作能力、逻辑思维能力,甚至工作能力的认同。再者,逻辑混乱、条理不清的文字容易使人厌倦疲劳,很可能会导致阅读中途停止。

(四)忌自吹自擂,炫耀浮夸

求职虽然是一个自我推销的过程,但也不宜过分“包装”,如虚假广告一样自吹自擂,炫耀浮夸。其实,大多数人、特别是主管人事的人,都有鉴别虚实的经验,过分的吹嘘反而会使求职失败。在求职信中尽量避免使用“一定”、“第一”、“绝对”、“肯定”、“完全可以”、“保证”等之类的词。

(五)忌语言粗鲁,礼节欠缺

求职信切忌语言粗俗,礼貌欠佳。信函是书面媒介,要用书面语言进行书写,尽量少用或不用口语、俗语、方言等,以免流于恶俗。写信也要讲究礼貌,最好使用礼节专门用语,如“敬请”、“烦请”、“为盼”、“为荷”、“贵”等。另外,称呼也要恰当,一般在信件开头称“尊敬的领导”、“某公司经理先生”等,显得郑重有礼。

【例文 2】

求 职 信

尊敬的招聘领导:您好!

我是广东××大学国际贸易专业的学生,愿意将十余年所积累的学识和锻炼的能力贡献给贵单位,并尽自己最大所能为贵公司的进步与发展贡献自己的全部力量。诚挚希望贵单位给我一个机会!

我深知,“机遇只垂青于有准备的人”。在校期间,我抓住一切机会学习各方面知识,锻炼自己各方面的能力,使自己朝着现代社会所需要的具有创新精神的复合型人才发展。我的英语达到六级,计算机通过国家二级、省二级(优秀),并连年获得奖学金。在努力学习专业知识的同时，我还广泛涉猎了哲学、法律、文学、经济学等领域，修完了专业以外其他经济领域的多门课程，并辅修了经贸英语，自学了第二外语——德语。

“在工作中学会工作，在学习中学会学习。”作为一名学生干部，我更注重自己能力的培养。乐观、执著、拼搏是我的航标，在险滩处扯起希望的风帆，在激流中凸显勇敢的性格，是我人生的信条。由我创意并组织的多次大型活动得到了老师的认可、同学的赞许，使我以更饱满的热情投入到新的挑战之中，向着更高的目标冲击。

为了更全面地锻炼自己的能力，我利用假期先后在政府机关、企事业单位进行了社会实践，我的实习论文被评为“优秀实习论文”。这些经验为我走入社会、参与商业经营运作奠定了良好的基础，而且从中学到了如何与人为善、袒露真诚。

在即将走上社会岗位的时候，我毛遂自荐，企盼着以满腔的真诚和热情加入贵公司，领略贵公司文化之魅力，一倾文思韬略、才赋禀质为贵公司效力。

此致

敬礼！

您未来的员工：×××

200×—×—×

【例文简析】

作为求职书中最为重要的部分，这篇求职信有它的特点。文章用简洁明快的语言介绍了自己的毕业院校、专业、特长、努力方向、实践经验等情况，并向用人单位展示了自己积极的进取精神和饱满的工作热情，非常难能可贵。全文层次清晰，重点突出，读来使人备受感染。

【例文 3】

个　人　简　历

本人概况

姓　　名：×××	性　　别：男
身　　高：176 cm	体　　重：68 kg
视　　力：200 度	血　　型：O
户籍所在：×××省×××市	民　　族：汉族
出生日期：×××年×月×日	政治面貌：党员
身份证号码：6101××××××292×	最高学历：本科
专业名称：计算机信息工程	
毕业时间：2009—7—1	毕业学校：××××学院
职业水平：应届本科生	驾驶执照：C 照
职　　称：	

联系方式

电子邮件：____________________ 手机：________________

家庭电话：____________________

通信地址：____________________ 邮编：________________

外语水平

外语语种 1：英语　外语水平 1：四级

外语语种 2：　　　外语水平 2：

计算机水平：编程、操作应用系统、网络、数据库……

求职意向

工作种类：1. IT 工程师　2. 项目经理/主管　3. 物流主管

理想薪金：2000 元　　工作时间：全职

工作流动性：无选择　　理想工作地：××××××××

理想公司规模：500 人以上　　理想公司性质：外企

工作经验

2007 年暑假参加华运公司电子市场调研工作。

教育/培训

◆1993 年 9 月—1999 年 7 月就读于××××小学

◆1999 年 9 月—2005 年 7 月就读于××××中学

◆2005 年 9 月—2009 年 7 月就读于××××大学

个人技能

具备扎实的专业基础知识，在专业基础课以及各专业课的学习上都获得了优异的成绩。熟练掌握了方法研究、作业测定等专业知识，对系统工程也进行了深入的学习，尤其是系统评价方法、决策分析方法等。另外，在运筹学、物流工程方面也具有一定的专业知识。能够较熟练地运用这些知识解决一些简单案例。一次性通过了全国计算机等级考试(三级网络技术)的考核，并能够熟练操作 Windows2000/NT/XP，熟悉计算机网络。能够运用 C 语言进行简单的编程，能够对 Visual FoxPro 进行简单的操作。此外我还学习了 Auto CAD、Photoshop 等软件并拿到了资格证书。

发展方向

IT 工程师

自我评价

本人具有较强的专业理论知识和实践动手能力。为人诚信开朗，勤奋务实，有较强的适应能力和协调能力，责任感强，有团队精神。热爱集体，助人为乐，能以大局为重。

【例文简析】

个人简历是求职书的另一个重要部分，它是对求职者基本情况的进一步介绍，求职信中无法详细表述的内容和没有出现的与个人求职有关的信息都要在此表现。这篇例文从本人概况、联系方式、外语水平、求职意向等九个方面对求职者的情况作了详细介绍，层次分明，一目了然。

【思考与练习】

1. 述职报告与总结有何区别？
2. 练习为自己设计制作一份求职书。

第十四章

演讲稿和讲话稿

第一节　演讲稿

一、演讲稿的含义

演讲稿也叫演说词、演讲词，它是演说者在某些公众场合或集会上，就某一问题发表自己的主张和见解，表达自己的情感或阐述某种事理时所依据的讲话文稿。

演讲稿是人们在工作和社会生活中为率先赢得机会经常使用的一种文体。它可以用来交流思想感情，表达主张见解；也可以用来介绍自己的学习、工作情况和经验等等。演讲稿具有宣传、鼓动、教育和欣赏等作用，好的演讲可使听众信服并在思想感情上产生共鸣。

演讲有即兴演讲和文稿演讲之分。演讲稿是文稿演讲事先准备好的文稿，演讲时一般要脱离文稿，但要求文稿和演讲自然和谐地统一起来，从而使演讲既生动活泼，又庄重典雅。文稿演讲虽不像即兴演讲那样具有很强的灵活性，但它比即兴演讲更富有逻辑性，更周密、严谨、完整。

二、演讲稿的特点

演讲稿是一种实用性比较强的文体，是为演讲准备的书面材料，也是演讲的依据。由于其内容、目的不同也就具有不同的形态，有报道、有说明、有论辩、有答谢等。总的来说，它的特征可以概括如下：

（一）针对性

演讲是一种公开的社会活动，是用于公众场合的宣传形式。它为了以思想、感情、事例和理论来晓谕听众，打动听众，"征服"听众，必须要有现实的针对性。所谓针对性，首先是作者提出的问题是听众所关心的问题，评论和论辩要有雄辩的逻辑力量，要能为听众所接受并心悦诚服，这样才能起到应有的社会效果；其次是要懂得听众有不同的对象和不同的层次，而"公众场合"也有不同的类型，如党团集会、专业性会议、服务性俱乐部、学校、社会团体、宗教团体、各类竞赛场合，写作时要根据不同场合和不同对象，为听众设计不同的演讲内容。

（二）鼓动性

演讲是一门艺术。好的演讲自有一种激发听众情绪、赢得好感的鼓动性。要做到这一点，首先要依靠演讲稿思想内容的丰富、深刻，见解精辟，有独到之处，发人深思，语言表达要形象、生动，富有感染力。如果演讲稿写得平淡无味，毫无新意，即使在现场"演"得再卖力，效果也不会好，甚至相反。

(三)临场性

演讲是在一定的场地设施和环境条件下进行的。因此,写演讲稿时,要事先估计临场反应,以便调整演讲稿的内容和层次结构,有时还要多写几种开头和结尾,以便随机选用。演讲前多了解周围的情况,演讲词中尽量插入一些演讲当时或当地的实际情况。

三、演讲稿的写作技巧

(一)开头要抓住听众,引人入胜

演讲稿的开头在其结构中处于显要的地位,具有重要的作用。开头有两项任务:一是建立说者与听者的同感;二是如字义所释,打开场面,引入正题。好的演讲稿,一开头就应该用最简洁的语言、最经济的时间,把听众的注意力和兴奋点吸引过来,这样,才能达到出奇制胜的效果。

开场白的技术主要有:

(1) 楔子。用几句诚恳的话同听众建立个人间的关系,获得听众的好感和信任。

(2) 衔接。直接地反映出一种形势,或是将要论及的问题用某一件小事、一个比喻、一段个人经历、一则逸事传闻,或一个出人意料的提问,与演讲的主要内容衔接起来。

(3) 激发。可以提出一些激发听众思维的问题,把听众的注意力集中到演讲中来。

(4) 触题。一开始就告诉听众自己将要讲些什么。世界上许多著名的政治家、作家和国家领导人的演讲都是这样的。

演讲稿的开头有多种方法,通常用的主要有:

(1) 开门见山,提示主题。这种开头是一开讲就进入正题,直接提示演讲的中心,把要向听众提示的论点摆出来,使听众一听就知道讲的中心是什么,注意力马上集中起来。

(2) 介绍情况,说明根由。这种开头可以迅速缩短与听众的距离,使听众急于了解下文。

(3) 提出问题,引起关注。这种方法是根据听众的特点和演讲的内容,提出一些激发听众思考的问题,以引起听众的注意。

除了以上三种方法,还有释题式、悬念式、警策式、幽默式、双关式、抒情式等。

(二)主体要环环相扣,层层深入

主体是演讲稿的主要部分。在行文的过程中,要处理好层次、节奏和衔接等几个问题。

1. 层次

层次是演讲稿思想内容的表现次序,它体现着演讲者思路展开的步骤,也反映了演讲者对客观事物的认识过程。

那么,怎样才能使演讲稿结构的层次清晰明了呢?根据听众以听觉把握层次的特点,显示演讲稿结构层次的基本方法就是在演讲中树立明显的有声语言标志,以此适时诉诸于听众的听觉,从而获得层次清晰的效果。演讲者在演讲中反复设问,并根据设问来阐述自己的观点,就能在结构上环环相扣,层层深入。此外,演讲稿用过渡句,或用“首先”、“其次”、“然后”等语词来区别层次,也是使层次清晰的有效方法。

2. 节奏

节奏是指演讲内容在结构安排上表现出的张弛起伏。演讲稿结构的节奏,主要是通过演讲内容的变换来实现的。演讲内容的变换,是在一个主题思想所统领的内容中,适当地插入幽默、诗文、逸事等内容,以便听众的注意力既保持高度集中而又不因为高度集中而产生兴奋性抑制。优秀的演说家几乎没有一个不长于使用这种方法。演讲稿结构的节奏既要鲜明，又要适度。平铺直叙，呆板沉滞，固然会使听众紧张疲劳，而内容变换过于频繁，也会造成听众注意力涣散。所以，插入的内容应该为实现演讲意图服务，而节奏的频率也应该根据听众的心理特征来确定。

3. 衔接

衔接是指把演讲中的各个内容层次联结起来，使之具有浑然一体的整体感。由于演讲节奏需要演讲内容适时地变换，因而也就容易使演讲稿的结构显得零散。衔接是对结构松紧、疏密的一种调整、弥补，它使各个内容层次的变换更为巧妙和自然，使演讲稿富于整体感，有助于演讲主题深入人心。演讲稿结构衔接的方法，主要是恰当运用与两段内容、两个层次有联系的过渡段或过渡句。

（三）结尾要简洁有力，余音绕梁

结尾是演讲内容的自然收束。言简意赅、余音绕梁的结尾能够使听众精神振奋，并促使听众不断地思考和回味；而松散疲沓、枯燥无味的结尾则只能使听众感到厌倦，并随着时过境迁而被遗忘。怎样才能给听众留下深刻的印象呢？美国作家约翰·沃尔夫说："演讲最好在听众兴趣到高潮时果断收束，未尽时戛然而止。"这是演讲稿结尾最为有效的方法。在演讲处于高潮的时候，听众大脑皮层高度兴奋，注意力和情绪都由此而达到最佳状态，如果在这种状态中突然收束演讲，那么保留在听众大脑中的最后印象就特别深刻。演讲稿的结尾没有固定的格式，或对演讲全文要点进行简明扼要的小结，或以号召性、鼓动性的话收束，或以诗文名言以及幽默俏皮的话结尾。但一般原则是要给听众留下深刻的印象。

四、演讲稿写作要求

（一）了解对象，有的放矢

演讲稿是讲给听众听的，因此，写演讲稿首先要了解听众对象：了解他们的思想状况、文化程度、职业状况如何；了解他们所关心和迫切需要解决的问题是什么，等等。否则，不看对象，演讲稿写得再花工夫，说得再天花乱坠，听众也会感到索然无味，无动于衷，也就达不到宣传、鼓动、教育和欣赏的目的。

（二）观点鲜明，感情真挚

演讲稿观点鲜明，显示着演讲者对一种理性认识的肯定，显示着演讲者对客观事物见解的透辟程度，能给人以可信性和可靠感。演讲稿观点不鲜明，就缺乏说服力，就失去了演讲的作用。演讲稿还要有真挚的感情，才能打动人、感染人，有鼓动性。因此，它要求在表达上注意感情色彩，把说理和抒情结合起来。既有冷静的分析，又有热情的鼓动；既有所怒，又有所喜；既有所憎，又有所爱。当然这种深厚动人的感情不应是"挤"出来的，而要发自肺腑，就像泉水喷涌而出。

（三）行文变化，富有波澜

构成演讲稿波澜的要素很多，有内容，有安排，也有听众的心理特征和认识事物的规律。如果能掌握听众的心理特征和认识事物的规律，恰当地选择材料，安排材料，也能使演讲在听众心里激起波澜。换句话说，演讲稿要写得有波澜，主要不是靠声调的高低，而是靠内容的有起有伏，有张有弛，有强调，有反复，有比较，有照应。

(四)语言流畅,深刻风趣

要把演讲者在头脑里构思的一切都写出来或说出来,让人们看得见,听得到,就必须借助语言这个交流思想的工具。因此,语言运用得好还是差,对写作演讲稿影响极大。要提高演讲稿的质量,就不能不在语言的运用上下一番工夫。写作演讲稿在语言运用上应注意以下五个问题:

1. 要口语化

"上口入耳",这是对演讲语言的基本要求,也就是说演讲的语言要口语化。演讲,说出来的是一连串声音,听众听到的也是一连串声音。听众能否听懂,要看演讲者能否说得好,更要看演讲稿是否写得好。如果演讲稿不"上口",那么演讲的内容再好,也不能使听众"入耳",完全听懂。演讲稿的"口语",不是日常口头语言的复制,而是经过加工提炼的口头语言,要逻辑严密,语句通顺。由于演讲稿的语言是作者写出来的,受书面语言的束缚较大,因此,就要冲破这种束缚,使演讲稿的语言口语化。为了做到这一点,写作演讲稿时,应把长句改成短句,把倒装句改成正装句,把单音词换成双音词,把听不明白的文言词语、成语改换或删去。演讲稿写完后,要念一念,听一听,看看是不是"上口入耳",否则,就需要进一步修改。

2. 要通俗易懂

列宁说过:"应当善于用简单明了、群众易懂的语言讲话,应当坚决抛弃晦涩难懂的术语和外来的字眼,抛弃记得烂熟的、现成的但是群众还不懂的、还不熟悉的口号、决定和结论。"(《社会民主党和选举协议》)演讲是演讲者通过有声语言和无声语言的交替使用与听众之间进行交流,因此一定要让听众听懂。如果使用的语言讲出来的话谁也听不懂,那么这篇演讲稿就失去了它本身的作用、意义和价值,这次演讲也将是一次失败的演讲。为此,演讲稿的语言要力求做到通俗易懂。

3. 要准确朴素

作者要对表达的对象熟悉了解,能够确切地用语言表现讲述的事物和道理,揭示它们的本质及相互关系。要做到概念明确,判断恰当,用词贴切,句子组织结构合理。语言通俗、明晰、通畅地表达演讲的思想内容,不刻意在形式上追求辞藻华丽,影响演讲整体的表达效果,失去朴素美的感染力。

4. 要生动感人

好的演讲稿,语言一定要生动。语言大师老舍说得好:"我们的最好的思想,最深厚的感情,只能被最美妙的语言表达出来。若是表达不出,谁能知道那思想与感情怎样好呢?"(《人物、语言及其他》)要写好一篇演讲稿,只有语言的明白、通俗还不够,还要做到语言生动感人。怎样使语言生动感人呢?一般常用到以下三种方法:一是用形象化的语言,运用比喻、比拟、夸张等修辞手法增强语言的形象色彩,把抽象化为形象,深奥变得浅显,枯燥变成有趣。二是运用幽默、风趣的语言,增强演讲稿的表现力。这样,既能深化主题,又能使演讲的气氛轻松和谐;既可调整演讲的节奏,又可使听众消除疲劳。三是发挥语言音乐美的特点,注意声调的和谐和节奏的变化。

5. 要控制篇幅

德国著名的演讲学家海茵兹·雷德曼在《演讲内容的要素》一文中指出:"在一次演讲中不要期望得到太多。宁可只有一个给人印象深刻的思想,也不要五十个让人前听后忘的思想。宁可牢牢地敲进一根钉子,也不要松松地按上几十个一拨即出的图钉。"所以,演讲稿不在乎长，而在乎精。篇幅不宜过长，要适当控制时间。

（五）认真修改，精益求精

从事任何文体的写作都要重视修改，写作演讲稿自然不能例外。例如，恩格斯作的《在马克思墓前的讲话》的著名演讲，最初的演讲草稿开头是这样的："就在十五个月以前，我们中间大部分人曾聚集在这座坟墓周围，当时，这里将是一位高贵的崇高的妇女最后安息的地方。今天，我们又要掘开这座坟墓，把她的丈夫的遗体放在里边。"初稿完成后，作者再三考虑，进行精心的修改，最后定稿为："三月十四日下午两点三刻，当代最伟大的思想家停止了思想。让他一个人留在房里总共不过两分钟，等我们再进去的时候，便发现他在安乐椅上安静地睡着了——但已经是永远地睡着了。"相同的内容不同的表述方式，比较而言，后者入题较快，演讲一开始就抒发了对逝者的无限敬爱和万分惋惜之情，使现场的人们也沉浸在对马克思的缅怀与崇敬之中。正是这种认真的态度和精心的修改，才使他完成了一次次成功的演讲。

【例文 1】

辉煌业绩是怎样创造的

朋友们：

大家好！

如果您经常使用电脑，您肯定听说过一个叫"连邦软件"的公司，这是国内最大的软件销售企业；如果您经常上网，你大概浏览过一个叫"8848"的网站，这是国内目前最大的电子商务网站之一；如果您是一个关心股市行情的人，您或许熟悉综艺股份和最近在香港上市的南大苏富特软件股份有限公司。这些著名的公司，这些著名的网站都属于同一家企业——江苏综艺集团。

如果我告诉您，这个集团 10 多年前还只是江苏通州市黄金村的一家乡镇企业，一个普普通通的靠 21 台缝纫机起家的村办小厂，您会相信吗？短短十几年的时间，这家小厂就跃升为一个资产市值近百亿元，跨行业跨国界的大型企业集团，而且进军中关村，控股多家国内名牌网站，这不能不说是一个奇迹。创造这一奇迹的是一位 30 多岁的年轻共产党员，他叫昝圣达。

昝圣达，一位普通农民的儿子，如果没有艰苦创业的决心，没有勇于进取的精神，没有无私奉献的情怀，或许他永远悄无声息。当然，也肯定没有综艺集团的今天。

1979 年，昝圣达高考落榜了，美丽的大学梦虽然烟消云散，可是满腔的报国热血怎能让它冷却？经历了痛苦的徘徊，昝圣达暗下决心，要闯出一条属于自己的报国之路。他一边务农，一边在村办绣衣厂学设计。1987 年，村里要新办一家绣衣厂，张榜公开招聘厂长，年仅 24 岁的昝圣达凭着他的设计技术和对绣衣市场的把握，被聘为厂长。他和村里的一群毛头小伙子，向银行抵押贷款 80 万元，凭借村里交给他的 300 平方米厂房和 21 台即将被淘汰的缝纫机开始了艰难的创业——多少个日日夜夜，他和助手们揣摩于案头灯下，苦战于车间机前；多少回风风雨雨，他与伙伴们奔波于大江南北，转战于国门内外。住 5 毛钱一夜的澡堂子，吃一块钱两碗的阳春面，乘最低价的车船……这个新创办的锈衣厂当年就创产值 700 万元，令同行刮目相看。"国内有销路，国外有订单"，每年收益几百万元的形势，没有能使昝圣达满足。越来越多的国外订单使他产生了一个疑问：为什么自己生产的服装一到外国经销商手里，钉上洋牌，价格就能提高十几倍，甚至几十倍？这个疑问直接促成了昝圣达从乡土化生产走向国际化经营。

近几年来,综艺集团的服装业与木业一直保持着令人称羡的增长态势,主要经济指标年均递增80%左右。但是,昝圣达早已注意到以互联网为代表的新经济产业正在迅速崛起,他的眼光开始跳出传统产业。昝圣达说,传统产业的市场渐趋饱和,98%的企业在竞争2%的市场空间;新经济市场远未开发,2%的企业在争夺98%的市场。传统产业的产品经营方式是做加法,企业做大速度慢;运用资本经营的方式是做乘法;而资本经营加上新经济产业则是做乘方,能使企业以几何倍数迅速壮大。在昝圣达先进理念的指引下,综艺集团从江苏通州的黄金村迈进北京中关村,受让北京连邦软件有限公司51%的股份,并投资建设了"8848"电子商务网站;接着又投资南京大学苏富特软件有限公司,并在香港成功上市;投资江苏高新技术产权公司;投资建立北京商易软件有限公司;投资国内最大的拍卖网站雅宝……短短一年多时间,综艺集团在新兴产业中投入近两亿元,在中关村拥有4家企业。一家以乡土手工业起家、以"缝衣车木"为主业的传统产业企业迅速转变为传统产业与新兴产业并举,以信息产业为重点的新型企业,经营范围涉及信息科技、服装、木业、饮料、国际贸易等多个领域,在江海大地上矗立起了一个大型跨国企业集团。

满腔热血倾事业,一片真情献家乡。修桥铺路,捐资助教,抗洪赈灾……昝圣达毫不吝惜;替村民上交各种款项,安装有线电视,筹办合作医疗,给老人补贴生活费……桩桩件件利民实事,昝圣达都尽力而为。黄金村的农民说,他们过的日子比城里人还舒服。当地有家濒临倒闭的市属大型企业,综艺集团一次性出资数千万元收购了这家企业的两大车间,使近千名下岗职工重新就业,在当地引起轰动。

短短的十多年时间,昝圣达凭着他带领职工们创造的辉煌业绩,凭着他服务家乡的满腔热忱,戴上了一顶顶桂冠。党和国家领导人先后前来考察,高度评价这位黄金村的"领头雁"。

昝圣达通过不断超越自我,迅速实现了从农民到企业家,从一般农民企业家到具有现代化经营理念和管理才干的高素质企业家的飞跃,他的确是大有希望的新人。我们深信,昝圣达一定会在希望的田野上创造出新的灿烂、新的辉煌!

谢谢大家。

(摘自 www.wmjzy.com)

【例文简析】

这篇演讲稿从人们身边常用的电脑谈起,由近而远,联想出一连串的事物,由电脑到"连邦软件"的公司,再到网络,由网络而"8848"的网站,再联想到综艺股份和在香港上市的南大苏富特软件股份有限公司,最后推出江苏综艺集团的领头人昝圣达。文章层层推进,不断制造悬念,吸引听众跟着作者的思路发展一起来寻找答案。通俗的语言塑造出形象的人物,给听众留下深刻的印象。

第二节 讲话稿

一、讲话稿的涵义

开会,是传达上级指示、搞好管理工作的常见方式,讲话稿的使用范围主要是各种大小会议。为了提高会议效率,也为了集中地、有条理地把问题说清,避免讲话走题和把话说错,收到预期效果，有必要事先把要讲的话用文字表述出来，这就是讲话稿，也可称发言稿。讲话稿可以把“想”和“说”统一起来，以听者能接受、能信服为目标选择表达方式。一个人对某个问题最初的想法可能是零散的、杂乱无章的，有时甚至是模糊不清的，到了要写讲话稿时，就必须经过一番思考，拟出一个说话的大致顺序。这样，原来杂乱无章、模糊不清的内容就逐渐变得清晰而有条理了。同时在写稿的过程中，还会深入考虑一些问题：与会者的情况，如何说才会有针对性，使大家听得明白，乐意接受；会有什么不同意见，如何进一步说服；等等。有所准备，考虑周到，才能提高会议效果。

二、讲话稿的种类

（一）传达报告

传达报告主要用来传达上级会议、文件、决定或指示精神。一般包括会议的有关情况、会议议决事项和本单位贯彻会议精神、上级决定、指示的具体安排。一般来说，会议精神由参加会议的人员提供，安排意见由有关业务部门提出，撰写讲话稿的人要将两部分整理、组合、融汇成一篇文章。

（二）动员报告

动员报告是发动员工或群众为完成某项任务而作的报告。

动员报告的写作分三部分：提出工作任务；讲清工作任务的指导思想和做好工作的重大意义；提出完成任务的方法、步骤和具体要求。

动员报告要讲清完成该项任务的有利条件和不利条件，应怎样利用有利条件去克服不利条件，要以鼓励为主，树立信心，把大家承担任务的积极性动员起来。

（三）工作报告

工作报告是负责人代表本单位、本部门对所辖范围一个时期的工作进行的总结性讲话，并提出今后一个时期工作的奋斗目标和工作任务，以及保证实现奋斗目标和完成工作任务的措施要求，使人们能够统一思想，提高认识，明确任务，积极工作。如各级政府向同级人大所作的工作报告，各企事业单位负责人向职工代表大会所作的工作报告等。

这一类讲话稿政策性强，涉及面广，篇幅较长，内容较多。有些中高级机关或大中型单位在写此类讲话稿时，常常组织起一个写作班子，充分准备，了解情况，搜集资料，与有关业务部门配合，才能动手起草。初稿形成后，还要听取有关部门的意见，讨论修改。定稿时，需经领导审核、确认后，才算完成撰写任务。

（四）其他讲话稿

此类讲话稿内容广泛，含平时工作中常见的发表见解、意见、看法，答复有关询问，指示工作原则，解释有关问题，表达对某人、某事的关注、祝贺、致意等。如中国有关部委发言人对国际时事的看法，本企业对协作单位举办的商务洽谈会的祝贺等。

三、撰写讲话稿的注意事项

（1）明确讲话意图。给领导撰写讲话稿，要准确领会领导意图，切忌走题跑调。需要讲话的领导同志对于某一个问题总有一些自己的看法或见解，但并不是一次系统地讲完或直接表达出来，这就需要起草人员明确了解领会上级意图，确定文章的立意和角度，并进一步确定文章的思想和内容。必要时为了避免反复修改或返工重写，应征询讲话人的意见，共同讨论确定讲话稿的提纲和关键话语的表达。

（2）观点鲜明准确。讲话人对所讲的问题，是赞成还是反对，是表扬还是批评，起草人不能含糊其辞、模棱两可，应鲜明地表达出文章的主题，忌大话空话。讲究理据，举例要恰当，引用材料要准确。不能拿来就用，对所选用的材料要进行认真核对。看问题要持客观态度，实事求是，不加杂个人的主观感情色彩。

（3）要言之有物。所谈问题应切近、务实，是群众关心关注、渴望知道的；还要求新颖精练、生动活泼、质朴自然、富于美感，能给人留下深刻的印象。

【例文 2】

凝聚共识　加强合作　推进应对气候变化历史进程

——在哥本哈根气候变化会议领导人会议上的讲话

中华人民共和国国务院总理　温家宝

（2009 年 12 月 18 日　哥本哈根）

拉斯穆森首相阁下，各位同事：

此时此刻，全世界几十亿人都在注视着哥本哈根。我们在此表达的意愿和做出的承诺，应当有利于推动人类应对气候变化的历史进程。站在这个讲坛上，我深感责任重大。

气候变化是当今全球面临的重大挑战。遏制气候变暖，拯救地球家园，是全人类共同的使命，每个国家和民族，每个企业和个人，都应当责无旁贷地行动起来。

近三十年来，中国现代化建设取得的成就已为世人瞩目。在这里我还要告诉各位，中国在发展的进程中高度重视气候变化问题，从中国人民和人类长远发展的根本利益出发，为应对气候变化做出了不懈努力和积极贡献。

——中国是最早制定实施《应对气候变化国家方案》的发展中国家。先后制定和修订了节约能源法、可再生能源法、循环经济促进法、清洁生产促进法、森林法、草原法和民用建筑节能条例等一系列法律法规，把法律法规作为应对气候变化的重要手段。

——中国是近年来节能减排力度最大的国家。我们不断完善税收制度，积极推进资源性产品价格改革，加快建立能够充分反映市场供求关系、资源稀缺程度、环境损害成本的价格形成机制。全面实施十大重点节能工程和千家企业节能计划，在工业、交通、建筑等重点领域开展节能行动。深入推进循环经济试点，大力推广节能环保汽车，实施节能产品惠民工程。推动淘汰高耗能、高污染的落后产能，2006 至 2008 年共淘汰低能效的炼铁产能 6059 万吨、炼钢产能 4347 万吨、水泥产能 1.4 亿吨、焦炭产能 6445 万吨。截至今年上半年，中国单位国内生产总值能耗比 2005 年降低 13%，相当于少排放 8 亿吨二氧化碳。

——中国是新能源和可再生能源增长速度最快的国家。我们在保护生态基础上，有序发展水电，积极发展核电，鼓励支持农村、边远地区和条件适宜地区大力发展生物质能、太阳能、地热、风能等新型可再生能源。2005 年至 2008 年，可再生能源增长 51%，年均增长 14.7%。2008 年可再生能源利用量达到 2.5 亿吨标准煤。农村有 3050 万户用上沼气，相当于少排放二氧化碳 4900 多万吨。水电装机容量、核电在建规模、太阳能热水器集热面积和光伏发电容量均居世界第一位。

——中国是世界人工造林面积最大的国家。我们持续大规模开展退耕还林和植树造林，大力增加森林碳汇。2003 至 2008 年，森林面积净增 2054 万公顷，森林蓄积量净增 11.23 亿立方米。目前人工造林面积达5400万公顷，居世界第一。

中国有13亿人口，人均国内生产总值刚刚超过3000美元，按照联合国标准，还有1.5亿人生活在贫困线以下，发展经济、改善民生的任务十分艰巨。我国正处于工业化、城镇化快速发展的关键阶段，能源结构以煤为主，降低排放存在特殊困难。但是，我们始终把应对气候变化作为重要战略任务。1990至2005年，单位国内生产总值二氧化碳排放强度下降46%。在此基础上，我们又提出，到2020年单位国内生产总值二氧化碳排放比2005年下降40%～45%，在如此长时间内这样大规模降低二氧化碳排放，需要付出艰苦卓绝的努力。我们的减排目标将作为约束性指标纳入国民经济和社会发展的中长期规划，保证承诺的执行受到法律和舆论的监督。我们将进一步完善国内统计、监测、考核办法，改进减排信息的披露方式，增加透明度，积极开展国际交流、对话与合作。

各位同事，

应对气候变化需要国际社会坚定信心，凝聚共识，积极努力，加强合作。必须始终牢牢把握以下几点：

第一，保持成果的一致性。应对气候变化不是从零开始的，国际社会已经为之奋斗了几十年。《联合国气候变化框架公约》及其《京都议定书》是各国经过长期艰苦努力取得的成果，凝聚了各方的广泛共识，是国际合作应对气候变化的法律基础和行动指南，必须倍加珍惜、巩固发展。本次会议的成果必须坚持而不能模糊公约及其议定书的基本原则，必须遵循而不能偏离“巴厘路线图”的授权，必须锁定而不能否定业已达成的共识和谈判取得的进展。

第二，坚持规则的公平性。“共同但有区别的责任”原则是国际合作应对气候变化的核心和基石，应当始终坚持。近代工业革命200年来，发达国家排放的二氧化碳占全球排放总量的80%。如果说二氧化碳排放是气候变化的直接原因，谁该承担主要责任就不言自明。无视历史责任，无视人均排放和各国的发展水平，要求近几十年才开始工业化、还有大量人口处于绝对贫困状态的发展中国家承担超出其应尽义务和能力范围的减排目标，是毫无道理的。发达国家如今已经过上富裕生活，但仍维持着远高于发展中国家的人均排放，且大多属于消费型排放；相比之下，发展中国家的排放主要是生存排放和国际转移排放。今天全球仍有24亿人以煤炭、木炭、秸秆为主要燃料，有16亿人没有用上电。应对气候变化必须在可持续发展的框架下统筹安排，决不能以延续发展中国家的贫穷和落后为代价。发达国家必须率先大幅量化减排并向发展中国家提供资金和技术支持，这是不可推卸的道义责任，也是必须履行的法律义务。发展中国家应根据本国国情，在发达国家资金和技术转让支持下，尽可能减缓温室气体排放，适应气候变化。

第三，注重目标的合理性。中国有句成语：千里之行，始于足下。西方也有句谚语：罗马不是一天建成的。应对气候变化既要着眼长远，更要立足当前。《京都议定书》明确规定了发达国家至2012年第一承诺期的减排指标。但从实际执行情况看，不少发达国家的排放不减反增。目前发达国家已经公布的中期减排目标与协议的要求和国际社会的期望仍有相当距离。确定一个长远的努力方向是必要的，更重要的是把重点放在完成近期和中期减排目标上，放在兑现业已做出的承诺上，放在行动上。一打纲领不如一个行动，我们应该通过切实的行动，让人们看到希望。

第四，确保机制的有效性。应对气候变化，贵在落实行动，重在机制保障。国际社会要在公约框架下做出切实有效的制度安排，促使发达国家兑现承诺，向发展中国家持续提供充足的资金支持，加快转让气候友好技术，有效帮助发展中国家、特别是小岛屿国家、最不发达国家、内陆国家、非洲国家加强应对气候变化的能力建设。

最后，我要强调的是，中国政府确定减缓温室气体排放的目标是中国根据国情采取的自主行动，是对中国人民和全人类负责的，不附加任何条件，不与任何国家的减排目标挂钩。我们言必信、行必果，无论本次会议达成什么成果，都将坚定不移地为实现、甚至超过这个目标而努力。

谢谢！

（选自中国政府网）

【例文简析】

此文是 2009 年 12 月 18 日，国家总理温家宝在哥本哈根气候变化会议领导人会议上的重要讲话。在全世界几十亿人民都关注的会议上，温总理首先指出我国人民在政府的领导下为应对气候变化做出了不懈努力和积极贡献，旗帜鲜明地表明我国的立场，在此基础上提出应对目前气候变化的对策，并倡导所有的国家实际行动起来，共同为保护和改善我们共同的家园而努力。温总理这篇讲话稿理据清晰，用语凝练，使人信服。

【思考与练习】

1. 演讲稿怎样才能给听众留下深刻的印象？
2. 讲话稿有哪些要求？设计一个班会的开场白。

事务文书单元综合练习

一、填空题

1. 计划的三要素是________、办法与措施、________。

2. 总结按性质划分可分为________和专题性总结。

3. 总结的文件式标题由单位、________、________、文种四部分构成。

4. 调查报告的特点是________、________、________、________。

5. 述职报告的结构由标题、________、称谓、________四部分构成。

6. 简报的特点可以用四个字概括：快、________、实、________。

7. 求职书的特点有________、个人性、________、________。

8. 演讲稿的特点有________、________、鼓动性。

二、选择题

(一)单项选择题

1. 下列不属于事务文书的是(　)。

A. 报告　B. 简报　C. 述职报告　D. 调查报告

2. 计划涉及时间跨度最长的是(　)。

A. 安排　B. 打算　C. 规划　D. 要点

3. 以下不是总结特点的是(　)。

A. 实践性　B. 理论性　C. 简明性　D. 知识性

4. 简报的报头占首页版面的(　)。

A. 1/2　B. 2/3　C. 1/3　D. 1/4

5. 下列调查报告非公文式标题的是(　)。

A. 中国艾滋病预防传播调查报告

B. 2009 年度超生人口调查

C. 明星广告效应预测调查

D. 高等教育收费陷阱有待曝光

6. 述职报告常用的结束语不包括(　)。

A. 以上报告，请审阅　B. 以上报告，请审查

C. 特此报告，请审查　D. 请回复，为盼

7. 求职信的称谓忌用(　)。

A. 迪美达公司负责人　B. 陕西省商业银行负责人

C. 尊敬的经理先生　D. 敬爱的总经理大哥/大姐

8. 演讲稿最常用的开头方式是(　)。

A. 开门见山，揭示主题　B. 根据听众要求，介绍情况

C. 迂回曲折，提出问题　D. 提出问题，自问自答

(二)多项选择题

1. 下列哪几项是计划的特点？(　)。

A. 可行性　B. 预见性　C. 指导性

D. 间接性　E. 简明性

2.《××省税务系统 2009 年工作总结》属于(　)。

A. 文件式标题　　B. 文章式标题　　C. 双标题

D. 单标题　　E. 新闻式标题

3. 总结的文章式标题，可以是（　）。

A. 概括主要内容　　B. 概括基本观点　　C. 时限和内容

D. 单位名称　　E. 体现总结文种

4. 调查报告常用的调查方法有（　）。

A. 普遍调查法　　B. 抽样调查法　　C. 典型调查法

D. 实地观察法　　E. 对比分析法

5. 调查报告的结尾形式有（　）。

A. 总结全篇深化主题　　B. 指出问题，提出建议

C. 指出发展远景　　D. 预测未来　　E. 提出鼓舞号召

6. 述职报告的结尾的内容一般包括（　）。

A. 自我批评　　B. 努力方向　　C. 表示决心

D. 总结工作　　E. 展望未来

7. 求职书的特点有（　）。

A. 针对性　　B. 自荐性　　C. 目的性

D. 完美性　　E. 个人性

8. 根据国际通行电话号码分节法，下面哪几种分法正确？（　）。

A. 2397-8763　　B. 367-5327　　C. 24-98-71-34

D. 1376-23-96　　E. 1357-792-8634

9. 演讲稿开场的技术有（　）。

A. 楔子　　B. 幽默　　C. 衔接　　D. 激发　　E. 触题

三、简答题

1. 事务文书具有哪些特点？

2. 简述总结与计划的关系。

3. 调查报告与总结有哪些区别？

4. 简报的正文有哪几种常见的写作体式？

5. 写求职信应注意哪些问题？

6. 好的演讲稿，开头应如何布局？

四、模拟写作练习

（一）修改以下计划的标题

1. ××省城市建设十年发展计划

2. ××公司二〇〇九——二〇一〇年度生产规划

3. ××大学二〇一〇年教学改革工作规划

4. 恒安集团关于第一季度销售计划

5. 市党委办公室周工作设想

（二）写作训练题

1. ××房地产公司为加大楼盘销售力度，激励员工完成和超额完成销售任务，公司董事会计划在销售部内推行销售激励制度，要求开好三个会（动员会、经验交流会、总结表彰会），搞好评比表彰工作，组织员工讨论，交流先进经验，提高公司销售部总体业绩。从7月上旬开始，利用一个半月至两个月，完成这项任务。

请根据以上情况，为××房地产公司制订一份工作方案。

2. 把以下这篇会议记录改写为会议简报。

××大学行政办公会议记录

时间:××年××月×日

地点:校行政办公楼会议室

主持人:×××主任

参加人:学校副校长刘月华、人事处处长张傅芯、财务处处长马源计、后勤处处长焦鸿儒、保卫处处长范树彬、校办公室主任张大成

会议议题:

(1)二季度奖金发放办法;

(2)自然减员招聘方案;

(3)有关人员的调动问题;

(4)对违反劳动纪律人员的处理。

会议决定事项:

(1)学校第二季度奖金按照校人事处劳资科制订的《奖金发放办法》(试行草案)第二条、第三条办。

(2)这次自然减员招聘,以重点大学毕业硕士研究生为主要招聘对象(详细规定由劳资科负责制定)。

(3)同意刘非涛同志调离人事处。

(4)同意陈新科同志由保卫处调往后勤处。

(5)对教师王光荣无故旷工三天的行为,责成劳资料在全校给予通报批评,并扣发旷工日工资及当月奖金。

××大学校长办公室(盖章)

××年×月×日

3.请根据下列招聘广告要求,为自己量身定做一份求职信和求职简历。

《华商报》招聘版刊登一则招聘广告内容如下:

中天建筑集团公司,因业务需要,现向社会公开招聘工程造价员2名。

要求:(1)大专以上学历,有3年以上本行业工作经验;

(2)年龄在25～35岁之间,男女不限;

(3)条件优越者优先。

凡有意者请持本人求职信、简历及相关证件,于2009年12月1日至6日到友谊大厦A座712应聘。联系人:张先生　　电话:××××××××

4.结合自己的学习情况写一篇学习方面的总结,标题自拟。

5.写一篇在“团结·爱心”主题班会上的发言稿。

五、结合实际,撰写并讨论几则日常应用文,归结其写作要领

1.启事

2.借款条

3.请柬

4.慰问信

5.倡议书

6.海报

经济文书

第十五章

经济合同和意向书

第一节　经济合同

一、经济合同的概念

为维护我国正常的经济秩序，促使合同制走上法制的轨道，更有效地保护当事人的合法权益。1999 年 3 月 15 日，九届人大二次会议通过的《中华人民共和国合同法》明确规定："合同是平等主体的自然人、法人、其他组织之间设立、变更、终止民事权利义务关系的协议。"经济合同的平等主体包括法人，个体生产者，个体经营者，农户和其他经济组织和个人等。法人是与自然人相对而言的，它是社会组织在法律上的人格化。

经济合同是商品经济的产物，反映了一定社会经济关系的客观需要，也随商品经济的发展而发展。合同在我国的使用由来久远，在古代常以"契约"、"质剂"、"判书"、"傅别"、"质要"等名称出现。早在周代，具有法典性质的《周礼》中就有有关记载。作为当时商品交换凭证的合同、契约、判书等，一般一式两份地写在竹木上，然后在契约背上写一大字，把其从中央破之为二，双方各执一份，即所谓的"同而别之"。兑现时，"合之以为信"，所以"合同"本身即有"验合相同"之意。在长期的奴隶社会、封建社会中，由于商品经济不发达，经济合同的使用并不广泛。

在当代，随着商品经济的发展，经济合同的使用范围也越来越广泛。尤其在我国经济体制改革逐步深入的今天，经济合同的地位更显重要。它不仅用于国内各企事业单位乃至个人之间的经济交往中，也用于国际间的贸易往来中。目前确定经济关系的文书，除经济合同外，还使用着契约、协议书、协定书、意向书、会谈纪要、成交确认书、售货确认书等名称。其内容与作用同经济合同基本相同，但具体使用时仍需注意其间的细微区别。例如意向书和会谈纪要常常是合同的前奏，用之把双方合作的愿望和初步设想意见用文字肯定下来，为进一步协商奠定基础；成交确认书或售货确认书多用于对外贸易中，用之对先前所议意向予以明确承认；而协议书既可等同于合同，又可用来记载合同签订前的协商意见和合同签订后的补充、修改意见，写法相对灵活，使用范围也较宽泛，既用于经济范畴，也用于经济以外的其他范畴。但概括来看，它们都可视为合同的相近概念或派生概念。

二、经济合同的特点

经济合同是双方或多方当事人的法律行为。这一特征主要有两方面的含义:其一,合同不是单方面的法律行为,而是双方或多方当事人在平等协商的基础上确立、变革和终止权利义务关系的法律行为。当事人之间的权利义务往往是互补的,此方义务的履行,关系到彼方权利的获得,反之亦然,所以合同强调对签订合同的双方或多方当事人的约束。其二,合同必须依法订立。一经成立,就具有法律约束力。合法合同受法律保护,国家以强制力来监督、保证合法合同的实现。任何一方若不如约履行合同,都要承担由此引起的法律后果。这即是说,合同所规定的当事人之间的权利义务关系,是由法律来进行规范调整的。

经济合同的主体是具有独立民事权利主体资格的法人或个人。法人是指依法拥有独立支配的财产,能够以自己的名义独立参加民事活动,并能为自己独立拥有的民事权利承担民事义务和民事责任的社会组织。个体经济的主体和其他经济组织,包括外资、合资经济主体,也都必须是能够独立享有民事权利,独立承担民事义务、责任的组织和个人。否则,合同的履行将无法保证。因此,不具备法人资格的社会组织,如工厂中的分厂、车间、科室、厂校,机关中的处、科室,学校中的系、处、科等,都不能作为经济合同的主体。如与之签订合同,则属无效合同。

经济合同的内容体现了一定的经济目的。经济合同是为了一定的经济目的而制定的,其内容所反映的是当事人在商品生产和流通中的经济关系,即商品货币关系。这种经济关系具体表现为一定财产的转移,一定劳务的付出,或一定工作的完成等。所以说,经济合同体现了一定的经济目的,体现了当事人对一定经济利益的追求。

经济合同必须坚持平等协商、等价有偿和自愿互利的原则。平等协商,指合同当事人双方在法律上具有平等的地位。无论是全民所有制单位还是集体所有制单位,无论是上级单位还是下级单位,也无论是组织还是个人,在权利义务上都是平等的,不允许以大压小,以强凌弱。签订合同时应本着平等自愿的精神反复协商,任何一方不得把自己的意志强加于对方,损害对方利益。等价有偿,指合同当事人的权利义务是对等的,一方从对方得到利益,就要付出相应的代价,任何一方都无权要求对方无偿为自己提供产品和劳务。平等协商、自愿互利、等价有偿是签订经济合同的前提与基础。只有按此原则行事,才能真正达到促进协作,发展经济的目的。

三、经济合同的分类

经济生活的复杂丰富性决定了经济合同的多样性。依不同标准,有多种分类:

(1) 按合同形式分,有口头经济合同和书面经济合同。口头合同一般多用于可即时清结、数额不大的任意性经济交往中;书面合同多用于不能即时清结、内容较复杂、数额较大的经济往来中。书面合同在格式上又有条文式和表格式两种。

(2) 按合同的有效期限分,有长期合同、短期合同、年度合同、季度合同等。凡期限在一年以上的均为长期合同。

(3) 按合同成立的程序分,有承诺合同和实践合同。凡双方意思表示一致,合同即告成立的,叫承诺合同。例如购销合同、建筑工程承包合同等。凡双方达成协议后,还须交付标的才能成立的合同,叫实践合同,例如借款合同、保管合同、运输合同等。

(4) 按国际关系分,有国内合同与涉外合同。

(5) 从合同成立是否需要特定方式划分,有要式合同与非要式合同。凡需要履行特定的方式、手续才能成立的合同,称为要式合同。如需要经济鉴证、公证或有关机关核准登记才算成立的合同,属要式合同。要式合同未履行特定方式前,合同不算成立,也不发生法律效力。

(6) 按合同标的分,可分为转移财产的合同、提供劳务的合同和完成工作的合同三种。

转移财产的合同是一方将一定财产转移给对方,由对方付给价款的合同。该种合同一般有三类情况:财产所有权的转移(如购销合同)、财产管理权的转移(如供用电合同)和财产使用权的转移(如房屋、土地的租赁合同)。此类合同也包括无形财产的转移,如专利权、商标专用权转让合同。

提供劳务的合同和完成工作的合同都要求一方按约定条件付出劳动,对方支付报酬。其区别在于:前者只提供服务,不产生新的劳动成果,例如货物运输合同、仓储保管合同等;后者则最终要表现为新的劳动成果的产生,例如勘测设计合同、建筑安装工程承包合同、科研试制合同、加工承揽合同等。

(7) 按业务性质和内容划分。这是目前最常用的分类方法,我国《合同法》的“分则”部分把常用合同按业务性质和内容分为 15 类,并对其条款作了具体规定。这 15 类合同是:

①买卖合同:又称购销合同,是出卖人转移标的物的所有权于买受人,买受人支付价款的合同。

②供用电、水、气、热力合同:是供电(水、气、热力)人向用电(水、气、热力)人供电(水、气、热力),用电(水、气、热力)人支付电(水、气、热力)费的合同。

③赠与合同:是赠与人将自己的财产无偿给予受赠人,受赠人表示接受赠与的合同。

④借款合同:是借款人向贷款人借款,到期返还借款并支付利息的合同。

⑤租赁合同:是出租人将租赁物交付承租人使用、收益,承租人支付租金的合同。

⑥融资租赁合同:是出租人根据承租人对出卖人、租赁物的选择,向出卖人购买租赁物,提供给承租人使用,承租人支付租金的合同。

⑦承揽合同:是承揽人按照定作人的要求完成工作,交付工作成果,定作人给付报酬的合同。

⑧建设工程合同:是承包人进行工程建设,发包人支付价款的合同。建设工程合同包括工程勘察、设计、施工合同。

⑨运输合同:是承运人将旅客或者货物从起运地点运输到约定地点,旅客、托运人或者收货人支付票款或者运输费用的合同。

⑩技术合同:是当事人就技术开发、转让、咨询或者服务订立的确立相互之间权利和义务的合同。

⑪保管合同:是保管人保管寄存人交付的保管物,并返还该物,寄存人按照约定向保管人支付保管费用的合同。

⑫仓储合同:是保管人储存存货人交付的仓储物,存货人支付仓储费用的合同。

⑬委托合同:是委托人和受托人约定,由受托人处理委托人事务,委托人按照约定支付费用的合同。

⑭行纪合同:是行纪人以自己的名义为委托人从事贸易活动,委托人支付报酬的合同。

⑮居间合同:是居间人向委托人报告订立合同的机会或者提供订立合同的媒介服务,委托人支付报酬的合同。

有了相对统一的具体规定，对普及合同法知识，指导合同制的推行，保护合同当事人合法权益，减少纠纷起了很大作用。

四、经济合同的写法

(一)经济合同的主要内容

经济合同的主要内容即合同条款，它是当事人双方权利义务关系的具体化，是执行的依据和发生纠纷时调解、仲裁的依据。

合同条款有三类：一是一般合同要求共同必备的主要条款；二是根据法律规定或某类合同性质要求必备的条款，它取决于法律的特殊规定和某类合同的特殊性质，例如仓储保管合同中的保管方式、损耗标准、损耗处理方法等条款；三是当事人一方要求规定，而另一方同意的条款。

主要条款是经济合同的核心内容，它反映了合同当事人的主要经济目的和要求，在经济合同的成立和执行中起着决定性的作用。合同的主要条款有如下几项：

1. 标的

标的是经济合同当事人双方权利和义务所指向的对象。如购销合同的标的是某种商品，财产租赁合同的标的是租赁物，借贷合同的标的是货币，科技协作合同的标的是某项科研成果，技术转让合同的标的是某一专利技术或非专利技术，运输合同和仓储保管合同的标的是承运方和保管方所提供的劳务等。合同标的是多样的，可以是货物、劳务、工程项目，也可以是货币；可以是有形的，也可以是无形的，如智力成果、管理权限等。

标的是一切经济合同必备的首要条款，如没有标的或标的不明确，经济合同就无法履行，合同就会因无实际意义而不能成立；如果标的违反法律规定和国家有关规定，则合同无效。

撰写合同时，一定要将合同标的写得明确而具体，其名称、规格、型号、商标等因素均要写清楚。

2. 数量和质量

数量和质量是确定标的的重要条件。

数量是衡量标的大小、多少的尺度，没有数量就无法确定当事人双方权利义务的大小。在合同中应明确写出标的数量、计算单位和计算方法。为了便于履行合同和避免纠纷，合同中的计量单位和计算方法应按国家或主管部门的统一规定执行；国家和主管部门没有规定的，由双方协商确定。同一合同中的同种计量单位应该统一，数量应准确清楚，如允许超欠，则要写明允许超欠的幅度，有些产品还要在合同中写清合理的磅差和正负尾数。

质量是标的内在素质和外观形态优劣的标志，是这一标的与其他标的的重要区别。质量条款是容易引起合同纠纷的条款，撰写时，要把标的质量技术要求和标准明确具体地表述清楚。采用的质量检验标准应注明是何年何月颁发的国际标准、国家标准、部颁标准、地方标准或企业标准。质量条款应符合国家有关规定和标准化要求。有国家标准的按国家标准执行；无国家标准而有行业(部)标准的，按行业(部)标准执行；两者都没有而有地方标准的，按地方标准执行；没有法定标准的，按双方共同协商的标准执行。有些产品还要封存样品，作为检验依据。

3. 价款和酬金

价款和酬金是接受标的一方向对方支付的表现为货币的代价。以物为标的的，其代价称为价款；以劳务为标的的，其代价称为酬金，二者统称为价金。价款和酬金是合同的主要条款之一，凡有偿合同，都须有明确的价金。合同中应写明货币的名称、计算标准、单价和总额等。涉外合同要特别注明使用何种货币计价和结算。价金的支付要根据等价有偿的原则和国家物价管理、劳务管理的有关规定执行，如无规定，应由双方协商议定。

4. 履行的期限、地点和方式

合同期限，包括合同的有效期限和履行期限。有效期限是指合同具有法律效力的起止时间，超过这个期间，则合同失效。履行期限是指享有权利的一方要求对方履行合同义务（如交货或完成工作任务）的时间规定，它是确定经济合同是否按时履行的依据。撰写合同时，应根据双方协商结果，明确写出合同履行的期限，包括具体的年月日。合同的有效期限和履行期限对多数合同，尤其是一次性履行的合同来说是一致的；而对多次履行的合同来说是不一致的。例如有效期为一年的分期付货合同，其履行期限可以依生产需要和库存条件定为多次。比如某合同定为每季头一个月的一至十日供全年货物总量的四分之一，如迟延这个履行期限，虽在合同有效期内，但仍视为违约，购销季节性商品，尤其强调合同的履行期限。履行期限也指提供标的的一方要求对方付给价款和酬金的时间规定。

履行地点，是指合同当事人交付、提取标的的地点，它直接关系到履行合同的费用和时间，应在合同中注明。履行的地点要根据标的的性质特点或双方的约定具体来定。不可移动的标的物，履行地点就在标的物所在地。例如建筑工程承包合同的履行地在建筑物所在地。可移动的标的物，要具体注明。自提货物要规定提货的地点和时限；送货要写清交货地点、运费承担者、运费标准和途中损失等；托运应定出发货地点和到货地点；接受货币，一般在接受货币一方的所在地履行；其他义务，在履行义务一方的所在地履行。

履行方式，指合同当事人采取何种方式来履行合同义务。不同的经济合同及双方不同的目的，对履行方式有不同的要求。合同的履行方式还包括标的交付方式、价金的结算方式和验收方式（验收规则、验收标准、质量检验标准）。如购销合同，有由需方自提或委托托运的，也有供方送货的；有一次交货的，也有分期付货的。履行方式关系到价金和效益，因此，应在协商后明确写入合同。

5. 违约责任

违约责任也叫"罚则"。经济合同的违约责任，是对合同当事人不履行合同义务或履行合同义务不符合约定的一方的制裁措施。违约责任条款的规定，一般包括违约条件，违约处置，违约金、赔偿金及支付结算办法、期限、逾期的罚则等。违约责任应写得明确具体，便于执行。一般要写明违反什么规定，违反到何种程度，相应承担什么责任。例如建筑工程承包合同，往往规定准确的竣工验收时间，如延误工期，将要支付一定数额的违约金，数量应根据延期的长短有所区别，延期越长，违约金支付越多，如工程质量不合要求，不但要无偿返工，而且还要支付一定数额的赔偿金。

经济合同之所以规定违约责任，目的在于维护合同的严肃性，保证合同的严肃签订和认真履行，保护认真履行合同的当事人的合法权益。同时违约责任也是处理纠纷、分清责任的依据。

6. 解决争议的方法

如在合同履行中产生争议，《合同法》第 128 条规定了"解决争议的方法"，即："当事人可以通过和解或者调解解决合同争议。当事人不愿和解、调解或者和解、调解不成的，可以根据仲裁协议向仲裁机构申请仲裁。涉外合同的当事人可以根据仲裁协议向中国仲裁机构或者其他仲裁机构申请仲裁。当事人没有订立仲裁协议或者仲裁协议无效的，可以向人民法院起诉。当事人应当履行发生法律效力的判决、仲裁裁决、调解书；拒不履行的，对方可以请求人民法院执行。"

产生合同纠纷的原因很复杂，有客观原因，也有主观原因。客观原因如果属于不能预见、不能避免并不能克服的"不可抗力"的影响，如遭遇地震、风暴、严重的水旱灾害等情况，导致不能按期履行合同，应当及时向对方说明不能履行的理由，以减轻可能给对方造成的损失，并应当在合理期限内提供证明。对方当事人在取得有关证明后，可以允许免除部分或全部违约责任。

任何经济合同，都必须具备上述六项主要条款，否则，就很有可能引起纠纷。其他双方认为有必要规定的条款也应写入。

(二)经济合同的结构

经济合同主要有两种形式：一是表格式；二是条款式。表格式多适用内容简单、条款较少、批量较多的购销合同、加工合同等，它有使用方便、书写迅速、简洁规范的特点，但不适用内容相对复杂的合同。条款式宜于表达内容复杂，特殊要求多的合同，利于清晰、周详、灵活地表述合同内容。但无论哪种形式的合同，其结构大都由以下四个部分组成。

1. 标题

标题，即合同名称，其位置在合同的首行居中。通常有以下写法：一是以合同性质、种类为标题，例如"购销合同"、"供应合同"等。二是合同标的加合同种类为标题，例如"建筑施工物资租赁合同"、"技术成果转让合同"等。三是合同的有效期加合同种类为标题，如《2006 年运输合同》。四是单位名称加合同种类为标题，如《××市××制药厂、××县××药材公司中药材买卖合同》。五是多种因素混合运用的标题，如《××钢铁集团、××港务局 2006 年上半年钢材水路货物运输合同》。标题不可笼统写成"经济合同"或"合同"。

2. 约首

合同的约首包括签订日期、合同编号和当事人名称等内容。

合同的签订日期和合同编号一般用比标题小的字写在标题下行的中间或偏右处。给合同编号是为了便于检查和归档，很少与外单位签订合同的单位，如感到无此必要，也可略去不写。

当事人名称，要写明签订合同的双方或多方单位名称及法人代表或代理人姓名。如当事人是个人，就写个人姓名。当事人名称要用全称或规范简称，为方便叙述，行文中当事人的名称可以用"甲方"、"乙方"或"供方"、"需方"等来代替，但需在当事人名称后注明。不论在什么情况下，合同中都不能用不定指代"你方"、"我方"来指当事人。例如：

立合同单位　　××省××机械厂　（甲方）
　　　　　　　××市第三建筑公司　（乙方）

3. 正文

合同的正文包括以下五个方面的内容：

(1) 签订合同的依据和目的。

(2) 双方协议的内容。包括主要条款、法律及合同性质要求必备的条款及双方协商认为有必要写入的其他条款。

(3) 合同的有效期限。

(4) 合同的份数与保存。

如有表格、图纸、计划、实样、资料等附件，应在正文的文末注明，然后把附件附在合同之后（实样除外）。

4. 结尾

结尾即落款部分，主要署明经济合同当事人的全称及各方代表人姓名，并加盖公章和私章。最后写明签订合同的日期，日期在署名的右下方。

(三)经济合同的写作要求

1. 订立经济合同不得违反国家法律、法令、政策的要求

我国的《合同法》第7条明确规定："当事人订立、履行合同，应当遵守法律、行政法规，尊重社会公德，不得扰乱社会经济秩序，损害社会公共利益。"

经济合同要依法订立，其主体、订立程序及内容都要以法律、政策来规范，只有严格遵守国家法规及有关财务、税收、物价等方面的政策、制度，才能保证经济合同的合法性，最终使当事人的利益受到保护。凡违反国家法律、法令、政策的合同，即使双方自愿，其他条件都具备，也是无效的。例如，我国实行烟草专卖，赋有专卖权以外的任何单位、个人就不得收购、批发买卖烟草，也就不能订立这种内容的合同。又如，违反《食品卫生法》规定签订的合同，就不得成立。即便成立，也属无效合同。再如，在国家控制基建规模的情况下，任何单位必须根据国家批准的固定资产投资计划及设计任务书来签订合同。对未经批准擅自扩大规模的建设工程，设计、施工单位应拒绝与之签订经济合同，建设银行也应拒绝对其贷款。

2. 经济合同的内容不得违反社会公共利益和道德准则

尽管订立经济合同的初衷是为了一定的经济目的，但也不得违反社会公共利益和道德准则，利用经济合同去干有害人民身心健康的事。如故意掺杂使假，生产、经营伪劣产品，制造经销黄色书刊、光盘、录像等。凡与社会公共利益和社会主义精神文明相悖的，都应摒弃。

3. 条款齐全完备，内容具体明确，表达准确周严，格式规范正确

由于签订经济合同是一种法律行为，最终要付诸实施，事关当事人的合法权益及经济利益，因而必须严肃慎重地行事。要逐条逐项认真推敲合同内容，合同条款应齐全完备，内容表达要明确、具体、清晰、周严。只有如此，才能为合同的顺利履行创造条件。切莫因内容缺漏或表达不当，使合同条款无法执行，或分不清责任，酿成合同纠纷，造成经济损失。

合同还要求格式规范，文面整洁，字迹工整清楚，用语准确，标点正确，不会在理解上造成歧义。有国家统一要求的制式合同的，要使用制式合同。另外，货款要求大写。定稿誊写要用钢笔或毛笔，纸张也应选相对好一些的。成文后的合同不可随意涂改。

4. 摒弃无效合同

《合同法》第52条对无效合同作了界定，这是所有订立合同的主体应该回避的。有下列情形之一的，属无效合同：

(1) 一方以欺诈、胁迫的手段订立合同，损害国家利益；

(2) 恶意串通，损害国家、集体或者第三人利益；

(3) 以合法形式掩盖非法目的；

(4) 损害社会公共利益；

(5) 违反法律、行政法规的强制性规定。

【例文 1】

建筑安装工程承包合同

发包方(甲方):________________________

地址:____________邮编____________电话____________

法定代表人:____________职务____________

承包方(乙方):________________________

地址:____________邮编____________电话____________

法定代表人:____________职务____________

依照《中华人民共和国合同法》和______有关规定,经双方协商一致,签订本合同,并严肃履行。

第一条　工程项目

一、工程名称:____________

二、工程地点:____________

三、工程编号:____________

四、工程范围和内容:全部工程建筑面积______平方米。(各单项工程详见工程项目一览表)

五、工程造价:全部工程施工图预算造价人民币______元,其中:人工费______元。(各单项工程详见工程项目一览表)

第二条　工程期限

一、开、竣工日期:依照国家颁布的工期定额,经双方商定,本合同工程开竣工日期如下:

全部工程自______年____月____日开工,至______年____月____日竣工。(各单项工程开、竣工日期详见工程项目一览表)

二、施工前各项准备工作,双方应根据工程协议书中第三条规定,分别负责按时完成。

三、在施工过程中,如遇下列情况,可顺延工期。顺延期限,应由双方及时协商,签订协议,并报有关部门备案。

1. 由于人力不可抗拒的灾害,而被迫停工者;

2. 因甲方变更计划或变更施工图,而不能继续施工者;

3. 因甲方不能按期供图、供料、供设备或所需材料、设备不合要求,而被迫停工或不能顺利施工者。

第三条　物资供应

一、全部工程所需的物资按下列第(　)项供应方式办理:

1. 特殊材料、统配部管材料及统配部管机电产品,均由甲方负责采购,供应至乙方指定地点。其他材料由乙方负责采购供应。

2. 统配、部管材料,由乙方负责办理申请、订货、调剂合用,特殊材料及统配部管的机电产品,由甲方负责采购供应至乙方指定地点,其他材料均由乙方负责采购供应。

3. 包工不包料工程,全部材料、设备由甲方采购供应到现场或指定的加工地点。

4. 其他方式:

____

二、由甲方负责供应材料和设备的品种、规格、数量及进场期限，详见甲方供应材料、设备一览表。

三、成套设备和非标准设备，由甲方负责办理申请、订货及加工，引进成套设备在交付乙方前，由甲方负责检验（甲方委托乙方总包承办设备订货及非标准设备加工，应另签订协议）。

四、工程所需材料，如因供应部门规格、品种或材质不能满足工程要求必须以其他规格、品种代替或加工处理时，应事先取得原设计单位和甲方同意，并由三方签订协议后实行。由于代用或加工而发生的量差、价差及加工费，应按现行规定办理结算。

五、凡应附有合格证明的材料，在进场时必须由供应方负责验证；如无合格证明，必须经供应方试验合格后方准使用，其试验费用，应由供应方负担。因建设单位或设计单位对有出厂合格证明的材料要求重新试验，其试验费用，应由甲方负担。

六、由甲方负责供应的材料和设备，如未按期供应或规格、质量不合要求，经双方努力仍无法解决，因此造成乙方的损失，应由甲方负担。

第四条　工程款结算

一、全部工程造价的结算方式。按下列第（　）项规定办理：

1. 以审查后的施工图预算加增减变更预算进行结算。

2. 按施工图预算加包干系数确定的包干造价结算，包干范围以外的费用，另按有关规定付款。

3. 按标准施工图单方造价包干结算，包干范围以外的费用，另按有关规定付款。

4. 包工不包料工程，按预算定额规定的人工费结算。

5. 招标的工程，按中标的价款结算。

二、工程款拨付与结算办法，按现行规定办理（详见附件）。

第五条　施工与设计变更

一、乙方要依据国家颁发的施工验收规范和质量检验标准以及设计要求组织施工，要全部达到合格。

二、要坚持按图施工，任何一方不得随意变更设计。如遇下列情况给对方造成窝工、返工，材料、构件的积压，施工力量和机械调迁等损失，应由责任方负担：

1. 施工中如发现设计有错误或严重不合理的地方，乙方应以书面形式通知甲方，由甲方在 7 天内与原设计单位商定，提出修改或变更设计文件，经甲乙双方签订协议后，方准施工。

2. 在施工中，如遇设计变更超出原设计标准或规模时，应在施工前按审批程序重新报批，经审查处审核工程预算，经办银行审查投资后，并由甲乙双方签订协议，方可施工。否则，任何一方不得强行施工。

3. 在施工中，如遇中途停建、缓建，甲乙双方对在建工程，应商定做到安全部位。

4. 在施工中，如发现甲方投资不足，不能按时拨付工程进度款，而中途停建、缓建，给乙方造成的损失，应由甲方承担。

三、乙方应严格执行隐蔽工程验收制度，凡隐蔽工程完成后，必须经过验收作出记录，方能继续进行下一工序的施工。一般隐蔽工程由乙方自行检查验收，并作好记录，重大或复杂隐蔽工程，应由乙方书面通知甲方和设计单位共同进行验收，并办理隐蔽工程验收手续。如甲方未届时参加，乙方可自行检查验收，甲方应予承认。

四、甲乙双方在施工中遇到工程生项，应按定额管理办法报批。变更工程协议所附的变更预算，应在施工前及时送经办银行，作为结算工程款之依据。

第六条　竣工验收、结算与保修

一、乙方在单项工程竣工前5日将验收日期以书面通知甲方届时验收，如甲方不能按时参加验收，须提前通知乙方。取得乙方同意后，另订验收日期，但甲方须承认竣工日期，如再不按时参加验收，其所发生的管理费和各项损失均由甲方承担，并偿付给乙方按预算造价每日万分之一的逾期违约金。

二、竣工工程验收合格，从验收之日起3天内，乙方向甲方移交完毕。如甲方不能按期接管，致使验收后的工程发生损失，应由甲方承担。

三、本项工程中的单位工程，如需单独移交甲方，在移交时，双方应办理中间验收手续，作为该单位竣工工程验收之依据。

四、在进行竣工工程验收中，如发现工程质量不符合规定，乙方应负责无偿修理或返工，并在双方议定的措施和期限内完成。经验收合格后，再行移交。由此造成工程逾期交付的，乙方应偿付给甲方按预算造价每日万分之一的逾期违约金。

五、工程已基本竣工，如遇某种材料或设备双方均无法解决，致使该项工程不能全部按期竣工，经双方研究同意，可做减项竣工，并对已完工程进行竣工验收和办理移交手续。

六、竣工工程验收，以国家颁发的施工验收规范、质量检验标准及施工图为依据。在进行竣工验收时，乙方应在验收前10天向甲方提供以下文件：

1. 增减变更文件和其他洽商记录。

2. 隐蔽工程验收记录和中间交工验收记录。

3. 工程竣工后，应绘制竣工图，工程变更不大的由施工单位在原施工图上加以说明，提交建设单位存档。工程变更较大的，可以由建设单位自绘或委托设计单位、施工单位绘制竣工图。

七、乙方在单项工程竣工验收后，属于民用建设项目应于竣工验收后15天内，属于工业建设项目应于竣工验收后30天内，将竣工结算件送交甲方进行审查。甲方应在接到竣工结算件后，民用建设15天内，工业建设20天内审查完毕，如到期未提出异议，由经办银行审定拨款。

八、工程竣工验收后，乙方对施工的土建工程质量负责保修一年，采暖工程保修第一个采暖期。在保修期内，确由施工单位责任造成的屋面漏雨、管道漏水、漏气、堵塞等质量事故，乙方应负责无偿修理。（属于专业性建筑安装工程按国务院各有关主管部门的特殊规定办理）

九、工程未经验收，甲方提前使用或擅自动用，由此而发生的质量或其他问题，由甲方承担责任。

第七条　违约责任和仲裁

一、由于乙方责任未按本合同规定的日期竣工，（以竣工验收合格日期计算）每逾期一天，应偿付给甲方按预算造价万分之一的逾期违约金；属于包工不包料的，每逾期一天，应偿付给甲方按预算人工费千分之二的逾期违约金。

二、甲乙双方不得借故拖欠各种应付款项，如拖期不付，按银行的短期贷款利率偿付给对方逾期付款违约金。

三、实行合理化建议奖和提前竣工奖的，甲乙双方应根据有关政策的规定，另行协议。

四、建筑安装工程承包合同发生纠纷时，当事人双方应及时协商，协商不成时，任何一方均可申请各级城乡建设委员会或双方上级业务主管部门进行调解；解决不了的，可选择下述第（　）项处理：(1)向建筑物所在地的仲裁委员会申请仲裁；(2)直接向人民法院起诉。

第八条　附则

一、预算审查手续，由建设单位将建筑安装工程承包合同(附施工图预算)送市建设工程合同预算审查处审查。要求鉴证的，可到建筑物所在地的区、县工商行政管理局进行鉴证。

二、在本合同签订之前，双方签订的施工准备合同(工程协议书)，可作为本合同之附件。

三、招标工程，按《××市建设工程招标、投标暂行办法》签订合同。

四、双方商定的其他事项：

1.

2.

第九条　合同附件

一、工程项目一览表。

二、全部施工图纸。(合同正本有此附件)

三、施工图预算。(合同正本及建设银行有此附件)

四、甲方负责供应的材料、设备一览表。

五、有关协议：

1.

2.

六、有关补充合同：

1.

2.

第十条　合同份数及有效期

一、本合同一式________份，甲乙双方各执正本一份，并分别报送双方业务主管部门副本一份。

二、本合同自双方签订之日起生效。在全部工程竣工验收并结清尾款后失效。

建设单位(发包方)：____________　　　　建工单位(承包方)：____________

工程负责人：________________　　　　工程负责人：________________

______年__月__日　　　　______年__月__日

【例文简析】

这是一份制式合同，条款齐全，是在总结此类合同实践的基础上规范其内容而制定的，比较符合行业特点。签约单位按照这种合同样本签约，一般不会在主要条款上有所疏漏。由于条款较为细致地考虑了施工规律和相应的法律要求，因而不易引起合同纠纷。格式正确，表达有序，文字准确明晰。

第二节　意向书

一、意向书的含义和作用

意向书，是双方或多方就合作项目在进入实质性谈判之前，根据初步接触所形成的带有原则性、意愿性和趋向性意见的文书。它往往是双方或多方希望达到某种目的的意图和打算，是签订合同的前奏。在对对方的资信能力、技术、经营作风未充分了解前，对合作项目先签订一个意向书是较为合适的。意向书和契约、合同的性质很相似，都是用以表达双方通过谈判而获得共同意向或共同决定的一种形式。

应注意的是，意向书不具有强制性的法律效力。其作用主要表现在两个方面：一是有利于双方进行下一步的实质性接触和谈判；二是为下一步实质性谈判提供一个客观的、基本的依据。

二、意向书的特点

(1) 目标的导向性。意向书是双方为了表示某项合作意愿而签订的文书，可为下一步磋商奠定良好的基础。因此，它只是一种导向性文书，是协商过程中对各方基本观点的记录，一旦达成正式协议，便完成了意向书的使命。

(2) 条款的原则性。意向书的各项条款一般是就一些重大问题做出原则性规定，其内容的表述以定性为主，以原则为主；不求将具体问题分项列款，更不求将具体细则详细表述。这样才可能求同存异，为下一步研讨留有余地，取得较为满意的结果。

(3) 行文的灵活性。意向书的行文措词一般比较灵活、原则，多用商量的语气，条款文字中洋溢一种友好的气氛。同时承诺也不太拘泥死板，意向书发出后，如有更好的意见，可以改变原意见。

三、意向书的类型

意向书的具体类别较多，但就合作各方所享有的权益和承担的义务来看，可分为两大类：一是具有“双方契约”和“有偿合同”性质的意向书，这种意向书使签约双方或各方既享有一定的权利，也承担一定的义务。二是具有“单方契约”和“无偿合同”性质的意向书。这种意向书只有一方单独承担某种义务。

四、意向书的写作格式和内容

意向书的写作格式，一般分为标题、导语、正文和尾部四大块。

(一)标题

标题有三种常用形式：一是文种式标题，即写明“意向书”三字，这种写法较少；二是简明式标题，由事由和文种两项组成，例如，“关于合作办学的意向书”；三是完全式标题，一般由合作双方名称、合作项目和文种三项组成，如“×××和×××合作经营××度假村意向书”。

(二)导语

导语通常要说明以下几层意思：一是签订意向书的单位；二是明确该意向书的指导思想和政策依据；三是规定本意向书需要实现的总体目标。然后用承上启下的惯用语结束引言，导出正文。

(三)正文

正文是意向书所要实现的总体目标的具体化，一般以分项排列条款的形式来表述，达成协议的各个事项，如合作项目、合作方式、合作程序、双方义务等。各项条款之间的界限要清楚，内容要相对完整，既不要交叉叠叙，也不要过于琐碎，更不能有所疏漏。

正文后部一般以“未尽事宜，在正式签订合同或协议书时予以补充”作结语，以便留有余地。

(四)尾部

尾部为双方单位名称及谈判代表姓名、单位签章、代表签名。末行写明签订时间。

五、意向书写作的注意事项

(1) 不要将可能影响合作意图的敏感性问题写入意向书。如前所述，意向书仅仅是表明双方对某个项目的意愿和趋向，而不是对该项目的完全确认，加之各自对对方资信情况的了解也有待继续深化，因此在拟写项目意向书时，自己一方对项目中的敏感问题、关键要求不宜写入，以便在下一步洽谈时，能进退自如，取得主动。

(2) 凡己方须经过上级或其他部门同意认可才能解决的问题，不宜写入意向书。兴办一个项目，必然涉及诸多部门、单位，绝不是项目承办单位能单独解决的。因此，在拟订项目意向书时必须谨慎从事，不可将不适当的承诺写入意向书。

(3) 不要写入超越己方工作范围的意向条款，也不要写入与我国现行政策和法规相抵触的内容。

(4) 思考要周密，用词要准确，要讲究分寸，特别是不要随便使用肯定性的词句，尤其是关系到双方权益的问题，务必慎用肯定性词句，善用模糊性词语，以便留有余地。

【例文 3】

创办××联营公司意向书

××热电厂(以下简称甲方)和×××市××区经济开发部(以下简称乙方)于×年×月×日就共同创办××联营公司的问题进行了初步协商。根据双方需要，为合理利用双方优势，提高经济效益和社会效益，改善生产、生活环境，双方在平等互利的基础上达成如下联营意向：

一、创办的××联营公司在创建之初的生产经营项目主要有二：一是利用甲方在生产过程中产生的废渣生产煤渣砖；二是代客户运输。

二、甲方提供运输工具载重车数辆给联营公司，按月收取适当的租用费。乙方提供土地一块给联营公司，按月收取适当的租用费。甲方提供一定数量的生产技术指导人员，乙方提供所需的生产人员，双方人员由联营公司开支付酬。

三、此联营项目投资总额估计五十余万元(包括基建、厂房、设备及流动资金)。甲方投资比例约占七成，乙方投资比例约占三成，实现的利润按投资比例分成。

四、联营公司是具有法人资格、实行独立核算、自负盈亏的企业。

五、双方各派代表若干人组成筹建小组，具体负责筹建工作。筹建小组应于明年一季度完成可行性研究并提交工作方案。

六、有关具体问题双方在进行可行性研究后进一步协商。

七、本意向书一式两份，双方各执一份。

甲方(盖章)：____________	乙方(盖章)：____________
甲方代表×××(签字)：________	乙方代表×××(签字)：________
________年____月____日	________年____月____日

【例文简析】

这是一份双方联办公司的意向书。标题由项目名称和文种构成。导言部分写明双方单位名称、因何事项进行了“初步协商”，以及合作的指导思想。然后用一句“……达成如下意向”引出主体部分。主体部分采用条文式结构，依次写了××联营公司的经营项目、双方的职责、双方投资比例、公司的性质和经济形式、组建筹建小组及意向书份数等内容。

本意向书的语言表达准确而有分寸，注重使用留有余地的弹性语言、模糊语言，比如载重车是“数辆”、土地是“一块”、投资比例约“七成”、“三成”，各派代表“若干”等，还有“有关具体问题双方在进行可行性研究后进一步协商”，这些都颇能体现意向书语言的特点。

【思考与练习】

1. 合同的必备条款有哪些？
2. 为什么合同必须有“解决争议的方法”的条款？
3. 意向书的作用是什么？
4. 意向书写作有哪些注意事项？

第十六章

商品广告

第一节　广告的概念及种类

一、广告的概念

广告有广义和狭义之分。广义的广告有“广而告之”的意思。凡因一定的意图，面向社会公众所作的公开宣传都属这一范围。它既包括以营利为目的的经济广告，也包括不以营利为目的的非经济广告。前者如介绍商品特点或服务项目的广告，后者如公益广告、公德广告。狭义的广告专指以营利为目的的商业广告，也叫商品广告，是广告主有计划地通过一定的媒介向公众传递商品和服务信息的有偿宣传活动。本章主要介绍狭义广告。

对商品广告的概念，应注意从广告主、广告信息内容、广告媒体及广告费用这几个因素加以理解，它们组成了广告的四个基本要素。

(一)广告主

即广告主体，是出资发布广告的生产、经营单位或个人。商品广告均有明确的广告主。

(二)广告信息内容

可作为广告内容的信息很多，例如商品的特点，长处，价值，效用，制作工艺，有关部门、专家或消费者的评价，生产者或经销者的经历和声誉，市场的供求情况，在同类产品中的竞争优势等等。而每一具体广告，则要有重点有选择地传达一定的信息，并体现广告主的意图。

(三)广告媒体

广告媒体是指传播广告信息的中介，常见的媒体有电视、报刊、广播、霓虹灯、交通工具、邮递传寄、表演、橱窗等等，其中使用频率最高的报纸、杂志、电视、广播被称为广告的四大媒体。广告的信息内容必须通过一定的物质技术手段才能得以广泛传播，因此，准确、恰当地选用媒体，直接关系到广告的创作效果和宣传力度。

(四)广告费

广告是一种有偿的宣传活动，从构思、设计、制作到传播，需要一定的媒介，一定的物质消耗和智力、劳务支出，广告费即是广告主偿付给广告经营部门、广告制作部门或媒介的费用。

二、广告的种类

广告以不同的标准有多种分类。

按性质效用分，有营利性广告和非营利性广告两大类。按直接目的分，有以促销创利为目的的商品销售广告，有以建立信誉及宣传企业经营观念为目的的企业形象广告。按广告覆盖范围分，有国际性广告、全国性广告、地区性广告及行业性广告。从性质内容来分，可分为商品广告、劳务广告、招生招聘广告、征订广告、收购广告、医药广告、旅游广告、租赁广告、专利转让广告等。按表现形式可分为静态广告与动态广告。按表现手法又可分为以文为主、以图为主和图文并茂的广告。按不同对象划分,还可分为消费者广告、工业用户广告及商品批发广告。通常较为多见的是以媒体来分类,可分为报刊广告、电视广告、广播广告、标牌广告、橱窗广告、陈列广告、霓虹灯广告、商品模型广告、邮寄广告、网络广告等,还有模特儿或有关人员所作的表演广告,利用火车、汽车、轮船、电车、地铁等交通工具所作的交通广告等。广告的媒体随着科学技术的发展将日益丰富,不断会有新的媒介、新的广告形式产生,广告的用武之地也将越拓越宽。

第二节　广告的沿革与作用

一、我国广告的沿革和发展

广告在社会生活中的使用,由来已久,远溯源头,可以追溯到有了社会分工和商品交换的原始社会末期。最初人们在商品交换中,将自己的东西陈列出来,并高声叫卖,以招徕主顾,这种自发的以实物陈列和口头叫卖为主的广告就是原始的广告形式。后来,随着文字的产生,生产力的发展及造纸术、印刷术的发明,广告的形式逐渐多样化,出现了脱离商品实物而作为广告具体形态存在的幌子广告、招贴广告、牌匾广告、彩楼广告、印刷广告等。封建社会幌子广告最为普遍,形式也多,有旗帜、草标、灯笼、模型、图画、文字等。《韩非子·外储说右上》载:“宋人有酤酒者,升概甚平,遇客甚谨,悬帜甚高著。”通过高悬酒旗以招徕顾客,说明人们已在主观上有了广告意识,由自发转为自觉。到了唐宋时代,经济发展,促使广告宣传的广泛性和自觉性比以前大大增强。唐诗中有“闪闪酒旗招醉客,深深绿树隐啼莺”的诗句,北宋张择端的《清明上河图》形象描绘了开封府的繁华景象,图中许多店铺都有牌匾、旗帜,可见广告的使用已十分广泛。唐宋时,新的广告形式也在实践中相继产生。例如在西安唐兴庆宫遗址发掘的砖上有“城东官砖”的印记,大明宫遗址的砖上有“官匠户某某”的印记,这可视为我国早期的商标广告。唐天宝二年(公元 734 年),一名叫韦坚的人曾集合江淮一带十几个郡的数百只商船,满载江南锦帛、海味、珍珠、玳瑁、象牙、沉香、黄连等特产一齐至京,在浐河上搞了一次大规模的促销活动。船上水手一律统一的南国装束,一人船头领歌,百名盛装美女相和,鼓乐齐鸣,这可以说是一次别开生面的表演广告活动了。

封建社会长期自给自足的自然经济,使生产发展缓慢,所以商品广告虽较前不断进步,但终究未能发生根本性变化。与古代进行的广告宣传相比,现代广告宣传是人类社会进入商品生产高度发展的资本主义阶段以后的产物。由于我国的特殊国情,自鸦片战争后,帝国主义列强用大炮打开了中国的国门,随着外国资本和洋货的涌入及相互间的竞争,西方广告也进入我国,并且使得工业并不算发达的一些中国城市,如上海、天津、广州等沿海城市商业活跃,广告也活跃,尤其是 20 世纪 30 年代的上海,还曾有过一度“畸形”的广告繁荣,而以后就渐趋衰微。我国广告的真正振兴,是从 1978 年将全党全国的工作重心转移到经济建设上,实行改革开放政策以后开始的。随着经济的发展和经济体制的改革,竞争机制逐渐形成,我国的广告事业迅速发展,广告专业单位纷纷成立。各报刊、电视台、电台积极承揽广告业务,广告研究工作也有了很快进展,现已发展为一门学科,广告制作技术日新月异。我国专门的广告经营单位及从业人员每年以倍数增长。近年来我国广告组织已加入国际广告协会和亚洲广告联合会，广告宣传由国内拓展到国外，正在向国际化、科学化、现代化的方向发展。

二、广告的作用

广告是一种宣传手段，在向社会传递信息的同时，还有介绍、说明、启发、提醒、说服和诱导等多种功能，在经营活动中有着不可忽视的作用。具体讲，广告有如下作用：

(一)可以沟通产、供、销各个环节，起到交流信息、互通有无、活跃经济、繁荣市场的作用

商品广告是经济信息的载体，也是传递经济信息的手段。我国地域辽阔，各地区产品往往各有优势，需要广告宣传。市场的扩大，使生产企业到消费者之间的环节增多，有时一些产品在这一地区无人问津，被弃置积压，而在另一地区却紧俏走红，成了"热门货"，甚至采购无门，造成脱销。通过覆盖范围广泛的现代广告宣传，就可为产、供、销三方面架起桥梁，提供更多的机遇，利于调剂余缺、扩大销售。广告的这种沟通作用，还可使各个环节在信息传递中了解情况，掌握主动，克服盲目性，使生产经营得到均衡协调的发展，也可使消费者合理支配消费资金。

(二)有利于了解商品，方便销售，引导消费

认识商品是购买商品的前提。产、销部门通过广告宣传可以向用户介绍商品的性能特点、保养使用、购买方式、购买渠道等知识和信息，使消费者能够在购买之前就对所需购买的商品有所了解，还可根据广告的介绍，进行比较选择，方便消费者能及时购买到自己称心如意的商品。

广告还可以引导消费者好中求好，去追求更高的标准，起着引导消费的作用。强有力的广告宣传，能够影响人们原有的消费习惯，甚至会在刺激和引导消费的过程中，起到创造新时尚的作用。广告的这一作用反过来也促使生产厂家积极开发研制新产品，加快产品的升级换代。

(三)指导生产，改善管理，促进竞争

企业从广告活动中可以获得大量的经济情报和市场信息，并据此通过分析，预测市场发展变化的趋势，根据市场需求调剂品种，调整计划，进行决策，扩大生产适销对路的产品，促进对已有产品的改进和新产品的开发。广告还促使企业根据消费者的需要推广新技术、新材料、新工艺，降低成本，提高质量，加快资金周转，从而全面改善经营管理。另外，广告还可以发挥鼓励先进，鞭策后进，促进竞争的作用。新产品进入市场，往往靠广告做试销试探，打开销路，更多的商品则要靠广告扩大影响，建立信誉，巩固和扩大销售市场。

(四)促进内外交流，扩大对外贸易

广告一方面可以向国外传递信息，利于国内企业在国际市场上寻求贸易伙伴；另一方面也可以通过广告反映国际市场各方面的动态及国外的科技情报，利于国内企业抓住有利时机，把产品打入国际市场，同时帮助我们克服盲目进出口现象。旅游广告还可以把我们的服务项目、内容、宗旨、标准等告知国外旅客，吸引海外宾客前来，为我国争取更多的外汇收入。

(五)美化生活，改善环境

广告宣传是与美学水乳交融的。它往往借助于艺术表现手法来介绍产品，引导人们从美学观点去鉴赏、选择商品。广告中美的语言，美的观念，美的感情，美的形象，往往潜移默化地作用于人们的心灵。所以一则好的广告，人们不但可以从中了解商品知识，还可以得到美的享受。

城市是广告最为集中的地方。对一个城市来讲，广告的设计、安排，应尽可能地统筹管理，把直接的实用效能与改善环境，美化市容的美学效能结合起来，使之既能取得良好的商品宣传效果，又能创造一个充满艺术美的生活环境。

第三节　广告创作

一、广告创作的规律及要领

广告活动是一个复杂的动态过程，它由市场调查与研究、广告策划、广告创作、广告公布后的调查总结四个连贯环节组成。通过市场调查研究，可以了解和掌握消费者的需求及影响购买行为的种种因素。广告决策是指导广告创作的原则性意见，确定广告决策，进行广告定位，即解决广告的宣传对象和所宣传商品的个性等问题。广告发布后的调查与总结为的是利于日后准确恰当地进行广告再宣传。而广告创作是四个环节中的核心，是市场调查的归结与广告决策的具体实施与体现。一则成功的广告，有了正确的广告决策后，其重心应放在广告的创意上，即广告的构思上。其主要应从内容和形式两个方面着手：

(一)内容方面：注意确定商品个性与广告的主题

商品的个性是商品在市场上生存的依据和竞争的力量，广告要突出宣传商品的个性，这样才能为商品塑造一定的形象，争得一定的市场地位。因而，确定商品个性的问题，直接关系到广告作品本身在竞争中有无竞争力。商品的个性要在市场调查的基础上，将商品的原料、加工、性能、构造、外观、效用、特点、档次、价格、在市场上的竞争地位等情况综合起来，在与同类产品的比较分析中提炼和确定下来。

广告主题，通俗地讲，就是向消费者告知说明的问题。确定主题要考虑广告目标、商品个性和消费心理三个方面，既要集中突出商品个性，又要有鲜明的针对性，从消费者最关心的问题入手来刺激、引发消费者的兴趣。

成功的广告都有鲜明、突出的主题。有的突出经济实惠，有的突出安全可靠，有的突出传统风格，有的突出高效低耗，有的突出舒适高雅等。例如“两面针牙膏”广告的主题，突出该牙膏的药用价值；“五粮液酒”的广告主题，突出其历史悠久，酒味醇香；美国柯达照相机的广告：“你只要摁一下按钮，其余的事由我负责”，突出其操作简便。它们都使自己的产品在众多产品中脱颖而出。

(二)形式方面：注意选择表达方式

广告的主题是一种理性的观念和认识，主题确定之后，就要运用一定的艺术手段，通过一定的艺术形式把主题表达出来。博览古今中外的广告大千世界，可说是色彩缤纷，千姿百态，表现形式异常丰富。由于所借助的媒介不同，有的诉诸于人的听觉，有的诉诸于人的视觉，有的同时诉诸于人的听觉和视觉；有的以文为主，有的以图为主，有的图文并茂；有的是动态，有的是静态；有的还把内容与舞蹈、歌曲、快板、对话、诗歌、动画、雕塑、音乐等艺术形式相结合，以增强对消费者的吸引力。尽管表现手法多种多样，但从总体上分，不外两种类型：

(1) 理性诉求广告。又称客观报道式广告，主要运用客观、求实、简明的语言向消费者介绍商品的名称、规格、用途、特点、价格等，其作用目标在于人的理智。这类广告诚实朴素，很少主观色彩，无夸饰之词，使人感到真实可信。此类广告宜于生产资料、机电产品、交通工具、家电产品、建筑材料、医药用品等内在技术性能要求严格的商品使用。

(2) 情绪诉求广告。又称暗示广告，兴趣广告。这种广告侧重于表现人和商品的关系，其作用的目标是消费者的情感。创作这种广告，往往要调动多种艺术手法，通过渲染背景，设置氛围，创造意境等来暗示、诱导、撩拨、启发人们的潜在意识，激起人们的购买欲望，此类广告宜于食物、饮料、服装、玩具、化妆品、饰品等日常生活消费品使用。

当然，这两种类型的表现方式在同一广告中并不矛盾，往往互相并用，互为补充，只是有所侧重罢了。

二、广告的结构

广告的形式十分丰富，但无论哪种形式的广告，都离不开文字，而且文字越少，越能起“点睛”作用。有资料显示，广告效果的50%～70%来自广告的语言文字部分，因此，素来被广告创作者重视。本章所谈的广告，是以文为主的广告，或是广告的文案部分。

广告的结构形式比较灵活，从一般规律看，大致分为标题、正文、广告语、附文四部分。

(一)标题

广告的标题有着揭示主题，传达信息内容，引人注意，诱读正文的作用。但最重要的是要引起消费者的“即刻注意”，听一遍，看一眼就能吸引住人。有了这个“即刻注意”，才能转为“持续注意”，阅读广告正文的内容，也才能唤起消费者的购买欲望。因而，能否引起人的“即刻注意”是广告标题成败的标准。

为了达到使消费者“即刻注意”的目的，广告设计者有时一语道破其旨，采用直接正面冲击的方式来迫使消费者注意；有时采取含蓄、委婉、渲染、衬托的方式来传达其旨，靠启示、劝导、暗示来间接吸引消费者注意。

直接冲击式标题一般在语言上多采用名称式和陈述式，例如“云南白药膏”，“颈痛灵——颈椎病患者的福音”，“神州热水器”，“西安夏季人才招聘会”等。这种标题直接明快，庄重严肃，但易于落入平庸，搞得不好，引不起人的注意。

间接吸引式标题语言表达方式灵活，常见的有：

(1) 设问式。这种方式往往结合产品特点和人们潜在的需求愿望，有针对性地提出问题。靠问答的配合来达到推荐商品的目的。例如：“你想快速致富吗？请订阅《××信息报》。”“你失眠了吗？晚安多邦胶囊为您解决烦恼。”

(2) 祈使式。用请求、希望、劝勉、叮咛、忠告等语气向消费者表达厂家和经营者的意愿，意在催促消费者采取相应的购买行动。例如“欢迎订阅《小说月报》”，“别忘了脚下的风采”，“要找好工作，请看华商报。”“怕胖的女孩，跟我来！”这种广告应注意语言的谨慎与诚恳，否则容易导致人们的逆反心理。

(3) 新闻式。以新闻报道的形式设题，将最新经济消息告知消费者。这种标题多用于新产品上市，新店开张，企业及经销者采取新举措，参评获奖等。例“××肉联厂隆重推出啤酒火腿，德国红肠”，“2009特价书展销”。

(4) 描写式、渲染式。用文学艺术的描写、渲染手法，创造与商品有联系的意境，在意象的陪衬中宣传商品。例如某绢花生产厂的广告“巧手留住春，绢酿满园花。”以百花竞放的满园春色来陪衬绢花之美。这种手法，可使人们在了解商品的同时获得美的享受。

在实际生活中，我们所遇到的广告标题并不限于以上几种，还有颂扬式、寓意式、悬念式等等。无论采用哪种方式的标题，都以吸引消费者“即刻注意”为其目的。广告的标题犹如新闻的标题一样重要，是全文的“眼睛”，需要下工夫琢磨。好的广告标题，能够作用于消费者的心理，引起消费者的兴趣，进而激发购买动机、促成购买行动。

(二)正文

广告的正文由开头、主体和结尾三部分组成。

(1) 开头。常见的写法有三种:一是与广告标题相呼应,或承接标题继续叙述,或对标题的设问作出回答,或解释标题含义并进一步强调标题。二是概括全文,以精练的语言点明主旨,此种写法由借鉴新闻导语而来。三是简介企业情况。当然并不限于此三种。

广告正文的开头,语言一定要概括精练,富于衔接性,能很快过渡到广告的主体部分,而且要与标题、主体部分相互配合。例如陕西西凤酒的广告文案:在标题"凤凰展翅,酒香万里"之下,正文的开头写道:"中国老牌名酒之一——西凤酒,始于周秦,盛于唐宋,至今已有二千四百多年的历史。"这个开头紧承标题,点出所推销产品的生产厂家、产品名称,强调了其悠久历史的优势,语言简明扼要,既提纲挈领,又便于过渡到主体对该产品的具体介绍。在赞誉中暗含了酒味醇香是其历史悠久的主要原因的道理。

不是所有的广告都需要一个"开头",尤其是篇幅短小,信息集中的广告,常常直言中心内容。另有一些广告,由于标题已经起到提纲挈领的作用,或主体部分的内容与标题本身衔接紧凑,也就不必专门设立一段"开头"了。

(2) 主体。主体是广告内容的中心,这一部分要对广告标题及开头所提挈、许诺的事项加以说明和证实,是广告主题的具体化。一般多用有力的事实和根据来说明商品的特点、优势及推荐购买的理由。在手法上,要灵活多样,突出个性特色,并与内容有机结合,使它们相得益彰地体现广告的宣传意图。

仍以上面西凤酒广告的文案为例,正文主体写道:

"西凤酒醇香典雅,诸味协调,甘润挺爽,尾净悠长,风味独特,在全国第五届评酒会上被列为'凤型'。其不上头,不干喉、回味舒畅,被赞为'三绝'。目前,西凤酒已从传统的65°发展到60°、55°、45°、39°及西凤大曲、雍城、凤灵酒、柳林春五类九种系列产品。西凤酒畅销全国,远销日本、俄罗斯、罗马尼亚、加拿大、美国、西班牙、厄瓜多尔、东南亚诸国及港澳地区,深受中外用户青睐。"

主体突出介绍了西凤酒的酒味特色、品种类型和市场销售优势,融进了较多的广告信息。

(3) 结尾。广告的结尾要干净利落,或公布服务的宗旨,或强调广告的信息焦点,或呼应标题、照应开头。例如以宣传意大利旅游消费价廉为主题的意大利航空公司广告的结尾:"比你梦想到的享受要多,比你所想到的花费要少。"

当然,简短的广告也可不要结尾。

(三)广告语

广告语又称"广告标语"、"广告口号"。指在广告中用来概括服务宗旨、强化信息的文字,常使用简明扼要的标语口号式语句来表达。广告语一般简明易记,特点突出,体现广告主较长时间的宣传宗旨,所以广告正文的内容尽管多变,而广告语常常是相对稳定的。广告语的反复出现,使广告宣传系列化,具有增强印象、强化特点的作用。广告语的位置比较自由,它可以灵活出现于广告的任何位置,既可与广告标题合一,代作标题,也可放在广告的结尾处,也可出现于广告正文的中间。

广告语的内容多样,常以宣传企业形象、商品优势、服务特点和精神文化多见。如:

"真诚到永远。"(海尔电器广告)

"滴滴香浓,意犹未尽。"(麦斯威尔咖啡)

“学好英语，当然‘好记星’。”（好记星学习机广告）

“家有三洋，冬暖夏凉。”（三洋空调广告）

“农夫山泉有点甜。”（农夫山泉矿泉水广告）

“人头马一开，好事自然来。”（人头马 XO）

“拥有东芝，拥有世界。”（东芝电子广告）

4. 附文

附文又称随文。指在广告结尾之后出现的附属内容，主要标明企业或经营者名称、地址、购买商品或接受服务的方法、通信联络方式、联系人、银行账号等，以方便销售。

三、广告写作应注意的事项

（一）立意新颖，重点突出，简明易记

能否引起消费者注意，是广告是否有效的最朴素、最基本的标准。现在的许多广告之所以使人听而不闻、视而不见，就是因为过于平庸、空泛、陈旧，缺乏重点和特色，语言也冗长无味。当今社会是信息社会，信息数量之多和传递速度之快是前所未有的。据有关资料统计，美国人平均每天受到 1500 条广告的冲击，而能引起注意的仅有 76 条；中国人平均每天受到 300 条广告的冲击，能引起注意的仅有 7 条，比例很小。信息超载，使人们在接受信息时自觉不自觉地有所选择。如果一则广告宗旨不集中，特点不鲜明，冗长难记，势必淹没在广告的汪洋大海中，难以达到预期目的。而好的广告，则注意选择优于其他商品的长处作重点宣传，以不同凡响的立意吸引消费者。例如，在“康师傅”、“统一”等众多方便面陷入牛肉、鸡肉、香菇口味的口水大战时，“五谷道场”提出“非油炸，更健康”的理念，使五谷道场从一个名不见经传的小品牌一夜之间火爆全国。又如美国“艾略特博士的小书架”的书刊广告：“读，每天读十五分钟的伟大文学作品，五年您就大学文科毕业。读，会使您不断进步，不断提高；要读，就读艾略特博士小书架上的书。现在，书架上有……”这则广告立意新颖，突出了“艾略特博士小书架”善于引导、长于推荐的特点，并把坚持读其推荐的书将会取得的效果亲切而自信地道出。其中“十五分钟”—“五年”—“大学文科毕业”几个连续性因素十分引人注意。像这样立意新颖，特色突出，简明易记的广告就容易拨动人的购买欲，其效果远比那些看去振振有词，实则空泛无物的“选料上乘、制作精良”、“驰名中外、誉满全球”的“八股”广告好得多。

（二）要实事求是

广告是优质商品的“伯乐”，但广告却不允许弄虚作假，搞脱离实情、耸人听闻的“牛皮广告”。真实是消费者购买商品的依据，是广告写作的基础，是广告的力量所在。它关系到企业信誉和社会公德。一则失实的广告，可能会得逞于一时，但一旦败露，必会失去信誉，所受的损失即便付出几倍、几十倍的努力也无法挽回。所以广告宣传一定要实事求是，不得以任何形式欺骗顾客。广告的信息要真实准确，内容要有科学根据，数据应确凿。介绍商品性能和评价商品时，用语要讲究分寸，合乎实际。一些价格昂贵又需要一定使用知识的商品，在介绍商品的性能、长处和使用方法时，应将商品的缺陷、注意事项等也介绍给消费者，这样才能提高消费者对其广告的信任程度。与同类产品进行对比说明时，也应注意实事求是原则。对比要公正，不恶意攻击，不贬低对比对象，对比的资料要有权威性。如国家有关产品的评比鉴定资料，产品检测部门和科研部门的鉴定意见，国际上的获奖等，让消费者感到你的评价、介绍是真实、可信的，可以信赖的。

2009年9月，国家工商总局组织对各省、自治区、直辖市电视台卫视频道进行的集中监测显示，全国28个省、区、市卫视频道播放的广告，共有58个产品的电视直销广告存在违法违规问题。其中严重违法的有17个，主要集中在减肥、祛疤，以及宣称治疗疾病用品和保健食品等方面，如奥斯力神奇魔环、金钛能量降压表、巴玛雅祛疤、联邦戴戴瘦、睡睡瘦等。

(三)形式生动活泼，讲究艺术性

广告是说服艺术，形式是否生动活泼，是否具有艺术性，直接关系广告的实际效果。因此在形式美上，广告设计者应独具匠心，发挥出超凡脱俗的创造力和表现力，使自己的广告脱颖而出。例如，《文化与生活》的广告："如果你不读改版后的《文化与生活》，本刊将失掉一个读者，而你将失掉一个世界。"运用对比的手法，将刊物"失掉一个读者"和读者"失掉一个世界"相对比，使读者感到不订此刊物将损失惨重。

创作广告，还应注意所用的媒介，不同的媒介有不同的特点。电视广告，熔多种艺术形式于一炉，有声有形，富于动态，设计者应力求在几秒钟之内"既见物又见人"，把人对物的评价、赞赏及使用后的效果等等表现出来，还可动用音乐、舞蹈、动画等艺术手段，充分运用电影的"蒙太奇"手法，把广告做得生动新颖而吸引人。

广播广告，有声无形，转瞬即逝，因此用语要简洁明了，通俗易懂。还可采用对话、快板、相声、歌唱等形式，增强艺术感染力。

报刊广告，不仅要求立意新颖，语言优美，而且应注意图文相辅。

广告的形式要在求"新"、求"异"上下工夫，要使人感到生动别致，饶有趣味。例如，"蜜蜂"牌保险箱的广告，利用谐音，婉转揭示产品"密封"的性能。鞋油广告"红鸟牌鞋油愿为足下增光"，利用"足下"一词的双关含义，既指鞋，又指人，含蓄而俏皮。法国的印刷广告："除了您省下的钞票外，承印一切"。幽默地表达自己不但业务范围广泛，且价格低廉。日本丰田车的广告，利用中国的俗语加工而成："车到山前必有路，有路必有丰田车。"简明生动，妙语生辉。

只要善于发掘，充分调动各种艺术表现手段，并注意满足人们的审美需要和审美习惯，就可获得良好的宣传效果。

(四)注意消费者心理

广告是通过启发、诱导、说服的方式来向消费者推荐商品的。能否准确地把握消费者心理进行宣传，是广告成效有无和大小的重要因素。消费者购买商品的动机十分复杂，存在着自尊、求实、求新、求美、求廉、求乐、求荣、求名、求速等各种心理。所以制作广告，一定要掌握各种不同心理，注意站在广告对象的角度去考虑广告的内容。说话的口吻也要注意能否使其乐意接受，切不可盛气凌人，指手画脚；也不可自吹自擂，强加于人。措辞要准确、生动、感人，例如，上海三菱电梯有限公司的广告语："我们推销电梯产品，增加的不仅是利润，更多的是朋友"。在广告宣传中融进了浓郁的互相信任、互相理解的情感，用户就乐意接受。现在有些广告，溢美之词过多，反倒使人产生逆反心理。然而有人却十分巧妙地利用消费者对溢美广告的这种逆反情绪，写出了"揭短广告"。例如《电子报》的征订广告："《电子报》的主要缺点：印刷质量较差，文字排校和技术性差错间或出现(今年以来虽有显著改善，但仍未杜绝)；版面有限，无力刊登系统性基础理论教材和系统性科普文章。"这则广告看似"揭短"，实际上透过文字人们会感到，此报重视印刷质量，差错较少，内容也丰富生动。广告设计者以谦恭的口吻介绍情况，却使订数上升20%。

广告要视目的及消费者心理进行设计。美国一则推销牛奶的广告写道："只要你连续

1200个月里每天都喝上一杯牛奶，您准能活上100岁。"有意将100年折算成1200个月，旨在劝告消费者长期饮用他们的牛奶，并将其与消费者讲究营养、追求长寿的心理相联系。广告要准确把握消费者心理，有针对性地介绍消费者最关心的问题。用名牌、豪华商品，能满足有些人的"身价感"；物美价廉的商品，又可以使购买者获得实惠的快意感；女青年购买化妆品时往往有"爱美不怕花钱多"的心理，如果对她们宣传价格低廉，就会产生"便宜没好货"的想法而不愿购买。台湾一则压力锅的广告，广告画面上是一微笑着双手合十的年轻主妇，边上附有图解文字，标题是："给太太一份安全感。"这则广告把人们购买压力锅时最关心的安全问题作为主旨，介绍了这种产品在安全方面的优势，包括特殊安全阀、防爆装置、投保使用25年等。由于注意了消费者心理，打消了消费者的疑虑，所以取得了良好的效果。

在众多学习机竞争激烈、广告满天飞的形势下，"诺亚舟"也把主打方向放在攻克消费者心理上，他们的广告标题是："放心选择诺亚舟'新状元'的十大理由"，正文列出：1. 权威认可；2. 技术领先；3. 专业品质；4. 质量可靠；5. 售后无忧；6. 英语五大同步；7. 九门功课名师教；8. 海量课件下载；9. 精英教育资源；10. 功能强、内存大。

某药店的宣传广告写道："但愿人间人无病，何愁架上药生尘。"语言恳切，充满关心之情，读来颇为主人的善意所打动。

【例文】

伊利纯牛奶的系列广告文案

1. 无论怎么喝，总是不一般的香浓！这种不一般，你一喝便明显感到。伊利纯牛奶全乳固体含量高达12.2%以上，这意味着伊利纯牛奶更香浓美味，营养成分更高！

2. 一天一包伊利纯牛奶，你的骨骼一辈子也不会发出这种声音。每1100毫升伊利纯牛奶中，含有高达130毫升的乳钙。别小看这个数字，从骨骼表现出来的会大大不同！

3. 饮着清澈的溪水，听着悦耳的鸟鸣，吃着丰美的青草，呼吸新鲜的空气。如此自在舒适的环境，伊利乳牛产出的牛奶自然品质不凡，营养更好！

三则广告共同的广告语：青青大草原，自然好牛奶。

【例文分析】

这三则系列广告，是声画、文字配合的广告。广告巧妙地利用汉字的字型精心编排设计，通过一系列的声画意象，分别表现人们迫不及待地喝牛奶的声音，因缺钙而导致的骨骼碎裂的声音，以及乳牛在舒适的环境中惬意地吃草鸣叫的声音，调动受众的想象和联想，加之画面的视觉冲击，效果良好。而广告文案又对画面主体文字作了形象的说明、注释和深化，道出了伊利纯牛奶诱人的浓香、纯真的品质和饮用后的效果及其根源，很有吸引力，是广告文案的典型佳作。

【思考与练习】

1. 广告的四大媒体是什么？各有什么特点？
2. 选数则广告，分析其写作方法和特点。
3. 撰写广告应注意什么问题？
4. 为你校学报或你所熟悉的刊物写一则征订广告。

第十七章

市场调查与市场预测报告

第一节 概念及作用

一、市场、市场调查、市场预测

什么是市场？市场，是社会分工和商品生产的必然产物。市场有广狭两种理解，狭义的市场是指商品交换的场所，广义的市场是指在一定时间、地点条件下商品交换关系的总和。

随着商品经济的发展，商品交换关系日益复杂，进入市场交换的商品品种和数量越来越多，交换的范围越来越广。当今世界，社会上不仅有商品市场，还有劳动力市场、金融市场、技术市场、房地产市场、信息市场等。市场内存在着激烈的竞争，瞬息万变。影响市场变化的原因，除商品本身外，还有其他因素，诸如气候、战争、贸易政策、重大决策、财政税收、新产品问世、新技术发明、政府换届等。市场的变化，关系企业的兴衰存亡，因而是企业主历来关注和着力研究的对象。

市场调查，是运用科学方法，有目的、有计划地对商品市场的需求情况及影响需求的各种因素的情报资料进行搜集、记录、整理、分析、研究的经济活动。市场调查报告，是根据调查研究结果所写的书面报告。

市场预测，则是根据过去的已知因素和市场调查得来的情报、资料，运用人们的知识、经验和科学方法，对市场的发展趋势及其对本企业的影响所进行的分析、预计和推测，以便把握市场动态，作出相应反应。根据分析、预计和推测结果所写的报告，即为市场预测报告。

世界上许多国家都很重视国际国内市场的调查与预测。商品经济比较发达的美国、日本、英国、法国、德国等国家，有许多专门从事市场情报搜集和市场调查的公司。有的大企业还单独设有自己大规模的，甚至全球性的经济情报网，每天准确迅捷地搜集、处理来自世界各地的大量情报信息。

当前，在我国社会主义商品经济不断发展，经济体制改革逐步深入，市场对企业的制约越来越强的形势下，通过市场调查和市场预测，占有必要的市场信息，掌握市场发展、变化的趋势，已成为有效组织生产经营的必要条件。进行市场调查和市场预测也成为现代企业经营管理的重要基础工作之一，其重要性现在已为越来越多的企业所认识。

二、市场调查与市场预测的作用

市场调查和市场预测是企业决策的依据。要搞好经营决策，首先要做好市场调查和预测。它可以使企业决策建立在扎实、客观的基础之上，保证经营决策的正确性、及时性。通过市场调查和预测，可以了解国内外市场的供需情况及其发展趋势，了解国内外政治、经济、科技等方面的情报信息，使管理者具有战略眼光，高瞻远瞩，从而作出科学、正确、符合实际、切实可行的决策。市场调查和预测，还可使企业敏锐察觉和准确把握市场变化，敏感快速地做出相应决策，及时开展有利于企业发展的经营活动。例如依据市场趋势制订企业发展计划，组织试制更新换代产品等，促使企业在竞争中增强活力，开拓发展。

市场调查和预测有利于按消费者需要组织生产，提高产品的市场占有率。消费者的需要，多种多样而富于变化。企业通过市场调查和预测，可以获得各类需求信息，有利于及时掌握消费者的购买动机、购买心理、消费习惯、消费结构、支付能力等方面的情况及其变化，把握经营的主动权；利于企业按消费者的需求组织生产，制订出适应市场需求的产量计划和品种计划。根据消费者愿望研制和生产新产品，做到以销定产，适销对路，不断提高自己产品在市场上的占有率，创造良好的经济效益。

市场调查和预测有利于全面提高企业经营管理水平。通过市场调查和预测，可以了解同行业的经营情况，吸取同类企业的经验教训，促使企业全面提高管理水平。例如，参考获得的市场价格信息，降低成本，制定本企业适当的产品价格；分析同类产品的性能参数，改进产品质量；参考同类企业的促销方式，结合实际确定自己企业的销售策略，采取更为有效的促销手段；还可促使企业妥善安排设备、物资、人力、资金的使用，使企业以最少的消耗，取得最大的效益。

第二节　市场调查和市场预测报告的异同和种类

一、市场调查和预测报告的异同

作为密切关联的事物，市场调查与市场预测有不少相同相联之处。市场调查是市场预测的前提，市场预测是经营决策的依据，它们都是经营决策全过程的有机组成部分。它们书面报告的内容、结构也相近，只是侧重点不同而已，所以人们常常难以将它们判然分开，这也就是本章之所以将市场调查报告和市场预测报告放在一起讲的原因。对于两者之间的关系，具体体现在以下方面：

(一)市场调查和市场预测的相互联系

1. 市场调查和市场预测的共同点

(1) 两者主体相同。市场调查和市场预测的主体都是对市场信息资料具有需求的生产企业和销售企业。

(2) 两者研究的客体相同。市场调查和市场预测的客体都是市场现象及其相关因素，其活动方式都是从调查了解过去和现在的市场各种因素入手来展开工作的。

(3) 两者根本目的相同。市场调查和市场预测的具体任务虽然有所区别，但根本目的是一致的，都是为企业的生产经营决策或制定科学的营销策略服务的。最终目的都是为了保证产销对路，供需平衡，把握市场变化，谋求良好的经济效益。

2. 市场调查和市场预测的联系

市场调查和市场预测有着密不可分的关系，市场调查是市场预测的前提、基础和依据；市场预测又是市场调查的继续、延伸和结果。市场调查为市场预测提供必要的市场变化的信息，没有市场调查，市场预测是盲目而无根据的，预测结果不可能有科学性和准确性。只有市场调查，没有市场预测，企业对市场信息的掌握将是不完整的，其作用也会大大削弱。只有在市场调查基础上，开展市场预测活动，企业才能获得关于市场的历史、现状和未来变化趋势在内的完整的市场信息，才能为企业正确的经营决策服务。

(二)市场调查和市场预测的相互区别

虽然市场调查和市场预测有许多共同点，两者又密切关联，但并不等同，它们的主要区别如下：

1. 两者的研究重点不同

市场调查和市场预测虽然都要研究市场商品供求关系及其影响因素，但市场调查侧重于市场现状和历史的研究，这是一种客观的描述性研究，目的是了解市场客观实际情况，弄清事实真相，及时捕捉市场信息，总结经验教训，以求指导当前工作。市场预测则侧重于对市场未来发展趋势的研究，这是一种预测性研究，着重探讨市场供求关系的发展趋势及影响此趋势变化的各种因素，对未来市场作出推测、估计和预见，并有针对性地提出改进意见，目的是克服盲目性，以求能动地适应未来市场的变化形势。另外，市场调查中虽然也有“预测”，但它与市场预测中的“预测”有一定差异，前者的预测往往是短期的、局部的，在调查报告中也非重点；而后者的预测则往往是中、长期的，全局的，宏观的，是预测报告的重点、重心。

2. 两者的研究结果不同

进行市场调查和市场预测，其最终目的都是通过对市场的研究为各种决策提供依据。但市场调查所获得的直接结果是市场现象的各种数据、资料和据此写出的调查报告，涉及的内容比市场预测要广泛，因而既可作为市场预测的依据和资料，也可直接为经济管理部门和企业制订计划及进行日常决策提供依据，而市场预测所获得的结果是关于市场未来发展变化的趋势和市场需求的可能水平，是一种有一定科学根据的假定，主要为制订长期计划、规划、策略和管理决策服务。

3. 两者的研究方法不同

市场调查的方法多是了解市场现状，捕捉市场信息的方法，如访问调查、问卷调查、观察调查等。市场预测的方法包括定性预测法和定量预测法，而且多用数学模型和数理分析，目的是为了科学预测市场未来的需求量和需求状况。两者研究方法有很大区别。

二、市场调查和预测报告的种类

(一)市场调查报告的种类

(1) 按调查对象分，可分为市场需求调查报告、市场供应调查报告。

(2) 按调查范围分，可分为全国性市场调查报告、区域性市场调查报告、国际性市场调查报告。

(3) 按调查频率分，可分为经常性市场调查报告、定期性市场调查报告、临时性市场调查报告。

(4) 按调查内容分，可分为商品市场调查报告、房地产市场调查报告、金融市场调查报告、投资市场调查报告等。

(二)市场预测报告的种类

(1) 按预测范围分，可分为微观市场预测报告与宏观市场预测报告两种。

微观市场预测报告是狭义的市场预测报告，指对单个品牌的商品的未来活动进行调查分析后写出的预测报告。宏观市场预测报告是指对某一类商品在整个地区、系统和行业内的经济发展前景的预测。例如,在国内外市场上,移动电话的销售量如何增长,这是对移动电话的宏观预测;而预测 LG 这一品牌移动电话机的总需求量,这是微观预测。一般说来,宏观预测和微观预测总是结合进行的,这样才能得到可靠的依据。

(2) 按预测方法分,可将市场预测报告分成定性预测报告和定量预测报告两大类。

(3) 按预测的时间分,市场预测报告可分为短期、中期和长期三种。

短期预测报告是对未来一年左右的市场趋势做出预测后写出的报告。中期预测报告是对未来一年至五年的市场趋势做出预测后写出的报告。长期预测报告通常是指对未来六年以上的市场趋势所做的预测报告。产销量大而使用寿命短的,如服装、皮鞋等宜作短期预测;耐用商品如电动车、电视等宜作中期预测;投资大的产品,如汽车、钢铁、机械等宜作长期预测。

(4) 按照预测空间分,市场预测报告可分为国际市场预测报告、国内市场预测报告、某地区市场预测报告等。

第三节 市场调查的内容与方法

一、市场调查的内容

市场调查的范围十分广泛。凡是直接或间接影响市场营销的情报资料都应是调查的内容。归结起来,大致可分为三个方面:

(一)产品情况调查

主要包括下列内容:

1. 市场对本企业产品的需求

要反映本企业产品对市场的占有比率是上升还是下降,在市场上的地位如何。具体说明市场对产品数量、规格、型号、式样、花色、品种等的要求;根据市场需求,提出本企业调整产品结构和服务方向的可行性建议。

2. 产品质量

要从产品的内在性能质量、外观质量、包装装潢质量、技术服务质量四个方面说明本企业产品的用途、特性及满足使用者的程度;还要反映使用者对产品质量的反馈意见,以及产品质量对销售的影响程度等,并提出改进建议。

产品性能质量是产品最基本的质量内容,也是消费者或用户最为关注的问题。它直接关系到产品的有用性、耐用性、安全性、维修方便性等问题。例如,某企业在对热水器市场进行调查中了解到,热水器的安全性是消费者购买热水器时所考虑的最重要的因素。为此,该企业狠抓热水器质量,很快就使产品质量达到国内一流水平,产品大受消费者欢迎。

还要进行产品包装调查。现代商品包装除了保护商品,保证商品安全外,还要起到美化商品、宣传商品,从而吸引消费者购买的作用。对产品包装的调查,主要是要了解商品包装对消费者的吸引程度,现有的产品包装功能是否完善等。

3. 产品价格

主要说明供求情况、同类产品的竞争情况、产品的生命周期、消费者心理及消费途径等因素对产品价格的影响,并根据产品的成本,提出合理的价格策略建议。

4. 产品用途和发展趋势

主要写清通过调查所发现的产品的新功能、新用途、新的作用范围和发展趋势，提出改进产品用途，开拓新市场的建议。例如，啤酒本为饮料，曾有企业通过市场调查和化验发现它具有护发功能，进而就研制生产出啤酒洗发香波。

还要进行产品生命周期调查。产品的生命周期包括引入期、成长期、成熟期和衰退期四个阶段。企业首先要明确自己所生产和经营的产品处于生命周期的哪一阶段，然后再对产品的生产、销售、经营进行调整、改进。例如产品处于成长期时，需要调查产品受欢迎的原因；产品在哪些方面尚有不足还需改进；是否出现了竞争产品；潜在的消费需求量有多大等。当产品进入衰退期时，就要减少、停止生产或经营，把主要精力转向研发新产品上。

一个企业，需要通过市场调查明白在企业生产的现有产品中，哪些需要淘汰，哪些需要改进，还需要研制哪些新产品，进而提出产品更新换代的建议。

(二)市场情况调查

主要调查本企业产品的总体市场和各分部市场的需求量及影响因素。其重点是：

1. 市场的政治法律环境调查

市场政治法律环境主要是指国家各项政策、方针、法律、法规等，对市场活动的影响。进行市场政治环境调查，主要是了解与企业生产经营活动相关的法律法规及有关政策、方针的具体内容，如国家在一定历史时期的工农业生产发展的方针政策、物价政策、对外贸易政策等，法律上要了解如“企业法”、“经济合同法”、“环境保护法”、“商标法”、“消费者权益法”及相关规定等等。

随着我国加入世界贸易组织，企业对政治法律环境的调查，还包括熟悉 WTO 的规则，了解国际贸易的惯例和要求等。只有遵守 WTO 规则，企业在开展进出口业务时，才不会上当吃亏。

2. 产品销售市场的情况调查

要反映本企业产品的市场分布、消费规模和发展趋势；分析不同市场的特点与差异，说明产品市场的生产发展水平、生活水平；反映产品的流通渠道、交通运输条件及其对产品销路的影响等。

3. 购买力情况调查

包括经济环境调查，消费者情况调查等。要反映调查对象所在地区的经济发展水平、供应状况、进出口产品数量及变化状况、税收和银行利率及其变动等。当地消费者的人员构成、收入水平、消费投向；当地消费者的文化背景、社会教育水平、民族与宗教状况、风俗习惯、社会心理等，尤其是主要消费者的年龄、性别、职业、民族、消费习惯、购买动机等；消费者较为集中的购买时间、地点和购买方式等；消费者对本企业产品和服务的要求；潜在需求的调查与分析；可用于购买本企业产品的货币总量等。要特别注意反映购买力的变化及影响因素等。

(三)竞争情况调查

商场如战场，任何企业要想在市场中生存和发展，都面临着各种竞争。产品的竞争，实际上是企业之间的竞争，市场调查中有关竞争情况的调查，一般是针对竞争对手的，其主要内容有：

1. 竞争对手基本情况的调查

包括同类产品企业的数量、分布、生产规模，可提供的产品总量，满足需要的总程度等；竞争对手的数量及主要竞争对手。

2. 竞争对手的竞争力调查

包括拥有资金情况、企业规模、技术水平、生产组织、经营方式、推销方式、服务特点、价格策略及竞争对手的产品市场占有率等。尤其要反映出产品质量和价格的竞争状况。例如，比较用户和消费者对本企业产品和竞争对手产品的评价，质量上各有什么长处与短处，价格上哪个企业最有优势，各自的产品在市场竞争中所处的地位等。

3. 竞争对手发展新产品的动向调查

包括新产品的发展方向、特性、进展情况、所运用的技术及上市后的竞争形势等。

4. 潜在竞争对手的调查

包括将要出现的竞争对手和竞争能力迅速由弱变强的竞争对手。

总之，市场调查的内容和范围十分广泛，撰写市场调查报告时，要根据目的及实际需要，有重点地确定调查内容。

二、市场调查的程序

要提出高质量的，对企业生产经营有指导意义的市场调查和预测报告，首先取决于高质量的市场调查。这就要求企业严格按事物发展规律行事，认真对待市场调查的每一环节，为撰写报告打好扎实的基础。

市场调查的程序，一般分为制订调查计划、实地调查和作出调查报告三个环节。

(一)确定调查目标，制订调查计划

作好调查前的准备工作，其内容和步骤大致如下：

(1) 根据市场调查和经营决策的要求，确定明确的调查目标。在确定目标的过程中，要认真分析此项调查的意图是什么，要说明和回答哪些问题，查清这些问题有什么作用，从而促进目标确定的准确性和调查的有效性，避免因目标不准、主旨不明而导致调查盲目无序，甚至造成人力、物力、时间的浪费。

(2) 收集和利用现有资料，进行初步调查。可以收集和利用的现成资料，主要包括企业内部的会计、统计、技术、经营方面的历史资料和现实资料，有关总结、经验材料；外部资料包括有关管理部门的统计数字、调查报告、研究成果、国内外的销售资料、技术资料等。尽可能地利用相关现成资料，有利于提高调查效率。

(3) 根据调查目标，确定调查对象和调查范围。此项工作应特别注意调查对象的代表性和典型性，注意“点”与“面”的结合，保证调查结果的真实性。

(4) 选择恰当的调查方法，并根据目的作好调查前的准备工作，例如设计表格、印制询问资料等。

(5) 安排调查进度。这里实际上既涉及时间的安排，又涉及人员、任务的分工分配，要合理组织，保证实效与进度。

(6) 培训调查人员。如果调查范围广，工作量大，为保证质量，必要时，应对人员进行培训。

(二)现场实地调查

这是取得最生动、最丰富的第一手资料的主要环节，也是整个调查中花费人力、物力、财力、时间最多的环节。实地调查既要按计划进行，又要根据实际情况灵活掌握。调查必须实事求是，讲究方法，注意态度，善于与调查对象合作。

(三)整理分析调查资料

运用科学方法，将搜集到的各种资料进行整理、归类、编辑列表，在鉴定的基础上，分析研究。

(四)提出调查研究报告

在综合分析的基础上，得出结论，提出建议，写成系统而条理化的市场调查报告或预测报告。

三、市场调查的方法

(一)基本方法

1. 全面调查法

这种方法可以获得全面情况和总体资料，但它要求对购买某种商品的所有消费者无一例外地进行调查，费时、费事、费力。不仅不经济，而且调查的结果往往因时间关系使作用大打折扣，甚至失去作用，不宜经常采用。一般只用于那些使用范围有限或试销试用的新产品。

2. 抽样调查法

主要适用于一些消费量大，涉及面广的商品。是一种通过部分而了解整体的办法。应注意的是，它要求在所有被调查对象都有同等被抽取的可能性的原则下，按一定的规则进行抽样。此种方法运用得当，可以取得近似全面调查的效果。

3. 间接市场调查法

利用本企业内外的现成资料和数据来间接了解、推测市场情况。此法经常利用政府机关、经济主管部门、经济研究机构、金融部门、各类情报网，以及报纸杂志中保存和发表的文件、数据、信息、科研成果、经济论文等资料，通过分析、研究和比较，来认识市场，推测市场供求情况。如通过研究工农业生产情况，货币投放与回笼数据，社会购买力增长情况，人口变动情况等资料来间接调查市场。

4. 典型市场调查法

又称重点市场调查法。是通过对少数有代表性的消费者的调查，来了解市场需求状况的调查方法。此种方法的关键，是对调查对象是否具有典型性的把握。

(二)几种直接调查的具体方法

1. 观察法

调查者亲临调查现场，在调查对象无所感知的情况下，观察其行为、言谈及现场状况，并对观察的现实情况和数量进行记录。用这种方法搜集的资料比较客观真实，不足之处是面往往较窄，也不易了解事物的内在因素。观察法有售货现场观察、使用现场观察和供货厂家现场观察等等。

2. 询问法

询问法是根据事先确定的调查内容，通过与被调查者直接交谈来取得调查资料的方法。询问法有当面个别询问、召开座谈会询问、信函询问、电话询问等等。

3. 实验法

实验法是通过小规模、小范围的试销实验来了解购买者、使用者的反映，以收集调查资料的方法。常见的有产品价格实验，产品质量、品种、规格、花色、款式、包装实验，以及市场饱和程度实验等。这种方法在市场中经常使用，如展销会，新产品试销、代销(柜台)等都是这种方法运用的具体形式。

4. 问卷调查法

依据调查的目的，在制定好调查提纲的基础上，制定出简明易懂的调查表格，分发给调查对象，征求意见，取得资料。此法经济方便，被调查者也有充足的时间思考和填写。关键是要设计出能表现意图，准确反映市场客观情况，又便于填写和统计分析的问卷。

调查方法不限于以上几种，它们各有所长，又各有所短；可以单独使用，也可以结合起来使用。

第四节 市场预测的内容与方法

一、市场预测的内容

市场预测是市场调查的继续，是根据市场过去和现在的信息资料，对市场未来趋势进行预计和推测，它是一种重在把握动态、探求未来的科学方法。为了在生产经营中争取主动，企业需要经常进行多种项目的预测。

(1) 商品需求预测。是对未来一定时期内某种商品的市场需要量和企业预期销售量的预测，它是企业寻求发展机会，合理安排生产计划，进行最优决策的重要依据。

(2) 市场占有率预测。是指对本企业产品销售量占该种产品市场总销售量比重的预测。预测要考虑本企业产品在质量、价格、销售范围、售后服务等方面的情况及产品在市场上的地位，并据此提出提高市场占有率的改进措施。

(3) 资源预测。主要是对未来一定时期内企业生产所需的原材料、半成品、能源等来源及供应保证程度进行预测。

(4) 技术发展预测。主要包括技术发展趋势及新产品、新材料、新工艺、新技术的预测等。

(5) 产品寿命周期预测。是指某种产品从试销开始到最后被市场淘汰为止所经历的时间，它是确定销售策略的依据。

(6) 政策预测。是指企业对国家政策(如重点项目的确定、投资政策、信贷政策、税收政策、价格政策等)的变化及其给企业产品销售、资源供应和企业利益带来的影响的预测。有出口业务的企业，还要预测出口对方国家和地区的政治安定性、政府政策、经济周期、民族习俗及经济水平等方面的情况。

二、市场预测的方法

市场预测的方法很多，常用的有二三十种。有些方法技术性强，要求配合电子计算机、统计学、数学的专门知识进行。大体来看，常用方法按预测结果和预测方法的标准可以分两大类：即定性判断预测和定量计算预测。它们分别回答市场将“需要什么样的产品”和“需要多少”的问题。

(一)定性判断预测法

这是一种简便易行的预测方法。具体做法是，由企业领导出面召集有关具有丰富经验和一定专业知识、专业水平的人员座谈评议，根据已掌握的情报分析研究未来市场对产品的品种、规格、花色、质量、功能、价格的要求，从而分析判断出未来市场的发展趋势。目前国内普遍使用的具体方法有专家意见法、管理人员分析法和销售人员评议法等。由于这种方法主要依靠参加预测人员的经验和能力判断，所以又叫经验判断法。

(二)定量计算预测法

定量计算预测法主要是根据调查得来的统计资料，找出各种变量之间的关系，运用数学模型通过计算进行预测。这种方法有利于在定性分析的基础上掌握事物量的界限，以便正确决策。

常用的方法有时间序列法、相关分析法、直线趋势法、线性回归法等。这些方法技术性强，是统计学、工业企业管理等专业课讲授的内容。定量预测一般多用于短期预测。这里只选择其中两项为例做一般常识介绍。

1. 时间序列法

时间序列法是利用观察或统计得到的一组按时间顺序排列起来的数字序列，分析它们的变化方向和程度，从而对下一期或以后的若干期可达到的水平进行推测。

时间序列法又叫平均数法，包括简单平均法、移动平均法和加权移动平均法。

(1) 简单平均法，也叫算术平均法，是根据过去几期的数据计算出平均值，作为下期预测值的方法。

例如，某企业 1—6 月某产品的销售量分别为 100 件，105 件，110 件，115 件，110 件，120 件，则 7 月份的预测销售量为：

$$\frac{100+105+110+115+110+120}{6}=110(\text{件})$$

(2) 移动平均法。利用与预测期关系密切的近期数据来计算平均值，作为下期的预测值。这种方法比简单平均法准确。

仍用上例，以最近一个季度的销售量，即以 4、5、6 三个月的销售量为近期数据，预测 7 月份销售量，(顺次类推，可以 5、6、7 月的销售量为近期数据预测 8 月份销售量)其预测结果为：

$$\frac{115+110+120}{3}=115(\text{件})$$

(3) 加权移动平均法。根据不同期的数据对预测值的影响程度，乘以不同的权数，然后再加以平均，求出预测值。权数的大小可根据经验确定，一般越靠近预测期权数越大，各期权数之和为 1。如上例，若给予 4、5 两月的权数为 0.25，6 月的权数为 0.5，则 7 月的预测值为：

$$0.25\times115+0.25\times110+0.5\times120=116(\text{件})$$

2. 相关分析法

相关分析法也叫因果分析法，当预测对象的变化取决于相关因素的变化时，根据相关因素对预测对象的影响程度，利用相关因素值(自变量)，来计算预测值(因变量)。例如，预测下年储蓄余额的增量，就可以用当年居民收入为自变量，建立计算模型来预测。又例预测下年家具的销售额，就可以用对销售额影响最大的新婚人数为自变量，建立计算模型来进行预测。

第五节　市场调查报告与市场预测报告的写法

一、结构

市场调查报告与市场预测报告撰写前的工作几乎成为两者共有的系列工作，报告的内容也有不少相同相近之处。市场调查的归结往往是预测性结论，而市场预测的前提基础多是市场调查得来的材料。没有预测结论的市场调查报告会使人感到意图不明，对现实指导不力；而没有调查基础的预测也往往令人感到结论犹如空中楼阁，缺乏客观坚实的基础，难以使人信服。所以无论市场调查报告还是市场预测报告，其正文内容上的安排大多是由“基本情况”、“结论或前景预测”及“建议或对策”三大块组成，只是内容的侧重点有所不同而已。内容决定形式，市场调查报告和市场预测报告的一般结构形式是：

（一）标题

市场调查与市场预测报告的标题不像公文标题那样严整、规范，它不拘一格，需要根据内容目的来确定，以简洁、准确、醒目为准。常见的有单行和双行标题两类：

1.单行标题

其一，公文式，标题的构成因素常常为四部分，即调查（预测）的时间、范围、对象和文体名称等，如《2010年上半年全国消费品市场预测报告》。有的还冠以调查（预测）单位的名称，例如《××摩托车厂关于250型两轮摩托车产销情况的调查报告》、《××五金公司关于2010年上半年机电产品销售的预测报告》，形式更似公文。在实际应用中，这些构成因素是可以灵活组合的。公文式标题侧重于告知内容，与此相近而不冠以“关于”、不出现文种“报告”二字的单标题，是公文式标题的变异，较为多见，人们称之为文章式标题。例如《上海市洗涤用品销售趋势》、《北京2010年二手房市场展望》等。

其二，结论式，例如《电动自行车市场需求持续上升》、《辣椒市场由畅转滞》、《家用电脑更新加快》。

其三，提问式，例如《充气玩具为什么如此热销》、《山地车为什么在城市走俏》。

其四，名称式，例如《礼品图书》、《苏州绣品》等。

2.双行标题

有正、副题配合与引、正题配合两种，以前者为多见。其正题多揭示主旨，引题、副题作为提示和补充。例如正、副配合式：《泥巴换外汇——陶瓷出口情况调查》，引、正配合式：《产量增加，销量下降——2009年纺织市场仍无较大突破》。

（二）正文

1. 前言

前言又称导语、导言。一般主要说明调查（预测）的目的、缘由及对象、时间、地点、范围等，或简介调查对象的基本概况，或者站在全局高度简介报告的主要内容、观点结论等。

前言的语言应精练概括，不宜过长，应起到初步介绍概况和背景，尽快将读者导入正文主体的作用。例如《2009年1—9月江苏省散装水泥市场分析》一文的前言：

2009年1—9月份江苏省散装水泥发展继续保持增长势头，走势良好，呈现出“量增利升”、计划完成超进度的特点。

又如《2009年深圳秋交会消费者购房需求调查》的前言：

对于今年仅剩的两个多月，深圳有购房意向的人究竟在想些什么？根据秋交会现场对1000个样本进行的随机市场调查显示，有34%受访者打算近期买房，与此同时，目前市场的上行使置业者对价格的预期明显上涨，特别是现阶段深圳多数项目在10000－20000元/平方米区间，所以，购房者对总价100万－150万左右的住宅需求最高。

（摘自《中商情报网》）

前者文字精练，高度概括地说明了散装水泥市场总的状况与态势。后者以提问开头，简介深圳住房秋交会的市场调查报告的主要内容。

有的调查（预测）报告并不单写前言，而是直接切入中心内容，尤其是内容集中，篇幅短小的报告，这样处理，往往能收到简洁明快的效果。

2. 主体

主体是报告的重心。报告的质量如何，取决于主体的写作。主体应展开阐述调查（预测）的情况及作者的分析、见解结论及对策建议。写作时应妥善安排内容的层次，使之既符合人们认识事物的一般规律，又体现严密的逻辑性。

主体部分的安排，比较常见的，是如下层次：

首先，说明基本情况。这一部分是集中使用调查材料的部分。一般在用文字介绍情况的同时，又辅之以数据、图表加以说明。调查得来的材料往往很多，无需面面俱到，应依据目的意图有重点地加以选择。例如在众多经济指标中选择出最能反映企业生产经营现状的营业额、利税总额、人均利润率、流动资金周转率等几项主要指标，便可清晰地说明基本情况。基本情况既包括历史情况，也包括现实情况，但其重点应放在现实情况的介绍上，尤其是市场调查报告，不但要用事实和数据如实反映情况，而且要通过分析、比较、综合、归纳，反映出情况的特点及其成因，提出合乎实际的结论、评价与看法。

基本情况是调查结论和预测的根据，应注意写得清晰明了，客观确凿。

其次，分析预测前景，要针对情况中反映的事实和数据进行深入细致的分析研究，找出本质的东西，对今后的市场发展趋势作出科学有据的预计与推断。要充分估计市场变化的复杂性，不仅要注意分清现象与本质，局部与整体，近期与远期，还要注意相关因素的影响和产销潜力的探索，从而作出较为准确的预计。

分析事实，预测未来。要求摆事实，列数据，说道理，作判断，尽可能准确无误。这部分切忌抽象笼统，结论必须明确，对策要有针对性和可操作性，最好能有所创新，有所突破。

因市场调查与市场预测的目的有别，所以侧重点不同，详略的处理也有差异。市场调查报告以了解市场的客观实际情况为主要目的，所以反映调查对象基本情况部分的内容要详写，力求显示靠事实说话的特点。因这类报告的写作不以预测为重点，所以不要求对未来进行详细深入的分析研究和数理推算，只需在反映市场现状的基础上简略地推测出发展趋势即可。

而市场预测报告则与市场调查报告不同，主要以基本现状为出发点，把分析和预测作为重点进行阐述。所以，市场预测报告应在扼要介绍基本情况后，需要把主要精力放在分析资料、预测未来上，通过深入严密地分析、计算、推测来求得令人信服的预测结果。这些特点，是为其目的所决定的。

再次，得出结论，提出对策与建议，这是市场调查和市场预测的落脚点，其现实意义也集中体现在这里。前面两部分，仅仅起到了反映情况，分析情况的作用，真正解决问题的，还是后一部分内容。报告应在反映情况、分析预测的基础上，用精炼周密的语言表述作者的结论，提出相应的对策（决策），对不足之处，薄弱环节，也应提出完善和改进的措施、建议。措施要切实可行，建议要中肯具体。

报告的主体必须写得条理清晰，层次分明。为此，人们常常采用小标题或序号来标明内容的层次。

3. 结尾

结尾是全文的收束。为使报告结构紧凑,结尾部分常常照应开头,或强调结论,或对全文作简洁有力的概括,也可以对某一问题作必要补充,还可用建议、措施作结,不再另写结尾。

最后落款署名,注明报告的完成日期。

以上所介绍的,只是市场调查和市场预测报告的基本结构形式。实际上不可能,也没有必要千篇一律,以写作目的为准,有些部分可视需要增删。

二、撰写市场调查与市场预测报告应注意的问题

(一)要突出市场调查(预测)的目的

撰写市场调查(预测)报告,必须目的明确,有的放矢,任何市场调查(预测)都是为了解决某一问题,或者为了说明某一问题的,市场调查(预测)报告必须围绕市场调查(预测)的目的来进行论述。

(二)要正确把握文体性质和表达方法,做到准确恰当,言之有序

市场调查(预测)报告是一种兼用说明、记叙和议论三种表达方法,而又不同于一般说明文、记叙文和议论文的一种应用文体。它既要运用叙述、说明的方法介绍市场情况,说明预测背景,兼用数据、图表、公式来说明问题;还要运用议论的方法分析资料,阐明事理,表达见解。了解市场调查(预测)报告表达上的这一特性,就可根据需要恰当调度和运用不同的表达方法,综合反映报告的内容和主旨。

另外,市场调查(预测)报告一般内容丰富,材料繁多,还须注意做到条理清晰,言之有序,使内容多而不散,繁而不乱。这就要求:

第一,写时要对材料很好地归类整理,区分材料的不同性质,不可把性质不同的材料搅在一起,造成内容混乱。

第二,按事物的内在逻辑性组织结构顺序。一般报告基本上是按照发现或提出问题、分析问题、解决问题的规律来安排结构先后的。

第三,要注意围绕中心叙述问题,以使报告重点突出,意脉贯通,不可游离题外,节外生枝。

(三)重事实、重数据,保证信息的有效性,做到调查资料和观点相统一

市场调查(预测)报告的价值,在于提供确切有效的信息。因此,写调查(预测)报告必须在深入进行市场调查的基础上进行。报告要以调查资料为依据,充分体现重事实、重数据、靠事实数据讲话的原则,言之有理、有据。即调查报告中所有观点、结论都要以大量的调查资料为根据。引用的各种事实和数据资料,必须具备真实性、针对性、时效性的特性。

(四)语言准确、简洁明了,文风客观真实

市场调查(预测)报告的价值,不在于华丽的辞藻和精巧的修饰;而在于结论的正确、预测的准确和建议措施的切实有力。它的语言要求准确简洁,科学朴实,体现实事求是精神。尤其要求准确运用专业术语、数据图表及概括性语言,要准确反映客观实际,简洁明了,通晓条畅,不粉饰,不渲染,只要把内容清晰精当地传达给读者即可。最忌迎合上级意图弄虚作假,这样的市场调查(预测)报告失去调查(预测)的原本目的意义,有害而无益。

(五)要讲究时效

市场调查所得情况要及时地反映和传递。依据过时的信息,不可能做出准确的预测和科学的决策,甚至会产生负面效应。文中要写明调查时间。

【市场调查报告例文】

2009年1—10月四川建材工业运行分析

1—10月四川省建材工业继续保持较快增长。

1—10月，四川省建材企业在“扩内需、保增长、调结构”和省委、省政府“止滑提速、加快发展”一系列措施的引导下，积极采取措施，努力搞好生产，产销衔接良好，经济总量和经济效益继续保持较快增长，建材工业保持较好的发展态势，经济运行情况基本稳定。

一、行业运行的主要特点

（一）经济总量继续保持较快增长

1—10月，四川省建材工业完成工业总产值1139.30亿元，比上年同期增长51.93%；实现销售收入883.27亿元，同比增长55.06%。其中，墙体材料行业销售收入同比增长125.75%，石材行业销售收入同比增长120.36%，水泥行业销售收入同比增长53.61%，建筑陶瓷行业销售收入同比增长35.97%。

（二）经济效益继续增长

1—10月，四川省建材行业实现工业增加值264.98亿元，同比增长45.25%；实现利税70.81亿元，比上年同期增长27.66%；实现利润37.59亿元，同比增长22.38%。其中：石材行业实现利润同比增长72.52%，墙体材料行业实现利润同比增长79.81%，建筑陶瓷行业实现利润同比增长17.44%，平板玻璃行业实现利润同比增长22.95%，水泥行业实现利润同比增长4.02%。

（三）水泥等主要产品产量继续保持较快增长

据省统计局统计，1—10月四川省累计生产水泥7165.56万吨，比上年同期增长51.04%；生产建筑陶瓷5.48亿平方米，同比增长35.31%；生产玻璃纤维15.66万吨，同比增长2.65%；生产标砖比上年同期增长95%。全行业产销率达97.40%，同比增长0.12%。

二、存在的主要问题

（一）经济效益呈下降趋势

随着我省水泥和墙体材料等建材产能和产量不断增长，产品价格下降，四川省建材行业利润继续呈下降趋势，比1—9月下降了3.46个百分点。

（二）平板玻璃、玻璃纤维行业效益下滑

虽然我省平板玻璃、玻璃纤维行业1—10月累计利润增长，但受全国平板玻璃产能过剩影响，价格不断下降，经济效益下滑。

（选自中商情报网）

【例文简析】

这是一篇站在建材生产角度谈市场的调查报告，文首以简洁的文字概括产销衔接良好、经济效益持续增长、经济运行基本稳定的总体态势，道出结论。主体部分列出一系列具有可比性的数据，说明和印证结论。最后说明四川建材市场存在的问题。报告结构清晰，简洁明了地反映和分析了市场情况，靠数据说话，比较可信。

【市场预测报告例文】

2011年中国稀土行业预测

稀土属于战略物资，经过半个世纪的开采、破坏、出口，我国稀土资源已大量减少，耗损过快的问题突出。考虑到环境保护、开发成本等因素，目前我国尚未开发的稀土工业储量仅5000万吨左右，资源保护形势严峻。在我国稀土资源分布中，内蒙古包头的白云鄂博矿占有重要地位，工业储量为4350万吨，占82%，其次为山东微山（目前价格不具备开采价值），占8%，而南方离子型稀土工业储量只有150万吨，占3%。

稀土在高科技领域消费增长迅速：受金融危机影响，2008年我国稀土产品产量有所萎缩，稀土永磁材料产量为49300吨，同比下降2.95%；稀土荧光粉产量7270吨，同比减少14.28%；生产各类稀土尾气净化器1150万套，同比增长5.99%；贮氢合金粉17300吨，同比减少6.99%；稀土研磨材料合计10000吨，同比增长32.93%。

但同2005年相比，总产量增幅达到33%，年均增长率达到10%，其中钕铁硼产品产量增幅最大，从2005年占比31%提高到33%，而传统领域的稀土产品消费增幅较高科技领域为小，2008年占比已经从2005年的48%下降到43%。

虽然受金融危机的影响，2008年全球稀土需求量出现下降，但这并不会改变稀土需求量持续上升的趋势。目前全球金融危机已经触底，2010年全球经济将恢复增长，而高科技行业将率先带领全球经济走出低谷，开始新一轮增长。根据这些领域产品增长速度，渤海证券对2011年我国稀土产品产量作出预测，预计到2011年我国主要稀土应用领域产品产量将达到11.12万吨，而2008年我国稀土产品产量为12.45万吨（我国限制开采，以后产量增幅有限），可见届时我国用于出口的稀土量非常少，稀土行业拐点将会出现，稀土价格持续下降的趋势将改变，开始逐年走高。

在产业政策以及经济复苏的大背景下，稀土价格回升是可以期待的（目前已经开始反弹），预测2010年轻稀土价格氧化镧、氧化铈每吨价格在7万元左右，而氧化镨钕每吨价格大于15万元比较合理，2011年后稀土价格将持续看涨。

（选自中商情报网）

【例文简析】

这是一篇针对次年稀土市场发展的预测报告。文章分析了影响稀土市场的诸多因素：战备物资，储量减少，开发成本高昂，金融危机影响等。但文章预测了今后的发展趋势：“目前全球金融危机已经触底，2010年全球经济将恢复增长，而高科技行业将率先带领全球经济走出低谷，开始新一轮增长。”并对2010—2011我国稀土产量和价格作出了预测：产量增长但增幅有限，价格将逐年走高。阐述有理有据，文字简洁。

【思考与练习】

1. 谈谈你对“市场”广义和狭义的理解。
2. 市场调查及预测的基本方法和具体方法是什么？
3. 在网上或刊物上找一份与自己专业相关的市场调查（预测）报告，试作分析，并关注其调查结论或预测的社会认同度。

第十八章

经济仲裁文书

第一节　经济仲裁申请书

一、经济仲裁申请书的涵义

经济仲裁申请书，是经济纠纷当事人的一方（即申请人或申诉人）为维护自己的合法权益，向有管辖权的仲裁机构提交的请求仲裁与他方当事人（被申请人或被申诉人）经济纠纷的申请文书。

经济仲裁机构，为各级工商行政管理局设立的经济仲裁委员会。仲裁机构不行使经济审判权，不按司法程序解决争议，而主要采用协商、调解的方式处理经济合同纠纷。

仲裁是市场经济条件下解决经济纠纷的重要途径之一。在当今的经济活动中，当经济合作出现当事人无法解决的纠纷时，一般都会选择向经济仲裁机构提请仲裁的方式解决纠纷。仲裁申请书是仲裁机构进行仲裁的主要依据之一。

二、经济仲裁申请书的特点

（1）申述性。即经济仲裁申请书具有陈述经济纠纷事实、申述理由的特性。

（2）参证性。经济仲裁申请书提供的事实和理由，能为仲裁机构开展协商、调解提供参考依据。

（3）启动仲裁程序性。递交仲裁申请书本身就是对仲裁程序的启动，是产生仲裁程序的条件。

三、申请仲裁必须具备的条件

（1）有仲裁协议。

（2）有具体的仲裁请求和事实理由。

（3）属于仲裁委员会的受理范围。

按我国《仲裁法》的规定，提出仲裁申请书之前，双方当事人要有仲裁协议。仲裁协议，是各方当事人在纠纷发生前或者纠纷发生后达成的以书面方式请求仲裁的协议，即当事人各方之间经过相互协商一致达成的将其争议提交仲裁委员会居中依法评断是非，并一次性作出对各方当事人均有约束力的裁决的一种书面协议。仲裁协议可以包含在合同条款中，也可以另外以其他书面形式达成。

仲裁协议包括下列内容：

（1）请求仲裁的意思表示。

（2）仲裁事项。

(3) 选定的仲裁委员会。

当事人在签订合同时可采用如下仲裁条款:"凡因履行本合同发生争议,由双方协商解决;协商不成的,提交×××仲裁委员会仲裁。"

当事人达成仲裁协议后,一方向人民法院起诉的,人民法院不予受理,但仲裁协议无效的除外。

有了仲裁协议,方可提出仲裁申请。

四、当事人申请仲裁,应提交下列证据、材料

(1) 仲裁申请书。

(2) 仲裁协议。

(3) 当事人主体资格的证明文件。

(4) 合同文件及其附件。

(5) 支持其仲裁请求的证据材料:①与本案有关的票据、信函、材料;②违约或侵权事实及其损害后果的证明材料;③其他与案件有关的证据材料。

(6) 当事人委托代理人办理仲裁事项或参与仲裁的,应当提交书面授权委托书。

五、经济仲裁申请书的结构和写法

(一)标题

首页居中写"仲裁申请书"或"关于××的仲裁申请"

(二)当事人基本情况

内容包括:双方当事人的姓名、性别、年龄、职业、工作单位和住所;当事人是法人和其他组织的,写明名称、住所和法定代表人或主要负责人的姓名、职务等。申请人基本情况列前面。

(三)案由

写明提请仲裁的纠纷性质。

(四)仲裁请求

或称请求事项。主要写明申请仲裁所要解决的具体问题、所要达到的要求和目的。比如,要求解除合同,履行合约,退还货款,赔偿损失,支付违约金等等。所提要求应明确具体,合理合法。仲裁请求不得过于笼统,或提出一些不切实际、不合情理的过分要求。

(五)事实和理由

这一部分是仲裁的核心内容,它既是申请人提出申请的依据,也是仲裁机构进行仲裁的主要根据。内容上要求概括叙述经济纠纷的事实经过,说明请求仲裁的理由和法律依据,指出有关证据、证据来源、证人姓名和住所等。其中陈述事实要把纠纷的由来、双方争议的焦点、被申请人违约的事实陈述清楚;阐述理由,要根据事实证据和有关法律、法规和制度,将被申请人的违约性质和应承担的法律责任阐述清楚。这一部分要充分体现"以事实为依据,以法律为准绳"的精神。事实清楚,证据可信,理由充分,运用法律法规恰当,仲裁机构才能依事据理作出公断,申请人才能达到仲裁的目的。

(六)尾部

尾部的内容包括:呈送仲裁机构名称,按信函格式写"此致""×××仲裁委员会";申请人署名、签章和具文日期。

(七)附项

在尾部的左下角标明附项的内容。附项主要包括:①本仲裁申请书×份;②书证×份;③物证×份;④证人姓名、住址等。

六、注意事项

(1)提交仲裁申请书是引出仲裁的先决条件,所以,写作仲裁申请书要有的放矢,文中要针对被申请人或被申诉人的违约事实和双方争议的焦点,明确提出仲裁申请的目的和要求,而且要求应当合情、合理、合法。

(2)陈述事实要实事求是,客观中肯。判断违约要列示证据,叙及争议要抓住关键,阐述理由要依事据法。

(3)语言要准确精练,条理清楚。既要坚定、明确地表明自己对违约方争议点的态度,又要避免使用过激言语,以免进一步扩大矛盾,不利问题解决。

【例文】

仲裁申请书

申诉方:××县××镇××村村委会

法定代表人:牛××,村长

被诉方:××县××厂,地址:××县城关镇东方路13号

法定代表人:南××,厂长

案由:被诉方单方终止合同

请求事项:

(一)继续履行协议;

(二)赔偿申诉方经济损失。

事实与理由:

200×年5月5日,申诉方与被诉方签订"联办淀粉厂协议书",约定双方共同投资建厂。申诉方投资为三分之一,被诉方投资为三分之二,投产后利润也按投资比例分成。协议书第12条规定:"本协议签订后,双方信守协议,不得以任何理由单方终止。任何一方终止协议,一切后果由提出终止协议方负责。"(见附件2)

双方于200×年5月筹建施工。申诉方与被诉方各投资10万元,计划200×年元月底建成投产。不料被诉方200×年8月突然提出:"经请示县经计委,不再给淀粉厂投资"(见附件3),为此,申诉方数次找被诉方协商,同时主动向县经计委申明情况,希望督促被诉方履约。但被诉方竟不予理会,公然单方终止协议,不但不承担任何经济损失,还无理要求申诉方承担被诉方全部投资款项。不仅如此,被诉方还背着申诉方函告县电力局,要求停止使用用电补贴,故意给筹建工作设置障碍。申诉方多次规劝其继续履行协议,但被诉方却根本听不进去,置经济合同法和双方签订的协议书于不顾,一直奉行违法行为。申诉方在做出多方努力毫不见效的情况下,为了维护国家的法律尊严,保护自身的合法权益不受侵害,特向贵会提出仲裁申请,请求依法裁决。

此致

××县工商行政管理局经济仲裁委员会

申诉方：××镇××村民委员会（印）
法定代表人：牛××（签章）
20××年4月1日

附：1. 本申请书副本一份。
2. 协议书一份（复印件）。
3. 被诉方擅自终止合同的函件一份。

【例文简析】

这是一份经济纠纷仲裁申请书。正文中当事人基本情况、案由和请求事项齐备、明确，内容格式规范。事实经过和理由部分，能注意抓住对方违约的事实和双方争议的焦点着墨，思路清晰，文字简练，而且提供了有关证据。不足之处，文中对被诉方毁约的背景和理由写得比较含糊，不够明确具体，且缺乏指认被诉方违约的具体法律依据。

第二节　经济仲裁答辩书

一、经济仲裁答辩书的涵义和用途

经济仲裁答辩书是被申请人为了维护自己的经济权益，针对申请人在仲裁申请书中提出的要求及所依据的事实和理由，向仲裁机构作出答复和辩解的文书。

被申请人在收到仲裁申请书后，应在仲裁规则规定的期限（15日）内向仲裁机构提交仲裁答辩书和有关证据。提交仲裁答辩书既是仲裁规则的要求，也是被申请人应享有的权利。通过提交仲裁答辩书，不仅可以有效保护自己的合法权益，也利于仲裁机构全面了解仲裁案情，准确行使仲裁权。仲裁机构收到被申请人的答辩书后，即可审理仲裁，若被申请人不按期提交答辩书，仲裁程序也可以照常进行。

二、经济仲裁答辩书的特点

（1）使用对象的特定性。经济仲裁答辩书只能由被申请人或委托代理人提出。

（2）答辩内容的针对性。经济仲裁答辩书答复和辩解的问题，皆是申请人在经济仲裁申请书中所提出的事项和要求。

三、经济仲裁答辩书的结构和写法

（一）标题

首页居中写“仲裁答辩书”。

（二）当事人基本情况

内容包括：答辩人（被申请人）和申请人双方单位名称、法人代表、姓名、职务、通讯地址等。在写作实践中，由于答辩人都是就对方当事人的申请内容进行答辩的，对方申请在先，所以对方当事人的情况也可以略去不写。

（三）导言（或案由）

开宗明义地说明答辩的事由，即简述因何人、何事而进行答辩。例如：“因申请人×××诉我××一案，现提出答辩如下：”

(四)答辩意见

这部分内容是答辩书的关键部分。必须针对申请人在仲裁申请书中提出的事实、证据、理由,据理答复和辩解,表明观点,作出对己方有利的陈述。

答辩理由的写作,要有针对性和重点。一般先叙明案情,辨明原委,然后针对仲裁申请人提到的问题和要求进行答辩。如果对方所列举的事实和理由基本合情合理,答辩时只需明确表态,一语带过,然后重点阐明对方在引起纠纷中所应承担的责任。如果对方所列举的事实和理由部分不合理,或者完全悖于情理,那么就需要重点辨析对方在哪些问题上怎样歪曲了事实,怎样违背了事理。辨析的过程同时也是区分责任、阐明观点,进而为自己辩解的过程。在充分阐明理由的基础上,要客观而明确地肯定自己在经济纠纷中合理合法的行为,指出对方悖理违法之处,并提出自己认为合理处理纠纷的意见和主张,请求仲裁机构作出公正裁决。

(五)尾部

尾部内容包括:呈送仲裁机构名称。采用信函格式写"此致""×××仲裁委员会";具名、签章和注明日期;附件的名称和份数。

四、注意事项

(1) 针锋相对,有的放矢。必须针对申请人提出的问题、所依据的事实证据及理由,逐一表述自己的答辩观点;认同还是反对,是部分认同还是部分反对,必须旗帜鲜明、明确具体。

(2) 以事实说明问题,实事求是,以便仲裁机构作出公正的裁决。

(3) 既要使语言具有论辩色彩,又要掌握好措辞分寸,避免言词过激,激化矛盾。

【例文】

仲裁答辩书

答辩人:××市××房地产开发公司

地址:××市××路××号

法定代表人:×××　　　　职务:经理

申请人:××市第三建筑设计院

地址:××市××路××号

法定代表人:×××　　　　职务:院长

因申请人××市第三建筑设计院向贵会申请仲裁设计合同,追索设计费、赔偿损失一案,我公司根据事实特作如下答辩:

我公司与申请人于200×年×月×日签订了《商贸楼设计合同》。根据合同条款,我公司向申请人预付5万元人民币作定金,即设计费总额的20%。后我公司因内部原因曾于同年×月×日向申请人说明情况,提出要求终止合同。双方进行了多次磋商,终因申请人索取费用(包括所谓"设计费"和"赔偿费"等)过高,双方未能达成协议,于是申请人向贵会申请仲裁。现就申请人提出的理由答辩如下:

一、申请人要求我公司支付"设计方案意见费"8万元是毫无根据的。根据××××年××计委印发的《工程设计收费标准》总说明中第十七条的规定:"设计费按设计进度分期拨付,设计合同生效后,委托方应向设计单位预付设计费的20%作为定金,初步设计完成后付30%,施工图完成后付50%。"然而申请方向我公司提交的是《设计方案意见书》,并不是初步设计书。根据规定，初步设计书应包括初步说明书，初步设计概算书及设备、结构、电器三个专业图纸。而申请人只交付《设计方案意见书》要我公司审批，我公司认为申请人没有完成合乎规定的初步设计，因此不能按规定支付设计费。

我公司与申请方签订的设计合同第五条第二款规定："方案设计完成后20天内，甲方即向乙方支付设计费8万元。"该合同规定也是指初步设计书完成后付8万元，并不是指《设计方案意见书》完成后即付8万元。申请人把两个不同的概念混为一谈，向我公司追索8万元，既不符合国家的有关规定，也不符合合同条款规定。因此，我公司拒绝申请人的请求是有充分理由的。据此申请人请求我公司支付延期付款0.5万元的违约金也是没有根据的。

二、申请人要求我公司赔偿经济损失3.4万元(其中施工图设计2.9万元，逾期违约金0.5万元)是没有根据的。

双方签订的设计合同规定："写字商务楼的基础图，在设计方案认可后两个月及收到勘察资料后一个月内交付施工图。"申请人在我公司对《设计方案意见书》尚未认可的情况下，违反双方签订的设计合同条款规定，这是不履行合同的行为，所造成的后果应由申请人一方负责，我公司不承担任何经济损失责任。所以，我公司不承担申请人提出的施工图设计费2.9万元及其他经济损失的责任，这是理所当然的。

三、根据《建筑工程勘察设计合同条例》第七条之规定："按规定收取费用的勘察设计合同生效后，委托方应向承包方付给约定金。勘察设计合同履行后，定金抵扣勘察、设计费。"又规定："委托方不履行合同的无权请求返还定金。"根据以上条款，我公司与申请人签订合同后，按规定支付5万元定金，并且申请人也提交了《设计方案意见书》，双方均已履行合同，只是由于客观情况的变化提出终止合同，并不是不履行合同。所以申请人毫无理由扣我公司的5万元定金。再另外收取方案设计费8万元的行为，更是没有道理。我公司意见，可用定金抵作申请人所提供的《设计方案意见书》的设计费用。

综合上述意见，我公司请求仲裁委员会做出公正裁决。

此致

××市工商行政管理局经济合同仲裁委员会

答辩人：××市××房地产开发公司(公章)

法定代表人：×××(签章)

二〇〇×年×月×日

附：

1. 本仲裁答辩书副本2份。

2. 书证4份：《商贸楼设计合同》1份、定金收据1份、《设计方案意见书》1份、《关于要求终止合同的函》1份。

(摘自广东科技职业学院网站)

【例文简析】

这篇经济仲裁答辩书，文首答辩人、申请人基本情况齐全，导言简洁。正文主体在点明引发纠纷的事由后，陈述与申请人曾签订合同，向对方预付了定金，以及己方因内部原因提出过终止合同而与申请方磋商未果的情况，为后文答辩奠定了事实基础。之后，就申请人提出的三个问题逐一进行了答辩。在答辩中，注重阐明事实真相，并做出针锋相对的辩驳；注重引用于己有利的有关规定及与申请人签订的合同条款，辩驳有理有据，而且观点鲜明，语言犀利。篇末拿出对5万元定金的倾向性意见，又体现配合调解的诚意。

缺点，个别事实环节的交代略显含糊，如引出2.9万施工图设计费问题的表述。

【思考与练习】

1. 经济仲裁申请书由哪几部分组成？试简述各部分的写法。
2. 经济仲裁答辩书的答辩意见部分一般写哪些内容？
3. 经济仲裁申请书和经济仲裁答辩书的写作有哪些注意事项？

第十九章

招标、投标文书

第一节　招标、投标概述

一、招标、投标的概念

招标是在兴建工程、大宗采购或定做商品时，以业主为招标人，或委托专门的招标机构作为招标人，公布拟建项目、拟购商品的有关条件和要求，征召工程承建单位和卖方、承包商等，在指定的时间、地点，按照一定程序前来投标，最终择优选定合作对象的活动。专门的招标机构是指按国家规定、具有法人资格和招标资格，从事国内、国际招标业务的专职机构；业主是指工程项目建设单位、采购或定做商品的法人或其他组织；投标人是指按招标文件规定参加竞投的承建单位、卖方、供应商或其他组织；中标人是指通过招标、投标活动最终被招标人、业主选定为合作对象的工程承包人、供应商、制造商及其他组织。

招标、投标是一种国际通用的经济活动方式，随着我国市场经济体制的建立和完善，特别是在我国加入 WTO 之后，招标、投标活动越来越多，招标、投标文书用得也越来越广泛，作用越来越大。学习招标、投标文书的目的就是通过学习理论知识和实训，了解招标、投标及相关知识，明确招标、投标文书的含义、用途和特点，掌握招标、投标文书的规范写法，以广泛应用于实践。

二、招标、投标的一般程序

招标投标文书是招标、投标活动的载体和凭证，为了熟悉和理解招标、投标的内容和写法，需要了解招标、投标的相关知识和一般程序。

（一）招标程序

(1) 招标单位编制和报审招标文件。

(2) 发出招标公告或招标通知书、邀请书。

(3) 招标单位对投标企业或个人进行资格审查。

(4) 投标单位购买招标文件、编制投标书和投标。

(5) 在预定时间内开标、评标、决标。

(6) 发出中标通知书或公告。

(7) 招标、中标双方签订书面合同。

（二）投标程序

(1) 响应招标，成立投标机构。

(2) 选择投标项目，向招标单位报送投标申请书。

(3) 接受招标单位的资格审查，审查通过后，购买或领取招标文书。

(4) 按要求编制投标书，在规定的时间内投标。

(5) 参加开标会议。

三、招标方式

招标分为公开招标和邀请招标两种，邀请招标也称有限招标。

(一)公开招标

公开招标是指招标人以招标公告的方式邀请不特定的法人或者其他组织投标。招标人采用公开方式招标的，应当发布招标公告。依法必须进行招标的项目，应当通过国家指定的报刊、信息网络或者其他媒介发布招标公告，以尽可能扩大招标范围。

(二)邀请招标

邀请招标是指招标人以投标邀请书的方式邀请特定的法人或者其他组织投标。邀请招标的对象应当符合下列条件：

(1) 招标人应当向三个以上的特定法人或其他组织发出投标邀请书；

(2) 招标人所选的潜在投标人应当具有承担招标项目的能力，资信良好。

我国《招标投标法》第十一条规定："国务院发展计划部门确定的国家重点项目和省、自治区、直辖市人民政府确定的地方重点项目不适宜公开招标的，经国务院发展计划部门或者省、自治区、直辖市人民政府批准，可以进行邀请招标。"

四、招标、投标文书的特点

(一)公开性

这是由招标、投标活动的性质决定的。因为招标本身就是横向联系的经济活动，凡是投标者需要知道的内容，如招标条件、招标要求、注意事项，都应在招标文书中予以公开说明。公开是公平竞争的前提和基础。在招标的过程中，从招标公告的刊登、招标文件编制、投标文件格式和递交、公开开标、评标、授标、签中标合同等各个步骤，都要严格按照公开、公平、公正原则进行。

(二)简明性

因为招标是为了解决招标单位或招标者所遇到的难以解决的任务或问题，所以招标项目、要求和技术质量指标等内容要简明具体。包括数量、质量、方法、步骤、时间、地点等，都必须写得既全面、具体，又简洁、周密，不可含混，不可疏漏。

(三)规范性

招标、投标的一切活动，都要依据我国《招标投标法》和国际有关规定按程序行事，招标、投标文书中的内容必须符合国家法律和行业的明确规定。

(四)竞争性

投标、招标是按照一定的法律程序进行的竞争性经济活动，从投标者中选优的做法本身决定了招标书具有竞争性。换句话说，招标是利用投标者之间的竞争达到优选投标者的经济活动。招标书实质是对投标者所发出的要约，投标文书实质是对招标要约的一种承诺。各个投标者按照招标要求向招标者提供的投标书，既表明了合作意愿，又是一个比实力、比信誉、比策略的备选方案，本身就具有竞争性。

五、招标、投标文书的种类

招标、投标是个系统过程，产生的文书种类较多，依不同的标准有不同的分类：

(1) 招标、投标是相互对应的，围绕不同主体的活动，通常可按文书作用把它们分为招标文书和投标文书两大部分：

① 招标文书包括招标公告、招标通知书、招标邀请函、招标章程(须知)、评标结果报告、中标通知书、招标书、委托代理书、合同或协议书、图纸等。

② 投标文书包括投标申请书、投标书、工程承诺书、资质证明材料、投标报价说明及造价表、图纸等。

(2) 按性质内容划分，有工程项目的招标、投标文书，大宗商品交易的招标、投标文书，选聘人员的招标、投标文书，企业承包或租赁的招标、投标文书，劳务招标、投标文书，科研课题的招标、投标文书，技术项目引进或转让的招标、投标文书等。

(3) 按招标范围分类，可分为国际招标书、国内招标书、部门系统内招标书和单位内部招标书等。

(4) 按合同期限分类，又可分为长期招标文书和短期招标文书两类。

(5) 按实施步骤区分，又可将上述几种招标分为"一步招标法"和"两步招标法"两种：

一步招标法是指招标人一次报出投标价和技术响应书，截标后紧接着开标、评标、授标。这是一般大量运用的方法。

两步招标法即投标人先报出技术响应书(不带报价)，开标后招标人研究分析各个投标技术方案，筛选淘汰不合格的投标方案，可进行技术澄清或商谈，然后平衡综合，修改原招标书，写出新的招标技术规格书，发给合格的投标人，这是第一步。第二步是和一步招标法一样的，投标人按新的招标技术规格书，报出自己的技术响应书和投标价，截标后开标唱价，招标人组织商务和技术审核，然后计算各投标人的评标价高低，按评标价最低中标的原则确定中标人。两步招标法不常使用，只在工艺复杂、技术含量高的货物采购和工程量不容易确定、施工复杂的土建工程招标中才使用。

招标、投标文书种类繁多，因招标、投标的投资、规模、复杂程度、技术含量、参与人员多寡、招标投标环节等情况的不同，所用文书种类也有区别。本章学习的内容，主要围绕招标书、投标书，辅之以与其联系紧密的招标公告、投标邀请书、中标通知书等几种最基本的招标、投标文书及相关知识。

第二节 招标文书的写作

一、招标公告的内容和写法

招标公告，又称招标启事或招标通告，它是招标过程中发布的第一个文件，属周知性文件。招标公告应包括以下内容：

(1) 招标人的名称、地址，委托代理机构进行招标的，应注明该机构的名称和地址；

(2) 招标项目的性质，标明是属于工程项目、货物或服务项目；

(3) 招标项目的数量；

(4) 招标项目的实施地点和实施时间；

(5) 招标文件的获取办法。

招标公告的文体结构通常由以下几部分构成：

(一)标题

标题一般由招标单位、招标项目和招标文件名称三部分组成，如《××单位建筑工程招标公告》；也可以单独或同时省略前两项要素，写成《××单位招标公告》《××工程招标通告》或《招标公告》等。

(二)编号

如果是委托招标公司制作的招标公告，则在标题下一行右侧标明文件编号，以备归档核查。

(三)导言

导言写明招标的项目名称、目的、依据等。文字要短小精练。

(四)主体

招标的具体内容和项目事宜都要在这里体现出来。包括招标人的名称和地址、招标项目的性质、数量、实施地点和时间，以及获取招标文件的办法等事项。

招标人可以根据招标项目本身的要求，在招标公告或者投标邀请书中，要求投标人提供有关资质证明文件和业绩情况，以便对投标人进行资格审查；国家对投标人的资格条件有规定的，应依照其规定办理。

正文通常采用分条叙写的方式，层次要清楚，表达要明确，能给人以清晰的印象。

(五)落款

在文尾签署招标单位的名称、地点、邮政编码、电话号码、电报挂号、联系人姓名以及招标公告的发布日期等。

(六)附件

某些专门化的内容，如项目的具体数字、工期一览表、设计和勘探资料及相关的各类说明书等，通常作为附件列于文后或作为其他招标文件另发。

二、投标邀请书的内容和写法

为了提高招标工作的效率，保证工程项目的质量，招标单位还可以采用邀请投标的方式进行招标，依据规定应当向三个以上具备承担招标项目能力、资信良好的特定法人或者其他组织发出投标邀请书。邀请投标，是公开招标的补充形式。这种情况下，在发出投标邀请书的同时，还要随函寄上招标公告。投标邀请书的结构如下：

(一)标题

投标邀请书的标题一般由招标单位名称、招标项目名称和文种构成，或由招标单位名称和文种构成。也可直接写“投标邀请书”、“投标邀请函”。

(二)主送

主送写明受邀请单位的名称。

(三)导言

先简要阐明发函的目的、根据、招标的项目名称等，并对被邀请单位表示赞赏和肯定，再用过渡语“现将有关事宜函告如下”引至主体。

(四)主体

主体多用条文式,也可用表格式写明内容:包括项目名称、实施招标项目地点、招标条件、要求、开标日期等。商品招标书要写明商品的名称、数量、规格、价格等要求。内容与招标公告基本相同。

(五)结尾

结尾写招标单位名称、地址、法人代表、成文日期并加盖印章、联系人姓名、电话号码等,必要时还可写上开户银行及账号。

三、*招标书的内容和写法*

(一)招标书的涵义和作用

招标书又称招标说明书,是招标者用以公布拟建工程项目或拟购大宗商品的内容及条件、要求和标准,以期征召和优选承包对象时所编写的文字材料。

招标在国际上被广泛运用于货物、工程、服务等领域,在经济活动竞争中有很大的作用。有助于实现社会资源优化配置,其公平的、透明的操作程序有助于防止腐败,倡兴廉政。有利于经济的繁荣和社会的发展。

我国《招标投标法》第三条规定:“在中华人民共和国境内进行下列工程建设项目,包括项目的勘察、设计、施工、监理以及与工程建设有关的重要设备、材料等的采购,必须进行招标:

(1) 大型基础设施、公用事业等关系社会公共利益、公众安全的项目;

(2) 全部或者部分使用国有资金投资或者国家融资的项目;

(3) 使用国际组织或者外国政府贷款、援助资金的项目。”

《招标投标法》还规定:“任何单位和个人不得将依法必须进行招标的项目化整为零或者以其他任何方式规避招标。”可见,国家是提倡在经济活动中进行招标、投标的。招标投标活动应当遵循公开、公平、公正和诚实守信的原则。

(二)招标书的内容和结构

招标书一般由标题、正文、落款三个部分组成:

1. 标题

招标书的标题主要有以下几种形式:一是由招标单位、标的名称或事由、文种构成,如《××市第三污水处理厂设备安装工程招标书》;二是只写招标单位和文种,如《××市第三污水处理厂筹建处招标书》;三是事由和文种,如《建筑安装工程招标书》;四是文种一项,如《招标书》或《招标说明书》。

2. 正文

正文一般由导语、主体、结尾组成:

导语。应写明招标单位及招标项目的基本情况,即招标的目的、依据及标的名称等,文字要简洁准确。

主体。这是招标书的核心内容。一般用条文式,有的也可用表格式或条文和表格结合的形式。由于招标书的性质和内容不同,其写法也不尽相同。主体部分包括三方面内容,一般需要分条列项地写出:

一是招标项目的情况信息:如工程招标要写明标的概况、资金来源、工期、工程建设标准;

二是招标、投标的法规要求和参与招标、投标活动的应知信息,含招标步骤、投标程序、投标费用、招标的起止时间、开标时间、评标原则和办法、合同规则(或合同示范本)等；

三是对招标对象的条件要求：含招标范围、投标人资质、投标保证金、投标书等。

商品招标书要求标明商品的名称、数量、规格、价格等。

科技项目招标书则要求写清招标原则，项目名称，任务由来，研究开发目标，研究开发内容，经济技术指标，研究开发的进度要求、成果要求、经费要求，承包单位的条件及要求等。

招标书还有一些附件，如：具体的工程量清单、图纸、欲购商品清单等。内容应力求详尽、具体，表述力求规范、明确。招标书的内容较多时，要装订成册。

招标工作的结果是要优选一个或几个合作对象建立合同关系，招标书的内容实质是招标单位发出的要约。

3. 落款

落款写明招标单位的名称(全称)、法人代表和日期。装订成册的招标书，在封面或正文开头部分已写明的，可从略。

四、中标通知书的内容和结构

中标通知书是招标单位向中标单位发出的通知文书，有时，也以“中标公告”的形式在媒体上发出。投标应当符合下列条件之一才可中标：

一是能够最大限度地满足招标文件中规定的各项综合评价标准；

二是能够满足招标文件的实质性要求，并且经评审的投标价格最低；但是投标价格低于成本的除外。

中标通知书的结构一般包括标题、发文字号、主送单位、正文和落款几个部分，与一般公文相近，公文中通知的写法可作参考。

(一)标题

一般有两种写法，一是仅写文种：《中标通知书》；二是项目名称加文种，如《青藏铁路拉萨至××段站前工程施工招标中标的通知》。

(二)发文字号

与公文同，由发文单位代字、年号和序号组成。如“陕发〔2005〕78号”。

(三)主送单位

写清中标单位名称。

(四)正文

包括前言、主体和结尾。

(1) 前言。说明依据和评标结果，明确通知事项。

(2) 主体。具体说明中标内容和要求，交代下一步的有关事宜，如签订合同或协议。

(3) 结尾。常以习惯用语“特此通知”为结尾。

五、招标文书的写作要求

(一)要有较强的政策观念和法律观念

撰写招标书时，要遵照国家的《招标投标法》等法规办事，内容要合法合理，切实可行。招标书的要求和应知事项，要符合国家有关法律、法规、政策和程序的规定；违反国家法律、法规的不能中标。如违反我国公布的“民法通则”、“反不正当竞争法”等法律法规的，应取消其中标资格。

(二)必须贯彻平等互利的原则

招标是一种为所有合格投标人提供公平竞争机会的交易方式,因此招标书内容必须建立在平等的基础上。如,招标书中引用的标准和技术规格应尽可能采用国家标准、部颁标准或国际上认可的标准。

招标单位与投标单位之间,应以协作互利为本。招标单位不能把条件订得过于苛刻,投标单位报价也应适中,底标与报价要符合当时社会的平均价格水准。

(三)内容重点明确,全面周密,方案既科学、先进,又适度、可行

重点明确,内容周密。招标项目(即标的)是招标书的核心内容,对其有关情况、招标范围、具体要求,都要写清楚。如建设项目的工程名称、数量、技术质量要求、进度要求,甚至建筑材料的要求等等。该写的一定要写全,尽可能周到,没有空子可钻,以免日后发生纠纷。

(四)语言简明、准确,对技术规格、质量要求的表述绝对准确、无误

【例文 1】

招 标 公 告

陕西九州生物医药科技园,是陕西九州生物科技股份有限公司投资建设的现代化生物医药园区。园区集生物医药及中药的研发与生产、新药评价研究、成果展示与示范生产、成果转让与产业化、企业孵化及人才培养等六大功能为一体,是陕西省"十一五"规划重点建设项目。

作为园区标志性建筑的综合办公楼,是园区办公和商务活动的中心所在地,建筑面积 $8400m^2$,结构形式为六层框架,已完成土建与安装施工,现对室内装饰工程公开招标。具体要求如下:

资质要求:装饰设计乙级以上(含乙级)、装饰施工二级以上(含二级)资质。

报名时间:2006 年 5 月 18 日—5 月 25 日

报名地点:西安高新区科技六路 196 号陕西九州生物医药科技园园区工程建设指挥部。

联 系 人:陈先生　杨小姐

电话:88586007　88586789(传真)

(详情请登录本公司网站 http://www.jzgroup.com)

陕西九州生物医药科技园园区工程建设指挥部

二〇〇六年五月十七日

(来源:《华商报》)

【例文简析】

例文标题简明醒目。正文将建设单位名称、工程项目及重要意义、建筑地点、建筑面积、工程基础、本次招标的项目内容、招标对象的资质要求、招标起止日期、报名地点等事项逐条列出,简明扼要,符合一般工程项目招标书的要求。公告借助于报纸媒体发出,范围广泛,有利于优选设计、施工企业。

【例文 2】

建筑安装工程招标书

为了提高建筑安装工程的建设速度，提高经济效益，经________（建设主管部门）批准，________（建设单位）对________建筑安装工程的全部工程（或单位工程，专业工程）进行招标（公开招标由建设单位在地区或全国性报纸上刊登招标广告，邀请招标由建设单位向有能力承担该项工程的若干施工单位发出招标书，指定招标由建设项目主管部门或提请基本建设主管部门向本地区所属的几个施工企业发出指令性招标书）。

一、招标工程的准备条件

本工程的以下招标条件已经具备：

1. 本工程已列入国家（或部、委，或省、市、自治区）年度计划；

2. 已有经国家批准的设计单位出的施工图和概算；

3. 建设用地已经征用，障碍物全部拆迁，现场施工的水、电、路和通讯条件已经落实；

4. 资金、材料、设备分配计划和协作配套条件均已分别落实，能够保证供应，使拟建工程能在预定的建设工期内连续施工；

5. 已有当地建设主管部门颁发的建筑许可证；

6. 本工程的标底已报建设主管部门和建设银行复核。

二、工程内容，范围，工程量，工期，地质勘察单位和工程设计单位：

____。

三、工程可供使用的场地、水、电、道路等情况：

____。

四、工程质量等级，技术要求，对工程材料和投标单位的特殊要求，工程验收标准：

____。

五、工程供料方式和主要材料价格，工程价款结算办法：

____。

六、组织投标单位进行工程现场勘察，说明招标文件交底的时间、地点：

____。

七、报名，投标日期，招标文件发送方式：

报名日期：________年________月________日；

投标期限：________年________月________日起至________年________月________日止；

招标文件发送方式：

____。

八、开标、评标时间及方式，中标依据和通知：

开标时间：________年________月________日（发出招标文件至开标日期，一般不得超过两个月）。

评标结束时间：________年________月________日（从开标之日起至评标结束，一般不得超过一个月）。

开标、评标方式：建设单位邀请建设主管部门、建设银行和公证处（或工商行政管理部门）参加公开开标，审查证书，采取集体评议方式进行评标、定标工作。

中标依据及通知：本工程评定中标单位的依据是工程质量优良，工期适当，标价合理，社会信誉好。最低标价的投报单位不一定中标。所有投标企业的标价都高于标底时，如属标底计算错误，应按实予以调整；如标底无误，通过评标剔除不合理的部分，确定合理标价和中标企业。评定结束后五日内，招标单位通过邮寄（或专人送达）方式将中标通知书送发给中标单位，并与中标单位在一月（最多不超过两月）内签订________建筑安装工程承包合同。

九、其他：

____。

本招标方承诺，本招标书一经发出，不得改变原定招标文件内容，否则，将赔偿由此给投标单位造成的损失。投标单位按照招标文件的要求，自费参加投标准备工作和投标，投标书（即标函）应按规定的格式填写，字迹必须清楚，必须加盖单位和代表人的印鉴。投标书必须密封，不得逾期寄达。投标书一经发出，不得以任何理由要求收回或更改。

在招标过程中发生争议，如双方自行协商不成，由负责招标管理工作的部门调解仲裁，对仲裁不服，可诉诸法院。

建设单位（即招标单位）：____________________

地　址：____________________

联系人：____________________

电　话：____________________

________年________月________日

【例文简析】

这是一则规范的招标书样本，项目齐全，表述条理清晰，语言准确规范。可据此结合本单位某一拟建工程写一招标书。

【例文 3】

关于大秦铁路茶坞至大石庄段站前工程施工招标中标的通知

铁道部十六工程局、第三工程局、第一工程局：

在铁道部、建设银行具体指导下，经我局招标领导小组扩大会议评议并报部里批准，茶坞至大石庄段（含段甲岭联络线）站前工程，由铁道部第十六、第三、第一工程局分段中标，共同承担施工。具体分段里程为：

十六工程局：下线 DK 342＋767-DK 379＋500；

第三工程局：正线 DK 379＋500-DK 389＋700；

第一工程局：正线 DK 389＋700-DK 398＋000 及全部联络线。

请各中标单位按上述分段，仍以技术设计文件为准，计算出管段内的工作量，采用标书中报价单的形式，分项按各自的综合单价（临时工程费及其他费用按全线长为 60 公里计算出的公里指标）计算各局的包价，在 12 月上旬前，送我局××基建发包组，核定包价。根据铁道部对技术设计的批复及降低大秦铁路工程造价措施所引起的变更（附铁道部批复及通知），以后另行修改包价。

特此通知。

××××年十一月三十日

抄送：略

（引自雷唤民主编：《应用写作》）

【例文简析】

这则中标通知书基本是按照公文的形式撰写的。标题由事由和文种两因素组成，正式编号发文，字号同公文，可见处理上也依照公文程序办理。主送单位为中标单位，一一列出。正文的开头部分主要说明评议报批的过程和最终结果，即点明“中标通知书”是按程序经本级评议、上级审批而得出的结果，肯定了“通知书”的权威性和严肃性；主体部分告知中标的具体分段和包价要求等有关事宜。最后以习惯用语结尾。落款标明发包单位、代表人和时间。文字表述清晰明了，语气准确肯定。

第三节　投标文书的写作

一、投标书的涵义和作用

投标文书是投标方在投标过程中使用的文书，包括投标申请书、投标人资格审查材料、投标书、演讲或答辩书等。这里主要介绍中心文件——投标书的写法。

投标书是投标者为了中标而按照招标书提出的项目、条件和要求，以求实现与招标者订立合同而提供给招标者的承诺文书。投标是对招标的响应，是与其他承包者的竞争，投标书同时也是提供给招标人的备选方案。

投标和招标一样在国际上被广泛运用于货物、工程、服务等领域，在经济活动和竞争中有很大的作用。同招标相同的是，它同样具有符合市场经济原则和规律的特点。其规范、有效的竞争有助于实现社会资源的优化配置，其公平的、透明的操作程序有助于防止腐败，倡兴廉政。它和招标一起保护了市场竞争公平、公正、公开的原则，有利于保证项目质量和国家利益，有利于经济的繁荣和社会的发展。

投标和招标是相对应的，先有招标，后有投标。招标书是投标书的引导，其后议标、评标、定标等环节的活动，无不围绕招标书进行；中标和签订合同，也要以招标书为凭据。

投标是一个比实力、比技术、比信誉、比价格、比能力、比策略的竞争过程。投标是否成功，因素很多，但与投标书撰写得好坏有着直接的关系。

二、投标书的内容和结构

（一）标题

投标书的标题一般有四种：一是由投标单位、投标项目和文种构成的标题，如“××建筑公司承建××商场改扩建项目工程投标书”；二是只写项目和文种的标题，如“××工程投标书”；三是只写投标单位和文种的标题，如“××单位投标书”；四是只写文种的标题，如“投标书”、“标书”、“标函”或“投标说明书”。

（二）主送单位名称

主送单位是对招标单位的称呼。在标题下隔行顶格写上招标单位的名称，末尾加冒号，书写时要求使用全称或规范化简称。

(三)正文

投标书的正文只需要用简洁的文字直接表明态度,写明保证事项即可。有时也可根据需要简单介绍一下本单位的优势和情况,或者写明其他应标条件及要求招标单位提供的配合事项等。投标书的附件很重要,要按照招标要求分门别类地介绍、说明情况。一般来说可分为引言、主体、落款与日期、附件等四个部分。

1. 引言

以简练的语言说明投标的依据、目的或指导思想,表明投标意愿。开宗明义,提纲挈领。

2. 主体

紧紧围绕招标书提出的目标、要求来编制投标书,应当对招标文件提出的实质性要求和条件作出响应。一般为:扼要介绍投标企业现状及具备的投标条件;目前所做的工作及中标后的承诺;提出总报价限价;完成招标项目时间;明确质量标准和保证措施等。内容还应当包括拟派出的项目负责人与主要技术人员的简历、业绩和拟用于完成招标项目的机械设备等。

3. 落款与日期

包括署名、日期、联系方式、印章等内容。位置在正文的右下方。

4. 附件

投标书的附件根据需要和实际情况而定。附件内容可包括:资格审查文件、工程量清单、投标报价表、分项标价明细表、材料清单、技术规格、有关图纸和表格、担保单位的担保书等。

投标书的正文和附件是相互配合的,如果投标书的内容不是很庞杂,大部分内容可在正文中表述清楚,附件就可以减少;如果投标书整体内容很多,都写入正文,影响正文层次的清晰度,就可用多个附件分别承载其内容。正文和附件的内容布局,需要撰写人视情况而定。

三、注意事项

(一)内容要有针对性

编写投标书要紧扣招标书提出的内容和要求,既要针对招标者提出的条件,也要结合企业实际和工程任务的现状,经过充分分析论证,决定是否投标和标段的选择,内容上具有很强的针对性。投标书编写最核心的要点是要逐条响应招标书,不能有遗漏。其中的具体内容,如目标、造价、技术、设备、质量、安全措施、进度等,都要按照招标书的要求予以明确,使招标方能看出己方的投标意愿和投标能力。如果答非所问,必然会在竞争中失利。

(二)有科学求实的态度

投标内容要真实可信,切合实际。要实事求是地对投标项目进行分析、实事求是地估量本企业本单位的技术、经济实力,在标书中要实事求是地介绍己方、提出承诺。不可单纯为了中标而增加水分。否则只会使招标者产生怀疑,以致对中标产生不利影响。更不可弄虚作假,徇私舞弊。招标投标活动应当遵循公开、公平、公正和诚实守信的原则。

(三)内容要合理合法

写投标书时,一方面要遵守国家对招标、投标工作的有关法律规章,体现国家的方针、政策,另一方面要执行国家颁布的技术规范和质量标准。整个招标、投标过程中的行为和投标承诺的内容,都要符合《招标投标法》的要求。"投标人不得与招标人串通投标,损害国家利益、社会公共利益或者他人的合法权益。禁止投标人以向招标人或者评标委员会成员行贿的手段谋取中标"。"投标人不得以低于成本的报价竞标,也不得以他人名义投标或者以其他方式弄虚

作假，骗取中标。”(《招标投标法》第22、第23条)

(四)讲究时效

招标单位之所以招标，是为了利用投标者之间的竞争，优选合作对象，这其中就包含时间、效率的竞争。招标都有时限规定，投标一定要讲究时效，要在规定的时限内编制并送交投标书，这样才有资格进入投标范围。

(五)表述须明确、具体、全面、周密，以免有所疏漏，或中标后引起经济纠纷

大中型的公司或集团，需要且应该制定统一的《投标书编写规范与指南》，通过积累，建立一个投标书模版库，以保证投标书的质量，缩短投标书的编写周期。

【例文4】

投　标　书

××公司：

一、根据已收到的________________项目的竞争性谈判文件，我单位经考察现场和研究上述采购项目竞争性谈判文件的投标须知、合同条件、技术规范和其他有关文件后，我方愿以____________优惠下浮点，按上述合同条件、技术规范的条件承包上述项目供货。

二、一旦我方成交，我方保证供货周期为________天，且质量标准达到________标准。

三、我方同意所递交的投标文件在“投标须知”第×条规定的投标有效期内有效，在此期间内我方的投标有可能中标，我方将受此约束。

四、除非另外达成协议并生效，你方的中标通知书和本投标文件将构成约束我们双方的合同。

五、我方金额为人民币10000.00元的投标保证金与本投标书同时递交。

六、我方已详细审查全部竞争性谈判文件，包括修改文件，以及全部其他资料和附件。我方完全清楚应放弃一切存有含糊不清或说明的权利。

七、我方同意提供采购单位可能要求的与投标有关的一切数据和资料，完全理解采购机构不一定接受最低价投标或收到的任何投标。

八、我方愿遵守竞争性谈判文件中关于招标代理服务费的规定。

九、货物供货地点：××农业大学院内

十、本投标文件共______页

附件：1. 投标报价表
　　　2. 资格文件
　　　3. ××××

供应商：××××××(公章)
单位地址：××××××
法定代表人：(签字)××
邮政编码：××××××
电　　话：×××××××××
传　　真：×××××××××
银行账号：×××××××××

________年____月____日

（来源：中国招标网）

【例文简析】

这是一篇供货投标书。开头先表明愿以下浮若干点的优惠价按招标方要求供货，接着将供货周期、质量标准、保证金等招标方关心的因素一一列出，对招标书作出了明确的回答，并表达出在招标竞争中的诚信态度，表现了良好的企业形象。附件、正文配合密切，文末附上公司基本要素，方便进一步联系。是一份写得较完整、较简洁的投标书。

【思考与练习】

1. 何为招标、投标？
2. 招标、投标文书的特点是什么？
3. 投标书的写作有哪些注意事项？

经济文书单元综合练习

一、熟悉和理解概念

经济合同　行纪合同　标的　价款和酬金　意向书

广告　广告的媒体　广告语

市场预测报告　市场调查报告

经济仲裁申请书　经济仲裁答辩书

招标　投标　招标书　投标书

二、填空

1. 经济合同的条款有三类：即________、________和________。

2. 广告的四个基本要素：________、________、________、________。

3. 仲裁申请书是带有________的文书，是仲裁机构进行仲裁的主要依据之一。

4. 仲裁机构________行使经济审判权，主要采取________和________的方式处理经济合同纠纷。

5. 经济仲裁申请书要详细描述经济纠纷的________，以便仲裁机构裁决。

6. 按我国《仲裁法》的规定，提出仲裁申请书之前，双方当事人要有________。

7. 被申诉人收到仲裁申请书后，应在仲裁规则规定的期限________日内向仲裁机构提交仲裁答辩书和有关证据。

8. 招标、投标文书具有________、________、________和________的特点。

三、选择题(在每小题的备选答案中，其中至少有 1 个是正确的。)

1. 口头合同一般多用于(　)经济往来中。

A. 内容复杂　B. 可即时清结　C. 数额不大　D. 关系密切

2. 书面合同多用于(　)经济往来中。

A. 不能即时清结　B. 内容较复杂　C. 任意性　D. 数额较大　E. 关系密切

3. 订立经济合同的原则(　)。

A. 平等协商　B. 等价有偿　C. 所有制性质一致　D. 自愿互利　E. 实力对等

4. 经济合同应具备的主要条款有(　)。

A. 标的　B. 数量和质量　C. 价款和酬金　D. 履行的期限、地点和方式　E. 解决争议的方法

5. 下列属于理性诉求广告的有(　)。

A. 药品广告　B. 电动机广告　C. 油漆广告　D. 玩具广告　E. 复读机广告

四、简答题

1. 简述经济合同的特点。合同写作有什么要求？

2. 哪些是无效合同？举例说明。

3. 为什么经济合同要有"违约责任"和"解决争议的方法"的条款？

4. 意向书有哪些特点？与合同有什么区别？

5. 意向书写作的注意事项有哪些？

6. 广告写作应注意的事项有哪些？广告语的作用是什么？

7. 常用的市场调查方法和预测方法有哪些？

8. 写市场调查与市场预测报告应注意的问题有哪些？

9. 如何写作经济仲裁答辩书的理由？

10. 简述投标书的写作要求。

五、评析题

在报刊或电视上选择一篇广告，并从内容、形式上加以评议。

六、写作和修改

1.根据下面的材料拟写一份合同。

绿荫茶叶公司法人代表刘建华和丽苑茶场法人代表夏依德于2005年3月10日签订了一份茶叶购销合同，具体货物是特级绿茶，数量为1500千克，每千克价格为75元，2005年6月20日之前由茶场直接运往公司，运费由茶场负责，检验合格后，公司于收货10天以内通过银行托付货款。茶叶必须用大塑料袋外包，纸袋内装，外用纸箱或麻包包装。包装费仍由茶场负责。茶场地址为：××省曲阳县城北区，开户银行是曲阳县农业银行，银行账号：05786，电话：(02×)××××××83。茶叶公司地址为××市××路××号，开户银行为××市工商银行，账号564806，电话××××××××。合同签订后，如双方不履行，在正常情况下拒不交货或拒付款都须处以货款20%的罚金，迟交货或迟付款，则每天罚万分之三的滞纳金，数量不足，按不足部分的货款计赔，仍按20%的比例赔偿。质量不合格，则重新酌价。如遇特殊情况，则提前20天通知对方，并赔偿损失费10%。本合同由曲阳县工商行政管理所鉴证。

2.请根据下面提供的材料，撰写一份企业购买水泥的招标公告。

××市永昌建筑工程公司决定对采购1000吨(400#)水泥实行公开招标。到货时间为2009年6月21日，投标时间为2009年3月1日，投标地点在公司大楼二楼会议室。联系人：许小姐。电话：02×－88289718。

3.某校因改善教学条件，需要再装备两个计算机实验室，共需要计算机60台，拟采用招标形式完成采购、安装等任务，请结合此项任务选择和拟写相关应用文，如招标文书、投标文书、中标通知书、合同等。

4.下面的合同从内容到表达有多处错误，请讨论后分别指出，并拿出你的正确意见，然后改写。

经济合同

立合同人：

××化工厂第四车间(以下简称甲方)

××第二建筑公司计划科(以下简称乙方)

为建筑××化工厂第四车间西厂房，经双方协商，订立本合同：

(1)甲方委托乙方建造西厂房一座，由乙方全面负责建造。

(2)全部建筑费(包括材料、人工费等)57.7万元。

(3)甲方在订立合同后先交一部分建筑费，其余在西厂房建成后抓紧归还所欠部分。

(4)等待乙方筹备就绪后立即开工，力争3月中旬开工，争取11月交活。

(5)建筑材料由乙方负责筹备。

(6)本合同一式二份，双方各执一份。

立合同人：××化工厂第四车间(签章)

车间主任　刘××　(签字)

××第二建筑公司计划科(签章)

科长　许××　(签字)

200×年××月××日

新　闻　写　作

第二十章

新闻文体概述

一、新闻文体的概念

新闻，是对新近已经发生和正在发生、或者早已发生却是最近发现的有价值的事实的报道。新闻文体是新闻报道中使用的各种文体的总称。狭义的新闻指消息，广义的新闻包括消息、通讯、特写和专访等多种体裁。在当今信息时代，新闻文体的使用范围非常广泛，不仅是报刊、广播、电视常用的文体，而且是社会单位和个人在向外发布消息、传递信息、说明情况、宣传报道时经常使用的文体。

二、新闻文体的特点

(一)题材的新鲜性

新闻强调一个“新”字，因为“新”才能够更好地反映社会各种情况，反映事件的发展和变化。“新”包含四层意思：一是从时间说是“最近”发生的事；二是从内容上说，要报道新人、新事、新成就、新气象，提出新问题、新见解，总结新经验、新教训，指出新趋势、新方向；三是从常规上说，新闻报道的是异常的、违背常规的事；四是从写作形式上说，要以新颖独特的角度反映报道对象。因此，一般要求新闻的题材要“新”，即平常人＋不平常事＝新闻；不平常人＋平常事＝新闻；平常人＋平常事＝零。

(二)内容的真实性

真实是新闻文体的基础，也是新闻的生命。新闻文体具有广泛的社会传播功能，其主要目的是向受众传播新闻信息，这些信息往往会影响人们的观念和意识，左右社会舆论导向，一旦其真实性发生了问题，将会带来非常严重的后果。传播不真实的新闻是对受众的欺骗和愚弄，这不仅会影响新闻的社会效应，而且还会给国家和企业带来重大的影响。因此，新闻文体的写作要求严谨、真实，绝不可歪曲、夸大、缩小事实，也不能凭空捏造，所写的细节，包括人名、地名、数字、引语等都要准确无误。

(三)报道的及时性

新闻文体是一种时间性非常强的文体，尤其是在当今信息时代。信息的时效直接决定着信息的价值，即要求其争分夺秒地把发生的事实报道出来，否则，新闻一旦成了“旧闻”，便失去了报道的意义。

(四)形式的稳定性

首先,从新闻文体的总体要求来看,新闻文体的写作都应围绕着六个基本要素进行,这六个要素可以概括为五个 W 和一个 H,即 When(何时)、Where(何地)、Who(何人)、What(何事)、Why(何故)以及 How(如何)。这是新闻的本质特点。

其次,各种新闻文体都有着自己特有的文体结构和写作要求。在长期实践运用中,已形成相对的稳定性。学习新闻文体的写作最重要的一点,就是要掌握各种新闻文体的特点和规律。

三、新闻文体的种类

人类社会的复杂性决定了新闻的复杂性和多样性,特别是现代化的信息时代,信息传播媒介的多样发展,决定了新闻文体种类的纷繁多样。

新闻文体按不同标准划分,有不同种类:

(1) 按不同媒介划分,可分为报刊新闻、广播新闻、电视新闻、网络新闻等;

(2) 按新闻的内容划分,可分为社会新闻、体育新闻、文艺新闻、经济新闻、科技新闻等;

(3) 按写作特点和目的划分,可分为消息、简讯、通讯、特写、专访、新闻综述、新闻评论等。

四、新闻文体的写作要求

新闻文体的书写,必须站在新闻角度,而且选择最佳的新闻角度来写。那么,什么是新闻角度?如何选择新闻的最佳角度?

所谓新闻角度,是透视新闻事实的一个立足点与窗口,它从事实的一个侧面去揭示新闻主题。选择新闻的最佳角度,一般说,要抓"四点"、"一小"。四点即:

(1) 抓特点。客观事物是丰富多彩、发展变化的,有共性有个性。只有抓住了事物的个性特征,新闻才会受读者欢迎。

(2) 抓新点。即角度要新,通过某一侧面、角度去反映主题,使其新意盎然,给读者以新鲜的感受。

(3) 抓重点。报道同一事物,应注意错开角度,即寻找不同的侧重点。目的是使新闻主题既不与别的刊报重复,又报道了新闻事实。

(4) 抓观点。选新闻角度要有群众观点,即从群众的角度看事物。从群众角度、读者的角度入手,就能写出群众喜闻乐见的事物,使新闻主题表现得通俗明确。

"一小"即:角度要小。凡是选准了一个小的角度,摆出具体生动的事实,就容易把主题写得有深度,写起稿来也显得生动、活泼,受读者欢迎。因此,选准小的角度,有利于主题的深化,有利于抓到具体的材料,有利于报道人物与事件的个性特征,有利于稿子写得短小精悍,并且做到时效性强。

【思考与练习】

1. 简述广义新闻和狭义新闻的含义。
2. 了解新闻文体的特点,并举例说明这些特点。

第二十一章

消息和通讯

第一节　消息

一、消息的概念、特点与分类

(一)概念

消息是新闻中最基本的、使用量最大的文体。它是用概括叙述的方式，以简明扼要的文字，迅速及时地报道最新事实的一种新闻体裁。消息在报社、广播电台、电视台等新闻机构广泛使用，而且企事业单位、社会组织和个人也经常利用消息对外传递信息，进行广泛的社会宣传。由于消息具有简明性、及时性、真实性等特点，把每天国内外政治、经济、军事、文化等各个领域的新情况、新动向、新信息及时地告诉人们，使人们开阔眼界，增长知识，受到启迪，获得教益。因此，消息已经成为现代社会经常使用的一种非常重要的信息传播手段。

(二)特点

消息除了具备新闻文体的基本特征外，还具有以下特点：

1. 报道迅速，简短明快

新闻具有极强的时效性，消息更是"易碎品"。"快"是消息的优势，也是消息质量的重要体现。在新闻界曾流传过这样的格言："今天的消息是金子，昨天的消息是银子，前天的消息是垃圾。"因此，一则报道，一条消息，应该在事件发生后最短的时间里见诸传播媒体。当然，消息的写作也忌叠床架屋、陈腔滥调、文字冗长。

2. 内容真实，准确无误

真实是消息写作的生命，也是新闻职业道德的基本准则。消息对于真实性的要求极为严格，不仅事实本身要确实存在，而且引用的资料，包括背景材料、数字、史实、引语等，都要核实无误。真实才能取信于读者，失去了真实性也就失去了消息存在的价值。在新闻报道中弄虚作假的任何借口都是不允许的。

3. 寓理于事，叙述为主

消息是事实的报道。事实胜于雄辩，用事实说话，用事实去反映时代、社会，去体现观点，以事现理，是消息写作的一大特点，所以简洁的叙述必然成为消息写作的基本表达方式。一篇理想的新闻报道应该把读者带到现场，使他能看到、感觉到，甚至闻到当时所发生的一切。

(三)分类

根据不同的内容和特点，消息可以分为以下几类：

1. 动态消息

所谓动态消息，主要是用来反映国内外近期重大活动和一定行业或领域的最新动态。它内容单一、文字简练、重点突出、反应迅速，是使用数量最大的一种消息。它突出的是新闻六要素中的“何事”，围绕“何事”来交代何人、何事、何地。至于何因、何果，当然要提到，但不是动态消息的侧重点，可点到为止。发表时有单篇形式，也有集中数则简短消息，以“要闻集锦”、“简明新闻”、“简讯”等栏目形式出现。

2. 经验消息

所谓经验消息，即是反映事物发展变化的阶段性、概况性、经验性或典型性的报道。它不是以一个独立的事件为中心，而是由许多事实，或者说，由一件以上的事实，经过综合、归纳、概括、提炼而成。它不是突发性的，事情的发生、发展有比较长的过程，是对一些部门、单位的典型经验及成功做法的报道。经验消息针对性强，它通过典型的材料，反映具体的情况，从事实中推出结论，典型中体现规律，通过纵和横的对比、分析、阐述，揭示事物的本质，对读者具有启发性和指导性。

3. 综合消息

所谓综合消息，它既不是对一个固定人物的描述，也不是对一个独立事件的阐发，而是由许多不拘泥于时间、地点的事实，经过综合、归纳、概括、提炼而成，具有鲜明的主题和很强的指导性。往往是围绕一个主题，综合三个较大范围（一个地区、一条战线、一个单位）在一个时期内发生的事情。它既有面的情况概括，又有典型材料作说明，做到点面结合，反映全局。这种形式适于宣传各条战线的形势，某项工作的成就，或者反映群众运动的声势、规模、特点、趋向。它纵览全局，有事实、有分析，给人们一个完整的印象。写这种新闻要求或纵向、或横向、或纵横交错，全面充分地占有材料，而且要善于发掘、善于组织、善于概括。写作中要注意把代表“面”的概括的叙述，与代表“点”的具体的事例结合起来，传递出事实的精髓。

4. 述评消息

所谓述评消息，就是以叙述新闻事实为主，加上作者对新闻事实的恰到好处的评论。它的特点是：有述有评，边述边评，述评结合。述评消息是介于消息和新闻评论之间的一种报道形式，它常用以分析形势，或针对某种思想倾向，或对实际工作有普遍意义的重要问题，或为群众普遍关心的社会问题，揭示事物的本质及其发展规律和方向，给读者以启迪。述评消息通常分为事件述评、问题述评、形势述评、事态述评、思想述评、工作述评等。

5. 人物消息

所谓人物消息，即对人物的主要特点放大和再现，对人物进行集中突出的描绘，相当于电影中的近镜头。在选材上，则选取现实生活中人物活动的一、二个场面，一、二个镜头，充分地展示生活的横剖面，描绘比较细腻，感染力强。在结构上，既不同于一般新闻，也不同于一般人物通讯，而是取二者之长，常常用一个概括性的导语开头，点出部分事实要点；或从生动的情节、场面、引语入笔，但不透露太多，真正最重要、最精彩的东西，放在后面，使读者看完全篇产生一种满足感。在角度上，选定一个特定的角度，仔细观察局部特征，选择一个侧面加以报道。在这种新闻形式中，人物成了消息的中心，但不强调细节，没有过多的描写渲染。

二、消息的结构与写法

消息的结构比较固定、简单，大多数消息的结构都采用“倒金字塔”式。所谓“倒金字塔”结构，是指将消息中最重要的内容，概括性的内容放在最前面，然后再具体展开内容的阐述。它的主要特点是：

一是打破了记叙事件的常规，在材料的时间特征上，往往呈现以下公式：首先是“总体性倒叙”，即将最后结果或后发生的却富有吸引力的材料，置于篇首；其次是“局部性倒叙”（即“倒叙中的顺叙”），即在局部性倒叙中又用顺叙说明过去一段时间内，“开始如何，后来又如何”；最后是“总体性顺叙”，即“现在正在如何，进一步又如何”。

二是它按重要性程度来安排材料，决定段落层次的顺序。常呈现为“重要”、“次重要”、“次要”、“更次要”、“补充”、“进一步交代材料”的顺序。

三是它的导语常是直叙型的部分要素导语，它包含了最重要的事实，又往往具有相对独立性，可独立成章，变成“简明新闻”或“一句话新闻”。

四是对事件过程的叙述往往较简略，每段文字都很简要。

倒金字塔式结构便于受众迅速掌握全篇之精华，满足受众尽快获取最新消息之需求；便于记者迅速报道新闻，将最重要的新闻事实，最先发出去；便于编辑选稿、分稿、组版、删节，如在版面不够时，可从后往前删，无须重新调整段落。但它也易于造成程式化、单一化的毛病，而且，它比较适宜写时效性强、事件单一的突发性新闻，而用它来写非事件性新闻，富有人情味、故事性强的新闻，就不太适合。

消息的一般写作结构有标题、消息头、导语、主体、背景、结尾六部分。

（一）标题

标题是新闻的“眼睛”，制题犹如“画龙点睛”。消息的标题是消息内容的高度概括，是用准确、鲜明、生动、凝练的语言揭示消息的主题。标题拟写得好，可以吸引读者的注意，实现信息传播的最佳效果。

消息的标题写作非常灵活，常见的有三种形式：

（1）单行标题。指只有一行字的标题。这种标题以叙事为主，要求简洁明了地反映消息的中心内容。如：

红色的警告　黑色的咏叹　绿色的悲哀　（单行式）

荷兰两小伙打造世界最长自行车　（单行式）

（2）双行标题。指具有两行字的标题，即由引题和主题或主题和副题构成的标题。

主题又叫正题，用来揭示消息的主题思想和中心内容。引题又叫肩题或眉题，主要用来交代消息产生的背景，体现政策或说明主题的由来等。引题位于主题的上方。副题又叫次题或子题，用来进一步补充说明或解释正题，副题位于主题下方。如：

“皇帝女儿”多了也难嫁　（主题）

土特产品进货谨防“一窝蜂”　（副题）

赌公款　赌手枪　赌青春　（引题）

攀枝花出了个豪赌　“警花”　（正题）

（3）多行标题。指三行或三行以上的标题，这种标题一般用于重要的新闻消息。多行标题实际是引题、正题和副题的结合。如：

“苦瓜脸”在这里呆得住吗？　（引题）

广东重锤猛击“铁饭碗”　（主题）

柜长、岗长、营业员层层聘任聘选　（副题）

(二)消息头

在一篇消息的开头部分要标明“新华社报道”或“据新华社电”或“本报讯”或“×××社×月×日”的字样,这就是消息头。它一般由四部分组成:发新闻的单位的名称(简称);播发新闻的地点;播发新闻的时间;播发新闻的形式,一般分“讯”和“电”两种。讯与电只是传递手段上的区别,而在本质上是一样的。“讯”,主要指通过邮寄、书面递交形式向报社传递新闻报道。“电”,主要指通过电报、电传、电子邮件、传真、电话等形式向报社传递新闻报道。下面是一条完整的消息头:“新华社巴黎8月31日电。”

消息头的作用有以下几点:一是表明新闻来源,有利于读者判断分析;二是某家新闻机构版权所有的标志,如果是转载,要写明“据××报道”;三也是消息区别于其他新闻文体的一个重要形式特征。

(三)导语

导语是消息的开头部分,它紧接在消息头的后面,用一句话或几句话概括消息中心内容,起提示全文作用。导语中要概括说明消息的时间、地点、人物、事由、结果等内容,用最简洁的文字将消息中最新鲜、最重要的事实反映出来。导语是全文最关键的部分,故而,导语有四大使命:一是介绍最重要、最精彩的事实;二是揭示消息的主题,将最具新闻价值的要素写进导语;三是引起读者的阅读兴趣;四是力求简练。具体写法上,可以采用以下几种方式:

1. 叙述式导语(也称直叙式导语)

它以凝练的语言,扼要而直接地将消息中主要的事实叙述出来,是导语最基本、最常见的写法之一。如:

新华网北京1月3日电(记者 陈菲) 据最高法院统计,目前行政许可案件占行政诉讼案件总量的比重已超过10%,且呈快速增长的趋势。针对行政许可案件审判实践中亟待解决的重点和难点问题,最高法院日前公布了《关于审理行政许可案件若干问题的规定》,于4日起正式施行。(引自2010年1月3日 中国新闻网)

2. 描写式导语

它以展示事物的形象和事件的场景为主要特征。写作时常抓取某一生动形象、鲜明的色彩或有特色的细节加以描绘。但描写时应简洁而传神、力避过分雕饰。如:

本报讯 多么威武神气的猫头鹰!一对大眼睛正在扫射着什么,翅膀微微耸起,看来它准备振翼飞扑过去,抓住那狡猾的大田鼠。这只用棕榈树桩因材施艺而雕琢成的猫头鹰,最近飞越太平洋,在美国旧金山的“中国上海民间艺术展览会”上栖息。(引自2007年11月20日《参考消息》)

3. 评论式导语

即对所报道的事实进行评论,揭示其意义。如:

本报安康讯(记者 赵伯平) 近日,因老师们要去参加中心校校长儿子的婚礼,安康市汉滨区关家乡的13所中小学竟然集体放假,导致2805名学生停课一天。事件被群众在网上举报后,汉滨区教育局迅速做出处理,关家乡14名学校负责人受处分。(引自2010年1月4日《华商报》)

4. 对比式导语

就是把有差别的事物相比较,将现在的情景与过去的情景相比,将此地之状况与别处相比等。如:

本报榆林讯(记者 刘立春)　1月1日，记者从榆林市环保局获悉，2009年，榆林城区创下336个蓝天的好纪录，比去年多出24个蓝天。(引自2010年1月3日《华商报》)

5. 引语式导语

即引用新闻人物精彩而生动的语言来揭示消息主题。如：

“失去孩子的家庭，就像没有星星的天空。”西安一失去爱子的市民呼吁，使我们觉得，如果能有一个爱心组织，能够为那些失去孩子的家庭提供各种援助，该有多好。(引自2009年5月29日《三秦都市报》)

6. 提问式导语

即将有关问题通过一个尖锐而鲜明的问题提出来，以引起受众的关注。如：

狠心的年轻父母，你是否想知道被你遗弃的小生命的近况?(引自2007年9月5日《南方周末》)

7. 结论式导语

将新闻事实的结论开门见山地在开头部分写出来，反映事实的意义。如：

据1月4日出版的《环球时报》报道，新年伊始，美国《华盛顿邮报》就刊登了一篇忧心忡忡的文章，担心美中关系会在2010年陷入低谷。理由是奥巴马很可能在年初批准对台军售，而且会见达赖。(引自2010年1月4日　中华网)

(四)主体

主体是对所报道的事实进行全面、具体的叙述和说明，它是消息的核心部分。主体部分应承接导语展开叙述，可对所述事实或问题进行评说、议论，但不宜进行过多的描写和论述，要注意行文的精练。

主体的作用和功能有二：一是对导语进行解释、深化和具体化。对导语中涉及的内容，进一步提供有关细节和背景材料，使其更清楚、明确、具体。二是补充新的事实。导语中未提及而又能表现新闻主题的事实和其他要素，便由主体补充出来。

主体部分写作时要注意以下几点：

(1) 紧扣消息主题取材。主体部分内容较多，故而要重视材料的取舍。应紧扣导语中所确立的主题来选用材料。若与主题无关或无多大关系，即便具体、生动、感人，也应割爱。

(2) 叙事宜具体、内容应充实。有人因消息是简明扼要的，要求篇幅短小、语言简洁，所以消息写得太概括、太抽象，在空洞无物的导语之下，是几条干巴巴的“筋”。读完了还不知道这篇消息讲了什么东西。消息虽不似通讯细致、深入地报道事实，但应使受众对新闻人物和事件有较完整而真切的了解，应传达出较具体的新闻信息。

(3) 叙述力求生动，行文善兴波澜。“文似看山不喜平”，因此，消息主体内容在要求具体、充实之基础上，还应力求生动。很多人写消息，内容是有，但写得枯燥无味，或是一套死板而难以卒读的“新闻腔”。因而我们应“让新闻笑起来”，写作手法应灵活多样、富于变化。

主体部分的写法，可以采用按时间顺序写，按逻辑顺序写，按时间顺序和逻辑顺序相结合的方式写。消息主体写作应尽量避免平铺直叙，可运用生动形象的描述，灵活多变的手法，和自由灵活的层次、段落安排。

(4) 层次分明，分段恰当。新闻主体在消息中所占的篇幅一般比较长，往往由几个自然段组成。因此，在表述时一定要善于根据内容特点灵活地安排层次，力求条理清晰，层次分明，顺理成章。

(五)背景

什么是背景？新闻背景，指事件的历史背景、周围环境及与其他方面的联系等。写新闻有时要交代背景，目的在于帮助读者深刻理解新闻的内容和价值，起到衬托、深化主题的作用，也就是回答五个“W”中的Why(为什么)。背景的作用主要是：说明新闻事件的起因；显示或帮助读者理解新闻事件的重要性；突出新闻稿件的新闻价值；表明记者的观点。因此，消息经常需要通过背景材料如对比性材料、说明性材料、注释性材料来向读者介绍事件发生的历史、原因、环境、条件，使读者能全面地把握消息中所提供的信息。背景材料可以单独作为一个段落，也可以穿插在消息的各部分当中，有的消息比较简短，可以不用背景材料。对于背景材料的写作，要紧扣主旨，与主要材料协调配合；要重点突出，详略适宜；要灵活穿插，力求生动活泼。

(六)结尾

结尾是指消息最后用来总结全篇、深化主题的一段简短文字。消息的结尾部分不宜过长，但力求能发人深省，令人回味。具体写法上，可以采用小结式、评论式、展望式、希望式、启迪式、描写式、引语式等多种方式。但是很多消息没有单独的结尾，主体的结束就是全文的结束，这样写作显得干净利落，不拖泥带水，我们称之为“零结尾”。例如2007年7月23日《光明日报》一篇题为《河姆渡文化千古之谜破解》的消息，在报道了河姆渡文化由于地貌的变化而消失后，用了这样的结语：“河姆渡文化兴衰史警示我们：人与自然必须和睦相处，发展经济不能以破坏环境为代价。”——戛然而止，干净利落。

三、消息的写作要求

第一，内容要新鲜。要在选择题材中下工夫，从比较中发现什么才是新的事实、新的成就、新的经验、新的见解、新的问题。作者要有敏锐的眼光，要了解全局性的情况，要占有资料，要做有心人。写消息，力求具有一定的思想，以便能给人以启迪。有些事情，尽管事实不是那么新鲜，但有意义，那就要选择新的角度加以报道。

第二，事实要准确。采写消息，一定要把事实弄清楚，并且核对无误，切勿随意虚构夸大。真实性，是新闻的生命之所在。

第三，采访要快，写作要快，讲究时效性。无数事实表明，在当今世界，同一重要事件，不要说迟发一天半天，就是迟发几小时、几分钟，我们的消息便会在竞争中失利，在舆论上遭受不应有的损失。反之，我们讲究消息的时效性，就能在竞争中赢得主动权。

第四，篇幅要短，容量要大，也就是说，要提高消息的“含金量”。消息写作提倡“短些，短些，再短些”，但也不能短到空洞无物的地步，而应力求短而实。

第五，要写得通俗、生动、形象，具有可读性。

第六，反复锤炼语言，字斟句酌。消息以语言简洁为上乘，要珍惜每个字，推敲每句话，力求字字句句载着尽可能多的信息。要用凝练、传神、明白如话的文字，去点拨新闻事实，让读者品味、领略消息中所包含的丰富的内容。

【例文1】

浚县少年怀揣“两证”出学堂

本报讯(记者王泽农)果树结果不多怎么办？猪养不肥怎么办？这些在外行人看来很难办的问题到了浚县少年手里就不算什么了——少年技术的课堂上早就讲过其中奥秘。在河南省浚县，有80%以上的中小学校同时也是少年技校，孩子们在学习文化知识的同时还学到了一些劳动技能，大部分学生在走上社会时都拿到了技校合格证和学历毕业证。

长期以来，我国基础教育中课堂教育同经济建设脱节问题一直存在，除少数"尖子"之外的学生不能学有所长，不能在社会实践中发挥应有的作用，这一现象在农村尤为突出，以至于有的农民认为毕业回来既不会干农活，又瞧不上干农活的人，全无用处，不如辍学。因此，改应试教育为素质教育的呼声日高。在此背景之下，少年技校应运而生。

浚县的少年技校是从2001年开始办起来的。为了达到实施素质教育的目的，他们采取一个学校两块牌子、一个讲台两块基地的形式，从小学三年级开始设置劳动技术教育课程，小学每周两课时，初中每周三课时，由专兼职教师根据当地实际，有组织有计划地加强劳动教育、职业教育，逐步培养有知识、有技能的新型劳动者。目前该县少年技校总数已达205所，学员总数达42000人。

浚县少年技校9年来的实践证明，它不仅沟通了教育与经济、学校和社会的关系，同时还取得了良好的育人效益、经济效益和社会效益，不少学生成了农村科技致富的领路人。像该县小河镇小河村少年技校先后培育出的"中华一号"、"红世界"等四个冬桃和"中华巨梨"等三个冬梨新品种已推广到全国十多个地市；新镇胡岸少年技校试验大棚韭菜成功后，很快带出了一个蔬菜种植基地，该村村民人均纯收入迅速提高400多元；城关乡后嘴头村技校学员回家后指导家长饲养从国外引进的优良种鱼，全村当年净增收入50多万元；善堂镇利用少年技校的人才优势，结合本地资源优势，形成了苹果、大枣、蔬菜、西瓜、红薯、花生六大支柱产业，成为全国首批"明星镇"等事例都是成功进行素质教育的印证。原国家教委领导视察了浚县少年技校后盛赞其为农村基础教育改革摸索出了一条有效的途径。

据有关人士介绍，尤其令人兴奋的是，由于少年技校重视对学生全面素质的提高，有效地帮助了学生智力的发展，全县设有少年技校的学校文化课教育质量都有不同程度的提高。

（引自2010年1月16日《农民日报》）

【例文简析】

这是一篇写教育题材的经验性消息。文章第一段是导语，写得颇有特色。一开始以提问而设悬念，引人注意。我国基础教育所面临的"高分低能"现象如何解决？此文用浚县的事实给出了令人信服的回答。文中第二段用背景材料说明了课堂教育同实际脱节的问题，然后在第三、四段介绍了浚县的具体事实、典型经验，具有很强的针对性和说服力。

第二节　通讯

一、通讯的概念、特点与分类

（一）概念

通讯是以叙述、描写为主要表达方式，将具有新闻价值的人物或事件及时、具体、生动地予以报道的一种新闻体裁。通讯，有时也称为通讯报道，是报刊、广播、电视等新闻媒体经常使用的一种主要的报道体裁，是新闻报道中的重武器。其作用是报道人物、事件，推广工作经验，介绍地方风貌等。

(二)特点

概括说来,通讯有下列几个特点:

(1) 容量大,较之消息,通讯可以反映更多、更具体的情况,把事件的来龙去脉交代得更详尽,篇幅可以稍长。

(2) 样式多,可以从通讯的类型中体现出来。

(3) 写法活,写法活具体又表现为结构的灵活多变、表达方式较消息更自由,语言形象生动。

应该指出的是,有些教材将新闻性、文学性、评论性作为通讯的特征,其实并不准确。首先,新闻性固然是通讯所具备的,但这与其他新闻报道体裁并无相异;其次,文学性也非每篇通讯必备之要素;再者,较之消息,通讯固然在表达方式上灵活自由些,议论、抒情的运用略多些,但通讯毕竟仍以叙述、描写为主,很多通讯并非一律要直接体现"报道者"的意志,而应以客观为佳,故评论性也非通讯之特征。

(三)消息与通讯的区别

通讯与消息一样,同属新闻报道的文体。但两者的区别在于:

(1) 外表形式不同。消息通常在导语前面带有"本报讯"或"×××社×月×日电"等消息头;通讯一般在标题下面或文尾具有作者署名。

(2) 表现对象不同。消息主要是写现实生活中的新情况、新成就、新经验等新闻事件;通讯则主要写人。

(3) 题材不同。消息选材范围广泛,通讯选材较严。通讯一般只报道有意义的、人们普遍关心的事实。

(4) 内容详略不同。消息通常只作概括、简要的报道;通讯则为详细报道。通讯不但要告诉读者生活中发生了什么样的事情,而且还要将事情的来龙去脉交代清楚。

(5) 结构形式不同。消息通常要遵守固定的结构、格式撰写;通讯则往往采取灵活多样的结构方式。

(6) 表达方式不同。消息以叙述为主,较少用描写、议论、抒情等手法;通讯则多种表达方式结合运用。

(7) 语言风格不同。消息强调简洁、明了;通讯则要求生动、形象。

(8) 时效性不同。消息要争分夺秒,耽误了时间就丧失了新闻的价值;通讯则不像消息那样严格,同一题材的内容,往往是先发消息,后发通讯。

(四)分类

根据不同的内容和用途,通讯可分以下几类:

(1) 人物通讯。记写人物是通讯的一大特点。它既可以写个人,也能够写群像。通过对富有时代性的、代表性的、真善美德行的人物的报道,或为社会树立正气和典型,或替时代昭示热点和亮点,或给人们鞭挞落后与丑恶。20世纪50年代的黄继光、孟泰,60年代的雷锋、焦裕禄,70年代的王进喜、吴吉昌,80年代的蒋祝英、张海迪,90年代的孔繁森、柏耀平,都是通过人物通讯而家喻户晓的。在当今社会的大环境下,人物通讯的视野和范围更加广阔,已经不仅仅局限于以往的"好人好事"型,凡有时代特色、有社会意义的,都可以见诸报端,但切忌千人一面。

(2) 事件通讯。就是报道典型的、有普遍教育作用的新闻事件。写事当然离不开与事件有关的人,但它不像人物通讯那样着力刻画人,而是以事件为中心,在事件的总画面中,为了写好事而来写人。它既可以反映现实生活中发生的重大的、振奋人心的典型事件和突出事件；也可以从某一新闻事件中截取一个或若干个片断，进行细致详尽的描述，揭示事件的深刻含义；还可以是若干事件的综述。怎样采写事件通讯素材？应当首先选择广大读者瞩目的、渴望了解的重大新闻事件，如国家重大政治活动、重大事件等。但是，在丰富的社会生活中，还有大量"小事"也是事件通讯取之不尽的题材。

(3) 工作通讯。就是反映贯彻执行党的路线、方针、政策中的成绩，总结实际工作中的经验和教训，或者探讨有争议的亟待解决的问题的报道。它是报纸上经常用来指导工作的重要报道形式。它的主要特点有三点：一是要有现实针对性，切合当前工作需要；二是具体、透彻地阐述问题和经验；三是夹叙夹议，有理有据。

(4) 概貌通讯。概貌通讯又称风貌通讯。它是以反映社会生活、风土人情、自然风光和日新月异的建设成就为主的报道。尤其是改革、开放、搞活所带来的变化，又为这类通讯增加了新的内容。概貌通讯与事件通讯不同，它不是围绕一个人物或一个中心事件来写，也不要求写一件事发生、发展的完整过程，而是围绕主题集中各方面的风貌和特色。在表达方式上，往往运用具体事例来叙述和描写一个地区、一条战线、一个单位、一个点、一个方面的风貌变化，展现时代的步伐和人的思想境界的变化。一般采取"巡礼"、"纪行"、"散记"、"侧记"等形式，向读者介绍。

二、通讯的结构与写作方法

(一)通讯的结构方式通常有三种

1. 纵式结构

即按单纯的时间发展顺序、事物发展的顺序(包括递进、因果等)、作者对所报道事物认识发展的顺序、采访过程的先后顺序等来安排层次。

2. 横式结构

即按空间变换或事物性质的不同方面来安排层次。常见的有：

(1) 空间并列式。如新华社记者采写的《今夜是除夕》即属此类。文章开篇之后，分别写了五个地方的人们做着日常工作的情况——在中央电视台：忙于工作的人们；在长途电话大楼：传递信息和问候；在红十字急救站：救护车紧急出动；在北线阁清洁管理站："城市美容师"在辛勤劳动；在妇产医院：新的生命诞生了。

(2) 性质并列式。即按新闻事实各个侧面之间的关系来安排材料。

(3) 群相并列式。即按不同人物及其事迹组织材料。

(4) 对比并列式。将正、反的人物或事件并列，从对比中实现主题。

3. 纵横结合式结构

即将纵式和横式结合起来。此结构多用于事件复杂而时间跨度大、空间跨度广的通讯。

(二)通讯的结构和形式灵活多样，不拘一格

一般一篇完整的通讯应由以下部分组成：

1. 标题

通讯的标题不同于消息。消息的标题要直接揭示新闻事实，写法比较固定。通讯的标题与一般的记叙文比较接近，可以直接揭示新闻事实，也可以含蓄、委婉或发人深省。形式上，通讯一般只是单标题，有的有副标题，也只是交代报道的对象和新闻的来源。拟写通讯的标题，

要求一要准确,二要醒目,三要新颖,四要简洁。

2. 开头

通讯的开头,同一般记叙文的写法,作者可自由处理。但如何开头,即从哪里下笔,这是成篇的第一步,也是极为关键的一步。开头的写法多种多样:

(1) 开宗明义,立片言以居要。往往是以简洁的文字落笔入题,揭示通讯的主旨。

(2) 造成悬念,引人入胜。运用悬念的手法开头,能把读者的思绪“悬”起来,从而产生猜疑、紧张、渴望、揣测、担忧、期待等一系列心理活动,并使之持续、扩展和延伸,以达到极为关切,不忍释手的目的。

(3) 写景抒情,渲染气氛。

(4) 运用反语,突出正意。用反语开头,看似正常,实际上反意中寓以正意,通过反衬,更突出作者的观点和感情。

(5) 欲扬先抑,欲抑先扬。这种曲笔如果运用得好,就能收到相反相成的效果。

(6) 发端突兀,出人意料。“突兀”就是要求开头力避平庸,用语精辟奇特,突然而来,令人有点意想不到,从而产生引力,使读者非读下去不可。

(7) 提供背景。通讯开头交代要写的背景,用以说明它的过去和现在,它与周围事物的联系,可以更好地揭示事物的本质和意义,为通讯增添光彩。

(8) 说明写作动机。在通讯的开头,向读者说明自己写作的动机,一则给人真实的感觉,二则有利于揭示主题。如魏巍的《谁是最可爱的人》的开头就是这种写法。

3. 正文

通讯的正文是对报道对象全面、完整的反映,常见的结构有:纵式结构,即按事物发展的时间顺序或逻辑递进关系组织材料;横式结构,将不同的空间、场景、人物、事件的材料组织在一起;纵横结合式,即将纵横两种结构有机地组合在一起,以其中一种形式为主,构成通讯的主线,另一种为辅,穿插在其中。

4. 结尾

通讯的结尾可以随着情节的发展自然收尾,也可以专门对全文进行总结,将事件提升到一定的高度或揭示出事件的典型意义。结尾的好坏,直接关系到全篇的成败。通讯的结尾,常用的有:总括文旨,提炼升华;承上余波,别开生面;融情入景,借景抒情;关照开头,首尾呼应。

三、通讯的写作要求

要写好一篇通讯应该注意以下要求:一是主题的提炼要有深度;二是素材的选择与挖掘要典型;三是形象与细节的描绘要生动;四是评论和总结要深刻。

【例文 2】

微软史上最大规模裁员波及中国区

金融危机对实体经济的冲击还在逐步加剧,预测中的“微软将展开大规模裁员”消息也最终获证实。昨天,微软对外宣布,将在未来 18 个月内裁员 5000 人,其中 1400 人被首先裁掉,裁员波及研发、市场、销售、财务、人力资源以及 IT 等多个部门,这也是微软历史上最大规模的裁员行动。

史上最大规模裁员

自金融风暴爆发以来，IT界敏感的神经不断受到刺激，各大公司裁员消息不绝于耳。昨天，微软正式对外公布，将在未来18个月内裁员5000人，占其员工总数9.1万人的5.5%。虽然微软裁员人数远远没有达到此前业界预测的将裁员1.5万到2万人。但这场微软历史上最大规模的裁员，足以让微软员工不寒而栗，也让IT界受到震惊。

裁员消息公布后，微软CEO史蒂夫·鲍尔默即时给全体员工发出邮件，以作安抚。邮件中指出，微软裁员，主要是由于未能幸免于美国当前低迷的经济影响。"消费者和企业已经开始节省开支，这直接影响到个人电脑的出货量和IT方面的支出。"

事实上，这一现象已经体现在微软的财报里。昨天，微软发布的2009财年第二季度财报显示，微软第二季度净营收166.3亿美元，同比增长2%；净利润为41.7亿美元，同比下滑11%。微软的盈利状况随着整个经济环境的变化，也急转直下。

微软方面预计，裁员计划将为公司在2009财年节省15亿美元的运营成本和7亿美元的资本支出。不过，微软方面尚未透露对被裁员工做出的具体补偿方案。鲍尔默在邮件中仅仅提到，"我们保证，会在这一期间对被裁员工提供帮助和支持"。

鲍尔默称：微软在"普吉湾"设立一个再就业中心，帮助大家找到新工作。另外，其中一些人可能会在公司内部实现再就业。而对于在公司无法再就业的人，会提供解雇费和其他费用。

据悉，除裁员之外，鲍尔默对外透露，微软将通过更多措施提高工作效率。其中包括：公司管理层可以灵活调整自己部门规模；整体差旅费削减20%；削减在供应商和应急员工身上的开支；以及缩减"普吉湾"校园扩张计划等方式削减开支。

中国区未能幸免

粗略估算，目前全球IT界裁员公司已经超过50多家，但绝大部分裁员都在北美和欧洲等地展开，中国公司影响较小。但微软此次裁员，微软中国却未能幸免。

据了解，微软目前在中国共有员工3000多名，其中必有一些员工将被裁掉。但截至目前，微软中国未对外披露，将有具体多少员工被裁掉。为稳定军心，微软公布裁员消息后，微软大中华区董事长兼CEO梁念坚和微软中国研发集团主席张亚勤(博客)昨天联名向大中华区全体员工发内部邮件，强调此次裁员只涉及个别职位，影响微乎其微，并承诺将对大中华区市场持续投入。

梁念坚和张亚勤共同强调："即使是减少一个职位，对公司而言也是非常重大的决定，公司领导层不会对此掉以轻心。"

微软内部人士则告诉记者："关于微软裁员消息，之前已有传言。但是大家心态都比较平稳，没有在私下展开太多讨论。

昨天，微软宣布正式裁员消息后，员工都是正式上下班，没有感到沉重的气氛。这可能和微软裁员只涉及大中华区极个别人数有关。"

微软公关部相关人士表示，如果微软大中华区个别员工被裁，其应该按照全球被裁员工补偿方案一致实施，但现在不清楚具体的内容。而针对在职员工薪水是否会下调以利于节约成本的猜测，公关部也表示，现在还没有政策公布。

（引自人民网《京华时报》2009年1月24日）

【例文简析】

这是一篇事件通讯。文章开头着重描述了微软将展开大规模裁员的概况。随后详细地描写了由于美国当前低迷的经济影响造成微软史上最大规模裁员，就连中国区也未能幸免的情况。

【思考与练习】

1. 简述消息的倒金字塔式结构。说明它有什么好处？
2. 根据身边的人或事写一则消息，着力写好标题和导语。
3. 通讯的写作要求有哪些？

第二十二章

人物专访、新闻特写

第一节　人物专访

一、人物专访的含义与特点

(一)人物专访的含义

人物专访是在对特定对象进行采访以后,根据其谈话内容和基本观点整理而成的一种新闻报告文体。

如果说通讯是以写人、叙事、写景、状物为主,人物专访则是以记言为主。其内容主要是转述被采访者的谈话,通过对人物的专访,对人物的观点、看法、态度的深入挖掘,去展现新闻人物的独特魅力,或引发观众对特定新闻事件的思考。具体来说,人物通讯、人物专访和人物特写还有些差异。人物通讯是一种新闻体裁,不同新闻媒体的记者在运用这种表现形式时会有不同的思路,但都会以写人为主,即使写事也围绕人来写。人物通讯对时效的要求相对消息要稍低一些,但也不是没有要求。一般通讯紧随消息之后发表,因此也有人称它为详细的消息。人物通讯不仅要叙述有关人物的主要事实,还要展开情节、再现场景、刻画人物。在写作方面通讯则更自由、灵活,可以集访问、观察、写景、抒情、议论于同一稿件中,各种文体都可以在这类稿件中使用。

相对而言,人物专访比较强调新闻性与现实针对性。它所报道的应是当前群众所关注的人物。注重现场活动,一般都要有再现访问的过程和现场情景,给人以亲临其境之感。此外,专访的题材往往集中于一点,突出作为新闻人物身上最具新闻价值的一点或人们当前最关心的有关新闻人物的某个问题。

(二)人物专访的特点

1. 文字简洁、内容充实

人物专访毕竟是新闻,它虽说可以比人物消息用更多的笔墨比较详尽地报道新闻人物,但它毕竟不是报告文学、更不是传记。作为新闻产品,它要适合报刊、广播、电视、网络等媒体的采用。因此,应该像大多数新闻一样,言简意赅,惜字如金,特别是为报纸采写的专访。有时一则篇幅不长的专访,文字简洁、内容充实,让人觉得是高度浓缩的产品。

2. 突出新闻性

这种新闻性首先表现在人物专访报道的对象与新闻有着密切的关系。一般有三种情况。

(1) 人物本身就是新闻,即人们通常所说的姓名即新闻。如著名球星贝克汉姆,他的一举一动,都可以成为报道题材。

(2) 采访成为新闻的人物。如荷兰外交大臣夏侯雅伯被任命为北约新秘书长,随着他担任新职务,有关他的报道也就有了新闻价值。

(3) 采访与新闻有关的人物。

此外,新闻性还有另一层面的含义,即新鲜——人物本身并不一定与新近发生的事有关,而是他从事的活动、业绩鲜为人知,人们感兴趣。如果将与新闻事件有关的人物称为事件性新闻人物的话,这类人物可以称为非事件性新闻人物。

3. 表达某种思想

专访不是泛泛地为人物写小传,而是要通过对人物的描述传达出人物的思想、感情、意见、爱憎。那么选择什么样的人物、报道人物的哪些思想,事实上反映了记者或者是他所服务的媒体的价值观。可以这样说,媒体褒扬或批评的人物基本反映的是这家媒体的观点。有时人物对事业的看法、对人生的感悟是经验之谈,肺腑之言,具有真知灼见,真情实感。这往往更深刻,更能给人以教益和启迪,也更能感染读者。如法国《巴黎竞赛画报》介绍美国电影明星迈克尔·福克斯,他在事业高峰时,身患帕金森症,但依然热爱生命,报道这样的人物,目的就是要弘扬一种积极乐观的生活态度。

问:你的手在抖。你是怎样写成这本书的?

答:我在一个三脚架上列出提纲,然后向我的助手口述。她打印好之后交给我,我用红笔修改。

问:书中最令我感动的地方是,你写道你从未觉得自己可怜。

答:如果你总是以自我为中心,那你不仅会变得冷酷无情,而且时间越长,你就越难以面对其他人。我是天生的乐天派,为了战胜这次考验,我发掘出了自己身上剩下的所有气力。在得知病情那天我就明白自己应当进行斗争,就在那一天,我觉得自己真正成了一个男人,这使我有了一种安详、平静的感觉——如果不是这场病,我也许永远不会有这种感觉。你可能会觉得奇怪,但要知道,尽管有病,我依然是个幸福的男人,非常幸福。过去10年是我生命中最美好的时光。我的病已成为我积极、丰富的生活的一部分。

问:不要告诉我,如果你有一根魔棒可以让你回到过去,你也不会那样做。难道会是这样吗?

答:我不会改变现有的生活。当然,我也希望健健康康的,但我知道不可能像电影里演的那样回到过去。我对将来充满信心,相信几年后人们肯定会找到这种病的治疗方法。如果政府用于疾病研究方面的资金与用于战备的资金一样多的话,治疗方法早就找到了。我不愿回到过去的另一个原因是,我以前的职业使我根本无法好好生活。我的职业要求我按照别人的意愿过活。那时我身体很健康,但精神状况极度糟糕。我当时还酗酒。

……

问:你宣布病情的声明仿佛是投下了一枚炸弹,你成了帕金森氏病的标志性人物。你有没有后悔这样做?

答:没有。大家迟早会知道我的病情的。我害怕被孤立、不被理解或者被人可怜。我明白只要我说出来,生活就会变得简单。采取主动,"先下手为强"是我唯一的办法。我内心的窒息感几乎超过了疾病本身,在人前装样子、隐瞒病情太难了!我在孤独中生活了7年。在宣布病情后,我一下子收到了许多来信,人们向我讲述他们的经历。我高兴得快发疯了,我不再感到孤独。从得知病情到宣布病情的7年间,我有时间仔细考虑。我不想教给别人什么,只是想通过这本书讲述我的个人经历。这就是我的经验,如果对别人有用,那当然好了;但是,每个人的命运只能靠自己把握。

问：想到将来时，你是否害怕？

答：我不害怕。首先，我过去和现在的生活都很美好，我并没有跌倒。即使我知道将会发生的事，我也不愿提前就惴惴不安。我不知道自己的将来会怎样，帕金森氏病患者都会这样：无法控制自己的手，也无法掌握自己的生命；以前想都不用想就可以做的动作现在却变得异常艰难起来。我应当做的就是把握现在，明天还很遥远。

问：你是对生活感到愤怒呢，还是告诉自己："这是我的命运"？

答：我当初未想到会经受这样的考验，在很长时间里我不断自问："为什么是我，为什么？"但也会想："为什么不能是我？"我所拥有、所信仰的一切被炸得粉碎。突然间，我不得不为了继续生存而斗争。以前我在电梯里看到上了年纪的人慢吞吞地摁按钮时，总是极不耐烦。现在我醒悟了，我平生第一次学会了倾听。我的遭遇就像一个探险家在森林深处发现了一个湖——时间都过去很久了，自己还感到难以相信。

（略）

（引自2005年3月31日新华网）

二、人物专访的写作结构

（一）标题

人物专访的标题一般是单标题的形式。其表达方式与一般记叙文相似，有提问式、观点式、概括式，还有一种比较有特色的标题就是直接引用被采访人的原话。

（二）开头

人物专访的开头一般是通过一个设问、一段简述或一个事件引出人们对被采访人的兴趣，进而过渡到采访的具体内容上。

（三）正文

人物专访的正文，即采访时的主要谈话内容，被采访者的思想、观点、态度、语言都应在这一部分中展示。写作时要注意：

(1) 对被采访者的语言可以进行必要的选择和提炼，但不得改变被采访者说话的原意。

(2) 文字的处理要尽量体现出现场感，如加入一定的场景、动作、表情的描述。

(3) 不应该在正文中对被采访者的观点进行过多的总结和评论，而应该按照谈话的过程客观记叙。

（四）结尾

人物专访的结尾有多种处理方式，如通过作者的总结，深化或提炼被采访者的观点；或将无法解决的问题提出来，留给观众思考；还可以用现场的一个小细节作结束。

三、人物专访的写作要求

有目的地勾勒人物形象，从人物的谈话中写人物；集中写一点，突出人物某个方面的特色。写好人物，是对写好人物专访的一个重要的要求。人物形象是否清晰，是衡量人物专访成功与否的关键。写人物专访，最重要的方法是从人物的谈话中来表现，写富于个性的人物语言。

【例文 1】

2009 年东莞中小户型市场看好

经历一年多调整期后，东莞楼市逐步走出阴霾。据相关数据显示，2009 年前 5 个月，积压了一年多的刚性需求，在多个因素的共同刺激下开始释放。在刚性需求的带动下，无论是自住型的中小户型产品，还是偏向改善型的大户型产品，销售业绩都有明显回升。

然而，受去年商家放缓楼盘上市时间及今年刚性需求集中释放的双重影响，东莞中小户型市场出现供不应求的现状，个别优质楼盘的销售速度甚至不亚于旺市。

针对东莞楼市中小户型产品畅销、好货难求及供应是否存在结构性失衡等问题，记者采访了一些业内人士。

对话嘉宾(排名不分先后)

光大地产　黄海俊

中天力通　朱必步

中信地产　陈峰

市场

缺货源于刚性需求消化存量

话题 1：今年以来，刚性需求在多个利政的作用下得以迅猛释放，其中最适于首次置业需求的二房和小三房产品快速消化，从而也致使中小户型产品出现缺货现象。请问目前东莞市中小户型市场真实现状如何？

黄海俊：以前东莞给人一种“散”的感觉，所以很多新莞人对“置业东莞”不太感冒。随着近五六年来东莞城市建设的快速挺进，住在东莞的吸引力正在逐步强化。

为什么近来中小户型会出现畅销缺货现象，很大程度上与此关系甚大。因为 2006 年、2007 年东莞房价上涨速度过快，房子单价高总价高，造成不少新莞人被拒之门外。如今东莞房价回归到合理水平线，此前不敢出手而蓄积的刚性需求在短短数月间释放出来，势必会大量消化市场库存产品，而中小户型恰恰吻合他们的消费需求。

朱必步：造成这一现象与去年商家调整策略不无关系。如万科等楼盘低价清货，使市场可售量减少。另外，项目开发的时间差也影响了市场的供应量，2008 年不少商家放缓了项目的开发步伐，造成 2009 年中小户型供应不足。

陈峰：其实今年一季度住房供应比去年还多，只是中小户型新增供应少了一点，如今出现货源短缺现象，只能说明市场需求快速回升。从目前的供应情况看，市场主要以消化库存产品为主，其中自住性的刚性需求是主要消化群体。

此外，造成中小户型房源少的另一原因是经济不稳定，致使人们在理财时倾向于保值功能较强的不动产。

市场调整造成供应缺口

话题 2：相关数据显示，东莞城区 80～120 平方米的户型成交比重远远低于全市水平，占全市成交比重的 43.27%，占城区比重的 30.54%，相差有 13 个百分点。因此，有人推算今年城区 80～120 平方米产品的供应缺口高达 2600 套左右。您是如何看待这一现象和观点的？

朱必步：这是市场调整造成的问题。去年受楼市低迷影响，不少在建项目停工，而新项目推后动工时间，这一切调整造成2009年新上市房源明显减少，当市场刚性需求突然爆发时，产品的供应出现缺口就成为一种必然现象。

陈峰：当前环境下，楼市投资群体的比例非常有限，市场的购买群体以刚性需求为主，这就决定了中小户型消化速度相对较快。因为刚性需求多以首次置业群体为主，他们对产品的总价比较敏感，通常该类群体会选择过渡性住宅产品，以满足当前的居住需求。

对于中小户型供应缺口高达2600套左右这一观点。个人认为，这个问题较难说清楚，或者可以说是无从评估。因为，需求群体统计途径以什么为标准？消费者的购买初衷是投资还是自住？这一切都很难判断。

黄海俊：应该不是很准确。从近几个月的成交数来看，每个月的成交量都在好几千套，如果按照四成的比例计算，每个月的中小户型消化量大概在一两千套左右，所以个人认为需求缺口实在难于统计出来。

从城市发展来看，市场需求量将会越来越大，所以说"城区80～120平方米产品的供应缺口高达2600套左右"是建立在两三个月数据上的预测，无法代表整体市场需求。

价格

平稳唱主调　房价波动小

话题1：目前市场上对房价走势基本上有三种观点：一是房价已经基本趋稳；二是房价依旧处于下滑通道；三是优质紧缺型产品或小幅度上扬。针对当前中小户型货源紧缺现象，商家的定价思想和推货思路是什么？

朱必步：虽然当前市场出现中小户型短缺的现象，但我们并不赞同因此选择高开高走的策略。相反，我们认为应当采取实惠、合理的定价策略。这一策略的实施，使我们的楼盘在开售不到数日就已销售过半。

陈峰：我们一直追求为业主提供高性价比的产品，而不是一味降低价格销售。在定价方面，从来就没有强调或追求暴利的想法，所以大家会发现中信的产品定价都比较合理。

至于推货思路，个人认为应以快为主。快不但能解决流动资金问题，也能为企业赢得更多宝贵时间，使公司能游刃有余地开发出更多更好的产品。

黄海俊：我认为还是应该着眼于市场的平稳。目前市场仍比较脆弱，需要商家们共同去呵护，使其稳步健康发展。因为任何市场都需要一个稳健的发展环境，在大起大落的市场下，任何企业都难于生存和发展。

观望或错失购买良机

话题2：据了解，不少人认为现在东莞房价相对合理，但受经济环境和市场的影响，房价或许会再度下滑，所以还要观望一段时间。对此您有何看法？

黄海俊：观望与出手，取决于消费者对当地经济发展是否有信心。其实，消费者可以去观察一下周边环境，比如东莞各个地方的餐馆酒楼是否依旧火爆，商家卖场的消费者是否有所减少，自己的收入水平是否有所下降，周边的朋友是否出现经济危机……你会发觉自己身边的人并没有出现明显的变化。

对于当前东莞房价，个人认为东莞楼市已经走出了2008年大跌的阴影，市场正在逐步转好，无需过分悲观。

朱必步：经过去年一年的调整，目前东莞房价已经处于低位，再度下探的可能性微乎其微。加之，现在不少数据显示楼市正在转好，观望反倒可能会错失机会。

个人认为，东莞房价已经再度成为洼地，在城市不断建设发展及股市反弹作用下，房价上行的趋势将逐步出现。

陈峰：现在是一个比较好的出手时机。一是因为当前经济形势尚未明朗，商家在推货过程中没有过分追求高利润，所以售价十分合理；二是有专家预测，未来一两年内中国存在通货膨胀压力，房子恰恰是一种有效抑制通货膨胀的投资产品；三是从目前的东莞房价来看，无论是选择自住，还是选择长线投资都比较适合；四是消费者出手时，要结合自身需求进行购买，这样既能满足需求功能，又能避免错失良机。

（引自 http://www.louing.com 地产门户 2009 年 6 月 5 日）

【例文简析】

这篇人物专访充分体现了该文体以记言为主的特点，就东莞中小户型从市场、营销、价格方面将被采访者的观点、态度、语言都作了客观的记述。

第二节 新闻特写

一、新闻特写的含义与特点

（一）含义

新闻特写是区别于消息与通讯的一种体裁。它摄取新闻事实中最富有特征和表现力的片断，通过多种表现手法做具有强烈视觉及情感效果的着力刻画，使其产生立体感，从而更集中、更突出地表现新闻事实和主题。

新闻特写共分以下几种：

(1) 事件特写：摄取与再现重大事件的关键性场面。

(2) 场面特写：新闻事件中精彩场面的再现。

(3) 人物特写：再现人物的某种行为，绘声、绘色，有强烈动感。

(4) 景物特写：对于有特殊意义或有价值的罕见景物的描写。

(5) 工作特写：对于某一工作场面的生动再现。

(6) 杂记性特写：各种具有特写价值的新闻现场之生动再现。

（二）特点

特写作为一种常见的新闻文体，除了具有新闻的基本特征，与消息、通讯相比，还有着自己独有的文体特征。

(1) 特写和消息相比，共同点都是简要和迅速地报道新闻事实。区别在于，消息往往扼要地报道新闻事件的全过程，而特写往往抓住新闻事件中富有特征的片段，亦即是记者采访中“捕捉”到的稍纵即逝的富有特征和具有特殊意义的精彩“镜头”，浓笔展开。如写一场球赛，消息写球赛的全过程，而特写则写一球之争；写会议，特写往往抓住一个提案的提出和讨论；写演员，特写往往抓住难度最大的一次表演；写教师，特写往往集中最令人动情的一课。

(2) 特写和通讯相比,共同点都是重视运用形象思维,生动而形象地报道新闻事实。特写和通讯的差别在于,通讯向人们展示新闻事实的纵剖面,而特写则是充分地展示新闻事实的横截面,要抓住重点,突出重点,突现其最精彩、最有特征的部位。因此,特写比一般通讯写得更集中、细腻、突出。

如果把新闻写作比作画人物,消息是速写,通讯则是肖像画,特写就是"画眼睛"。也就是说,特写以描绘有形象感的特写镜头而取胜。

(3) 特写比较适合下面的场合:在对同一事件或现象的组合报道中,一般可以先写一两篇短小的消息,报道事情的全貌,让人们对整个事件有个粗略的了解;再配上特写,就可以给读者进一步的感性认识,而且这种认识往往是具体的、形象的。如果没有消息,而单单刊发一篇特写,则会显得突兀。

二、新闻特写的写作结构与要求

特写的基本结构与其他新闻体裁相似,包括标题、正文和结尾三部分。但在写作上需要更加敏锐独特的观察能力和细腻生动的写作技巧,主要从以下几个方面入手:

(一)深入研究新闻题材

特写是一种极富特色的新闻文体,它具有强烈的现场感和震撼力,所以要想写好一篇特写,首先要对新闻事件进行深入的研究,力求发现事件内在的价值和特色。

(二)抓住最典型的情节

要让一篇特写能抓住读者的心,一定要有典型情节。这个情节往往是事件中最有代表性的一瞬,或是人物最富特色的动作和表情,它们会强化事件的感染力,在读者心目中留下深刻的印象。正是因为典型情节的重要性,所以如何选择和表现这些情节,成为特写写作的关键。

(三)注意营造现场气氛

特写是一种技巧性很强的文种,在写作时要注意运用铺垫、烘托、渲染、悬念等写作技巧来营造出现场的气氛,增强文章的真实感和感染力。新闻特写要求作者进入现场采访,没有现场所见所闻,就写不出精彩的新闻特写。当然新闻特写也可以插入一些适量的背景材料。

(四)语言力求生动细致

特写着重在于刻画人物和场景,在语言运用上有着较高的要求,通常采用工笔细描的方式,形象生动地展现人物的性格特征和精神风貌,因此,一篇好的特写往往近似于一篇优美的散文。

【例文 2】

特殊的捐赠

下午 3 点刚过,门厅接待捐款的刘云杰老师告诉我:"王镜师傅又来了!"在场的人心里都一阵高兴,我撂下手头工作赶忙走到前厅:"大冷的天,这么远,您怎么来了?"我问。他迎过来,右手拿着 200 块钱一扬:"这不,我把这钱捐了。"

王镜——就是那位住在北京黄杉木店周转房、捡破烂向希望工程和其他社会福利事业捐款万元的退休老工人。今天出现在我眼前的王镜老人,无论从脸色上,还是穿着上,都和以往来时大不一样了:他的脸黑中透出红润,而且胖了;身穿黑色棉外套、土黄色新工作罩裤,足下一双黑色包头胶底棉鞋,显得干净利落。我请老人坐下,没等我问寒问暖,他就满脸堆笑地说:

“这不，人家知道我困难，给我寄来200块钱，好人哪！我怎么能要人家的钱呢？”我接过话茬：“你节衣缩食，捡破烂把1万元都捐了，这200块钱人家给您，您留下用也是应该的。”老人立即反驳道：“不能！无论如何我也不能要。人家一片好心。退休费我足够用了，还是捐给希望工程，给贫困山区办教育吧。”说着，他转过脸对刘老师说：“你一定要写人家的名字，我把收据给他寄去，好好谢谢人家。这情我领了。”“我琢磨，退回去也太不近人情。可我又不能要，还是给希望工程，挺好！”我一边聆听，一边凑过去接过老人手中的一个信封，那上面写着：河南洛阳一拖公司油泵厂安环科高防。我明白了，这200块钱就是素不相识的高防同志看了《中国青年报》2007年12月19日刊登的《黄杉木店陋室铭》后汇给王镜老人的。

这就是数天前发生在北京北新桥香饵胡同3号——希望工程北京捐助中心捐款大厅的一幕动人情景。

（引自2008年1月6日《广州日报》）

【例文简析】

这是一篇事件新闻特写。作为特写，该文紧紧抓住捡破烂向希望工程和其他社会福利事业捐款万元的退休老工人王镜，通过典型情节、场景的细致描写，给人以强烈的现场气氛感，将这位值得人们钦佩的退休老工人的动容之举真实地展现在读者面前。

【思考与练习】

1. 人物专访的含义是什么？它与人物消息有何区别？
2. 新闻特写的特点和写作要求是什么？捕捉身边可以作为新闻特写的题材，设计你的构想，写一篇新闻特写。

第二十三章

广播、电视、网络新闻

第一节 广播新闻

一、广播新闻的含义

广播新闻是指通过广播信号，以声音作为媒介，向听众传递信息的新闻。通过无线电波或者通过导线，向广大听众传播声音的新闻，统称为广播新闻。在广播中，通过无线电波传送声音的叫做“无线电广播”；通过导线传送声音的叫做“有线广播”。

二、广播新闻的优势与局限

（一）广播新闻的特点

（1）传播速度快。电台利用电波传递声音，每秒钟行程 30 万公里，迅速无比。

（2）传播范围广。广播可以翻山越岭，渡江涉河，所能覆盖无所不及。

（3）听觉优先。广播关键的能量通道是作用于人类的听觉。

（4）简短性。很多新闻报道在广播中仅占 30 到 45 秒，3 分钟的单条新闻广播已经是长报道了。

（二）广播新闻的传播局限性

任何事物都是尺有所短，寸有所长。作为广播虽然有很多的优势，但是也有很多的局限。

1. 转瞬即逝，不易保存

声音不像文字，也不像画面，看得见，它是转瞬即逝的。所以这样一种擦肩而过的传播速度，很难给人留下深刻的印象，尤其是比较抽象的，比较复杂的一些传播内容，听众有的时候听不太清楚。所以我们说，广播所负载的信息，应该在听众听广播的时候，播出的内容应该使听众在并不吃力的情况下能够听得懂，记得住，并且留下印象。这是作为广播人编辑稿件的一种底限性的要求。

2. 容易产生歧义

在信息传递中间，有人做了统计，有 70％的用语言，有 38％是用声调，其中 55％是靠表情。因此，单纯地靠语言传播，信息符号比较单一，同时转瞬即逝不容易留下印象；另外收听和理解不能有半点时间差。所以，这就要求广播从业人员要能够驾驭听觉文本的规律，为了取得更好的听觉效果，对于一些费解的书面语言、较生僻的文字、容易产生歧义的字词，避免使用。

三、广播新闻的种类

广播和报纸有很多相同的地方，报刊上经常采用的新闻体裁也大量地运用于广播。一般说来，广播新闻的种类有：录音讲话（包括录音座谈会），录音报道（包括文字解说、音响和配乐、人物谈话)，录音新闻，口头报道，录音通讯，录音特写，录音访问，配乐广播，广播对话，广播评论，广播大会、重大集会的实况转播，重要文艺、体育表演活动的实况转播。

由此可见，新闻性的广播节目主要依赖于广播新闻稿的撰写，以此作为制作新闻类节目的主体方式。针对不同的新闻广播节目栏目，广播新闻稿有不同的写作和编辑方法。

四、广播新闻的写作要求

广播新闻的写作，即广播新闻稿的写作，其写作要求与其所采用的新闻体裁相同。如广播通讯，就按通讯来写；人物专访广播，就按人物专访来写。广播新闻的写作和播出分别由记者和播音员担任。在写稿时，要注意为播音员创造良好的语言环境，使播音员能够干净利索地表情达意。所以，广播稿件写好后，作者应该自己念几遍，看看语感如何。若有佶屈聱牙、晦涩难懂的地方，就要加以变通和改正。心里想着听众，就能设身处地地为听众服务。由于广播是一种特定的、以语言和听说为纽带的传播媒介，因此从广播新闻收听效果上考虑，广播新闻稿在写作技巧和语言运用上又有着与其他新闻体裁不同的要求。

(一)简短

按照简短的要求，广播新闻写作时，首先要考虑篇幅的短小。除实况转播类节目外，一般消息不超过 1 分钟，通讯不超过 5 分钟。其次还要注意尽量使用短句和单句，不要使用倒装句、多层次的复句，以方便听众接受。

(二)通俗

通俗是广播新闻与其他新闻体裁最大区别所在。文字信息的组合方式是自由的，可以顺叙，可以倒叙，也可以夹叙夹议，但广播新闻只能像平时谈话一样，尽可能接近通俗的口头语，上口顺耳，通俗易懂，使人感到亲切，易于接受。对于一些晦涩难懂、容易产生歧义的字词，应尽量不要使用。

(三)具体

广播新闻最好尽量采用能够想象得出的具体描述，代替空洞的议论和抽象的理论，不宜大量采用数字和统计资料之类的抽象信息。

(四)形象

采用形象化的语言，通过提供听觉形象引起听者的联想，从而产生历历在目的视觉形象，给听众一种现场感和真实感。

【例文 1】

健康中国：百姓从“缺医少药”到“病有所医”

[播音员]各位听众，早上好！今天是 9 月 16 号，星期三，农历七月二十八，北京，多云，最高气温 29 度。以下是专题报道：《经典中国 辉煌 60 年》：我国卫生事业取得显著成就，城乡居民从“缺医少药”走向“病有所医”。

新中国成立 60 年来，我国卫生事业取得了显著成就，城乡医疗保障体系不断完善，居民的主要健康指标位居发展中国家前列，人均期望寿命由新中国成立前的 35 岁上升到 73 岁。

吉林省白城市乘风村的村民张富说，三年前，他们全家参加了新农合，原本对这项制度没太在意的他，去年却因老伴的一场大病，彻底改变了想法。

[录音]“当时宣传的时候，我思想上还有点儿顾虑，因为我老伴得的肿瘤，给我们发了 2

万多块钱，等于在农村干了好几年，这真合算啊。”

［**播音员**］政府的保障让许多像张富一样的农民家庭，生活又有了新希望。而在城市社区，医疗卫生同样成绩斐然，卫生部卫生统计信息中心主任饶克勤介绍说，现在全国所有地级以上城市都已经开展了社区卫生服务工作，城市居民看病非常方便。在一些大中城市居民步行15分钟，基本可以到达一个社区卫生服务机构。

目前，我国已经初步建立覆盖城乡居民的多层次医疗保障体系。截至今年上半年，城镇职工和居民医保参保人数超过3.3亿，新农合参保人数达8.3亿。到今年底，全国所有的城市都将开展居民医疗保险制度，加上新农合的参保人数，整体上将有超过12亿中国人享有基本医疗保障。经过新中国成立60年的经济社会发展，我国医疗保障体系不断完善，卫生资源的总量持续增加，国民健康水平得到有效改善。

卫生部部长陈竺说，经过60年努力，我国的医疗卫生事业的面貌发生了翻天覆地的变化。现在我国的卫生资源丰富，医疗卫生队伍已经超过了600万人，另外还有将近100万的村医，每千人口的卫生人员数已经接近4人，而且服务的水平明显提升，总体的医疗质量和主要的健康指标在发展中国家居于前列。

（引自中国广播网2009年9月16日）

【例文简析】

这篇广播新闻为了有效地运用来自现场的声音，报道将播音员解说与现场录音穿插在一起，组成一个有机的整体，让听众获得现场的真实感，又全面地了解了城乡居民的医疗保障体系得到了有效的改善。

第二节 电视新闻

一、电视新闻的含义

所谓电视新闻，就是运用现代电子技术，通过电视屏幕，形象地向观众传递新闻信息的一种手段，既传播声音又传播图像。具体地讲，它是通过电视摄像、记者采访、镜头设计、拍摄、剪辑、写解说词、配音这几个程序来完成。它可以系统地、形象地报道事物发展的全过程。

二、电视新闻的优点与局限性

(一)电视新闻的特点

电视新闻具有报道性、纪录性、即兴性，以及定期性，即把作品在时间上分割为连续性的片断，还有“室内性”等交流特点。具体表现在：

(1) 传播迅速。电视的传播速度同样惊人，虽然它没有广播制作简便，但它的迅速如今已不容忽视。

(2) 形象生动。电视以图像、声音、文字等符号直接作用于听众的感知器官，在多数情况下，易为人们接受，且富于感染力，能引起高度注意。

(3) 立体作用的方式。图、声、字是电视传播的三大元素。图像与文字作用于眼睛，语言、音乐、音响则首先作用于耳朵。

(4) 传播内容丰富。电视具有最宽宏的度量,它兼容天下事,凡涉及人类应该了解而尚未知晓之事,一概纳之无误。

(5) 空间无远近边界。电视同样可以使真实的视听符码跨山越水,翻山渡河,使之到达每一个空间。

(6) 线性流程。电视传播拥有与时间同一的流逝特征,它也是顺时序的"一次过",缺乏贮藏性和复显性,它"过时不候",无法返回。

(二)电视新闻的传播局限

1. 转瞬即逝,不利于保存

这和广播非常近似,但是它不同,它是视听兼备的多元符号,多元符号在电视节目的播放中间转瞬即逝,很难保留,所以这样和报纸、网络相比,保留资料更要困难和复杂得多。

2. 线性传播,选择性差

电视节目的安排是按照时间顺序进行的,它是由于媒介主动、受众被动,所以电视也应该特别注意做好节目的预告、重复。

3. 成本高,干扰多

电视新闻的送达率高,必然导致成本高;另外,信息在传递过程中还要受外界诸如无线声波、天线、光波等其他因素的干扰。

三、电视新闻的种类

(一)口播新闻

口播新闻是仅仅靠播音员用口播的方式报道消息的电视新闻。由于这种方法没有发挥电视图文并茂的特点,比较单调和呆板,因此一般只用在简讯及次要新闻的播送上。有时重大新闻发生了,详尽的画面未到,为抢时效,也用这种方式。

(二)视像新闻

这一类电视新闻是与动态的电视画面结合在一起的,是电视新闻最基本的形式,通过电视新闻画面和相应的语音解说,给观众带来强烈的真实感和现场感。这类电视新闻稿的写作,首先要保证新闻要素齐全,结构形式完整,同时还一定要与新闻画面有机地结合在一起。只有语言和画面密切配合,相得益彰,才能发挥出电视新闻的独特魅力。

(三)电视述评

这是一种既报道新闻事实,又对事实加以分析和评价的电视新闻,其性质与报刊述评相仿。它的时效性可以较录像新闻和现场报道弱,但深度一定要强于前两者。也就是说,它是在一件新闻事实完全或者基本上水落石出以后,进行夹叙夹议地深度报道的电视新闻品种。电视述评叙述事实,是为评论事实服务的。它有很强的舆论导向性、启发性和教育性,因此对记者的要求很高。不仅要有全局观念、整体观念、法治观念、政策观念,而且还需要有很强的思辨能力,高超的采访技巧,如隐性采访、巧妙提问等等。现在电视里诸如"焦点访谈"、"新闻透视"、"热线追踪"等,都属于电视述评的体裁。

(四)现场直播

现场直播是一种与事件发生、发展以及结束同步传播的报道形式。现场直播是电视新闻中最具优势、最有特色的形式。西方新闻界认为,最优秀的报道往往就来自于记者的现场报道,但现场报道也是电视新闻报道形式中最难的一种,它对记者的反应能力、综合分析能力、应变能力、语言表达能力则提出了更高的要求。由于事件发生现场存在许多不确定因素，所以事先也许无法写出完整的新闻稿，但记者采访前要进行充分的准备，大量占有材料，并对事件的发展作出相应的预测和判断，最好拿出尽可能详细的采访提纲。提纲中应包括该事件的背景资料、主要人物的基本信息、活动内容和特点、现场采访对象、可能出现的结果、可能发生的问题等方面内容。

(五)电视专题

专门就某一特定的新闻事件或新闻人物进行报道，尤其关注的是国内外重大新闻事件中的人，有较强的时效性和公众关注度。强调挖掘新闻事件中人物内心的切身感受，事件中人物的展示及其经历，也是电视新闻常用的体裁。它的特点是有一个既定的主题，比较详尽、生动，篇幅也较长，有点像报刊上的通讯。专题报道综合运用、调度画外音、记者自述、当事人访谈、动静态画面等手段，为新闻主题服务。

四、电视新闻的写作与结构

电视新闻离不开电视文字稿的书写，它是与画面一起发挥作用的，因此电视新闻要注意声画关系、现场音响、同期声音，使之各司其职，各展所长。电视新闻文字稿的结构和写作方法，具体到口播新闻、图像新闻、现场报道三种形式上各有不同的要求和特色。

(一)电视新闻文字稿在结构上的特点

1. 主线单一

电视新闻只能围绕一个中心来写作文稿，层层深入，直到把问题阐述清楚为止。

2. 构思新颖

电视新闻文字稿的开头要写得引人入胜，中间穿插一些能够引起观众兴趣的背景、议论，适当设置一些悬念或展示一下电视新闻的中心主题要旨，以知识性、趣味性和接近性的东西吸引观众，结尾要注意进一步加强报道的感染力。通过科学合理的布局，使电视新闻奇峰突起，一个高潮接着一个高潮，不断激发观众接受新闻的欲望，持续收看下去。美国著名记者斯诺曾说过："新闻报道要使读者'上钩'。"就是说新闻报道要吸引读者，正确引导读者。

3. 层次分明

在写电视新闻文字稿时，要求注意段落、层次和语句之间的过渡、照应与铺垫，使电视新闻具有主体感、纵深感，让观众身临其境，如见其人，如闻其声。

(二)电视新闻文稿的写作特色

1. 明确实在，听觉鲜明

要提供鲜明的视听形象，使新闻事物实在化、具体化、形象化、立体化。这就要求电视新闻记者和编辑在采摄编写工作时，尽量减少抽象、笼统、概括性的语言文字，多采用形象、鲜明且与画面匹配或逻辑性强的语言，表达、说明、阐释新闻事实，力求多用新闻事实说话，多用写实性文字。

2. 注重细节描写

要尽量采用具体生动活泼的细节来说明新闻事实，加深观众的视听印象。细节描写可以放在导语部分，像特写镜头一样，以增强报道的立体感和现场感；也可以放在报道的主体部分，使之具有强烈的现场感和浓厚的生活气息；还可以放在报道的结尾部分，让报道形成高潮，引起观众的回味与思索。

3. 取材精练，篇幅短小

首先要多搞一些“小口子”新闻。一条新闻只集中写一个问题或一个侧面，突破口小了，就容易写得集中，写得深刻，并且能够缩短报道篇幅。再者，要精选事实，用最能反映主题思想本质的事实即“新闻核心”来说明观点。要善于抓住“新闻核心”来写作文稿，就必须找出电视新闻中具有核心地位、鲜明特性和普遍意义的新闻事实，在导语部分对其作初步交代，主体部分可以直接承接导语，比较详细地叙述核心事实，背景材料交代要尽量简略，事例不要重复，尽量使新闻核心事实部分突出出来。其次，要节奏缓慢地反复输入，这一点不同于广播新闻那样不断反复，不厌其烦。电视新闻还可以用画面、图像、现场音响、字幕图表、采访同期声等形式的综合语言来表达，加上一些必要的铺垫和过渡性文字，便可以完美地表达电视新闻的全部。

(三)电视新闻文稿的结构

具体到每一条电视新闻，其文字结构无论是倒金字塔结构、螺旋式结构、金字塔结构还是散文式结构，在语言安排和文稿写作上，都必须注重导语、主体、背景和结尾等几个方面协调划一，整体操作。

1. 导语

电视新闻导语是电视新闻开头第一句话或第一段话，要用简明生动的语言文字，概括新闻最本质的思想内容，从而引起观众的注意。如何把导语写好，国内外新闻学专家教授和新闻工作者已经归纳出了几个带规律性的准则：

(1) 提供最新信息。电视新闻导语是让人们开始注意收听收看的一个信号。新的信息往往能引起人们的注意。通常，观众接受了一个新的信息后，会进入特别关注的收看状态。

(2) 突出观众关注点。突出观众关注点，把与观众利益相关或观众关心的，感兴趣的事写出来，就能抓住观众，这是导语设计和写作的技巧之一。

(3) 揭示新闻主题。新闻质量的高低，价值的大小，决定于记者对材料确定的主题是否正确、深刻，并切合于问题的实际情况。尤其在短新闻中，导语就负有揭示主题的责任。

(4) 为耳朵而写。电视新闻节目传播的内容，除了画面传递外，还依赖声音传送。在写作电视新闻导语时，还要考虑听觉因素。为耳朵而写是电视新闻导语的一个特点。怎样扬长避短，发挥出为听而写的功用呢？这就需要注意以下几个方面：

① 口语化。口语化不等于不加选择地使用日常用语。当然，口语化写作仍然要讲求语言艺术和技巧。

② 通俗易懂。避免使用深奥难懂的词汇和字眼。力求用大众易于理解的语言表达深刻的思想、观点、复杂的事件，重要的问题，层出不穷的事物。

③ 朴实自然。观众用耳朵接受信息，往往不那么全神贯注。如果拐弯抹角，卖弄文字游戏，观众就会感到费解。朴实无华，自然顺畅听起来才能使观众易于接受、易于理解。

④ 简短明晰。要在三言两语之间感染和吸引读者，就要力争简洁明快，不能拖泥带水。

⑤ 形象生动。选择响亮上口的词语。

2. 主体

电视新闻的主体是导语之后的承接部分，围绕导语提出的问题全面展开，用有说服力的材料阐述和说明全篇的中心意思。要求紧承导语，讲清导语中提到的观点和问题；语言文字以及其他材料的安排要层次清晰、逻辑严密、表述简练。这就要认真消化新闻材料，提出观点，并根据表达新闻主题的需要，按照一定的新闻规律和逻辑顺序有条不紊、错落有致地写出来。

3. 背景

电视新闻的背景是对新闻事件发生的历史、环境和原因的说明，对新闻事件发生或人物成长的主客观条件及其实际意义的解释，在写作上占有重要的比例和地位，需要花大力气去研究突破。电视新闻的报道在于能把新闻事件的不凡之点、独特之处揭示出来，这得依靠背景材料的交代。电视新闻的背景材料可以按直接带进、穿插交叉等方式交代出来。

4. 结尾

一条好的电视新闻，不仅应该有一个好的导语，而且应该有一个俏皮的结尾。这样，才能使电视新闻在形式上更加突出，使电视新闻的主题得到进一步提示和深化，增强感染力，引起观众共鸣与思索。电视新闻的结尾部分应该有实实在在的内容，杜绝空泛议论；要紧扣主题，深化新闻事实，升华新闻核心；应当自然贴切，水到渠成，切忌仓促唐突、生硬跑题、公式化、概念化。

由上可见，一条电视新闻的文字结构与报刊新闻一样，由导语、主体和结语组成。但一条完整的、符合电视视听合一特色的电视新闻还要有音响、画面、画外音或画内解说。尤其是主体部分，有的是由播音员的画外音进行叙述，有的则是画内新闻当事人或者记者本人的现场言谈。这就需要我们在写电视新闻时统筹考虑，全面布局谋篇。

因此，电视新闻的写作，除了要做到简短明快，反应迅速，完全真实，准确无误，寓理于事，叙述为主的基本要求以外，还要格外注意明白晓畅，通俗易懂；抑扬顿挫，朗朗上口；音画合一，相辅相成。

【例文 2】

观国庆彩车　为祖国喝彩

导语：

（主持人出镜口播导语）

今天是参加国庆游行的 60 辆彩车在天安门广场集中亮相的第四天，观彩车成为了今年北京地区国庆游玩的最大亮点。

主体：

今年国庆节期间在天安门广场展出的 60 辆游行彩车，被分成北部、中部、南部三个区域进行展示，每个区域的彩车都有一个独立的主题。

国庆游行彩车总指挥姜泽延："南部的展区主要是体现建设成就的彩车，这部分彩车共有 19 部，我们在中间也就是人民纪念碑周边也放着一些彩车，还有广场北部都是京外各省市彩车。"

本台记者赵海燕："现在您看到的是来自江苏的彩车。江苏彩车的整体设计是一个巨大的如意——如意的前面托起的是具有人文特征的风景名胜：五亭桥和虎丘塔；后面展现的是现代化的、具有科技味的江苏，而连接它们的是您现在看到的苏通大桥。"

江苏彩车工作组副组长冯锦文："我们这个大桥主要起一个过渡和连接的作用，就是把传统和现代连接起来，它的寓意就是继往开来。"

山东彩车"岱青海蓝"，寓意着好客山东向整个世界张开欢迎的翅膀。

游客："这个创意特别好，一方面反映了我们山东的历史人文，另一方面凸显了我们山东现代经济文化的发展。"

地方彩车着重表现的是各个省市自治区的发展与变迁，而成就彩车则展现了我国各行各业的进步与成果。

本台记者武兵:"我们看这个彩车的底座是用花岗岩石做成的,在基座上面是打开的书本的造型,这个彩车的主题就是教育成就。随着时代的变迁,教育的内容和形式虽然有所变化,但是书本作为传授知识的手段始终是第一元素,所以彩车设计专家组也把翻开的书本造型作为这个彩车的主体形象。"

结尾:

主持人:据天安门地区黄金周指挥部的粗略统计,今天到天安门广场观看彩车的群众人数将超过前两天,客流量将达到180万人次。为了满足群众观看彩车的需求,彩车在广场上展出的时间,将延长到10月11日晚6点。

(中央电视台新闻频道 2009年10月5日)

【例文简析】

这是一篇视像新闻,文稿篇幅不长,但语言简洁,表述充分,内容完整。在表现形式上既有记者的现场采访,又配有同期字幕、电视新闻画面、语音解说等手段,增强了新闻的真实感和现场感。

第三节　网络新闻

一、网络新闻的分类和特点

互联网(Internet)的出现和运用,不仅丰富了人们的生活方式,尤其使大众传播媒介在技术手段上掀起了一轮新的革命。由于互联网上的新闻网站兼具纸质传媒、广播传媒和电视传媒的特色,因而发展迅猛,成为今天信息时代一种技术含量最高的新媒体。1998年5月,联合国新闻委员会在其年会上,正式提出了"第四媒体"的概念,即指继以印刷工业为基础的第一代纸质报刊传媒、以无线电技术为基础的第二代广播传媒、以微电子技术为基础的第三代电视传媒之后,新崛起的以信息高速公路和数字化技术为基础的网络传媒。

(一)分类

在今天的互联网上,网络新闻的来源大致可以分为三类。一类是新闻网站,如由新华通讯社主办的新华网(www. xinhuanet. com)。无论国内外,这类网站一般都有传统媒体的背景。一类是传统传媒主办的新闻网站或者网络版(也称电子版),如《人民日报》社建设的大型网上新闻发布平台"人民网"(www. people. com. cn),中央电视台建设的"央视国际"大型网站的新闻频道(www. cctv. com),以及其他各家报刊或者电视台、电台建立的新闻网络版。还有一类是综合性商业网站的新闻网页,如"雅虎"(news. yahoo. com. cn)、"新浪"(news. sina. com. cn)、"搜狐"(news. sohu. com)、"网易"(news. 163. com)等等。

(二)特点

网络新闻以其独特的魅力,吸引着越来越多的"点击者"。网络新闻的特殊性决定了它有如下特点:

1. 世界性

不需要卫星,只要是有电话线或者光纤电缆铺设的地方,只要是有新闻记者到达的地方,甚至只要有具备新闻写作能力的人的地方，就可以突破种族、信仰、文化、语言、时空的障碍，及时发布新闻，而公众则可以在世界任何一个具备上网条件的地方获取世界各地的新闻。这样，新闻的发布者和获取者真正实行了全球连线。

2. 即时性

报纸新闻一般以 24 小时为传播单位；电视新闻如果不是事先已知而安排的实况转播，则以时间段为传播单位，而绝大多数新闻是无法预知的；网络新闻由于省去了大量中间环节，可以以小时、甚至分钟为传播单位，提高了新闻传播的速度，其及时迅捷的特点是传统传媒难以比肩的。网络新闻一般都标明了新闻上网的时间，精确到分钟，使读者对新闻的“新”、“旧”程度一目了然。事实表明，现今发生的重大新闻，一般都是网络最先传播出来的。

3. 多媒体性

网络新闻可以综合报刊的图文、广播的声音、电视的动态画面的特点，使其成为集文本、音频、视频为一体的多媒体传播。

4. 开放性

互联网是自由开放的媒体，公众可以随时随地进出这个巨大的信息空间，自由地选择不同的新闻网站和网页，检索并获取自己想要得到的新闻信息。

5. 互动性

在互联网上，新闻已经不再是单向传播了；读者也已经不是传统意义上的“受众”，而是可以立刻发表言论、提出观点，参加对新闻现象和新闻意义讨论的“主人”。这样，新闻的发布者和新闻的获取者之间形成前所未有的互动关系。任何一位新闻的获取者，只要有足够的写作能力，就可以发表自己的新闻。

6. 丰富性

一张报纸，一份杂志，一次播映，其新闻的容量毕竟有限。网络新闻由于数字化技术，有足够的容量，刊载比报刊、电台、电视台丰富得多的消息。即便是在地球的这一端，如果想要获取地球那一端的地方新闻，只要知晓网址或者会进行检索，轻点鼠标，即可如意，而且信息可以随时“下载”保存。

网络新闻尽管新、快、广，但是就像广播取代不了报刊，电视取代不了报刊、广播一样，崛起的“第四媒体”同样取代不了它的“老大哥们”。尤其当灯下躺在床上看报等一类习惯已经成为一种生活文化时，就越发超出了传媒互比的功利范围。所以，今后这四种媒体只能是相互竞争、相互促进、相互补充，使今天信息时代的生活更加丰富多彩。

二、网络新闻的写作

要在互联网上发表新闻，首先要了解电脑显示器的特点。电脑是以屏幕来显示各类信息的，屏幕就像纸质传媒的纸。但是，这张“纸”既没有对开大报那样的版式，也没有四开小报那样的篇幅。尽管可以拖动浮标，但每屏显示的信息也是有限的，最多不过千余字，一般一屏只能显示一条新闻。一张对开报纸一个版的五号字的理论数字就是 1 万 3 千多字，可以同时登载多条新闻。电脑屏幕的特点在于层层剥笋，用鼠标“点击”，可以像打开一扇扇门那样步步深入。由于这种形式上的特点，除了“网上真身电子报”以外，网络新闻在写法上也有一定的技巧。

(一)标题

新闻网站或者新闻网页的首页,都是事先设定的栏目下的菜单式新闻标题,用鼠标"点击"具体的新闻标题后,才能进入该条新闻的页面。如"新华网"首页有"最新播报"、"今日导读"、"焦点新闻"、"网闻联播"等一类的栏目;"雅虎中国"的新闻网页首页有"重磅新闻"、"头条新闻"、"市场观澜"等一类栏目。这些栏目下面是一行行有具体内容的新闻标题。在满屏标题前,读者不可能也不愿意一一点击。他们读哪一类新闻,很大程度上取决于标题做得好坏。因此,网络新闻首先要求作者将标题做得醒目些、清楚些、吸引力强一些,具体说来就是在首页上做实题不做虚题。如果在菜单式新闻标题上做虚题,就有可能遭受餐馆里菜单上那些具有不明不白名称的菜肴的同等待遇——哪怕你的"货色"再好,别人不得要领,很可能会放弃。所以,在首页上一定要做实题,并且能够勾住读者第一眼。一般说来,在新闻网站、网页上,留给新闻标题的长度位置不算短,最多的可容纳30来个汉字,给写大容量的清晰标题以足够的空间。一旦进入后,就可以像报刊传媒那样做多行标题。

(二)内容提要

在一些新闻网站或者网页的首页上,给予重要新闻一定的篇幅,用来以文字显示新闻的提要。这种提要与消息的导语有时一样或者相仿,有时则有些区别。关键在于这种提要是该篇新闻内容言简意赅的精要表达。比如,2010年1月4日《郑州晚报》题为《专家称曹操墓中一具女尸可能系中毒而亡》的消息提要,就是"点击"进入该条消息页面后阅读到的导语:

光明网消息:曹操墓在安阳确认,一度引起争论和质疑,有人建议寻找到曹操的后人,用DNA技术来确定曹操墓的真伪。这个建议在网络上一出现,就吸引了世人的眼球,也有多人自称是曹操的后人,还有一上海老者跑到曹操墓地"认亲",愿意与曹操进行DNA鉴定。但曹操墓人骨鉴定专家王明辉认为,DNA鉴定需谨慎,会对尸骨造成损毁。

至于"点击"进入新闻页面后的文本式网络新闻的导语、本体和结语的写作要求,则与报刊传媒相仿。由于网络新闻不受版式、篇幅的限制,有些重要新闻比报纸新闻在内容上详尽一些,因而在文字表述时也长一些。

三、网络新闻写作的特殊要求

(一)精心制作新闻标题

印刷媒体的标题由于其版面展示空间的完整性,读者可以在同一时间和空间,看到新闻的主标题和副标题乃至主体新闻的提要等内容,因此,在标题的制作上可以调用各种文字技巧,比如,主标题借用了一个比喻,则可以用副标题对其进行解释和说明。而在网络新闻传播中,情况则有所不同。目前新闻媒体网站为增大信息容量通常采用新闻标题集中组合的引导式版面布局。在这样的版面结构下,最先呈现于受众眼前的是由大量新闻标题组成的链动集群,每条新闻的深层内容往往需要通过点击标题的链接才能索取。因此,新闻标题在网络新闻传播中的重要性就更加突出了。在网络新闻传播中,新闻标题已经成为受众决定是否索取网站深层内容的第一引导力量。好的标题会吸引、刺激、引导读者点击链动索取下一层新闻内容,而不好的标题则成为深层新闻内容展示的直接障碍。一个网络媒体要想吸引受众向网站的深层内容进入,就必须强化"标题意识",在标题的制作上下大工夫,让新闻标题对受众具有"不可摆脱"的吸引力。

(二)想方设法突出重点新闻要素

网上读者阅读新闻的主要方式为扫描式阅读,在这种阅读方式下,要想保证读者能够容易、清晰、准确地捕捉新闻的核心内容,在写作上就要做到:一是将重要新闻因素用最清晰的文字方式描述出来;二是要对重要新闻因素进行合理排列。为此,以下几点在网络写作新闻时需要特别注意:

其一,注意要让关键词语突出出来,避免去强调整个句子或者是一个段落,因为扫描状态中的眼睛一次只能掠视两三个词。

其二,注意用一个段落描述一个主要的内容,用另一个段落去描述另一个内容。读者的注意力是跳跃的,甚至经常会进行超越段落的跳跃。因此他们很难在一个段落中同时注意到两个重点。

其三,要注意用最重要的事实或者是观察的结论作为这一页新闻的开始,在处理文字较长的新闻时,应该为它写一个简短的概要。

其四,要高度简洁地表述最为重要的事实。为了让读者在最短的时间内尽可能准确、尽可能完整地了解最重要的新闻因素,需要在网页的第一视觉区域内完成对重要新闻的概括、描述和引导。尽可能在网页的第一视觉区域完成对重要新闻事实的概括与描述。

其五,将最重要的新闻要素置于最前面。无论是写作一篇新闻还是处理其中的一个段落,都要遵循重要者为先的原则。网络读者绝对不喜欢在文山字海中艰难跋涉,因此在任何时候都要把最重要的信息置于最前端。

其六,要想方设法让读者感到你提供的信息对他们有用。读者往往没有足够的耐心并且充满了怀疑态度与批判精神,他们是为满足自己的某种需要才去访问你的网站。因此记者和编辑永远需要以“对读者有用的”的方式去进行写作,让读者很快发现他们想要的信息。

准确,简洁,突出——这三个要求在新闻主体的构造过程中需要同时完成。

(三)制作便于检索的导语和概要

搜索引擎已经成为人们检索网上信息必须使用的重要工具,美国 SUN 公司研究机构的研究发现,至少超过半数的网络使用者依赖于搜索引擎去发现自己需要阅读的网页。因此,让新闻更容易被受众检索和查寻,是扩大新闻传播的影响范围,增强新闻的再度利用率的重要条件。

为了使新闻信息的最本质的内容能够在搜索引擎上清晰地显现,在新闻写作上要注意为新闻制作精彩的导语或概要。在搜索引擎上,一则新闻最前端的数十个字往往作为这一新闻的全部内容的简明提示,使用者往往就是通过在搜索引擎上呈现的这数十个字的描述去判断这则新闻信息与自己需求之间的关系。为实现这一目的,以下几方面的技巧需要引起注意:

(1) 使用能够引起人们注意的词汇和简洁的句式制作导语。

(2) 如果是长篇的报道,则要使用能够引起人们注意的词汇和简洁的句式制作一个概要,将其置于这一页面的最前端。在这个概要上设计链动,将读者引向报道的详细内容。这个摘要往往会成为在一些搜索引擎中显示这页新闻内容的最精要的提示。

(3) 导语和概要描述必须准确反映全文的内在联系及本质含义。

(4) 不要用夸张和浮华的语言描述导语和概要,要把精力集中在事实之上。

(5) 概要描述应该控制在 150 字以内。

【例文 3】

中日韩领导人互动频繁受关注

近日，中日韩三国领导人互动频繁。外界注意到，日本新首相鸠山一上台便与中韩展现出良好的沟通愿望，三国关系似乎也升温不少。

胡主席称鸠山"老朋友"

据报道，中日韩三国领导人会晤将于10月10日在中国北京举行。中国总理温家宝、日本首相鸠山由纪夫和韩国总统李明博，将在此次会谈中，就朝鲜核问题和经济危机解决方案等问题进行磋商。不过，在三国峰会之前，中日韩三国已经在刚刚结束的联大会议上出现了热闹的友好气氛。

日本首相鸠山由纪夫利用联大召开之机，迅速在国际外交舞台上亮相，建立了"鸠山外交"的崭新品牌。尤其值得注意的是，日本媒体高度关注"胡鸠会"。美国当地时间9月21日晚，胡锦涛主席在纽约与鸠山举行了会谈，多家日本电视台以现场直播的方式播出会谈实况。胡主席表示，鸠山首相是中国人民的老朋友，相信在他任内将使两国关系得到积极发展。鸠山也笑着响应道："许多日本国民都相信，日中关系会越来越好。"原定会谈时间为40分钟，结果在轻松、友好的气氛中延长到一个多小时。

第二天，日本《每日新闻》以"中日首脑会谈，'友爱外交'构筑信赖关系"为题发表了评论文章。《朝日新闻》头版头条则以"提倡建立东亚共同体，首相首先和中国会谈"为题进行报道。

据共同社报道，首次"胡鸠会"的话题广泛，其中许多还是"症结问题"。比如长期影响两国关系的"历史认识问题"，鸠山就一反传统日本政客的忸怩作态，直接宣布将沿袭"村山谈话"。对共同开发东海油气田问题，鸠山则建议将东海变成"友爱之海"。

日本媒体认为，日中首脑会谈，对重视亚洲的鸠山而言，显示出中日关系和日美同盟关系一样重要。此外，鸠山还倡议建立"东亚共同体"。外界认为，如果该构想能够实现，它将成为牵动世界经济发展的新火车头。

韩日首脑谈起历史问题

除了会见中国领导人，鸠山与韩国总统李明博在纽约的会面同样也引发关注。鸠山与李明博就两国间领土等悬案以及朝鲜核问题交换了意见。

鸠山说："韩日两国是无法分离的关系，因此希望两国相互合作，共同应对经济危机、气候变化、核问题等全球焦点。"李明博说："希望两国相互信赖，努力构筑最为亲密的新关系。我期待鸠山首相能够充分发挥作用。我也为此做好了准备。"

此后，《朝鲜日报》发表题为"韩日能否摒弃前嫌迎接新时代"的评论说，两国首脑会谈时，首先将过去韩日首脑较为忌讳作为议题的历史问题搬上了谈判桌。对于鸠山政权和韩国政府来说，历史问题不是"利空因素"，反而是象征两国关系可能发生质变的"利好因素"。

中日韩三国的友好互动受到外界的颇多关注，舆论清楚地看到，即使建构东亚共同体只是一个遥远的目标，但逐渐消除对立，化解矛盾，本身就是加强区域合作的一股动力。或许正是有了这样的共识，中日韩的友好互动才能得以升温。

（引自 http://www.sina.com.cn2009 年 9 月 28 日）

【例文简析】

这是一则网络新闻，将中日韩三国领导人会晤时就中日敏感的历史认识问题及韩日两国间领土等历史问题都一一阐述了出来，标志着中日韩构筑“友爱外交”的信赖关系将是一个并不遥远的目标，充分体现了网络新闻文体的特点及其写作要求。

【思考与练习】

1. 简述广播、电视新闻的特点、局限和写作要求。
2. 同一失火题材的报纸消息和电视新闻文稿写作上应有什么不同？
3. 网络新闻写作的特殊要求有哪些？

新闻写作单元综合练习

一、根据消息内容拟写标题

1.新华社西安四月一日电　被破坏了多年的西安市郊的关中八景之一“灞柳风雪”,经过绿化又将恢复了。

最近,西安市的学生、工人、战士成群结队地来到灞河岸边,在灞桥桥头和数十里的灞河堤上,新植杨柳树11万多株。连同去年栽的和原有的树,这一带已基本上消灭空白地段。一两年后,扬花雪舞的奇景可望再现。

……

灞河柳树,在漫长的历史岁月中遭到严重破坏,原有的柳树几乎看不到了。随着西安旅游业的发展,重建灞桥风景区引起了有关部门的注意。从去年开始,西安市灞桥区结合灞河治理,有计划地开始了灞河岸边的绿化工作。

2.9月19日,美国全国广播公司、美联社、CNN和美国各大报纸不约而同地报道了这么一条引人瞩目的消息:中国海空军、中国渔船和美国海军间谍船在黄海海域玩起了“猫和老鼠”的危险游戏,中国战机和军舰对正在中国海上专属经济区内从事间谍活动的美国间谍船提出了严正警告,中国的渔船还撞坏了美国间谍船上的间谍设备,最终将美国间谍船逼出了中国海上专属经济区。

二、比较下面几种导语写法的优缺点

(1)中国文联今年将邀请30个国家和3个国际组织的470多位外国艺术家来华访问,并派出170多位中国艺术家出访五大洲28个国家。

(2)中国文联今年将派出170多位中国艺术家出访五大洲28个国家和地区。文联主席周扬和作协主席巴金是其中的两位。

(3)中国文联今年将积极开展对外交流活动。文联主席周扬和作协主席巴金年中拟先后出访日本。

(4)中国文联今年计划扩大对外文化交流,包括周扬和巴金在内的大批著名作家、艺术家将在今年内先后出访。

(5)中国文联今年计划扩大对外文化交流,将派出周扬和巴金等170多位艺术家出访日本等28个国家和地区。还计划邀请××、××等30个国家,包括×××、×××等在内的470多位外国艺术家访问我国。

三、实训题

1.围绕校园生活,写一篇动态消息或一篇综合消息。

提示:可写成动态消息的题材有:

(1)学校开展的学雷锋活动月;

(2)技能大赛、演讲比赛、庆祝晚会、校运动会赛况等;

(3)“五四”青年节或“一二·九”纪念活动等。

提示:可写成综合消息的题材有:

(1)学校的教学改革、后勤改革等;

(2)一学期学校或班级团委开展的各项活动;

(3)校运会结束后班级、年级或全校在本次校运会中总的情况报告;

(4)班级整个学期创文明班级活动取得的丰硕成果或存在的不足等。

2.围绕社会生活,创作一篇消息。

提示:可选择上学途中、自己居住的社区周围、过去的学校、父母工作单位等自己能涉及的场合发生的任何新事件、出现的任何新情况,写成一篇或多篇消息。

3.试走出校门,选定一个社会知名或有成就的专访对象采访,写出一篇有新闻报道价值的人物专访。

四、分析题

十四时二十八分的北川

中新社记者 唐伟杰

时针指向十四时二十八分，这里是北川老县城。

一年前的此刻，来自地底的巨力撕裂了山河，土石崩塌，建筑倾覆，奔逃的人群被无情地吞没……

这里是十四时二十八分的北川，一座大部分时间被封禁的废城。残垣倾颓，断壁狼藉。滚落的巨石突兀地横亘在道旁，一些未被毁损的商铺招牌尚未褪色……浩劫的痕迹在这里凝固。

这里是十四时二十八分的北川，虽然没有任何官方组织的活动，却有数万人涌入此地，更多的车辆和人群此刻还堵塞在通往这里的路上，无法如愿抵达。没有太多人在这里维持秩序，密集的人流自然分成两路缓缓地行进。或观望驻足，或口中呢喃，蜀地的乡音盈耳。

这里是十四时二十八分的北川，没有汽笛长鸣，没有钟声响起。人们在心里默数着，然后鞠躬，静默地伫立良久。

这里是十四时二十八分的北川，纸钱在火中化为灰烬，香烛点燃，鞭炮声响起。有人纵声哀嚎："哥哥、姐姐我又来看你们了……"有人将满是泪痕的脸深深地埋进臂弯，静静地啜泣。

这里是十四时二十八分的北川，巨大的石碑上镌刻着"二OO八·五·十二、十四·二十八"，黄白的菊花丛中，端放着一位女子的照片，上面印有这样的诗句："如果在天堂里遇见你，你是否还像过去；如果在天堂里遇见你，你是否还那样熟悉地依偎在我的怀里；我知道我必须坚强……"落款："老公"。

这里是十四时二十八分的北川，县城核心区街道两旁的丁香花，散发着如同去年一样的沁人芬芳，它们也是那场灾难的幸存者，无人照看却依然生长。

这里是十四时二十八分的北川，距此二十多公里外，新北川中学正式开工建设，大批建设者已在这片希望的土地上集结，一座安全、宜居、融合羌族文化特色的北川新县城将拔地而起，它有一个众所周知的名字——"永昌"。

（引自中国新闻网 2009 年 5 月 12 日）

(1) 这篇新闻特写属于特写的哪种类别？

(2) 结合这篇特写，说一说新闻特写有什么写作要求。

(3) 分析这篇新闻特写的写作特点。

科　技　文　书

第二十四章

科技文书概述

第一节　科技文书的概念和种类

一、*科技文书的概念*

科技文书是用于科学技术、学术研究和科技管理等方面的应用文，通常有广义和狭义之分。广义的科技文书不仅包括自然科学、工程技术等方面的文书，而且还包括经济科学、人文科学等方面的文书；狭义的科技文书主要指自然科学和工程技术方面的文书。

这里所讲的科技文书，是指广义的概念。本章主要介绍学术论文、毕业论文、科技实验报告、工科毕业设计报告、可行性研究报告、科研开题报告等内容。

二、*科技文书的种类和作用*

根据科技文书的具体适用范围，可以把它分为论文类、报告类、说明类三类文书。

(一)论文类

自然科学、社会科学与应用技术等方面的论文，是科技文书最重要的一个类别。通常将表述学术观点的自然科学论文或社会科学论文称为学术论文，将表述应用技术的称为科技论文。大学生的毕业论文，也属于这一类科技文书。

这类科技文书的作用是进行科研、表述研究成果的工具，任何科研成果，都需要借助它们进行表述，把科研的目的、经过、方法、结论告知他人，把先进的科学技术推广到整个社会，使社会受益。

(二)报告类

科学研究或产品开发过程中经常使用报告类文书，如科技调研报告、科技考察报告、科技实验报告、可行性研究报告、课题开发报告、产品设计报告、科技成果鉴定书等。

报告类文书是科研或技术工作过程中的信息工具。这类文章可反映科技动态，交流科技信息，为科研管理部门或工程立项部门提供决策依据。

(三)说明类

说明类科技文书主要包括产品说明书和科普文章等。它是指导产品使用和普及科学知识的工具。

第二节　科技文书的写作特点

一、科学性

科技文书的写作特点具有科学性。这首先体现在指导思想和方法要具有科学性；其次体现在实事求是的工作态度上，要深入调查，从客观实际出发，做到材料真实、数据准确可靠。

所谓科学性，并不是说"没有任何错误"。因为科学是不断发展和进步的，在研究和探索过程中不出现任何错误不但是不可能的，也是违背认识规律的。如撰写科学论文，并不是说论文的每一点都必须是正确的，因为科学理论的发展多是从假说开始的，有假说，也就必然会出现与客观规律不尽一致的地方，出现认识方面的错误也是在所难免，这需要在实践中加以检验、修正。假说的验证有时要经过相当长的历史过程，其间允许对同一问题产生不同的看法，产生不同的学术流派。因此撰写论文，应本着谦虚谨慎、实事求是的态度，这也是论文科学性的体现之一。对于报告类和说明类科技文书来说，同样不可能没有一点缺陷。有的产品设计就是在原有基础上改进的，改进后的产品往往更符合消费者的实际需要。

科技文书的科学性是指导思想、工作方法和工作态度在文章文风上的体现，要力争做到朴实、严谨、不卖弄。

二、实用性

科技文书与现实社会的发展有着紧密的联系，它是记载和描述科学技术发展、产品更新换代，以及交流科技信息的重要工具，具有很强的实用性。如一篇经济论文，假若研究探讨了经济形势的发展，无疑会对现实经济工作产生影响，因而科技文书亦具有现实性。

三、严谨性

科技文书具有严谨性。反映在表述上，就是用语准确，结构合理。在陈述概念时，经常采用定义的方式，严格界定概念的内涵，同时用划分的方式界定其外延。其结构具有逻辑性、系统性。反映在方法上，就是用事实说话，对于观点的论证讲究方法。科技文书所使用的材料多是通过调查、统计、实验等方式获得的，具有一定的再现性，即可以用同样的方式使过程重复出现，因而其材料具有真实性的特点。论证讲究方法，即材料必须能够支持观点，特别要注意运用反例验证，防止"以偏概全"。

【思考与练习】

1. 怎样理解科技文书的科学性？
2. 报告类文书又具体包括哪几类？其作用是什么？

第二十五章

学术论文和科研开题报告

第一节　学术论文

一、学术论文的概念和特点

(一)学术论文的概念

学术论文是总结、研究、探讨自然科学和社会科学理论和问题的应用文。它是某一学术课题在实验性、理论性或观测性上具有新的科学研究成果、具有创新见解和知识的科学记录;或是某种已知原理应用于实际中取得新进展的科学总结,用以在学术会议上宣读、交流、讨论,或在学术刊物上发表,或作其他用途的书面文件。学术论文应提供新的科技信息,其内容应有所发现、有所发明、有所创造、有所前进,而不是重复、模仿、抄袭前人的成果。

(二)学术论文的特点

1. 科学性

学术论文的这一特点是由其本身性质所决定的。科学性首先表现为,学术论文的内容是科学研究的成果,是对客观存在的事物及客观规律科学而准确的反映,因而要求它的观点正确且具有现实意义,论据要真实充足,论证准确严密。其次,表达形式要具有科学性,论文结构严谨清晰、符合思维的一般规律,且具有较为固定的格式,语言准确,简明且规范。再者,科学性还表现为学术论文在科技术语、符号、计算单位等使用上的标准化、国际化。

2. 学术性

学术是系统和专门的学问,是具有较深厚的实践基础和一定的理论体系的知识。学术论文的学术性首先表现在它的写作目的总是同建设和发展某一学科或学科的某一方面紧密相连的,对学科的发展具有理论上的指导意义,具有一定的学术价值。其次,它对于新的发现和发明,不仅重视实际运用,同时重视从理论上进行分析研究,探讨理论上的价值,求得对客观规律的正确认识。

3. 创造性

学术论文的价值在于它具有创造性。一种新理论、新观点,往往反映了人们探索自然奥秘或真理的进展,揭示了某一方面的客观规律。其理论将指导社会实践及技术应用实践。即使提出的某种理论或观点是错误的,也会给人们提供教训,使人们重新认识研究这一问题的价值或重新思考解决问题的途径。

4. 理论性

科学研究是相当艰苦复杂的活动,需要探索客观事物规律并对事物作出科学论断。因此,必须在大量占有材料的基础上,运用已知的科学理论指导研究过程,运用科学方法分析材料,获得结论。其研究过程及其内容体现出理论应用和理论构建的特点。

二、学术论文的种类

学术论文由于研究领域、写作目的、研究方法和议论方式上的不同,可作不同的分类。

(一)从研究领域来看,可分为自然科学论文、社会科学论文

自然科学论文又可分为数、理、化、天文、地理等学科论文;社会科学论文又可分为文、史、哲、经、社会学等学科论文。

(二)根据研究方法和手段的不同,可分为理论分析型、实验研究型、观察描述型三种类型

理论分析型学术论文是指通过推理和假说,以理论的阐发为主要研究方法或纯粹以抽象的理论为研究对象的论文。多用于数学、理论物理、理论化学等学科学术研究中。

实验研究型学术论文是指在科学领域内,从事科学研究工作的科技人员以实验为研究手段,利用实验发现新的现象,寻求新的规律,验证某种理论和假说,以实验结果来描述科研成果的论文。

观察描述性学术论文是指科技工作者有计划、有目的地通过感官来考察某些事物外部特征和现象,以揭示事物的本质,寻找其规律所撰写的论文。

(三)根据议论方式的不同,可分为立论型论文和驳论型论文

立论型学术论文,主要是根据大量的资料或事实,经过分析论证,从正面阐述自己的主张。

驳论型学术论文,主要是采用反驳的方法,通过科学的理论研究和可靠的事实来反驳别人错误或对立的观点和主张,从而树立自己的观点。

三、学术论文的选题原则

论题选对了,科研就有了明确的目标,同时也决定了论文的价值。那么,选题应遵循哪些原则呢?

第一,要选择客观上有意义的课题。此处的"意义"包括两层含义,一是社会意义,二是学术意义。选择具有社会意义的课题,主要是指要着眼于社会的需要,要以满足社会需要为出发点。选择具有学术意义的课题,主要是指要考虑学科建设和学科发展的需要,选择那些有利于学科自身完善的课题。从根本上说,一切学术研究的最终目的都是服务于社会。因此,课题的社会意义和学术意义是无法割裂开来的。

第二,要选择主观上有见解、有创新的课题。学术上有见解、有创新是衡量科研成果和价值的重要标准。对于基础理论方面的课题,要有新发现、新见解、新结论;对于应用技术研究方面的课题,要有新技术、新产品、新材料、新设备、新工艺等,或者把原有的技术运用到新领域。

第三,选择有能力完成的课题。作者的知识结构和智能结构是必须重视的因素。

第四,选择有兴趣完成的课题。兴趣可以使研究者的思维处于异常活跃的状态,从而使科学研究达到一个较高的水平。

第五,选择有条件完成的课题。资料条件是最为重要因而值得重视的条件,选题时应考虑现有的资料有多少,经过努力后,得到的资料是否齐全、够用。此外,时间条件、经费条件、信息条件、实验条件、导师指导条件等等也是必须考虑的条件。

四、学术论文写作前的准备工作

以社会科学论文为例,论文撰写前要做的工作大致如下:

(一)资料的搜集、记录

1. 第一手资料的搜集

第一手资料是作者经过亲自观察、调查、实验、工作积累而得到的直接资料，它们往往精确度高，可信度强，新鲜而有个性。

2. 第二手资料的搜集

第二手资料可从有关书籍、杂志、报纸、工具书、互联网等处间接获得。

3.资料的记录

资料的主要记载方式有：(1)笔记本；(2)活页本；(3)卡片；(4)剪报(复印)；(5)在文献上作记号，写眉批等。

(二)资料的分析研究和论点的确立

收集的大量资料来自方方面面、各式各样，对得到的材料必须进行整理鉴别，分析研究，作进一步地提炼，使自己的初步认识也进一步清晰、深化，形成看法。再经过一番由此及彼、由表及里的辨析加工，进而确立主题。

材料和主题是密不可分的，材料整理研究的过程同时也是主题的形成、确立过程，凝聚着作者思辨的心血。首先要对材料进行整理，将已占有的材料分类排队，根据主题需要对材料加以取舍或搜集补充，再对已选取的材料认真检查核对，去伪存真，去粗取精。这是一个对材料类化、鉴别、筛选、辨析、提炼的过程。

最终写入论文的材料应是精选过的。选取材料要考虑两条原则：一是要有利于支撑观点，二是要有利于吸引读者。具体讲，主要有四条标准：

(1) 要选取真实准确的材料。强调这一标准，是因为材料是产生观点的基础，又是支撑观点的凭借。

(2) 要选取有说服力的材料。这是指要选取同文章的观点有密切关系的、必要的、典型的材料，能够反映事物本质及共性特征，因而能够充分说明问题。

(3) 要选取富有新意的、给读者以新鲜感的材料。

(4) 要选取易于读者理解的材料。读者理解了材料，才能进而理解文章的观点。

(三)谋篇构思

1. 构思要围绕主题展开

若要使论文写得条理清晰、脉络分明，必须使全文有一条贯穿线，这就是论文的中心论点(即主题)。主题是一篇学术论文的精髓，它体现作者的学术观点、学术见解。下笔之前，要紧紧围绕主题谋篇构思，构思要为确立和传达主题服务。正如法国的画家米勒(Millet)所说：“所谓构思，是指把一个人的思想传递给别人的艺术。”

2. 构思论文布局，要力求结构完整统一

在对一篇论文构思时，有时会发现需要按时间顺序编写，有时又会需要按地域位置(空间)顺序编写，但更多的还是需要按逻辑关系编写，即要求符合客观事物的内在联系和规律，符合科学研究和认识事物的逻辑。但不管属于何种情形，都应保持合乎情理、连贯完整。有时，构思时出现几种写作方案，这就需要进行比较，在比较中，随着思考的不断深化，写作思路又会经历一个由庞杂到单纯，由千头万绪到形成一条明确线索的过程。此时，应适时抓住顿悟之机，按照古人之“应机立断，须定一途”的精神，确定一种较好的方案。

(四)拟订提纲

在正式撰写学术论文之前,先拟订提纲,可以极大地帮助作者锻炼思想,提高构思能力,这一办法是被长期实践证明了的有效办法之一。它可以帮助作者自己勾画出全篇论文的框架或轮廓,体现自己经过对材料消化及进行逻辑思维后形成的初步设想;它可使论文层次清晰,前后照应,内容连贯,表达严密,使论文全篇形成一个统一完整的理论体系。

五、学术论文的撰写

(一)学术论文写作的基本形式

就基本形式而言,学术论文一般由绪论、本论、结论三部分构成。

1. 绪论

绪,本指丝的头,比喻事情的开端。绪论是文章的开头部分,多是写出研究某一课题的目的、理由和意义,或是提出问题,表明作者的见解和观点,也可说明全篇主旨和主要内容。

2. 本论

本论是学术论文的主体内容、核心部分,详细论述研究成果,是使用论据证明论点的论证过程。

本论部分的论证层次一般有以下几种形式:

(1) 并列式。对中心论点所涉及的问题分别进行论述,层次关系是平行的。

(2) 递进式。论证的各层次之间层层深入,纵深发展。

(3) 并列、递进结合式。以并列或递进任一种为总体结构形式,中间参以另一种形式。

3. 结论

结论部分多是结论性意见,或是对所研究探讨的课题的展望,等等。

(二)学术论文的具体格式

就具体格式而言,学术论文一般由标题、作者署名、摘要、关键词、引言、正文、结论和参考文献等部分构成。

1. 标题

标题又称题目或题名,是以最恰当、最简明的词语反映论文中最重要的特定内容的逻辑组合。

论文题目是一篇论文给出的涉及论文范围或主题的第一个重要信息。拟定论文题目时应考虑有助于选定关键词和编制题录、索引等。对论文题目的要求是:准确得体,简短精练,外延和内涵恰如其分,醒目新颖,这四个方面是一个好标题不可缺少的标准。

2. 作者姓名和单位

论文署名,一是为了表明文责自负,二是起记录劳动成果的作用,三是便于读者与作者的联系及文献检索(作者索引)。注明作者所在单位也是为了便于读者与作者的联系。

3. 摘要

摘要又称提要。论文一般应有摘要,有些论文为了用于国际交流,还有外文(多用英文)摘要。它是论文内容的简短陈述,主要以精练的文字说明研究工作的目的、意义、方法、成果或基本观点,简要显示学术论文的全貌。其作用是不阅读论文全文即能获得必要的信息。

4. 关键词

关键词是标示文献关键主题内容,但未经规范处理的主题词。如,关键词“原子能”(其规范的主题词可能是“核能”)。

关键词是为了文献标引工作,从论文中选取出来,用以表示全文主要内容信息款目的单词或术语。一篇论文可选取3～8个词作为关键词。一般由作者在完成论文写作后,纵观全文,选出能表示论文主要内容或信息的词汇。

5. 引言

引言又称前言,属于整篇论文的引论部分。其写作内容包括:研究的理由、目的、背景,前人的工作和知识空白,理论依据和实验基础,预期的结果及其在相关领域里的地位、作用和意义。文字不可冗长,内容选择不必过于分散、琐碎,措词要精练,要吸引读者阅读。

6. 正文

正文是一篇论文的本论,属于论文的主体,它占据论文的最大篇幅。论文所体现的创造性成果或新的研究结论,都在这一部分得到充分的反映。因此,要求这一部分内容充实,论据充分、可靠,论证有力,主题明确。

为了满足这一系列要求,同时也为了做到层次分明、脉络清晰,常常将正文部分分成几个大的段落。这些段落即所谓逻辑段,一个逻辑段可包含几个自然段。每一逻辑段落可冠以适当标题(分标题或小标题)。由于学术论文的选题和内容性质差别较大,根据论文内容的需要,还可以灵活地采用其他的段落划分方案,不能作硬性的统一规定,但必须实事求是,客观直切,准确完备,合乎逻辑,层次分明,简练可读。根据实际需要,其结构有不同的形式,常见的有并列式、递进式、过程式和综合式。

一般来说,自然科学论文的正文主要包括以下内容:研究对象,实验和观测方法,仪器设备,材料原料,实验和观测结果,计算方法和编程原理,数据资料,经过加工整理的图表,形成的论点和导出的结论等(当然,其中的结论可以单独设一部分展开叙述)。社会科学论文的正文主要是表现确立和证明基本观点、见解的逻辑过程。

7. 结论

论文的结论部分,应反映论文中通过实验、观察、研究,并经过理论分析后得到的学术见解。结论应是整篇论文的结局,应当体现作者更深层的认识,是从全篇论文的全部材料出发,经过推理、判断、归纳等逻辑分析过程而得到的新的学术总观点、总见解。

结论应该准确、完整、明确、精练,措词严谨,逻辑严密。该部分的写作内容一般应包括以下几个方面:

① 本文研究结果说明了什么问题;

② 对前人有关的看法作了哪些修正、补充、发展、证实或否定;

③ 本文研究的不足之处或遗留未予解决的问题,以及对解决这些问题的可能的关键点和方向提出建议。

8. 参考文献

在学术论文后一般应列出参考文献(表),其目的有三,即:

① 为了能反映出真实的科学依据;

② 为了体现严肃的科学态度,分清是自己的观点或成果还是别人的观点或成果;

③ 为了对前人的科学成果表示尊重,同时也是为了指明引用资料出处,便于检索。

文献的注解方法有四种:夹注,页下注,章、节注,尾注。

第二节　科研开题报告

一、科研开题报告的涵义

科研人员的课题研究是一项严谨的系列工作，为保证工作的顺利开展，在选定科研课题之后、正式开始课题研究之前，需要撰写科研开题报告，主要介绍所承担课题研究的目的、意义、推广价值，研究的主要内容和技术关键，以及准备工作等方面的情况，并对科研的具体方案、措施和研究进度等做出计划安排，因此科研开题报告又叫科研计划任务书，它是科研人员选题过程中备题、开题、审题、立题四大环节中不可缺少的一个环节。

科研开题报告属于报告体科技文书，它是科研人员完成课题任务的总体设计，既能使科研人员明白所要承担的具体任务和完成任务的期限，也能使读者了解课题组的学术水平和科研作风。一般情况下，科研开题报告由承担课题任务的主要负责单位或课题组填写后上报科研管理部门，一经批准就成为下达的任务书，课题组全体成员都要遵照执行。

二、科研开题报告的格式与内容

科研开题报告由封面和内页正文两大部分构成。

（一）封面

封面除了类别、保密等级之外，主要有以下内容：项目名称；负责单位或主持人姓名；参加单位；主管单位；起止时间；填报日期。

封面上的类别由主管部门填写。如需保密，可根据实际情况确定相应的密级，由课题主持人和科研主管部门商定，或是由下达任务的部门规定，密级分为秘密、机密、绝密三个等级。其余各项由课题主持人填写。

（二）内页

内页一般包括以下内容：

1. 选题的由来，研究的目的、意义和国内外对该课题及相关课题的研究现状

内页主要说明选题的背景、原因，课题研究的目标，阐明对科学发展、国民经济、社会发展、国防建设、人民生活、教育发展等方面可能产生的积极影响，对学科发展所能起到的推动作用，在学术研究方面的价值和意义，说明国内外对该课题的研究概况、已经达到的水平和未来的发展趋势，以及课题来源、根据等。

2. 课题研究的主要内容、主要方法和技术关键

主要研究内容包括需要进行的考察、调研、实验、设计，以及研究途径；技术关键包括进行课题研究的主要技术环节、关键技术、技术难点、技术指标、预期研究成果。

3. 研究方案的选择与论证

阐述选定某个研究方案的依据，对所选研究方案的合理性和可行性进行论证，如果必要的话可附上主要流程图。

4. 准备情况和主要措施

写明主要的参考文献资料、人员选择、所需仪器设备、材料及加工实验条件等准备情况，并且把完成研究任务拟采取的技术措施和组织措施交代清楚。

5. 地点、试验规模和进度安排

分阶段安排研究和试验地点、试验规模、试验进度等，以便明确各阶段要达到的研究、试验目标。

6. 经费预算及其来源

预先概算出研究中所必需的材料、仪器设备、资料、差旅、基金等费用，写明预期的经费总额及各阶段所必需的经费数，同时注明经费的来源，说明所需经费是由国家或某单位拨付，还是拨付与自筹结合等。

7. 所需仪器设备及其解决途径

说明科研需添置的主要仪器设备的名称、规格、型号、数量等，通常采用列表的方法。并且要交代清楚哪些仪器设备要从国外引进，哪些在国内购置等。

8. 承担单位和主要协作单位及其分工

如果课题研究是由几个单位合作进行的，应有牵头单位，单位之间应有明确的分工。

9. 具体进度和完成时间

进度要求应具体、明确。

10. 项目主持人和主要成员

写明项目主持人和主要成员的姓名、单位、职称以及业务简历等情况及任务分工。

11. 有关专家的评议意见

凡是重点科学技术项目都必须经过有关专家评议，并由科研主管部门委托有关专家填写。

12. 科研主管部门审查意见

由上级主管部门填写，在严格审查科研开题报告的科学性、可行性、经费预算等重要指标之后，提出是否批准列为年度计划的意见。

为了使内容更加简洁明了，有时采用表格式的写法，把相关内容转换成相应的栏目，填写方便且一目了然。但是由于课题的性质及规模不同，科研开题报告的格式和内容也会略有不同，具体写法要根据课题性质、准备情况和主管部门的要求来确定。

三、科研开题报告的写作要求

1. 突出研究课题的重点内容

科研开题报告首先要突出研究课题的必要性和紧迫性，阐明课题研究的具体目标、理论及实践意义；其次要突出研究课题的创新性，通过横向比较，阐明其学术价值或应用价值；再次是突出研究课题的科学性，以一定的现实材料或科学理论作根据；另外还要突出研究课题的可行性，从研究人员所必需的知识结构、能力素养、责任感、兴趣爱好等主观条件，以及财力、物力等客观条件诸方面，突出研究所具备的必要条件。

2. 重视研究方案的制订，尤其是进度安排要实事求是，量力而行

在制订研究方案、安排进度时应充分考虑到科研中一些不确定因素的影响，要留有余地。

3. 注意写作的责任性和可读性

应当注意的是，科研开题报告必须由科研的主要责任者提出并按照有关主管部门规定的格式和要求逐项填写；所有内容一定要逐项明确，在文字表达上要尽量通俗化。

【例文 1】

扩大居民消费必须解决的四个问题

×××

（华南理工大学经济贸易学院，广东 广州 510006）

摘要：居民消费是国内需求中最大的部分，也是拉动投资的根本力量。本文认为，扩大居民消费需要解决四个问题："花钱没有钱"的问题，"有钱不敢花"的问题，"钱少没法花"的问题，"钱多花不完"的问题。解决"花钱没有钱"问题的思路是扩大就业，增加补贴，提供消费信贷，让花钱没钱的人有钱。解决"有钱不敢花"问题的思路是增加收入，健全社会保障制度以及奖助学制度，让不敢花钱的人敢花钱。解决"钱少没法花"问题的思路是提供消费信贷，给予购物补贴，让"因少而花不出去的"钱能够花出去。解决"钱多花不完"问题的思路是开发消费项目，创造消费条件，调整收入分配。

关键词：扩大内需；居民消费；消费政策

（英文摘要和关键词略）

扩大内需是中国经济发展长期的基本立足点。居民消费是内需中最大的部分，在大多数国家，居民消费支出占 GDP 的 2/3 以上，而中国这一比重则很低。2007 年，中国居民消费占 GDP 的比重仅为 35.4%。一方面，消费需求比重低，意味着中国居民消费需求的扩张潜力很大，另一方面，消费需求属于最终需求，是拉动投资的根本力量。因此，扩大居民消费对扩大整个内需有着决定性的作用。当前扩大我国居民消费必须解决好四个问题：一是"花钱没钱花"的问题；二是"有钱不敢花"的问题；三是"钱少没法花"的问题；四是"钱多花不完"的问题。

一、关于"花钱没钱花"的问题

消费必须有钱。有些人想花钱，但收入很低，除了满足基本的生活消费外，没有钱从事更多的消费。在目前中国，这些人主要包括一部分农村居民，以及一部分城镇低收入居民。2007 年这一群体人口总数约 5.8 亿人。"花钱没有钱"的问题属于收入约束，就业是收入之源，消费之本。扩大这一群体的消费关键是扩大就业，增加收入。无论在发展中国家还是发达国家，中小企业都是吸纳就业的主力军。扩大就业，必需促进中小企业的发展。当前面临世界经济衰退，促进中小企业发展最迫切的任务是解决中小企业特别是外向型中小企业的经营困难。解决这些困难，必须在开拓市场的同时，采取减税、退税、降费、补贴等措施，降低产品生产成本和销售价格，增强中小企业产品的市场销售能力；并创新信贷产品，改进质押方式，建立健全中小企业信贷担保基金和风险分摊机制，加大对中小企业的信贷支持。

在大多数国家，自我就业或自我创业始终是就业的一种重要形式和渠道。要增加就业，必须采取切实措施，鼓励自我就业。一是要改变在就业上过分依赖于单位的观念，培养自我创业精神，树立自我创业意识。二是要建立自我就业启动、资助资金，用于发放支持人们自我创业的小额无息或贴息贷款。三是要建立完善涵盖个体创业人员的社会保障体系，使自我就业人员也能像单位就业人员一样，享受社会保障体系的保护，消除他们的后顾之忧。（略）

二、关于"有钱不敢花"的问题

有些人有钱，但不敢花。目前中国这一群体人数很多，所占比重最大，主要包括城镇中低收入群体和大部分农村居民。这些人拥有一些储蓄，这些储蓄不是不想花，也不是因为少、不能支持大的消费项目而没法花，主要是考虑到未来需要或不确定性而不敢花。

“有钱不敢花”本质上也是钱少、花钱而没有钱的问题，即没有足够的钱来同时满足现在的支出和未来的支出，为了满足未来必需的支出，如抚养子女，养老等，而不得不减少或放弃现在的支出。因此，解决“有钱不敢花”问题的关键也是增加收入。但是，增加这一群体收入的办法，与增加“花钱没钱花”群体收入的办法有些不同。增加“有钱不敢花”群体收入，除了增加就业或者补贴外，减税、降费是不可忽视的，尤其在经济不景气时期，减税，包括增加免税、扣税、退税项目。比如家庭教育支出扣除，医疗支出退税等。降费，如医疗、失业、工伤等保险性缴费的费率。（略）

三、关于“钱少没法花”的问题

有些人有钱，也想花、敢花，但因为太少而没法花。城市居民中这一群体的人数也不少。大部分工薪阶层和经营者均属于此类。他们拥有一定的储蓄，也有购房买车的愿望，但因购房买车需要一大笔支出，而他们的储蓄满足不了购房买车的需求，从而使得他们的储蓄没法花。

解决“钱少没法花”的问题，根本思路是让“因少而没法花的钱”能够花出去。符合此一思路的办法是提供消费信贷，或者由政府给予购物补贴。在这里，消费信贷不仅具有克服消费的流动性约束的功能，而且还能发挥“四两拨千斤”的杠杆作用，从而具有减少积累性储蓄、提高消费率的作用。例如住房信贷，其所拉动的消费，不仅仅是住房信贷本身，还能撬动居民的储蓄，从而使居民的消费支出成倍增加，产生巨大的乘数效应。（略）

四、关于“钱多花不完”的问题

还有一些人，钱多花不了。这部分人又可分为两种情况。一是，有钱，虽然不是很多，但没处花，即没有合适的消费项目，或者不具备消费的条件。例如落后农村或一些不发达城市中数字电视的消费，电脑、网络的消费，甚至一些偏僻山区家用电器的消费，大大滞后于发达地区，原因就在于没有支持这些消费的基础设施。二是钱很多，多得花不完。这部分人主要是社会高收入阶层，他们所占社会总人口的比重不大，但持有社会总收入的较大部分。在中国，2007年占总人口20%的最高收入居民持有社会总收入的40.9%。他们所持有的储蓄占居民中储蓄的比重更大，约53.8%。

解决“钱多花不完”的问题，可以分情况采取相应措施。对于因没有合适的消费项目而受到限制的消费，可以通过开发新的消费项目来扩大。例如，开发老年人需求。目前中国老龄人口比例增多，人口老龄化趋势加快，老人对社会养老、社会照料、社区服务等项目的需求日益增大。开发老年人消费项目，建立老年服务机构，如开办老年大学等，可拉动老年人消费。（略）

对于因不具备条件而受限制的消费，可以通过加强消费支持体系建设来扩大。与消费有关的基础设施，是消费支持体系的重要组成部分，许多消费都离不开这些设施。（略）

收入特别高的群体，消费水平已经很高，扩大的潜力已经不大。找不到什么措施能够扩大这一群体的消费。解决“钱多花不完”的思路应该是，调整国民收入分配。在初次分配中，应该提高劳动报酬所占的份额。（略）

（论文出处：《中国流通经济》，2009年第12期）

【例文简析】

这是一篇立足于解决现实问题的经济论文。在世界经济危机影响下，拉动内需、扩大居民消费，已成为刺激投资、促进经济走出低谷的有力措施。该论文针对我国拉动内需的现实，分析了居民消费中“花钱没有钱”、“有钱不敢花”、“钱少没法花”、“钱多花不完”的四种消费状态及其成因，并提出相应的改变措施。论文论题醒目，思路清晰，论证逻辑严密，不仅对改善国家经济疲软、消费低迷现状具有建设性意义，而且具有较强的学术价值。

【例文 2】

××学院科研课题

《应用写作》课程教学困扰及对策研究开题报告

一、课题名称、来源及研究目标及意义

1.课题名称：应用写作教学困扰及对策研究。

2.课题来源：单位自拟课题。

3.课题研究目标及意义：

本课题的研究，主要着眼于《应用写作》课程教学中存在的具体问题，旨在从教与学两方面改观目前教学状况。即解决教、学、用三者脱节的教学难题，改善老师的教学知识结构，改变学生对该课程的学习认知度，将教学重点转移到以培养学生的表达能力为核心的轨道上，争取通过本课题的研究达到教、学共长，师、生双赢。

二、课题研究内容和成员分工

本课题将具体从以下三个方面展开研究：

1.探索国内高校《应用写作》教学方法改革的基本走向、革新模式，以及各高校面对不同层次教学对象所采取的差异化教学对策——责任人：×××　××　××　×××。

实地考察、多方交流、认真分析国内高等学校《应用写作》教学中存在的问题和具体制约因素，积累教学改革经验和学生反馈意见，探寻符合不同层次学生学习特征的教学思路。

2.博采众长，探索符合民办高校学生学习特征的特色《应用写作》教学新法——以本学院为例。

(1)全方位调查学生学习现状，发掘其学习兴趣点——责任人：×××　××　××　×××。

以××学院为试点进行调查分析、实验研究，结合学生自身需求、兴趣和能力培养，坚持从实用性、趣味性、创新性角度出发，及时有效地发掘学生学习兴趣点，找准教学方法改革的切入口。

(2)新型高等学校《应用写作》教学方法的实践与创立——课题组全体成员。

课题成员以××学院课堂教学改革为基础，根据学校自身定位和培养目标的要求，以培养学生的动手、动口、动脑能力为核心，改变教学理念、尝试教授新法，发挥学生主导课堂的积极作用，探索出具有一定内在规律和可操作性的课堂教学方法体系，并加以推广应用。

3.改善教师知识结构体系，改变学生学习认知度。教师方面：定期外出学习考察、培训或定点去企事业单位实践，增强实践教学经验。学生方面：正确引导，加强社会实践锻炼和课堂情景模拟教学力度，努力实现“学以致用”。

三、研究思路、方法和时间安排

(一)研究思路

本课题的研究将从问题发现与对策设置、教学方法与学习目标、校外交流与校内探索、理论研究与实践应用，由点到面四个方向展开。

(二)研究方法与重点

本项目将在研究的不同阶段，针对具体情况而采用理论研究、调查研究、行动研究和案例研究等方法，其中根据教师的教学特点和课堂教学特性，以教学实践中确定问题与设置对策为中心，即以行动研究为主。

（三）时间安排

第一、确立对象。搜集整理近年来高等院校《应用写作》教学存在的具体问题、不良现状，分类整编，确立核心研究突破对象。

第二、调查研究。通过社会考察、群体调研、外部交流、教学实践，以期改变教师的教学观念与学生的学习态度（包括教学方法更新、实践环节加强、学习目标确立、课程兴趣培养），研究制定出衡量课程改革效果的具体层次标准，巩固研究成果，使之更具针对性。

第三、本课题主要采取行动研究的方式。运用创新教学理念在课堂教学中进行教学方法改革和学习兴趣培养的试验与实践，并通过调查问卷、访谈、观摩等方式，解决教师、学生在《应用写作》教与学环节中存在的困扰和问题，并设置相应对策。在实践中探索、优化以学生为中心的、基于能力培养的课堂教学方法，在理论的指导下进一步梳理、总结、分类、推广。

总之，坚持理论研究与实践尝试相结合、教学研究与学习研究、方法研究与对策研究相结合，多方位研究，以保证研究的合理性及实践效益。

研究计划和实施步骤如下。

1. 准备阶段（2009 年 10 月—2010 年 2 月）。

制定课题研究方案，宣传发动，收集相关资料。

2. 实施阶段（2010 年 3 月—2011 年 6 月）。

制定课题研究实施计划，组织课题研究实施，开展教学实践，分期检查、评估、小结。

（1）外出交流学习，更新教师知识结构与教学观念。

（2）教学方法改革，打破传统授课模式，创立新型教学体系。

（3）学习兴趣培养，正确引导学生学习积极性，确立明确终极目标。

（4）加大实践环节，以学生为课堂主体，有针对性进行实践训练。

3. 结题阶段（2011 年 7 月—2011 年 9 月）。

汇集整理相关课题研究的资料、数据，完成课题研究结题报告、论文，汇编研究成果。

四、课题完成的成果形式

1. 课题研究论文 3 篇。

2. 实践型《应用写作》教学模式确立。

3. 知识结构与教学理念并新的教师队伍。

4. 整理编辑学生评论集、创作集和作品改编集。

5. 课程改革与教学实践体验全程影像资料。

6. 修订实用性《应用写作》教材 1 本。

7. 项目结题报告。

五、课题研究要求

1. 本课题以《应用写作》课程教学中存在的困扰、问题与对策研究为主线，强调教学方法改革和学习兴趣培养，并注重实践应用能力开掘，与学院人才培养模式改革相吻合。

2. 课题组至少完成并公开发表研究论文 3 篇。

3. 各位研究老师应严格按照本方案所预定的时间和步骤完成课题研究任务，负责人将定期进行检查，以确保科研质量和进度。

××学院教学困扰与对策研究课题组
2009年10月19日

【例文简析】

这则例文属社会科学科研课题开题报告，文章对本课题的研究意义、目标、内容、分工、研究方法、时间安排、形成成果都做了详尽陈述，从而凸显出课题研究的必要性以及课题本身的创新性。文字表述准确、思路清晰，是一份写得较成功的开题报告。

【思考与练习】

1. 简述学术论文选题的重要性。
2. 选择一篇论文，分析其层次结构和所用材料与主体的关系。
3. 为什么要在科研工作启动前提交科研开题报告？

第二十六章

毕业论文和工科毕业设计报告

第一节　毕业论文

一、毕业论文的概念和要求

(一)概念

毕业论文是大学生临近毕业时综合运用已学知识表述理论创造或表述分析应用已学知识的应用文。

毕业论文对学生具有考查作用。本科层次以上的毕业生在完成课程学习和毕业论文后,经考核成绩合格的,授予学位,因此其毕业论文也称学位论文。由于学历层次不同,考查要求程度也不同。依据《中华人民共和国学位条例》和《中华人民共和国学位条例暂行实施办法》规定,本科大学生的学士论文,"应能表明作者确已较好地掌握了本门学科的基础理论、专门知识和基本技能,并具有从事科学研究工作或担负专门技术工作的初步能力"。硕士毕业生的硕士论文,"应能表明作者确已在本门学科上掌握了坚实宽广的基础理论和系统的专门知识,并对所研究课题有新的见解,有从事科学研究工作或独立担负专门技术工作的能力"。博士毕业生的博士论文,"应能表明作者确已在本门学科上掌握了坚实宽广的基础理论和系统深入的专门知识,并具有独立从事科学研究工作的能力,在科学或专门技术上作出了创造性的成果"。

(二)要求

毕业论文本质上属于学术论文,其要求与学术论文大体相同。其特殊之处有以下三点:

(1) 综合考查已学知识的应用能力。毕业论文的撰写是大学生毕业阶段的重要学习内容,是对学生已学知识的综合考查:一是考查运用已学专业知识分析问题、解决问题的能力;二是考查查询专业资料(中文资料和外文资料)的能力;三是考查运用计算机分析和处理数据的能力;四是考查语言(中文和外文)的表达能力和文章的撰写能力。

(2) 培养科学工作的素质,要求详细阐述课题研究过程,体现该课题的研究方法。

(3) 培养创新意识,要求学生的选题具有新颖性、实践性。

二、毕业论文的资料积累

(一)毕业论文资料搜集的范围

撰写毕业论文必须详尽地占有资料。完成一篇五千字左右的论文,可能要搜集几万、甚至几十万字的资料。资料是毕业论文写作的基础,没有资料,研究无从着手,观点无法成立,论文不可能形成。所以,详尽地占有资料是毕业论文写作之前的一项极重要的工作。一般来说,至少应当占有如下五个方面的材料:

第一，第一手资料。第一手资料包括与论题直接有关的文字材料、数字材料(包括图表)，譬如统计材料、典型案例等等，还包括自己在实验实习、调查观察、个别访谈等实践中直接取得的感性材料。这是论文中提出论点、主张的基本依据。没有这些资料，撰写的毕业论文就只能成为毫无实际价值的空谈。对第一手资料要注意及早收集，同时要注意其真实性、典型性、新颖性和准确性。

第二，他人的研究成果。这是指国内外有关该课题学术研究的最新动态。撰写毕业论文不是凭空进行的，而是在他人研究成果的基础上进行的。因此，对于他人已经解决了的问题就可以不必再花力气重复进行研究，人们可以以此作为出发点，并可以从中得到有益的启发、借鉴和指导。对于他人未解决的，或解决不圆满的问题，则可以在他人研究的基础上再继续研究和探索。切忌只顾埋头写，不管他人研究，否则，撰写的毕业论文的理性认识会远远低于前人已达到的水平。

第三，边缘学科的材料。当今时代是信息时代，人类的知识体系呈现出大分化大融合的状态，传统学科的鸿沟分界逐渐被打破，出现了令人眼花缭乱的分支学科及边缘学科。努力掌握边缘学科的材料，对于所要进行的学科研究、课题研究大有好处。它可以使我们研究的视野更开阔，分析方法更多样。譬如研究经济学的有关课题，就要用到管理学、社会学、心理学、人口学等学科的知识。大量研究工作的实践表明，不懂一些边缘学科知识，不掌握一些边缘学科的材料，知识面和思路狭窄，是很难撰写出高质量的论文的。

第四，名人的有关论述、有关政策文献等。名人的论述极具权威性，对准确有力地阐述论点大有益处。至于党的有关方针、政策，既体现了社会主义现代化的实践经验，又能反映出现实工作中面临的多种问题，因此，研究一切现实问题都必须占有和清楚这方面的材料，否则会出现与党的方针、政策不一致的言论，使论文出现较大缺陷。

第五，背景材料。搜集和研究背景材料，有助于开阔思路，全面研究，提高论文的质量。例如，要研究马克思的商品经济理论，不能只研究他的著作，还应该大力搜集他当时所处的社会、政治、经济等背景材料，从而取得深入的研究成果。

(二)资料的搜集整理和研究

搜集资料和记载资料的方法很多，与学术论文大致相同。毕业论文的资料收集，要注重对图书馆和档案馆的有效利用。

对搜集来的资料不要随手一放，置之不理，要认真阅读，仔细加以分类，进行研究，在研究中提炼观点。

资料的整理过程实质上是对资料的辨析过程，其中有几方面的工作是不可缺少的：

一是辨析资料的适用性。选择资料的依据是中心论点。资料可用与否，要根据中心论点决定。毕业论文的中心论点一经确定之后，它就统帅一切，资料必须服从于中心论点的统帅，支持中心论点；不能把一些不能充分说明问题的资料搬来作牵强附会的解释，导致文章臃肿庞杂，冲淡中心，降低质量。

二是辨析资料的全面性。如果材料不全面，缺少了某一方面的材料，论文的论述也会不圆满、不全面，出现偏颇、漏洞，或由于证据不足难以立论，不能自圆其说，影响论文质量甚至导致论文撰写失败。

三是辨析资料的真实性。资料真实与否直接关系论文的成败。只有从真实可靠的资料中才能引出科学的结论，在这方面要注意：其一，要尊重客观实际，避免先入为主，选择资料不能夹杂个人的好恶与偏见，不能歪曲资料本来的客观性；其二，选择资料要有根有据，采用的第一手资料要有来历，选取的第二手资料一定要与原始文献认真核对，以求得最大的准确性；其三，对资料来源要加以辨别，弄清原作者的政治态度、生活背景、写作意图，并加以客观的分析评价，社会科学方面的资料更应该注意这一点。

四是辨析资料是否新颖。所谓新颖的资料包括两方面的含义：一方面是指前所未有，近期才出现的新事物、新思想、新发现、新方向。另一方面是指某种事物虽早已存在，但人们尚未发现其价值，这同样是新颖的资料。所以，新颖不仅仅对资料产生的时间有所要求（不能太陈旧），更重要的是要从普遍常见的资料中发掘别人尚未利用的东西。

五是辨析资料的典型性。所谓资料的典型性就是指这种材料对于它所证实的理性认识来说具有充分的代表性。

三、注重编写提纲

（一）编写提纲的意义

在毕业论文的写作过程中，指导教师一般都要求学生编写提纲。从写作程序上讲，它是作者动笔行文前的必要准备；从提纲本身来讲，它是作者构思谋篇的具体体现。所谓构思谋篇，就是组织设计毕业论文的篇章结构。因为毕业论文的写作要用大量的资料，有较多的层次，要通过严密的推理来展开论述，从各个方面来阐述理由、论证自己的观点。因此，构思谋篇时必须编制写作提纲，以便有条理地安排材料、展开论证。有了一个好的提纲，就能纲举目张，提纲挈领，掌握全篇论文的基本骨架，使论文的结构完整统一；就能分清层次，明确重点，周密地谋篇布局，使总论点和分论点有机地统一起来；也就能够按照各部分的要求安排、组织、利用资料，决定取舍，最大限度地发挥资料的作用。初写论文的学生，如果把自己的思路先写成提纲，去请教导师和他人，征询修改补充意见，有利于自己得到及时有效的指导。

（二）编写提纲的步骤

1. 确定论文提要，再加进材料，形成全文的概要

论文提要是内容提纲的雏形。一般书籍都有反映全书内容的提要，以便读者一翻提要就知道书的大概内容。我们写论文也需要先写出论文提要。在执笔前把论文的题目和大标题、小标题列出来，再把选用的材料插进去，就形成了论文内容的提要。

2. 编写提纲

论文提纲可分为简单提纲和详细提纲两种。简单提纲是高度概括的，只提示论文的要点，如何展开则不涉及。这种提纲虽然简单，但由于它往往是经过深思熟虑构成的，写作时能顺利进行。这里所说的简单提纲和详细提纲都是论文的骨架和要点，选择哪一种，要根据作者的需要。如果考虑周到，调查详细，用简单提纲问题不是很大；但如果考虑粗疏，调查不周，则必须用详细提纲，否则，很难写出合格的毕业论文。

编写毕业论文提纲，要把握如下原则：

一是要有全局观念，从整体出发去检查每一部分在论文中所占的地位和作用。看看各部分的比例分配是否恰当，篇幅的长短是否合适，各个部分能否为中心论点服务。

二是从中心论点出发，决定材料的取舍，把与主题无关或关系不大的材料毫不吝惜地舍弃，尽管这些材料可能是煞费苦心费了不少劳动搜集来的。有所失，才能有所得。

三是要考虑各部分之间的逻辑关系。初学撰写论文的人常犯的毛病，是论点和论据没有

必然联系，有的只限于反复阐述论点，而缺乏切实有力的论据；有的材料一大堆，论点不明确；有的各部分之间没有形成有机的逻辑关系，这样的毕业论文都是不合乎要求的，也缺乏说服力。必须有虚有实，有论点有例证，理论和实际相结合，论证过程有严密的逻辑性，拟提纲时特别要注意这一点，动笔撰写正文之前也要检查这一点。

四是要熟悉毕业论文的基本结构。毕业论文由绪论、本论、结论三大部分组成。绪论、结论这两部分在提纲中应比较简略。本论则是全文的重点，是应集中笔墨写深写透的部分，因此在提纲中要列得较为详细。

编写毕业论文提纲的方法如下：先拟标题；写出总论点；考虑全篇总的安排，即从几个方面，以什么顺序来论述总论点，这是论文结构的骨架；大的项目安排妥当之后，再逐个考虑每个项目的下位论点，直到段一级，写出段的论点句（即段旨）；依次考虑各个段的安排，把准备使用的材料按顺序编码，以便写作时使用；全面检查，作必要的增删。

提纲写好后，还要对提纲进行推敲和修改，推敲题目是否恰当，提纲的结构是否合适，各层次、段落之间的联系是否紧密，过渡是否自然，逻辑是否通畅。满意后再动手撰写。

四、毕业论文答辩

（一）答辩前的准备

要保证论文答辩的质量和效果，关键在答辩者一边。在提交了论文之后，论文作者不要有松一口气的思想，而应抓紧时间积极准备论文答辩。

第一，要写好毕业论文的简介，主要内容应包括论文的题目，指导教师姓名，选择该题目的动机，论文的主要论点、论据和写作体会以及本议题的理论意义和实践意义。

第二，要熟悉自己所写论文的全文，尤其是要熟悉主体部分和结论部分的内容，明确论文的基本观点和立论的基本依据；弄懂弄通论文中所使用的主要概念的确切涵义、所运用的基本原理的主要内容；同时还要仔细审查、反复推敲文章中有无自相矛盾、谬误、片面或模糊不清的地方，有无与党的政策方针相冲突之处等等。如发现有上述问题，就要作好充分准备——补充、修正、解说等。只要认真设防，堵死一切漏洞，这样在答辩过程中，就可以做到心中有数、临阵不慌、沉着应战。

第三，要了解和掌握与自己所写论文相关联的知识和材料。如自己所研究的这个论题学术界的研究已经达到了什么程度？目前存在哪些争议？有几种代表性观点？各有哪些代表性著作和文章？自己倾向哪种观点及理由；重要引文的出处和版本；论证材料的来源渠道等等。对这些方面的知识和材料都要在答辩前做到有一定的了解和掌握。

第四，论文还有哪些应该涉及或解决，但因力所不及而未能接触的问题，还有哪些在论文中未涉及到或涉及很少，而实际研究过程中确已接触到了并有一定的见解，只是由于觉得与论文表述的中心关联不大而没有写入的内容等等。

第五，要搞清楚哪些观点是继承或借鉴了他人的研究成果，哪些是自己的创新观点，这些新观点、新见解是怎么形成的等等。

对上述内容，作者在答辩前都要很好地准备，经过思考、整理，写成提纲，记在脑中，这样在答辩时就可以做到心中有数，从容作答。

（二）答辩时要注意的问题

要顺利通过答辩，并在答辩时真正发挥出自己的水平，除了在答辩前充分做好准备外，还需要了解和掌握答辩的要领和答辩的艺术。

1. 携带必要的资料和用品

首先,参加答辩会时要携带论文的底稿和主要参考资料。在回答过程中,允许翻看自己的论文和有关参考资料,答辩时虽然不能依赖这些资料,但带上这些资料,当一时记不起来时,稍微翻阅一下有关资料,就可以避免出现答不上来的尴尬和慌乱。其次,还应带上笔和笔记本,以便记录主答辩老师所提出的问题和有价值的意见、见解。

2. 要有自信心,不要紧张

在做了充分准备的基础上,要有自信心,消除紧张慌乱心理,沉着冷静作答。因为过度的紧张会使本来可以回答出来的问题也答不上来。而自信心主要来自事先的充分准备。

3. 听清问题后经过思考再作回答

主答辩老师在提问题时,要集中注意力认真聆听,并将对问题的回答略记在本子上,仔细推敲主答辩老师所提问题的要害和本质是什么,切忌未弄清题意就匆忙作答。如果对所提问题没有听清楚,可以请提问老师再说一遍。如果对问题中有些概念不太理解,可以请提问老师作些解释,或者把自己对问题的理解说出来,并问清是不是这个意思,等得到肯定的答复后再作回答。这样,就能避免答非所问。

4. 回答问题要简明扼要,层次分明

在弄清了主答辩老师所提问题的确切涵义后,要在较短的时间内作出反应。回答问题,一要抓住要害,简明扼要,不要东拉西扯,使人听后不得要领;二要力求客观、全面、辩证,留有余地,切忌把话说"死";三要条分缕析,层次分明。此外还要注意吐词清晰,声音适中。

5. 对回答不出的问题,不可强辩

有时答辩委员会的老师对答辩人所作的回答不太满意,还会进一步提出问题,以求了解论文作者是否切实搞清和掌握了这个问题。遇到这种情况,答辩人如果有把握讲清,就可以申明理由进行答辩;如果不太有把握,可以审慎地试着回答,能回答多少就回答多少,即使讲得不很确切也不要紧,只要是同问题有所关联,老师会引导和启发你切入正题;如果确是自己没有搞清的问题,就应该实事求是地讲明自己对这个问题还没有搞清楚,表示今后一定认真研究这个问题,切不可强词夺理,进行狡辩。

6. 当论文中的主要观点与主答辩老师的观点相左时,可以与之展开辩论

答辩中,有时主答辩老师会提出与你的论文中基本观点不同的观点,然后请你谈谈看法,此时就应全力为自己观点辩护,反驳与自己观点相对立的思想。主答辩老师在所提问题中,有的是基础知识性的问题,有的是学术探讨性的问题。对于前一类问题,要求你作出正确、全面的回答,不具有商讨性;而后一类问题,是非正误并未定论,持有不同观点的人可以互相切磋商讨。如果你所写的论文的基本观点是经过自己深思熟虑,又是言之有理、持之有据,能自圆其说的,就不要因为答辩委员会成员提出不同的见解,就随声附和,放弃自己的观点。否则,就等于是自己否定了自己辛辛苦苦撰写的论文。要知道,有的答辩老师提出的与你论文相左的观点,并不是他本人的观点,他提出来无非是想听听你对这种观点的评价和看法,或者是考考你的答辩能力或你对自己观点的坚定程度。退一步说,即使是提问老师自己的观点,你也应该抱着"吾爱吾师,吾更爱真理"的态度,据理力争,与之展开辩论。不过,与答辩老师展开辩论要注意分寸,运用适当的辩术。反驳对方的论点要尽可能采用委婉的语言,请教的口气,用旁说、暗说、绕着说的办法,不露痕迹地把自己的观点输向对方,让他们明理而诚服或暗服。

7. 要讲文明礼貌

论文答辩的过程也是学术思想交流的过程，答辩人应把其看成是向答辩老师和专家学习、请求指导、讨教的好机会。因此，在整个答辩过程中，答辩人应该尊重答辩委员会的老师，言行举止要讲文明、有礼貌。答辩结束，无论答辩情况如何，都要从容、有礼貌地退场。

此外，毕业论文答辩之后，一方面，作者应该认真听取答辩委员会的评判，进一步分析、思考答辩老师提出的意见，总结论文写作的经验教训，作为今后研究其他课题时的借鉴。另一方面，要认真思索论文答辩中老师提出的问题和意见，加深研究，精心修改自己的论文，求得纵深发展，取得更大的战果，使自己在知识上、能力上有所提高。

第二节 工科毕业设计报告

一、工科毕业设计报告的概念和要求

(一)概念

工科毕业设计报告是工科大学生毕业前的总结性教学作业，是一种综合运用已学理论表述其工程设计情况的应用文，主要考核学生是否具有工程设计的初步能力，在本质上是工科毕业生的科技论文。

(二)要求

工科毕业设计根据其考核目的有如下要求：

(1) 考查运用原理(机械、电力、电子、计算机等方面)的能力。

(2) 考查查阅资料、工程手册、材料手册等方面的能力。

(3) 考查绘制图纸的能力。

(4) 考查分析模型数据的能力。

(5) 考查实验工作的能力。

二、工科毕业设计报告的特点

(一)应用科技性

工科毕业设计报告是学生融会贯通所学科技知识，进行工程设计或解决工程难题的成果，具有明显的应用科技性。

(二)解释说明性

工科毕业设计成果的原理、应用范围、技术参数、工作流程等，只有通过文字和必要的图纸进行解释、说明，才容易被人了解、认同。对设计成果的解释和说明，是工科毕业设计的有机组成部分。

(三)体现设计者的设计能力及综合素质

工科院校毕业生对基本理论、专业知识和技能的掌握和运用情况，以及思维能力、创新能力乃至文字表述水平，在工科毕业设计报告中将得到综合体现。

三、工科毕业设计报告的类型

工科专业类型多，相应工科毕业设计报告的类型也多，根据研究方法的差异，可分为理论

型、实验型和描述型三种类型。理论型毕业设计报告的主要研究方法是理论分析;实验型毕业设计报告的研究方法是设计实验、实验过程研究和实验结果分析;描述型毕业设计报告的主要研究方法是描述说明,目的是介绍新发现的事物或现象及其所具有的科学价值,重点说明这一新事物是什么现象或不是什么现象。根据毕业设计报告的具体内容,可分为发明型和改革(造)型两种。发明型毕业设计报告,即毕业设计的产品或成果是现实生活中的首创。改革(造)型毕业设计报告,是指毕业设计产品的类型或成果的类型在现实中已经存在,毕业设计的产品或成果是在原有基础上的改进或改良。

四、工科毕业设计报告的写法

(一)选题

选题可从以下几个方面考虑:

(1) 从业务强项或兴趣出发进行选题。术业有专攻,人各有偏好。历史上有很多成功的事例都说明对某一问题感兴趣,就易于钻研下去并取得成绩。因此,选择自己在专业学习中的强项问题或自己最感兴趣的专业问题作为自己的课题方向,有利于提高毕业设计报告的撰写质量。有了方向不等于有了恰当的课题,还应在调研的基础上,限制题目的外延,直至缩小到适合完成的程度为止。

(2) 从实习或实践中所发现的问题中进行选题。现实工作或生产实践中总会遇到一些应当解决但尚未解决的问题,在此类问题中选题,有一定的现实意义。

(3) 从有必要进行补充或纠正的课题中进行选题。学术问题总是在错误修正中,或扩大应用领域中,或与其他知识相结合中发展的。因此,选择课题时同样可以采用这一思路。

选题的方向不仅有以上三种,从毕业设计报告的价值来看,选题的理论意义和现实意义是首要的,在此前提下,可以研究生产或科研中亟待解决的问题、中外学术观点的异同问题、事关国计民生的问题、学术的现状与发展前沿性的问题等。

无论怎样选题,都必须考虑毕业设计报告的时间要求和容量要求,以及自身的学术水平和研究条件,切不可脱离实际去选题,即不能选择方向虽好但无法完成的课题。

(二)资料的搜集

选题和资料搜集紧密相关。平时不了解学科动向,没有一定积累,就不好确定毕业设计报告的选题;只有确定了选题才能按照选题方向去搜集更多的资料;有时也会因新资料的影响,产生新的观点,再次修订选题。搜集资料是具体研究问题的开始,没有资料就无从分析问题。

资料可以用直接调查的形式获得,也可以通过图书馆、档案馆或网上查阅获得。

(三)材料的分析研究

初次撰写论文的人,在确定选题和搜集资料之后,还会遇到安排论文结构的困难。这是由于对问题的研究还不够深入,对材料缺少提炼造成的。那么面对一大堆材料,如何分析研究,取舍安排呢?资料的分析按以下步骤进行:

(1) 将资料分类。资料分类是资料分析的基础。分类标准要以资料反映的主要思想为依据。

(2) 分析资料并从中导出结论。要分析每类资料能够导出的结论并把这些结论写出来,形成自己的见解。

(3) 给每类资料拟写标题。根据对资料的分析,撰写资料标题。标题是资料中心思想的概括和结论的提示，将为我们取舍资料及安排资料在论文中的位置做准备。

（四）在分析研究的基础上归纳结论、提炼观点

（1）根据拟定的论题分析各类资料的内容，分析资料的意义和关系。

（2）根据资料的情况和它们之间的逻辑关系，分析总体结论并写出来。

（3）根据初步研究结果，进一步提炼论点，使认识上升到新水平。

（五）主体部分的表述

工科毕业设计报告的结构和写法与学术论文大体相同。但工科毕业设计的种类很多，项目不同情况也不同，因此，很难统一主体撰写的模式。有的工程设计由于项目大，往往需要几个学生组成一个小组，分别就某一方面的问题进行论文设计。在此主要讲述工科毕业设计报告主体内容的表述问题。

1．设计原理的表述

（1）表述整体。无论何种工程、何种产品，都必须涉及其工作原理。这原理当然有详细的图纸，但对总体进行说明时，多采用结构框架图或流程图的方式进行，这样易于让人从整体上先把握设计者的基本思路。

（2）重点（关键问题）说明。是指工程设计原理的关键技术或核心问题的说明。这需要采用图纸说明、模型或实验的验证说明等方式。

图纸说明：图纸是产品生产的依据，也是生产原理的具体说明。结合图纸阐述关键问题的原理时，要说得清楚、有条理。

模型或实验的验证说明：对于某些产品或工程，为了确保设计的成功，还可采用类比模拟的方式，制作模拟或运用实验手段来证明原理的可行性、技术的先进性。可将有关模拟的数据或实验数据、方法一一列出，用以证明原理的正确性。

2．工程的特点或产品的性能表述

（1）技术或性能的科学性和先进性。优秀的设计总要体现出科学性和先进性。对此进行说明的方式有：

同类工程或产品的可比性：采用比较的方法来说明设计的科学性和先进性，包括性能、质量、成本等方面的优越性。

最新技术说明：采用何种最新技术，工程或产品的性能有何提高，质量有何提高，这些都是需要说明的地方。

（2）技术和质量标准的说明。技术和质量标准一般采用国家标准或国际标准，应按照国家质量技术监督局颁发的各类标准进行说明。

有的大型设计报告还有工艺分析等内容。

（六）写作中需注意的问题

（1）写作重点应放在技术性强的部分或设计的关键部分，切忌平均用力。

（2）注重解释、说明的技巧。充分利用图形说明和图文结合式说明。

（3）工科毕业设计报告应加上封面，装订成册。注意装帧设计的质量。

【例文】

真空断路器永磁操动机构的优化设计

（××大学 机械系 ×××）

摘要：本文将模拟退火法应用于真空断路器永磁操动机构的优化设计，在对35kV真空断路器永磁操动机构进行磁路分析的基础上，建立了数学模型，并对其中的永磁体的主要参数进行了优化计算，改变了原样机永磁体的尺寸，可使样机体积更小，成本更低。

关键词：永磁操动机构 优化设计 模拟退火算法 磁路计算

一、前言

真空断路器因其高可靠性、高稳定性、免维护、寿命长等特点，多年来一直是中压领域的主流产品。操动机构作为断路器的执行元件，其可靠性成为关键。近年来，一种电磁操动、永磁保持、电子控制的操动机构受到广泛关注。这种操动机构由于取消了脱、锁、扣装置，而采用永久磁铁进行终端位置的保持，动作元件和零部件数目明显减少，因而可靠性大大提高。由于永磁机构涉及电路、磁场和机械部分，它的场域比较复杂，因此用传统的设计方法对永磁操动机构的结构尺寸、材料等参数进行选定往往不能达到最优结果，需要借助于最优化技术和计算机辅助设计方法才能达到产品优化设计的目的。本文对35kV真空断路器永磁操动机构进行了磁路分析，建立了数学模型，应用一种随机类全局优化方法——模拟退火法，对永磁操动机构的核心部分——永磁体的尺寸——进行了优化计算。

二、永磁机构结构的结构形式和磁路分析

图1（略）所示为双稳态、双线圈永磁机构示意图。当断路器处于分闸（或合闸）位置时，分（合闸）线圈无电流通过，永久磁铁利用动、静铁心提供的低磁阻抗通道将动铁心保持在分闸（合闸）位置。当有合闸（分闸）动作指令时，合闸（分闸）线圈中通过电流，产生了与永久磁铁相反方向的磁通，两磁场叠加产生的磁场力使得动铁心向合闸（分闸）位置动作，完成关合（或断开）动作。（图2略）

三、永磁操动机构的数学模型和优化方法

1. 目标函数及设计变量

由于真空断路器大部分时间工作在合闸状态，这就要求操动机构能够提供可靠、持久、准确的保持力以克服触头弹簧反力及短路故障电流所造成的冲击力。而永磁操动机构所提供的静态保持力是由永磁体磁通产生的，所以永磁体是永磁操动机构的核心部分，需要对其尺寸进行优化。在永磁体的各项尺寸参数中，永磁体的内弧半径与永磁机构中动铁心的半径有着直接的关系（永磁体内弧半径＝动铁心半径＋导磁块厚度＋永磁体与动铁心之间的气隙长度），因此适当的减小永磁体的内弧半径的同时可以减小整个永磁机构本体的尺寸，从而达到使样机更加小型化的目的。（图3略）

2. 优化方法

模拟退火算法（Simulated Annealing Algorithm）是一种随机类全局优化方法，它来源于热力学中固体物质的退火冷却过程。当某一个系统的温度以足够慢的速度下降时系统近似处于热平衡状态，最后达到系统本身的最低能量状态。

（算式略）在模拟退火算法的迭代寻优过程中，T必须缓慢减少，正如退火过程中，如果温度变化太快，系统会被冻结为一种亚稳态一样，控制参数变化太快，会使优化陷入局部极值点。

模拟退火法具有全局优化的性质在于它不仅具有“下山性”，而且具有“上山性”，即在迭代过程中可以有条件接受目标函数衰退的设计点，但这种可能性随着控制参数的减小而降为零；同时，模拟退火法在迭代过程中新点的选取由概率决定，新点的取值在统计上满足一定的概率分布，这就使它能够跳出局部最优区域而达到全局最优点。同“贪心类”算法(如最速下降法)(Method of Steepest Descent)比较，基于 Metropolis 接受准则的模拟退火法可以避免搜索过程陷入局部极小，并最终趋于问题的全局最优解。

模拟退火法能够处理任何连续或离散型变量，其搜索方式能够根据目标函数的变化自动适应调整。从数学上可以证明，对任意目标函数，它总能够得到问题的全局最优点。

四、操动机构中永磁体的优化设计

应用模拟退火法对真空断路器永磁操动机构中永磁块进行优化设计时，具体算法步骤如下：

(算式、表格略)

从表 1 中的优化结果可以看出，优化以后永磁体体积明显减小，约为原来的 92%，从制造成本角度来讲，降低了永磁操动机构的成本。由于设计变量(即扇形永磁体的内弧半径)有较大减小，使得永磁机构的动铁心直径也明显减小(动铁心的半径大小与永磁体的内弧半径仅相差一个常数)，从而缩小了整个永磁操动机构本体的尺寸，这对于正在向小型化方向发展的真空断路器具有较实际的意义。

五、结论

1. 本文建立了以永磁体体积最小为目标函数的磁路计算数学模型。

2. 本文应用模拟退火法成功地对配 35kV 真空断路器永磁机构中永磁体进行了优化设计。

3. 在满足断路器基本性能基础上，通过优化设计减小了永磁体的尺寸，可使样机更加小型化。

参考文献(略)

(文章来源于：lw. china－b. com)

【例文简析】

该设计报告书属于电磁改造类设计。作为学生的毕业设计，选题大小、难度均适当，又具有现实意义。从写法上来说，其整体为总分式，即先概括介绍整体设计思想，然后分项说明各项设计的具体内容，最后将局部设计汇总，结构清晰。在表述上，采用图表结合方式和典型设计程序说明方式，将设计思想阐述得比较清楚。

【思考与练习】

1. 简述毕业论文资料搜集的范围。
2. 毕业论文答辩时要注意哪些问题？
3. 工科毕业设计主体的主要内容是什么？

第二十七章

科技实验报告和可行性研究报告

第一节　科技实验报告

一、科技实验报告的涵义

科技实验是一种科学实践，它在特定条件下以纯粹的典型方式重现某种自然现象，借以探索自然奥秘，检验科学真理。在科研活动中，科技人员为了检验某种科学理论、科学假说，进行发明创造和解决实际问题，探索新的技术方法，就要进行科技实验。通过实验进行观察、分析、综合、判断，再如实地把实验过程、实验中观察到的现象、实验中得到的资料和结果记录下来，就形成了科技实验报告。简而言之，科技实验报告就是描述、记录某一实验过程和结果，并向社会公布研究成果的一种文献。因此，要写好实验报告，必须在实验前做好理论、方案和器材等准备，并在实验中仔细观测，详细记录，以便在实验后对观察对象进行分析、解释，对数据进行处理。

科技实验报告与科技论文都是科学研究成果的文字体现，但二者在内容和表达上有明显的区别。科技实验强调报告客观事实，侧重记录实验经过与结果；科技论文则是强调文章的学术性，重在阐述作者的见解，一般只反映研究成功的实验结果。

二、科技实验报告的类型和特点

(一)科技实验报告的类型

按照不同的分类标准，可以把实验报告分为下面的几类：

按实验中质和量的关系，可分为定性实验报告、定量实验报告和结构分析实验报告等；按实验在认识过程中的作用，可分为对照实验报告、析因实验报告和中间实验报告等；按实验的性质，可分为检验型实验报告和创新型实验报告；还可按学科进行分类，如物理实验报告、化学实验报告、生物实验报告、心理实验报告、针灸实验报告等等。按照实验和实验报告的执行者、撰写者来划分，主要有两种类型：一种是理工科大学生撰写的实验报告，其实验步骤和方法一般是由教师拟定的，目的是为了论证某一学科定律或结论，训练学生的动手能力和文字表达能力；另一种是科技工作者撰写的创新型科技实验报告，它由科技工作者自己进行设计，目的是有所发明和创造。

(二)实验报告的特点

1. 真实、准确，具有科学性

科技实验报告必须是在实验的基础上写作，必须是实验真实无误的记录，其作者必须是实验的主持者、参与者，其他人不得随意在实验报告上签名，更不允许凭空臆想、面壁虚构。它一旦问世，就成为科研人员赖以获得科研资料、总结科研成果的信息载体，成为继续进行此项科研的依据和基石，因而实验报告必须忠实而准确地严格按照实验情况进行记录。实验者要以客观、冷静的态度从事整个实验工作，从具体实验过程到实验报告的写作，都必须排除一切主观因素，不带任何个人偏见。实验的结果要经得起验证，实验中取得的资料也要经得起复核验证。因而，科学性是科技实验报告的基本特征。

2. 原始性和过程性

科技实验报告注重实验过程本身，它可以不要求达到预期的目的，也不必要有明确或正确的结论。也就是说，不能为了印证一些实验结果而去修改资料、编造实验现象，要一切从客观事实出发。科技实验报告对实验过程和结果的直接反映，必须如实记录，做到绝对真实可靠，保证写入的资料是第一手资料。因而原始性和过程性是科技实验报告的另一基本特征。

三、科技实验报告的写法

(一)基本格式

形式完整的科技实验报告，包括标题、作者及其单位、摘要、引言、正文、讨论、结论、致谢、参考文献。

1. 标题

实验报告的标题通常就是实验名称，要求明确、醒目，集中反映实验研究的内容。

2. 作者及其单位

一般在标题下方署上作者的姓名，即实验的制作者和承担重要工作、做出重要贡献的参与者，在姓名之前或下一行注明所在单位。如果是集体的研究成果，则直接署上科研单位的名称。

3. 摘要

摘要是实验报告主要内容的浓缩，是报告内容的简短陈述，应该涵盖报告的基本信息，如实验方法、实验结果等。

4. 引言

引言又称前言，是实验报告的开头部分，应简要概括地说明实验研究的对象、意义和作用，以及该项工作发展概况及历史背景、本次实验要达到的预期目标等。

5. 正文

这是实验报告的核心部分，是实验内容的主要体现。它包括：

(1) 实验原理。这一部分主要包括：简要说明实验所涉及的重要概念，实验的理论根据，依据的基本定律、原理和科学方法，说明实验装置的设计原理等，如有必要，还可配上原理图、所用的公式及据此推算的重要结果。表述应力求准确。这部分有时可以省略，但在两种情况下不可省略：一是实验装置是自己设计的，实验内容是新颖的；二是实验条件复杂、读者难以掌握的实验，则需对实验原理作出简要说明。

(2) 实验目的。简要介绍实验的原因和要解决的关键问题，以及对研究某一课题所具有的重要作用等。

(3) 实验装置。实验装置是实验的条件和要求，这是实验报告的重要部分。内容包括：要详细介绍实验中所用装置、仪器、材料，注明其名称、型号、数量、性能等。对于重要设备和自己设计安装的实验装置应作较详细说明，并绘出实验装置图，附实验原理图、电路图、流程图等。

内容要写全，不能有遗漏。

(4) 实验方法和步骤。实验装置和实验方法、步骤都要根据实验原理和实验目的来确定。介绍实验方法时，应重点介绍自己设计的实验方法或特殊方法，扼要介绍实验过程和操作步骤。可以按空间和时间顺序进行表述，也可采用条文式。

(5) 实验结果。实验结果与讨论是报告的主体之一，是读者最关心的问题。应根据实验过程中的原始记录，将实验成果如实地记录下来，不能随意删改，也不能任意取舍。一般写作前已将数据列成表格，写作时分好类，按一定顺序安排好数、表、图，并对其作简要说明。具体要求有：用专业术语如实描述现象，不能夸张；引用数字要真实，结论要正确可靠；图表要符合规范要求，数字的记录和处理方法要符合规定。

(6) 讨论。讨论部分是使感性认识向理性认识升华的必要手段。内容主要是从理论上对实验方法、步骤、结果进行分析和解释。讨论部分包括：影响实验结果的根本因素，提高与扩大实验结果的途径，实验中观察到的现象及解释，实验中发现的规律，实验结果与理论推算结果的对比，测量的误差分析等。讨论可以分条进行：影响实验的根本因素是什么？提高扩大实验结果的途径是什么？实验中发现哪些规律？实验观察到哪些现象？如何解释？说明实验结果与已知理论推算结果的对比情况，初步说明、解释两个结果的异同和测量的误差等。

(7) 实验结论。根据实验过程中观察到的现象和测得的资料，进一步从理论上分析实验结果并从中引出必要的结论，即实验报告的最终总体结论，是实验成果的最终体现。一般用肯定的语言逐条叙述实验结果，但不再重复"结果"中的图表，可以引用关键数据。有时也提一些建议，或摆出存在的问题。

(8) 致谢。在实验报告的文后，对在实验及写作中给过自己帮助和指导的人表示敬意和感谢。

(9) 参考文献。在实验报告中所引用别人的实验资料、计算公式、研究成果，均要在文尾注明。

(二)写作要求

1. 写好科技实验报告的前提是认真做好实验

科技实验报告，它兼有"实验"与"报告"两种性质，是实践环节的理性回归，是实验工作的全部总结和系统概括。为了写好实验报告，首先要做好实验。为此，实验前要注意阅读有关资料，掌握相关理论知识、实验原理，熟悉仪器设备，了解操作方法；实验中要尽量排除主观因素和外界环境的各种影响，专心致志进行实验，仔细观察实验现象，精确测取各种资料，认真做好实验记录。争取操作无误，使得出的结果真实可信。

2. 要注意客观性，实验结果圆满与否无关紧要

这是指作者在实验中应尽量排除主观因素和外在环境的多种影响，客观、细心观察实验现象，精密地测取各种数据并报告实验结果。绝不允许为了印证一些实验结果而去修改数据的现象发生。如果实验成功，实验结果、实验现象都应是必然的而不是偶然的，任何人在任何地点、任何时间再进行同样的实验，都可以观察到完全相同的实验现象，取得完全相同的结果。

科学实验报告的客观性还要求，在科技实验结束后，无论结果是否达到预期目的，都要写实验报告。没有新见解、新发现，没有创造性的研究成果，就不需要写学术论文，但作为如实记载实验过程与结果的文体，科技实验报告对科学研究具有重要的参考价值，它不强求圆满的实验结果，也不限于描述创新的内容，可以不要求具有明确的结论。

3. 主要表达方式是说明和叙述

科技实验报告通常以说明和简要的叙述为主要表达方式，不必作完整、连贯的叙述和细致的描写，只是分条列项，如实地将实验过程和结果说清楚。说明要做到准确有序，条理分明，叙述力求简洁明了。还应在表述的范围、程度方面做到恰如其分。

4. 适当采用图表形式辅助说明

科技实验的过程比较单一，实验装置又比较复杂，单纯用文字来说明其过程与结果，往往难以表述清楚，而且篇幅也会比较长。通常在实验报告中采用直观实物图、符号说明图和其他相关的表格作为辅助说明方法，便于人们了解实验装置的构成和工作原理。

5. 要注意表达的分析性和条理性

科技实验报告在获得真实、可靠的材料基础上，还应进行科学分析。这样才能找到材料背后所隐藏的规律性，才能抓住事物的本质。没有科学分析，只能是一堆不会说话的数据和现象。

在叙述实验过程时要条理清晰，富有逻辑性，语言表达上做到严谨、简明、准确，适当采用专业书面语说明问题，一般不追求语言的形象性。遣词造句应尽量避免产生歧义。

第二节　可行性研究报告

一、可行性研究报告的含义和用途

可行性研究是指在某一经济活动实施之前，通过全面的调查研究和对有关信息的分析以及必要的预算等工作，对项目的实施进行全面、深入、细致的技术论证和经济评价，以求确定一个"技术上先进、经济上合理、现实中可行"的最优方案，为决策提供依据的一种活动。可行性研究报告，又称可行性报告，是对拟开发或拟实施项目，进行周密的调查、分析，进而论证该项目的可行性和效益性的书面报告。简单说，它是反映可行性研究的内容和结果的书面材料。

可行性研究报告是项目投资决策前的重要工作内容，是项目能否立项的论证文件，是申办建设执照及与合作单位签订合同的依据。它主要用于生产、基建、科研等领域，不仅为实施该项经济活动的单位做出决策提供依据，也为合作者、投资者及金融机构、评审专家对该项经济活动的评价提供依据，还可以为主管部门的审批提供依据。一旦可行性研究报告被批准，又成为申请贷款、筹措资金、招标采购、签订协议、组建机构、培训人员等工作的依据。

二、可行性研究报告的特点

（一）材料的真实性

真实、准确的材料是掌握实际情况、分析项目是否可行的现实基础。因而对搜集到的信息，尤其是财务预算、市场情况等信息要尽量使用第一手资料，并进行认真的核实和查对，写作时再根据主题的需要恰当运用。

（二）论证的全面性

可行性研究报告必须围绕影响拟开发或实施项目的各种因素进行全面、系统的分析，为项目立项或与合作方签订合同提供依据。分析时要注重数字和文字的有机结合、重点问题和全面情况的有机结合、微观分析和宏观分析的有机结合。

三、可行性研究报告的类型

可行性研究报告按内容划分,可分为政策可行性报告和建设项目可行性报告。按范围划分,可分为一般可行性报告和大中型项目可行性报告。

按性质划分,又可分为下列两种类型:

(1)肯定性可行性报告,即肯定项目具备实施的必要性和可行性的报告;

(2)否定性可行性报告,即否定项目不具备实施的必要性和可行性的报告。

四、可行性研究报告的一般结构

一般来说,可行性研究报告由标题、说明、正文和附件组成。

(一)标题

(1)公文式标题:由项目主办单位、项目名称和文种组成,如《中兴公司 4G 手机技术开发项目可行性研究》。

(2)新闻式标题:写法相对自由、灵活,但要力求旨意明确、显豁,如《兴建大学城是深化高教改革、拉动经济增长的明智之举》。

(二)说明

标题之下应分行写明以下内容:项目名称;项目主办单位名称;项目负责人职务、姓名;项目技术负责人职务、姓名;项目经济负责人职务、姓名;进行可行性研究的人员;编制时间等。这部分也可放在正文的前言部分去写。复杂的可行性研究报告还可以在说明之后编制目录。

(三)正文

正文由前言、主体和结论三部分组成。

1. 前言

前言主要概括介绍提出项目的原因、目的、依据、内容范围、实施单位、承担者及报告人的简况,可行性研究结论的要点等。

2. 主体

主体部分是可行性研究报告的分析论证部分。要使用系统分析的方法,以经济效益为核心,围绕影响项目的各种因素,用大量数据资料全面论证所提出项目是否可行。重点分析研究对象的现状,技术论证和经济评价的内容、数据,测算的方法,各种方案的比较,研究者的意见等;要明确回答项目为什么要实施、实施的主客观条件、何时实施、实施中遇到难题如何解决、实施后的经济和社会效益等。

企业上马项目的论证,一般从九个方面展开:

(1) 需要预测和拟建的工程规模;

(2) 资源、原材料、燃料及公用设施情况;

(3) 建厂条件和厂址方案;

(4) 项目设计方案;

(5) 环境保护、劳动保护与安全防护;

(6) 企业组织、劳动定员和人员培训;

(7) 工程实施进度;

(8) 投资估算和资金筹措;

(9) 经济效益与社会效益。

针对企业不同项目的可行性研究报告,以上内容可有所侧重或增减。

3. 结论和建议

结论和建议部分是提出综合性的评价或结论,指出其优缺点,提出可行或不可行的建议,供有关部门决策时参考。

4. 附件

附件部分实质上是正文的论据材料,主要是有关文件和图表。包括证明项目合法性的材料,如审批文件、上级批示性材料;证明项目科学性的材料,如技术论证材料、财务测算、设备清单;证明项目现实性的材料,如有关协议、意向书、地址选择报告、环境影响报告等。

五、写作注意事项

(一)材料要真实、准确、可靠

可行性研究报告是决策的重要依据,一经采纳就将成为正式立项和具体实施的主要依据,所以报告中的所有材料必须反复核实,使所选材料准确、翔实。

(二)论证要在实事求是的前提下力求全面而有深度

只有以实事求是的态度研究问题,才能得出客观、正确的结论。要把对项目有影响的各种因素和条件全部考虑在内,包括充分分析不利的方面,尤其是可能承担的风险,避免分析出现盲点或遗漏。

(三)论证有力,说服力强

可行性研究报告属于论证性文体,应紧紧围绕论证可行性这一中心来组织材料,所用材料要能有力地支撑论点。材料的安排有主有次,有详有略。

要灵活运用多种论证方法,以使论证合理、有说服力。

【例文 1】

计算机网络基础实验报告

(×××学院计算机网络技术实验小组)

【实验名称】Windows 2003 Server 环境下 DHCP 服务的配置

【实验目的】

(1) 了解 DHCP 的作用及工作原理。

(2) 掌握如何利用 DHCP 来自动进行 IP 配置。

【实验器材】每实验组:装有 Windows 2003 Server 的计算机一台。

【实验要求】正确安装与设置 DHCP 服务器

【实验基础知识】

DHCP 以 C/S 模式提供动态主机 IP 配置。在使用 DHCP 进行动态 IP 配置的网络环境中,包括 DHCP 服务器和 DHCP 客户机。客户端广播一条 DHCP 发现消息,这条消息被送往网络上的 DHCP 服务器。每台收到发现消息的 DHCP 服务器用一条包括客户机所在子网的 IP 地址的消息响应它。

客户机判断来自 DHCP 服务器的响应消息并选择一条,然后向 DHCP 服务器发出请求 IP 地址的信息。该信息包括 IP 地址、子网掩码以及一些选项信息,如缺省网关地址、域名服务器等。当 DHCP 服务器收到客户端请求时,它从数据库定义的地址池中选择一个 IP 地址,并将其与子网掩码、默认网关等信息一起以DHCP回应包的信息返回给客户端。客户端在使用所收到的IP配置参数以前需要向DHCP服务器端发送一个关于IP参数使用的DHCP确认包。如果客户端获得分配给它的IP地址，则称这个IP地址在一个给定的时间内租给了这个客户端。如果在地址池中无可用的IP地址租给客户端，则客户端不能初始化IP。

【实验步骤】

1. IP地址的规划

首先完成IP地址的规划和分配任务（A、B或C类IP地址均可以采用），包括DHCP服务器的IP地址、DHCP服务器的子网掩码、DHCP能够提供的IP地址的范围、DHCP提供的IP地址的子网掩码、DHCP服务器为客户机保留的IP地址、DHCP服务器为客户机分配的网关地址、DHCP服务器为客户机分配的域名解析地址、DHCP服务器的租用期限等。

以“Administrator”身份登录Windows Server 2003服务器，服务器的网络配置按实验“网络配置”中介绍的方法进行设置，每组使用不同网段（如第1实验组Windows Server 2003服务器的IP地址为192.168.1.1，第2实验组服务器的IP地址为192.168.2.1，第3实验组服务器的IP地址为192.168.3.1，……）。网关与子网的网关相同。

操作如下：（略）

2. 添加角色到您的服务器

要在所在的服务器上提供DHCP服务，首先要在该服务器上安装DHCP的服务组件。在Windows Server 2003环境可以直接使用“管理您的服务器”工具实现安装组件和管理服务等工作。

操作如下：（略）

3. 管理DHCP服务器

(1)打开DHCP管理器：（略）

(2)添加服务器：（略）

(3)启动服务器：（略）

(4)激活作用域：（略）

注意：若DHCP服务器IP地址位于IP地址分配范围内，则要将该IP地址排除，否则DHCP服务器会将该IP分配给客户机，引起IP地址冲突。

4. 配置XP客户机获得动态分配的IP地址并验证DHCP服务器分配的TCP/IP信息

(1) 在Windows 2000/XP/2003下配置DHCP客户端的方法是类似的，参考如下：（略）

5. DHCP选项配置

如果只对某个作用域起作用，就应该配置“作用域选项”。如果要对所有作用域起作用，应该配置“服务器选项”。下面以配置“作用域选项”为例。（略）

6. 为客户机保留IP地址

(1) 在DHCP服务器上新建保留：展开DHCP管理器的所有左边树形目录分支，右击“保留”→“新建保留”→在“新建保留”对话框中输入：（略）

(2) 在Windows客户机上用“ipconfig /renew”更新，然后在“ipconfig /all”显示中记录：（略）

7. 要删除DHCP服务器：

“管理您的服务器”→“添加或删除角色”→“下一步”→“DHCP服务器”→“下一步”→ 勾

选“删除DHCP服务器角色”→“下一步”→“完成”。

（文章选自：www.reader8.cn）

【例文简析】

本文是一篇内容比较齐全的实验报告。文章开头首先提出实验的名称、目的、器材、要求以及基本原理，接着具体分七个步骤介绍了实验的方法、内容与结果，给读者具体再现了“Windows 2003 Server环境下DHCP服务的配置”的实验操作程序及其基本支撑理论。该文是一篇内容详尽、结构合理的实验报告。

【例文2】

银行计算机储蓄系统的可行性研究报告

一、引言

1. 编写目的：

应某银行要求，为提高该银行的存取款工作效率，降低工作的人力、物力开支，提高工作的准确性、正确性，并且便于储户信息存取，现为其开发计算机存取款系统。

2. 项目背景：

项目名称初步定为：银行计算机储蓄系统（CBAS，Computer Bank Account System）。

分为四个子功能模块：密码模块、更新模块、存款模块和取款模块。本项目设计过程中参考了某研究中心以前开发的基于Windows系统的数据库管理系统。

3. 术语说明：

(1) CBAS：银行计算机储蓄系统

(2) Data processing：数据处理

(3) Transaction processing：事务处理

(4) Data processing cycle：数据处理流程

(5) Data acquisition：数据采集

(6) Data processing system security：数据处理系统安全性

4. 参考资料：《计算机软件工程教程》，科学出版社，2002

二、可行性研究的前提

1. 基本要求：

银行计算机储蓄系统应便于储户进行存款和取款，并且便于对个人信息的查询，便于操作，提高工作效率，并能在一定程度上实现自动化。

(1)功能：CBAS系统的主要功能为：数据更新、存款、取款和数据导入/出。（略）

(2)性能：方便快捷有效地完成存/取款业务。

(3)系统的输入：（略）

(4)系统的输出：各类型的报表

(5)系统流程图：（略）

(6)安全和保密要求：系统对不同权限的用户提供不同的功能模块

(7)完成期限：暂定6个月，具体进度安排见详细设计

2. 开发目标：

开发目标应考虑到如下因素：

(1)人力与设备费用的相对减少；(2)处理速度的提高；(3)人员利用率的改进

3. 具备条件：

(1)建议系统运行寿命的最小值：三年

(2)进行系统方案选择比较的时间：一个月

(3)经费、投资方面来源(略)

(4)硬件、软件、运行环境和开发环境方面的条件

(5)可利用的信息和资源：参考已有的应用程序和数据库管理系统

(6)投入使用的最后时间：(略)

4. 可行性研究的方法：(1)客户调查；(2)专家咨询；(3)市场相关产品、同类产品调查。

5. 评价尺度：各项功能的优先次序、开发时间长短及使用中的难易程度。

三、对现有系统的分析(略)

四、建议系统的技术可行性分析

1. 对所建议系统的简要描述：(略)

2. 数据流图：(略)

3. 数据字典：(略表1、2、3)

名字：储户密码

别名：密码

描述：储户存/取款时必须的6位验证号码

定义：密码

=[0|1|2|3|4|5|6|7|8|9]+[0|1|2|3|4|5|6|7|8|9]+[0|1|2|3|4|5|6|7|8|9]+[0|1|2|3|4|5|6|7|8|9]+[0|1|2|3|4|5|6|7|8|9]+[0|1|2|3|4|5|6|7|8|9]

位置：储户信息

4. 与现有系统比较的优越性：(略)

五、所建议系统的操作可行性分析(略)

六、所建议系统的经济可行性分析(成本/效益分析)

假设投入5000元，且此系统每年可节省3000元，则三年共可省9000元，假定年利率为5%，由：P=F/(1+I)n：

年	将来值(元)	(1+I)n	现在值(元)	现在值累计(元)
1	3000	1.05	2857	2857
2	3000	1.10	2727	5584
3	3000	1.16	2586	8170

所以，投资回收期为：1+(5000−2857)/2727=1.79年；纯收入为：8170−5000=3170元；投资回收率为：73%～74%。

七、开发意见

如假设成立，则此系统可行。

××××年××月××日

(文章选自：blog. sina. com. cn)

【例文简析】

本文是一篇论证银行计算机储蓄系统项目开发的可行性研究报告。文章开篇介绍了该研究的目的、背景及其所需的专业术语。紧接着对研究的前提和现状做出了客观的分析，为新系统的可行性运行做好铺垫。最后论证了新系统的技术、操作可行性与经济成本核算，进一步得出可行结论。全文内容充实，论证充分，包容了可行性报告应具的基本内容，表达清晰，突出了项目的可行性，是一篇写得较好的可行性报告。

【思考与练习】

1. 毕业论文考察了学生的哪些能力？
2. 科技实验报告的基本内容、主要表达方式及其要求是什么？
3. 简述可行性研究报告的特点和用途。

第二十八章

考察报告和实习报告

第一节　考察报告

一、考察报告的涵义

考察报告是指在实地运用调查、观察、勘测、挖掘、采集等方式对未知的自然科学和社会科学领域进行探索，并对从探索中取得的大量材料进行研究、整理，得出本质性的认识后所写成的书面材料。它是直接经验的总结，例如对青藏高原的地质、地貌、动物、植物及其他自然资源的考察所写成的文字材料，就是考察报告。

在考察报告撰稿之前，必须先做深入细致的实地考察，这是撰写考察报告的先决条件。为了有效地进行考察，在考察之前，要明确考察的目的和任务，拟定考察大纲，列出所要考察的项目，确定考察的方式。然后广泛地收集资料，在实施考察的过程中要及时对素材进行记录、整理、分类、统计、归纳、分析、研究和加工，这些都是写好考察报告不可缺少的工作环节。

二、考察报告的分类

考察报告依据不同的标准有不同的分类。按科学领域，可分为自然科学考察报告和社会科学考察报告两大类；按内容分，有情况考察报告、学科研究考察报告和资源开发考察报告，有单项考察报告和综合考察报告。还可按考察范围、考察时间、考察目的等来作不同分类。

三、考察报告的写法

（一）情况考察报告的写法

科技情况考察有对一个国家全面科技情况的考察，也有对一个国家某个学科进行的考察，或对几个国家的同一学科进行的考察，还包括对本国某一地区或某一学科全面情况或专题情况的考察。这类考察报告的写作，要求能为科技工作者提供新情况、新线索，为科学发展提供新方法、新动向，能对国家科学技术的发展起到促进和引导作用。社会科学领域的情况考察，多为对管理体制、管理方法、政治制度等方面的考察，一般要求提供可资借鉴的情况和经验，能对提高管理水平起一定的促进作用。

其写法一般分为前言、概述、考察细目、主要体会和建议几个部分。

(1) 前言部分介绍考察团的名称及组成，考察的时间，访问的国家、城市、机构、单位等。若考察范围较广，单位较多，则只写主要单位名称及单位总数即可。

(2) 概述部分主要写考察的基本情况。应对考察的内容及收藏作综合介绍，尤其要对考察课题所涉及的国内外情况进行有针对性的比较，还需写清本次考察对国内、本部门或本单位的重大意义等，要给读者建立有收获有内容的整体印象。这部分内容有时与前言合起来写。由于这部分内容上级领导及管理人员最为关注，所以要写得通俗些。

(3) 考察细目部分是考察报告的主体部分，可以把考察得到的主要内容分成具体条目，逐条详细介绍考察所了解的专业内容，这一部分是同行专家和学者所关注的内容。主体文中常大量使用专业术语，内容要丰富具体，但语言应准确简明。例如《美国情报教育考察报告》的考察细目是：①美国情报教育概况；②美国情报教育的教学计划及课程设置；③美国情报专业的实验技术装备与研究方向。考察细目的具体条目要根据考察的目的和内容而定。

(4) 主要体会和建议部分主要是对上述考察内容加以总结，并进行横向与纵向的比较，提出切实有效的评价与方案建议，指出今后解决问题的措施、方法或对策。有的考察报告则没有体会和建议这一部分内容。

(二)学科研究考察报告的写法

这类报告从科学研究的目的出发，将通过实地观察、调查、测试得来的材料进行整理归纳、分析研究，得出结论，用考察报告或科学考察记的形式记录下来。其撰写格式自由灵活，常见的有以下几种写法：

一是文章式，此类考察报告全文考察对象单一，内容比较集中，要求把一个主题说清、说透彻。这类的佳篇如竺可桢的《杭州西湖生成的原因》。

二是标题式，这类考察报告根据考察的目的和任务将内容分为若干项目，每个项目有一个小标题，合成一个总的考察报告，这种格式多用在对某一学科的综合考察上，如竺可桢的《雷琼地区考察报告》。

三是日记体，即按日记的方式依序记录考察情况，这类考察报告常为许多著名学者使用，把考察过程中每天遇到的各种现象及其分析随时随地记录下来。如我国古代的《徐霞客游记》就是日记体的科学考察报告。

但无论学科研究考察报告分为几种样式，其总体写法是基本一致的。除题目、作者及单位、摘要之外，正文主要包括三个组成部分：前言、主体和结论。

前言包括对考察工作背景的综述，考察组成人员、考察目的、对象和整个考察过程的概述等。

主体是报告的中心内容，包括对哪些部门或哪些方面进行过考察，被考察的现象和事实及其意义分析等等。其结构方式可以以时间先后为脉络，也可按问题的性质分类叙述。

结论是考察报告的结语，应当用简括精练的语言写出，并对其意义做出评价。但当有的学科研究考察报告不必或不能做结论时，则不要牵强附会。

(三)资源开发考察报告的写法

资源开发考察报告常由标题、前言、正文主体、结语、参考文献组成。

(1) 标题。资源开发考察报告一般通过标题把考察单位或地区、考察的学科及内容明确而具体地表现出来，如《海伦县农业自然资源综合考察报告》，有的还采用正副标题法，正标题写考察的主题，副标题具体写明考察地区和内容。

(2) 前言。包括考察组织及其人员构成、内容概述、工作过程、时间、成果情况，有时还介绍说明考察方法、图纸比例、有关术语等等。这一部分是正文的铺垫。

(3) 正文主体。包括对考察对象基本特征的分析，开发过程中存在问题的分析，从中获得的启示以及相应提出的解决问题的对策、建议等。其写法，一是把考察的问题逐一阐述清楚，二是按照事物发生、发展的过程写，三是通过两种自然资源的对比来写，从对比中确定具有开发和利用价值的资源。这部分要写得详略得当，层次分明。

(4) 结语。作为对整个考察工作的总结，对给予帮助的单位和个人致谢等。有时可以把结语的内容放到前言中一并带过。

(5) 参考文献。将引用的主要参考文献一一列出。综合性考察报告采用的资料大多是考察来的第一手资料，引用参考文献较少，而专业性考察报告引用的参考文献较多。

第二节 实习报告

一、实习报告的涵义和作用

实习报告是对实习情况及其收获予以报告的总结性文字材料。

实习是学生或参加培训的人员，在经过一定时期的理论知识学习之后，有目的地将所学理论知识运用于实际的过程。实习是理论联系实际的重要形式，是掌握技术，提高能力不可缺少的环节；对毕业班的学生来说，更是对整个学习阶段所学知识综合运用于实际的重要阶段，是由学校走向工作岗位的必要准备和重要环节。

实践是检验真理的唯一标准。在集中的课堂学习中，学生或参加培训的人员学习了很多理论知识，但是能否真正掌握，能否在工作实际中灵活运用还不得而知。实习可以将在课堂上学到的理论知识运用于实践，获得直接体验，加深对所学理论知识的理解，同时实习也可检验理论知识的正确性，检验学生学习的成效和结果。实习对未走上工作岗位的学生来说，是一种取得初步工作经验的重要机会，是走上社会前的预演。它可以帮助学生少走弯路，减少失败，取得成功。

撰写实习报告，要对实习经过、体验和见到的各种现象加以综合、分析和概括；写实习报告的过程，是对实习内容系统化、深化和巩固提高的过程，有利于提高专业知识的运用能力，同时也是对写作能力的锻炼。

二、实习报告的写法

关于实习报告的具体写法，目前尚无定论，但有约定俗成的体例，以其目的、情况、实习方法的不同，写法也有所区别，但“定体则无”，“大体则有”，实习报告一般应该包括以下几部分：

(一)标题

实习报告的标题有多种写法：

(1) 公文式标题。这种标题常将实习专业、实习项目、实习所在单位、实习时间等因素与“实习报告”组合而成。如《工程造价专业实习报告》、《关于通信工程专业的毕业实习报告》、《××市电信局实习报告》。

(2) 文章式标题。例如《社会是大课堂，实践长真知识》，《最具价值的实习收获》。

文章式标题可以是单标题，也可以是双标题。单标题主要表明主题或主要内容；双标题主副配合，一般是主题宏观、概括地道出主旨，副题具体明确地说明实习的时间、地点、单位或内容，两题相互配合、相互补充。如《付出的是汗水，收获的是真知——2009 年 5 月燎原机械厂实习报告》。

(3) 简单写为“实习报告”。

(二)正文

正文由前言、主体和结尾组成。实习报告一般采用第一人称,便于表述实习经过和体会收获。

(1) 前言。前言部分主要写明实习的参加者、实践的目的、内容、时间、地点、概况等;也可概括道明实习的收获、意义;还可简述实习单位的概况等。这一部分是全文的引入,文字一般比较简略,但内容是站在全局高度叙述的。之后可用“现将此次实践活动的有关情况报告如下”过渡到正文主体。

(2) 主体。主体部分主要写实习的基本情况和收获。具体内容:说明实习的起止时间,实习方式,回顾实习经历;叙述自己此次实习的收获和体会,成绩和失误,专业上有何提高,有何认识和思考;也可从专业角度说明实习单位的情况等。主体部分是全文的中心,内容应充实,重点是实习的基本情况和收获、体会。

(3) 结尾。结尾部分可以概括说明自己感受最深的收获,可以谈及自己的不足和努力方向,也可以建议和思考作结。

三、撰写实习报告的注意事项

(1) 实习报告是记载实习情况和收获的载体,认真实习是前提。同时,在实习过程中要把实习中遇到的各种现象、问题与所学的书本知识相对照,有意识地将书本知识和实际情况相结合,并把这种结合的体会表现在实习报告中。

(2) 从专业学习和自我提高的角度思考实习中遇到的情况和问题,重点写专业上的收获。报告写作应注意内容的深化、系统化和条理化,谈出自己的真知灼见或深刻感受。不能把实习报告写成流水账,或过于肤浅。

(3) 实习报告的表达要用到叙述、议论、说明等多种手法,言及实习情况和经历要用叙述,介绍实习所在单位情况和实习方法要用到说明,谈对实习的理性思考、体会、见解、看法及对某些问题、现象的分析,要用到议论。所以写实习报告要注意表达方法的恰当运用和多种方法的相互结合。

【例文1】

××市建筑行业协会赴美国、加拿大建筑业考察报告

带着“建筑行业企业如何适应市场经济发展”的题目,2008年11月2日至17日,市建筑行业协会组织七名建筑企业家,对美国和加拿大的几个城市进行了考察。现将有关情况报告如下:

一、美国、加拿大的建筑企业十分重视工程质量。考察团所到之处,均被严格的工程质量管理所折服。“百年大计质量第一”,是企业的最高宗旨。工程从基础开始就把质量标准放在第一位,所见的几个工地在做基础时,都是严格按照程序来施行。美国城市的公共建筑结构大部分是钢筋焊接成型,然后进行混凝土施工,所以结构十分坚固。在焊接过程中都是焊接探伤一条龙,没有一处出现质量隐患。制做钢屋架的材料,多次进行防腐处理,保证结构部分的安全、坚固。

美国的混凝土大部分采用格利斯型号的新型材料,早强,无龟裂,无需再做表层处理,而且还可以进行各类所选图案的装饰。这种材料虽然造价略高,但是坚固耐用,没有后患。该材料已经在国内出现,一家美国公司已在国内合资办厂,去年我协会曾为他们举办过产品推广会。

到美国具体一看，确实发现这种材料十分优秀。考察团成员在美国、加拿大的一些机场和大型公建项目的考察中可以清楚地看到，凡是采用了这种混凝土的地方，不论是屋顶还是大面积的山墙，没有一处出现裂缝痕迹。

国外建筑企业在运作过程中十分宠信"没有好的材料就没有好的质量"信条。宁肯花大价钱，也要选择好的材料用于工程。因此，工程质量得到材料上的保证，就不会出现不应该出现的问题。联系到我们的一些工程采用一些假冒伪劣的材料，影响工程质量，与人家相比真是天壤之别。

二、美国的建筑公司在经营上十分活跃，每个公司有一个自由发展的空间，只要照章纳税，把工程质量搞好，就可以发展。招标投标的空间完全是在甲乙双方融洽的条件下，协商确定。没有什么定额管理之类，市场价格的调节是选择的主要标准。当然这种调节不能背离工程起码价格。没有那种与基本造价相差悬殊的工程价格报出。如果出现这种情况，人们就会觉得报价者神经中枢有问题：不是骗子就是无赖。市场给了企业一种自由发展的空间，市场又给了企业一种严格的制约。发展在有条不紊的状态下进行。在这种状态下，人们都很自觉。因为大家都知道，如果违反了这些规律，就会受到惩罚。那样，你的企业将没有人会给你项目。

三、重视环境保护，是美国、加拿大公民十分看重的事情。我们在拉斯维加斯的一个拆迁工地上，看到工人正在拆除几栋旧建筑物。他们采用的拆迁机械上加了一套喷水装置，先把建筑物喷湿，待建筑物湿透后，再施行拆毁，没有粉尘飞扬。接下来是装卸的汽车排在拆迁物的旁边，废渣随拆随运，场地不留一点废弃物。在加拿大的建筑工地上，我们发现没有安全网之类的东西悬挂，工地显得井然有序。他们采取外加挑梁增大操作空间的办法，给工人提供一个安全的操作平台。每个工人在作业时都系上安全带，保证操作安全。

短短的十几天考察，我们看到的东西很多，受到的启发很大。回来后经协会讨论要吸取国外的经验，树立我们学习的方向，对今后的工作进行一些必要的调整，使工作达到新水平。

二〇〇八年十一月二十日

××市建筑协会考察团

（文章来源：大连建设网，有删改）

【例文简析】

这是一则经验型考察报告例文，结构完整，层次清晰，表述简明。标题为公文式，醒目标出考察范围、考察事项。前言简洁说明考察目的、考察团人员组成、考察时间、考察对象，然后用概述考察结果，自然过渡到正文主体。主体部分主要从"重视质量"、"经营灵活"、"注重环保"三点来介绍国外建筑行业的先进经验。结尾点明考察对今后工作的意义。

【例文 2】

计算机网络毕业实习报告

实习人：××× 专业：计算机网络 班级：计网 0702 学号：××号

【实习背景】

当今世界的科学技术正以前所未有的速度向前发展，现代社会的生产和生活方式正经受着信息技术迅猛发展浪潮的冲击。随着计算机技术、多媒体技术和网络技术及应用的迅速发展，信息已成为经济发展的重要战略资源和独特的生产要素，成为促进社会进步的新动力。它对促进科学技术的进步，加快经济发展的速度，产生新的产业和行业，增加就业机会，加快教育的速度和知识更新的步伐等等，有着不可磨灭的功劳，对现代社会产生了积极作用。互联网作为网络的龙头改变了人们的生活方式，它将整个世界联为一体，不同地域、文化、语言背景和社会阶层的人们似乎生活在一个地球村中，地区间的差异变得越来越不重要。作为一名即将步入社会的学生为了适应社会的需要，更应该有准备地去迎接这场革命才能立于不败之地。

【实习地点】××市××公司

【实习目的】

通过理论联系实际，巩固所学的知识，提高处理实际问题的能力，了解设计专题的主要内容，为毕业后能够顺利地工作做好充分的准备，并为自己能顺利与社会环境接轨做准备。

【实习内容】这次实习的工作是协助公司组建和维护小区局域网。

通过在公司的实习，我完整地把一般网络服务组件都认真梳理了一遍，对网络知识和概念又有了新的认识和体会。同时在服务器实验的过程中也看到了自己很多的不足，理论知识和实际动手能力有差距。对软件的各个功能设置不够熟练，需要在大量实验中去练习。同时在查阅文章的同时获取了很多社会上的新技术和新需求，看到绝大多数的专业服务器都是使用Linu×做系统平台的。这更坚定了自己学习的信心。

局域网在构建和使用时，难免出现这样那样的故障。排除故障、优化系统，是管理局域网最基本的工作之一。本人从排除故障、优化性能的角度出发，简单归纳了一些局域网维护及优化的经验和技巧，其中着重讨论了网卡、网线的正确安装、合理设置等问题。了解这些，有助于我们更好地去维护电脑、管理网络，从而更好地利用网络去开展工作。

做局域网维护时要更高效地去开展工作，是否对网络问题能够一击即中？下面我来简单谈谈这次的实习感受。

1. 有故障时先查网卡

在局域网中，网络不通的现象是常有发生。一旦遇到类似这样的问题时，我们首先应该认真检查各连入网络的机器中网卡设置是否正常。检查时，我们可以用鼠标依次打开“控制面板/系统/设备管理/网络适配器”设置窗口，在该窗口中检查一下有无中断号及I/O地址冲突（最好将各台机器的中断设为相同，以便于对比），直到网络适配器的属性中出现“该设备运转正常”，并且在“网上邻居”中至少能找到自己，说明网卡的配置没有问题。

2. 确认网线和网络设备工作正常

当我们检查网卡没有问题时，此时我们可以通过网上邻居来看看网络中的其他计算机，如果还不能看到网络中的其他机器，这种情况说明可能是由于网络连线中断的问题。网络连线故障通常包括网络线内部断裂，双绞线、RJ—45水晶头接触不良，或者是网络连接设备本身质量有问题，或是连接有问题。这时，我们可以使用测线仪来检测一下线路是否断裂，然后用替代的方法来测试一下网络设备的质量是否有问题。在网线和网卡本身都没有问题的情况下，我们再看一看是不是软件设置方面的原因，例如如果中断号不正确也有可能导致故障出现。

3. 检查驱动程序是否完好

对硬件进行了检查和确认后，再检查驱动程序本身是否损坏，如果没有损坏，看看安装是否正确。如果这些可以判断正常，设备也没有冲突，就是不能连入网络，这时候可以将网络适配器在系统配置中删除，然后重新启动计算机，系统就会检测到新硬件的存在，然后自动寻找驱动程序再进行安装。

4. 正确对网卡进行设置

在确定网络介质没有问题，但还是不能接通的情况下，再返回网卡设置中。看看是否有设备资源冲突，有许多时候冲突也不是都有提示的。可能发生的设备资源冲突有：NE2000兼容网卡和COM2有冲突，都使用IRQ3，(Realtek RT8029)PCI Ethernet网卡和显示卡都“喜欢”IRQ10。

为了解决这种设备的冲突，我们可以按照如下操作步骤来进行设置：首先在设置窗口中将COM2屏蔽，并强行将网卡中断设为3；如果遇到PCI接口的网卡和显卡发生冲突时，我们可以采用不分配IRQ给显示卡的办法来解决，就是将CMOS中的Assign IRQ for VGA一项设置为“Disable”。

5. 禁用网卡的PnP功能

有的网卡虽然支持PnP功能，但安装好后发现并不能好好地工作，甚至不能工作。为此，我们可以采用屏蔽网卡PnP功能的方法来解决这一故障。要想禁用网卡的PnP功能，就必须运行网卡的设置程序(一般在驱动程序包中)。在启动设置程序后，进入设置菜单。禁用网卡的PnP功能，并将可以设置的IRQ一项修改为一个固定的值。保存该设置并退出设置程序，这样如果没有其他的设备占用该IRQ，可以保证不会出现IRQ冲突。

另外，如果要安装Windows 98/2000/×p操作系统，必须保证操作系统不会将对应的中断类型作为具有PnP功能的IRQ进行处理，所以要在“CMOS”中将该中断的类型由“PCI/ISA PnP”修改为“Legacy ISA”。使用该方法可以解决大多数PnP网卡的设备冲突，但不一定对所有的PCI网卡都有效，因为有些网卡的设置程序根本就不提供禁用PnP功能选项。

××××年××月××日

(稿件来源：govyi. com网)

【例文简析】

这份实习报告写得较好。文章开头简要交代了实习背景、地点、目的，使报告整体显得目的明确，层次清晰。其后重点叙述了实习内容及感受，使人感到作者实习认真，体会真切，收获颇丰。全文表述具体详细，文字运用准确。

【思考与练习】

1. 简述考察报告的结构和主要内容。
2. 实习报告中的多种表达方法如何运用和相互配合？

科技文书单元综合练习

一、名词解释

1. 科技文书;学术论文;毕业论文
2. 工科毕业设计报告;可行性研究报告;科研开题报告
3. 考察报告;实习报告;实验报告

二、简答题

1. 可行性研究报告的前言、论证、附件部分一般写什么内容?
2. 毕业论文答辩时要注意哪些问题?
3. 工科毕业设计报告的特点有哪些?
4. 科技实验报告的概念及其与科技论文有什么区别?
5. 写好科技实验报告的要求是什么?
6. 写作可行性研究报告的注意事项有哪些?
7. 实习报告的写作注意事项有哪些?

三、写作练习

1. 根据自己的实习或社会实践写一篇实习报告或社会实践报告。
2. 习作一篇简单的专业论文,内容不限。

四、下文是一篇实验报告,阅读后回答问题

1. 阅读下文,标出其提纲,对照实验报告的写作结构和要求,看下文是否合乎要求。

2. 下文中的实验方法和实验原理、实验过程表现在什么地方?这一部分是否可省略?体会实验报告的原始性和过程性。

3. 评价本文的表述。本文能否使人感到客观可信?

悬浮米酒的稳定性实验报告

米酒是我国的传统食品,也是中华美食的一个典范。如今米酒若仅仅作为一种产品,在今天物质丰富的时代,它不能引起消费者更多的偏爱。而本所开发的悬浮米酒则将米酒定位在饮料上,这样可以使产品更快流行。本所新推出的XD1(悬浮米酒稳定剂)是对原有稳定剂XD加以改进。使产品悬浮更均匀,味道更香,感观更好。下面就两款产品进行比较:

一、实验目的

对比悬D与悬D1两款稳定剂在米酒中的应用效果。

二、实验方法

分别使用XD与XD1做米酒饮料的稳定剂,对其稳定性、产品色泽、口感等进行对比,总结。

配方

原料名称	用量(%)	原料名称	用量(%)
白砂糖	4.00	甜酒酿(孝感米酒)	10
XD或XD1	0.25	TR50	0.12
山梨酸钾	0.03	健康甜酒香精	0.02—0.04
柠檬酸	0.15		

三、实验步骤

(1)饮料总量均以1000mL计。

(2)溶胶。将白砂糖和稳定剂干混,加入85℃～90℃的纯净水400mL,并升温使之成为均匀无肉眼可见颗粒的混合液。

(3)冷却。将溶好的稳定剂和白砂糖混合液加入400mL冷纯净水,并搅拌使混合液温度降至40℃以下。

(4)称取10%的米酒加入稳定剂液,搅拌均匀。

(5)酸化。将柠檬酸用纯净水溶解成酸溶液,搅拌均匀。然后在快速搅拌状态下将酸液缓慢加入稳定剂混合液中。

(6)定容。加纯净水定容至1000mL,继续搅拌,直至均匀。

(7)灌装杀菌。灌装后杀菌,即加热至85℃保持15分钟,迅速冷却至常温。

四、产品对比

1. 放恒温箱(37℃)7天观察两种产品的状态;

2. 直接品尝,对比两者的口感;

3. 各项目对比结果见下表:

项目	XD	XD1
水析	有	无
沉淀	有	无
悬浮效果	水析	良好
色泽	溶液呈浅黄色	溶液呈乳白色
口感	清爽但缺乏米酒的香味	清爽且有米酒的醇香味

五、实验结论

通过以上表格可见:在同等工艺下,悬D1状态稳定,米酒均匀悬浮。产品呈乳白色更接近米酒本身的颜色且颜色不随时间的延长而改变。而XD颜色会随时间的延长而变得更黄。XD1口感清爽,具有米酒的醇香味;由此可见,XD1此款稳定剂无论是对产品状态、感观、口感都远远超过XD。

第二十九章

申论写作

第一节　概　述

一、申论的涵义和功能

所谓"申论"，取自孔子的"申而论之"，有申述、申辩、论述、论证之意，如今我们所说的申论，已具有了时代的新涵义。从2000年起，申论已代替"写作"成为国家公务员录用考试中一种必考的、崭新的考试模式。这也是公务员录用考试模式改革的结果。今天的申论，既是考试科目，也是文体名称。

作为考试科目，2010版国考大纲，即《中央机关及其直属机构2010年度考试录用公务员公共科目考试大纲》指出："申论是测查从事机关工作应当具备的基本能力的考试科目。"申论考试的目的，是要通过对应试者运用基本理论、知识分析和解决实际问题能力的考查，为国家选拔出高素质的行政管理人才。

经过数年的实践，申论应用于公务员录用考试，已逐渐形成其独有的特点和规律，对于应试者实际能力的考察测试也越来越深化。

作为试题，申论取材于现实社会的典型事件、问题和现象，从管理角度模拟公务员日常工作性质设题，要求应试者以给定的资料为依据，按照规定要求作答，就特定问题展开分析论证，表达应试者的思想认识，说明事物的道理，提出解决问题的对策、办法和措施。所以，《申论》主要是通过应试人员对给定材料的分析、概括、提炼、加工，来考察测试应试者的阅读理解能力、分析判断能力、提出和解决问题能力、语言表达能力、文体写作能力、时事政治运用能力、行政管理能力等综合能力的，是一种务实有效的考试形式，是当前为国家选拔高素质行政管理人才的重要手段。

作为文章体裁，申论主要以议论和说明为主要表达方式，基本符合机关常用议论文体的要求。

当然，申论考试与一般的作文考试有相当大的区别。申论考题往往体现公务员岗位的需求，针对性极强，一般是先有相关职位及要求，然后才进行公开招考。因此，它要求应试者必须具备所报考职位的综合工作能力。例如，国务院法制办公室法制司的一个职位要求是"起草、审核、修改法律草案、行政法规草案及其他政府法规"；建设部人事教育司的一个职位要求是"日常机关公文写作，机构编制管理，行政管理体制及其职能设置研究"；而国家保密局的一个职位要求则是"拟定、修订有关法规，收集信息，工作调研等"。由此不难发现，申论考试实际上是某一职位公务员日常工作流程的一种模拟和演练，所不同的只是这一模拟和演练被高度浓缩在一场考试之中了。

二、申论考试命题的题材特点

(一)普遍性

申论题材反映的是全国各地、各领域、各行业、各层级普遍存在的问题,涉及的内容包括政治、经济、文化、教育等方方面面的现实问题,蕴含的对策思路是全国要共同遵循的指导思想或原则。例如,2008 年国考以怒江水电开发为题材,主题是科学发展;2009 年浙江省考以应对金融危机为题材,主题是推动经济发展方式转变和经济转型;2009 年北京市考以提高市民文明素质为主题。而加强经济建设、应对金融危机、提高公民文明素质、科学发展观教育、法制管理和建设、科学文化教育的发展等等,是政府处理政务的经常性、普遍性工作内容,涉及面广,也是申论考试里经常引用的材料,其中贯穿着考察应试者对党和政府的大政方针及管理原则理解程度的意图,也是对公务员处理日常工作和解决实际问题潜能的测试,同时也是考查应试者是否关注社会生活的热点、焦点问题,是否具有关心国家大事、大局的意识。

(二)时效性

申论命题在选题的时间范围上,突出当前热点,在当前一个时期的热点中突出当年热点,在当年热点中突出最"热"热点,这些热点问题与政府的施政重点通常表现为一定程度的重合。例如 2007 年前后"史上最牛钉子户"等话题显示出征地拆迁问题突出,当年国考主题为"土地是关系到国家稳定与发展的命脉";2009 年浙江省申论主题为当前政府关注的首要问题——应对经济危机,加快经济转型。在保持整体时效性的同时,申论命题也会表现出"反规律"性,即回避过于热门、社会关注过于集中的话题,增加命题的不可预测性,以免被应考者押中题目。例如 2009 年国考就回避了公众普遍关注的抗御自然灾害、保证食品安全、处理群体事件等问题,而选择了相对被人所忽略但又有一定时效性的应对金融危机和粮食危机问题。

(三)非敏感性

申论题材不可能是高度敏感性的话题,如涉及国家根本政治制度的政治体制改革和民族、宗教、人权、外交、国防、腐败、刑事案件等问题,一是不会涉及层次过高的问题,二是不会涉及关系过于复杂的问题,三是不会涉及争议性过强、国家和地方政府尚无定论的问题。应试者不必过多地关注敏感性、争议性话题,应把备考的主要精力放在国家和社会事务中的一个具体领域如民生、经济、文化、教育、环保方面,放在一省一地经济社会发展中具有普遍性的问题,对于突发性公共安全事件、应急管理等相对敏感的问题,要有所积累和研究,但要侧重技术层面,设想就事论事,如何妥善解决问题,而不要陷入到政治体制、意识形态、官员素质等方面的争议中去。例如,2006 年国考以《提高政府应对突发公共事件能力》为题,涉及"非典"、工业事故、密云观灯人群踩踏伤亡、禽流感、自然灾害等事件,所提到的事件只是以访谈中一笔带过的方式出现,没有深入追究其中的政府责任,经过试题的处理已不具备敏感性。

三、申论考试的基本形式

相对而言,申论考试有比较固定的试卷形式,结构比较规范。其一般形式是给出一段 1 500字左右的资料,要求应试者在阅读、理解资料的基础上概括材料所反映的主要问题,提出解决方案或对策,就某些问题或对策进行论证。这种形式就是公务员日常工作的一个缩影。大体说来,申论考试在形式上主要包括"注意事项"、"资料/材料"和"申论要求"三个部分。

1. 注意事项部分

该部分对考生应试提出指导,一般为:

(1)申论考试与传统作文考试不同,是对分析驾驭材料能力与表达能力并重的考试。

(2)作答时限:阅读材料 40 分钟,作答 110 分钟,考试时间总长 150 分钟。

(3)仔细阅读给定的材料,按照后面提出的申论要求依次作答。

2. 资料/材料部分

“资料”或“材料”,是提供给应试者的背景分析材料。这些材料虽然不是纯粹的“毛坯”,但也仅仅是经过简单加工的“半成品”,头绪纷乱,缺乏条理,所反映的问题也不够一目了然。例如参考例文中 2009 年中央、国家机关公务员录用考试申论试题所给定的材料。

3. 申论要求部分

“申论要求”是对应试者如何运用给定材料分析与解决问题的明确的和直接的要求,是申论考试的核心部分。一般要求考生根据资料完成至少三道题(但也有例外),分别是:

(1)请用 150 字的篇幅,概括出给定资料所反映的主要问题。

(2)请用不超过 300 字的篇幅,提出给定材料所反映问题的方案。要有条理地说明,要体现出针对性和可操作性。

(3)就给定资料反映的问题,用 1200 字左右的篇幅,自拟标题进行论述。要求中心明确,论述深刻,有说服力。

就申论要求部分而言,从应试者方面讲,要求答卷具有很强的针对性。概括方案、论述都是针对材料而言的;尤其是所提出的对策要针对主要问题切实、可行,具有实用性;不能看的是甲的病,而给出的是乙的方子。这一特点也是由申论的性质决定的。针对性和可行性是申论考试的两个主要的基本要求,认识和抓住了这两点,才算是真正领会了申论考试的精髓,找准了答题的突破口,从而能够高屋建瓴地构建思路和完成论证。

第二节　申论应试能力

一、阅读理解能力

(一)理解能力的培养

所谓理解能力就是培养阅读的语意明理能力,是由认字识词的感性阶段到理解内容的理性阶段的深化。阅读中的理解消化能力,要求在了解一字一词表面意思的基础上,进而理解语言文字之间的内在意义及内部联系,理解文章的思想内容、篇章结构、写作方法。理解是阅读的深化,是阅读的关键,是阅读诸能力中至关重要的一种能力。

理解能力与思维能力密切相关。因为理解的过程就是一个思维的过程,离开了思维,理解就无法进行。例如我们在阅读一篇文章时,要理解文章的全部内容和精神实质,就必须把整体分解为局部,把集中的内容分散理解,这就是分析;然后又由部分到整体,由分散到集中,这就是综合;就必须由个别到一般,从现象到本质,这就是概括;就必须由此及彼,温故知新,这就是联想。分析、综合、概括、联想等,都是思维能力在阅读中的表现。所以,阅读中理解能力的培养,实际上就是阅读过程中对思维能力的训练。以分析、综合而言,从分析到综合,既是阅读中对文章内容的理解消化过程,也是阅读中思维活动的整体性表现。通过分析与综合,我们才有可能达到对文章全部内容和精神实质的理解与把握。

(二)评论能力的培养

评论能力,是指对文章的内容与形式进行全面评价和深入品评的一种能力。

怎样培养评论能力呢?必须进行评论性阅读的基本训练。评论性阅读是对文章作品进行全面、深入地阅读;是对文章作品进行正确评论,提出自己见解的阅读。以分析综合为主要特征的理解性阅读,是偏重于对文章作品的全部内容、作者的观点及作者所介绍的知识的一种阅读。但阅读的目的不只是理解,而是在理解的基础上,通过对文章作品的鉴赏,受到启发和教育,获得经验和知识,从而提高自己的思想水平和写作能力。为达到此目的,必须由理解性、鉴赏性阅读上升到评论性阅读。理解性阅读、鉴赏性阅读与评论性阅读的不同点在于:前二者多偏重于形象的直觉,是以理解文章作品内容并对文章作品进行鉴赏为目的的,其对象主要是作品本身,带有个人的主观色彩和趣味;后者多侧重于理性的认识,主要在于识别文章作品的价值,对其进行全面、深入、正确的评价,要求客观地、实事求是地加以论述。

二、综合分析能力

应试者在平时的学习和工作中,应有意识地培养自己的综合分析能力。在培养过程中,应从以下几个方面留心:

(一)角度要准确

叙述的角度,就是作者以哪种叙述的口吻、身份在文章中出现。只有按照题目给定的身份和角度,才能准确地概括主要问题,恰当地提出解决问题的方案。这方面无需赘述,但考生必须认真注意,因为在近几年的申论考试中出现过这方面的问题。

(二)要素要清楚

叙述要素包括:人物、事件、时间、地点、原因、结果等。其中,人物和事件是叙述的核心,有了这两个要素,叙述才有中心、有实体。在叙述中,它们是不可缺少的,也是不可忽略的。时间和地点是人物活动和事件发生、发展的环境和舞台,对人物和事件有一定的影响作用,在通常的叙述中要将时间、地点交代清楚,但有时也可以适当地省略。原因和结果是事件的起讫点,有了这两个要素,叙述才完整,交代才清晰。在这些要素中,交代时要简略,要突出其与人物、事件、中心的联系的一面,而对人物和事件,则要进行细致地叙述,因为这二者是叙述的核心、重点。

(三)顺序要合理

材料有了选择和加工,要使它们成为一个有机的整体来表现主题或中心,还需要用一定的顺序来组织,这样,才会给人条理清晰、结构严谨的感觉。顺序安排得巧妙,还会产生波澜起伏、引人入胜的艺术效果。一般说来,申论作文的写作可以以时间为序,也可以以空间为序。

(四)主旨要突出

对于一般的写作,中心主旨要鲜明突出。在概括时,要处处从表现中心主旨的角度来考虑如何选材、如何组材、如何叙述、如何确定繁简重点等,这已属于整篇文章的构思。要构思好一段概括材料,应该学会如何运用线索来选择、组织、加工材料,怎样通过线索的穿插使文章成为一个有机的整体,从而纲举目张,更好地表达中心。

(五)详略要得当

哪些材料该写,哪些材料不该写;哪些地方该详,哪些地方该略;哪些环节要叙述得快,哪些环节要叙述得慢,这种选择与剪裁的艺术,是文章写得高下、成败的关键之一。无论写哪种体裁的文章，如果没有主次，不讲详略，像记流水账，平均使用笔墨，就会失掉吸引力。详略处理的标准，不同的题材、文体虽有所不同，但概而言之，都要符合所要表达的内容、主题的需要。当然，对文体的容量也得注意。要紧扣中心内容选材剪裁，务求集中笔墨，把主题思想含蓄而又深刻地表达出来。

(六)线索要明晰

线索是贯穿全文的主线，是组织材料的思路在文章中的反映。每篇文章都要有一条主线，把相关材料连接起来，从而统贯全篇，使文章条理清晰，结构严谨，使读者对文章有个清晰明了的印象。

三、提出问题、解决问题的能力

这是申论的主要考查目标，也就是考查应试者解决实际问题的能力。前面所说的阅读理解和分析归纳最终也表现在提出问题、解决问题的能力上。公务员每天面对的就是许多具体的事务，怎样应对这些事务反映了能力的大小。这种能力具体可以分为两种：一是处理一般事务的能力，一是处理突发事件的能力。一般是和突发相对而言的。公务员不仅要面对一般的日常事务例如各种会议、各种例行的简报、资料汇编等等，还要应付各种突发事件。人类社会在发展、前行的过程中，总会遇到各种各样预料之外的突发性问题。一个国家工作人员，必须具备应对突发事件的能力。例如在各种天灾人祸面前，像洪水、地震、流行疾病、交通事故、瓦斯爆炸等灾难面前，如何来应对。这两个方面实际上常常是融合在一起的。具体说，参加申论考试应该注意从以下几方面入手。

(一)细心审题，准确定位

考生应仔细审题，看清出题者为你设定的身份(即“虚拟身份”)。例如，2008 年国家公务员录用考试“申论测试”的“第 2 题”，要求考生以“省政府调研室工作人员的身份”提出解决“某省某市红星新村居民 H 状告××印刷总公司”所反映问题的方案。这就是说，你只是作为省级政府的一般工作人员，而不是承担专项职能并有独立解决问题的权力的决策人员。你提出的“方案”，是供省政府领导机关或省级职能部门在决策时参考的。在考生作答的试卷中，有一些“方案”就与考生的虚拟身份不相称，有的是以省政府领导机关的口吻向辖属职能部门下达指令、兴师问罪的，有的是替代法院审理案件的……身份定位错了，提出的问题一定“走偏”，解决的任务更是无法完成了。身份定位准了，就有可能“抓准”问题，提出切实可行的处理意见。

(二)主次分明，抓住主题

作为应试者，应在概括材料内容的基础上，进一步分清层次，理顺关系，对问题逐一排队，分清主次、轻重、缓急，做到胸有成竹。把握主要矛盾，确定解决问题的关键点。关键点就是解决问题的突破口，突破了这个关键点，问题就解决了一大半。诚然，做到这一点的前提是在综合分析“材料”时弄清“材料”究竟反映了什么问题。但是，遇到“材料”所反映的问题比较复杂时，根据“身份”，抓住要害，切忌面面俱到或舍本逐末。例如 2009 年考题反映的问题很多：企业在“环保”与生产效益上的“两难”，法院在断案时不得不考虑到的“连锁反应”，公安干警对扰民事件爱莫能助……但这都不是“本”，很难针对这些情况提出有助于从根本上解决问题的方案，只有从加强环保立法、执法和改造城市建设规划入手，才有可能从根本上解决噪声污染等扰民问题。

(三)确定步骤,写出草稿

找准问题的关键以后,接着就应该确定解决问题的基本步骤,提出可行意见。所谓可行的意见或办法,应具备三个基本要素:一是"问题"要明确"归口",要有直接能解决"问题"的政府部门或职能机构去处理、落实;二是要有解决"问题"的具体步骤、办法;三是要考虑到解决"问题"的时效性和必备条件,切忌模糊、脱离实际和坐而论道。

(四)认真修改,完成定稿

方案草稿写出来以后,还应加以修改。内容上,要前后一致,逻辑严密,去掉细枝末节;形式上,要文从字顺,一气呵成。

四、论证表达能力

公务员要把材料所反映的主要问题或者主要内容进行书面汇报,就需要有一定的文字表达能力。主要表现为:语言规范、用词准确、简明扼要、说理透彻。我们通常说,议论文包括论点、论据和论证三部分。但申论的议论问题不同于简单的议论文章,而是要密切联系实际,引发的议论要立足于材料所反映的主要问题,根据这一主要问题,展开论述,从而分析问题,解决问题。因而需要有更强的能力要求,主要是论证表述能力。这一能力要求在对所给材料精读和理解的基础上,高度概括出主题,再用充分的论据来论证自拟的标题,论述要准确,条理要清晰,语言要精练。论点和论据之间要有紧密的联系,二者要相辅相成。要提高论述问题的能力,关键在于文章要写得重点突出,有详有略,全文有内在的连贯性和逻辑性,而不能出现突兀性的跳跃和转折,亦即遵循事物的内在联系和逻辑规律。

第三节　申论应试步骤和技巧

一、第一步:审读材料——申论应试的首要环节

审读材料是申论应试的首要环节,只有认真仔细地阅读材料,才能切实把握材料所反映的问题,保证作答的质量,取得理想的成绩。一般来讲,在审读材料时应该遵循以下的原则:

(1) 整体性原则。全面细致地阅读给定材料,整体把握给定材料,找出给定材料的隐含信息,准确理解命题者的初衷,把握关键问题,扣住给定材料的中心来拟题,不能对材料囫囵吞枣,仓促作答。同时对所给材料中的每个子材料都要仔细分析,不能遗漏。

(2) 多角度原则。运用"发散性思维",分析给定材料,列出 2～5 个观点。然后找出一个对自己写作有利的角度去写。这个角度是扣紧给定材料的,但不一定是扣紧给定材料的中心的。多角度的原则还可理解为一种"实效性原则",就是说,只要紧扣给定材料,写哪个角度对你有利,能使你发挥得更好,你就写哪个角度。

(3) 筛选性原则。给定材料中很可能包含着许多迷惑信息、多余信息。如果不从总体去概括筛选材料的"寓意",而只是抓住"只字片语",常常容易陷入误区,就会跑题。

二、第二步:概括要点——申论考试承上启下的重要环节

概括要点是一个承上启下的重要环节,是根据申论要求,对给定材料的主题、内容、观点及反映的主要问题进行总结归纳的过程。一方面,它是阅读材料环节的小结;另一方面,这个环

节完成得好不好，又会直接影响提出对策是否具有针对性。概括要点的目的，在于准确地把握住给定材料，以便进一步着手解决问题。能不能有效地解决面对的主要问题，取决于是否能对复杂的情况作出准确的判断。有时候情况复杂，问题纷呈，彼此交错，就得分析出主要症结所在，才能着手解决问题；有时候问题比较集中，就得具体问题具体分析，把握适当的分寸尺度。

概括要点，一般要力求达到准、精、深、新，具体表现为以下几方面。

(一)求准

这要求善于进行发散思考和连类比较，即不但对材料本身做多侧面、多角度、多方位、多层次的思考和权衡，而且将类似的材料拿来进行斟酌比较，从而找到对材料来说最为恰当、中肯的理性概括。试看下面的例子，用简洁的语言概括材料反映的核心问题。如：

“对这起医疗纠纷，有人可能认为这是一个特例，也可能有人认为，医院应当反思，中医院要有特色，搞不了的东西就不要搞。但从一个更高的角度看，这个例子浓缩了我国现今医患纠纷的一些主要问题，一是制度不完备，很多情况下无论是医生还是病人都缺乏可依照的尺度。二是现有的制度也没能得到严格的执行，人情关系、经济利益掺杂其中，纠缠不清。三是现有的制度框架严重地存在着不合理的因素，患者的权利难以得到保障，医方的风险无人分担。有关管理人员应认真分析余幼鸣的医疗纠纷事件，这对医疗纠纷的认识和对这一工作的改进，必将是一种难得的启示。”

这是由一起医患纠纷引出的一组材料所形成的申论试题中“概括主要问题”的答卷，概括精炼，有条理，主要问题突出，且有启示性。

(二)求精

在概括时要注意语言的精练。通常概括要点时会根据材料的不同情况要求其字数在200字左右，因此应惜墨如金，简明扼要地表现出题目的要求。例如2006年中央、国家机关公务员录用考试中的一份试卷第1题是这样概括主要问题的：

该资料反映了现代城市在加速发展过程中所经常遭遇的问题：因传统遗留和盲目建设所造成的城市工农业生产布局不合理，给居民生活带来了严重的影响。而这种影响，由于种种阻力，很难加以消除。但是，因为城市居民法律意识的增强和社会环保日趋迫切，这种城市布局不合理现象所引起的社会矛盾不断激化，成为当前城市建设的中心议题之一。

该答案开门见山对“主要问题”作出概括，并从纷繁复杂的多种矛盾中发现问题所在，能透过现象抓住本质问题，即城市建设布局不合理、城市规划不能适应各方面发展的需要。该考生表现出很强的阅读分析能力和语言表达能力。

(三)求深

这要求进行寻根究底、掘井及泉的思考。一个重要方法就是敢于和善于不断否定自己的结论。一件复杂事物，包括复杂材料，人们很难一次认识清楚，更别说深刻，大多要有一个“分析——认识——再分析——再认识”的过程，方能避免肤浅，达于深刻。

(四)求新

这要求调动创造性思维能力，善于多变换角度思考和逆向思考。从材料中提炼作为行文论点的观点，不一定非材料的基本观点不可。从材料中取其一端，加以生发，甚至与材料本来的观点唱反调，只要言之成理，往往能写出新意，给人启迪，也能提高文章的品位。但并非每份材料都可以标新立异，故宜慎重。

三、第三步：提出对策——申论考试的关键环节

提出对策重点考察应试者是否具备管理能力、创新意识、应变能力、解决问题的能力和思维的开阔程度、敏锐程度。应试者可根据各自的阅历，围绕材料，各抒己见，特别要注意对策的切实可行。为此，应注意：第一，所提对策不能超出材料给定的范围和条件，要符合我国的国情、民情、政策、法律等。第二，要符合试题给出的或自拟的“角色”要求，不作超出自己权力和能力范围之外的决策。第三，所提对策既要有开创性，又要实事求是。第四，宏观与微观相结合。既有政策性的意见，又有具体的操作方案、步骤、措施、时机、条件等利于实施，效果可期。第五，将对策分条列项来写，思路、层次清晰。

四、第四步：进行论证——申论考试的最后环节

进行论证是申论考试最后一个环节，在一定意义上，它才算是申论的真正开始。它要求应试者充分利用给定资料，切中主要问题，全面阐明、论证自己对给定资料所反映的主要问题的基本看法以及解决问题的方案。前面的三个环节尽管非常重要，不可或缺，不能有任何懈怠，但总的来说，还都只是积极有益的铺垫，此处的论证过程则需要浓墨重彩，淋漓尽致地书写。这不仅因为它的字数要求多，分值高于其他部分，更重要的是，论证才是申论考试的核心，能全面考查和衡量一个人的分析归纳能力、提出和解决问题的能力以及逻辑说理能力。论证中要注意以下几个问题：第一，立意要有创新性，但不能不着边际。如从腐败现象可以联系到党的形象、执政党的地位、国家的前途命运等，都是好的立意。第二，必须围绕所给材料及前面所提方案来写。写作中可以引用其他材料，但不能离开所给材料，不能脱离所提方案，也不能对所提方案面面俱到，可突出一个方面来写。第三，标题要醒目、有新意，最好使用揭示论点式。第四，起笔开宗明义，直奔主题，以便集中精力进行论述，也避免时间和字数超出规定。

第四节 申论的写法

写作申论一定要编写提纲。有时限于时间而不写草稿，但提纲必须编写。提纲的一般写法是：

(1) 开头：扼要复述资料。要有所强调，即突出与论点有关的部分，引出自己的尽可能深刻、新颖的论点——主题句或中心句。

(2) 正文：以分析法为主。围绕论点分析“为什么”和“怎么办”；穿插其他论证方法为辅，如例证法、引证法；揭示资料所反映的社会普遍现象的深刻含义，联系社会现实，强调、突出中心论点。正文不但要围绕而且要穿插着主题句来写作，同时还要有一个“提出——强调——重申”主题句的三段式过程。这样写出的文章会主题集中，形成一个有机整体。

(3) 结尾：概括或重申论点，可以在字句上变化，或者更深入一步。

除了拟写简练的提纲，要写好申论，具体写法有以下几方面。

一、拟制标题

材料作文要自定标题，而标题必须是中心论点，或者反映中心论点。主题力求醒目、简练。标题主要有两种形式。一种是陈述式，主要包括标题揭示内容和揭示主旨两种情况。一种是

设问式,如你能承受多大的噪声这种标题的好处是能让人产生悬念,引发读者思考。既然是公务员考试,那标题多数时候就应当以直陈其事为宜,对那些见惯不惯的事件,使用设问句能促人警醒,起到振聋发聩的作用。除此,标题中一般都有文中所涉及的最常见的词语。这样,考生就不该随意拔高主题,作宏篇大论,而要贴近材料。

拟制标题要求:①确切。一要与内容符合,不能写跑题;二是含义大小与作文一致,如《谈环境问题》不能写成《谈人类发展问题》;三要与文体风格一致,一般不能写成公文或者记叙文的标题。②精炼。特殊需要时标题才能长。③新颖。这主要是对中心内容即主题的要求。

二、写好开头

开头最好是单刀直入,简单明快,开门见山,直接揭示文章主题。文章的成败,判卷老师的感受就是开头第一段的论点,最大的要求就是简单明快。

1. 开头的结构

开头一般有三层。

第一层,交代文章的事件起因,根据材料得到某年某月某日在某地发生了某某事件,这样写非常自然具体。

第二层,揭示主题,由某问题看出形势相当严峻。

第三层,谈主题的影响或危害。

2. 开头常用的方法

叙开(最常用):概述申论材料的主要内容或反映的主要问题以引出文章。常用的万能句式有:近年来/目前/最近一段时间,××现象/情况频繁出现/形势严峻,导致/造成……究其原因,则存在多个方面……由此/针对以上导致……原因,我们认为……迫在眉睫/应当提上议事日程/应该重视……/我们必须……

三、书写正文

正文的写作一律采用三段式:提出问题—分析问题—解决问题。提出问题要简明扼要、开门见山,一般都选用资料中提供的事实材料和理论材料来提出问题。分析问题要紧密结合材料,不能东拉西扯、海阔天空地乱谈。要集中力量论述主要问题,论述时有详有略,重点内容详写,次要内容略写,但要兼顾好全局和局部的关系,既要看到正面情况,又要注意到次要问题。解决问题的方案要有条理、有层次,涉及相关部门时方案要体现各司其职、各尽所能、互相合作精神。

分析问题要按照由此及彼、由表象到本质、由微观到宏观、由特殊到一般的方式进行。解决方案要紧承分析问题的步骤。解决方案既要有总体上的思路,也要列举切实可行的手段或措施,使解决方案既照顾到全局,又照顾到特殊情况;既解决主要问题,又控制次要问题,特别是杜绝新问题重新滋生。

在分析问题和提出解决方案时,建议采用分条列项的方式,或者使用段旨句。每一段的第一句话都要概括表明本段的大意。总之,考生应当明白,无论从阅卷教师的具体情况还是机关工作作风来衡量,这种简洁快速的作文方式都是应当和值得提倡的。

无论如何,文章的写作语言都要求不使用华丽的辞藻或复杂的修饰语言。毕竟机关工作作风要求稳重,不能表现出轻浮和幼稚来。要使用简明平实的语言,语言服从于和服务于文章体裁。《申论》要求写作的文章，重在解决实际问题，一定要便于阅读和接受，才能切实担负起管理国家事务的作用来。

四、重视结尾

结尾关键是言简意赅、情真意切、给人回味。

结尾常用词有：综上所述/总而言之/从以上的分析我们知道/从以上的分析我们看到，等等。

一般的结尾方法有三点：一是概括总结，收束全文；二是强调和深化主题，把第一段的话翻新，从反面来说也可以，不这样做的话会怎么样，三两句话总结全文；三是提出希望或者发出感慨。

常见结尾的万能句式有：有效解决看病难、看病贵的问题/解决农民工问题/解决上学难、上学贵的问题/建设资源节约型、环境友好型社会……对推动我国经济社会发展转入科学发展轨道、走上社会和谐之路，推进全面建设小康社会，意义重大而深远。

五、选择结构

1. 并列式

提出几个小论点，结合资料对主题横向分析。各层次有相对的独立性，但都为证明主题服务。往往运用第一层序码"一、二、三"。此法的好处是概括面广，条理性强。

2. 递进式

结合资料对主题纵向深入论证，如：一是问题的危害，二是问题的原因，三是解决问题的对策。各层次层层递进，每一层次都不可缺少，前后顺序也不能颠倒。此法的好处是逻辑严密，能够说明问题。在一篇文章中，两种方法可以互相交叉，即以一种方法为主，在某一层次中用另一种方法。

【例文】

2009年中央、国家机关公务员录用考试申论试题

一、注意事项

1. 申论考试是对应考者阅读理解能力、综合分析能力、提出和解决问题能力、文字表达能力的测试。

2. 作答参考时限：阅读资料40分钟，作答110分钟。

3. 仔细阅读给定资料，按照后面提出的"申论要求"依次作答。

二、给定资料

1. 2009年中国将有611万大学生毕业，其中的大多数人眼下正在为工作而煎熬。当然，任何时候都有所谓的"幸运儿"存在。北京航空航天大学的许多应届毕业生就是这样的幸运儿。

2008年12月20日，温家宝总理到北京航空航天大学的图书馆看望大学生，一位即将毕业的研究生向总理表示了自己对就业的担忧。这引起了总理的共鸣。温家宝说，他现在最担心的两件事都和就业有关，"其一是农民工返乡问题，其二是大学生就业问题"。

2008年从山西农业大学毕业的张××，到现在还没有找到工作。这个学了四年农业机械的娇小女孩发誓要把大学专业忘掉，因此从没想过要找一个“专业对口”的工作。2008 年上半年，她在疲惫和失望中奔波在北京，发现要找到“理想的工作”是不可能的。为了给奥运会让路，北京不再举办大型招聘会，许多大学甚至提前放了假。这一年有不少北京高校的毕业生成了志愿者——在奥运结束之前，他们总算有了个去处。8 月 8 日，奥运会开幕那一天，张××窝在和男朋友租的房子里看了开幕式。北京的夜空中升起了如梦如幻的“大脚印”，她觉得自己的北京梦也像烟花一样，升起，然后一点点熄灭。

2008 年经历了幻灭的大学毕业生远不止张××一个。中国社科院发布的 2009 年度《社会蓝皮书》提供的数据显示，2008 年大学毕业生失业率超过 12%。人力资源和社会保障部数据显示，2008 年共计有 559 万大学生毕业，也就是说，其中至少有 67 万人没有找到工作。

张××最后和同样是应届毕业生的男友一起，加入了男友叔叔的公司。男友的叔叔是民营书商——和农业机械一样，这也是一个张××从来没有想象过的行业，但总算有了落脚之处。几个月后，她第一次把男友带回老家农村过年，发现自己的求职经历还不是最糟糕的一个。她的妹妹 2008 年毕业于一所新高职院校，经过半年实习，目前正在失业之中。

她还有两个堂妹和一个堂弟正在上大学。张××的父母和叔叔们没有主动和她谈起过她的工作，这让张××觉得惭愧。她闭口不对堂弟堂妹们提起半年来的艰难，决定把找工作的经历像大学专业一样忘掉。

实际上，张××的遭遇没有什么新鲜可言。2008 年 11 月，即将从中山大学医学院毕业的硕士生王××终于和上海一家区级医院签下了就业协议——这还不是正式的聘用合同——签约的时候，她带着初出茅庐的毕业生特有的焦虑，问了一下如果单方面解除协议需要支付多少赔偿金的问题，医院人事科的工作人员立刻停下手中的笔，警惕而不耐烦地说：“如果不诚心来，不如不签，我这里还有 200 多份简历在等着呢。”这种毫不客气的直率态度吓到了王××，也把其他如鲠在喉的问题——待遇、编制、进修机会等等——全部吓回她肚子里去了。

这份协议带来的安全感是无与伦比的。同学仍然陷身于“海投”——这个新名词指的是毕业生无目的、无区别地向一切可能的岗位投去简历——的苦海中时，王××可以多少带一点闲情逸致，到那些她真正心仪的医院去碰碰运气了。

对每年数以百万计的毕业生和他们的家庭而言，大学生就业难已经不再是新话题。令人忧虑的是，经济增长在 2009 年将不可避免地放缓，新的工作机会变得更少，让这个老难题雪上加霜。

2. 选择留在京城的比例减少，“发展前途”被大学毕业生看作择业最重要的因素之一。这是北京林业大学就业服务中心对 2500 多名 2009 年应届毕业生择业意向问卷调查的结果。统计结果显示，毕业生对就业前景趋于理智，保持谨慎，呈现出一些新的特点。

调查结果显示，大学毕业生对就业形势有一定的认识，也有相应的思想准备，就业期望值有所下调。

在回答“你认为 2009 年我国高校毕业生的就业形势如何？”时，超过 40% 的毕业生选择了“预计比 2008 年差”，36.78% 的毕业生选择“预计与 2008 年差不多”；对于第一份工作的薪酬，60% 的毕业生的期望集中在 2000 元至 3000 元之间，期望得到 4000 元以上薪酬的不足 8%；若求职状况不尽如人意，72% 的毕业生表示可调整期望值，但要视情况而定。

毕业生对自己的实践能力不太自信，有近 20% 的毕业生认为现在最欠缺的是实践能力。其他选择较多的“不自信”分别是外语水平（19.56%）、专业知识和技能（18.58%）、社会活动能力(18.04%)。

在就业地域的选择上,超过七成的学生期望能留在北京,沿海地区为毕业生的第二选择。前些年一窝蜂地留京现象有所改变。在回答"选择留京的原因"时,75.62%的毕业生认为,北京有更多的发展机会。在选择就业单位的影响因素中,76.36%的学生首选是发展前景和机遇,位列第二位的是"经济收入"。

如何解决就业和个人兴趣之间的矛盾,近半数毕业生表示,兴趣要服从工作。这显现出这些大学生已经开始考虑实际的需要。但也有近三成的学生表示,"没有兴趣的工作我不找"。

毕业后初步意向为直接就业的学生占到了47.16%,决定考研的学生比例为37.40%。本次问卷同时结合"校漂考研族"主题进行了调查,有67.85%的学生表示,如考研不成功将积极准备参加工作。近14%的学生表示,不做其他打算,继续复习,明年再考。

超过半数的毕业生表示,可以接受跨专业就业。初步就业意向的调查中,选择"个人创业"的学生不足3%,对于个人创业缺少勇气和信心。

"你首选的就业部门"32.58%的学生选择了"外企",国企(21.15%)和机关(16.33%)分列二、三位。近40%的学生表示,喜欢从事专业技术工作岗位。35%的学生首选管理岗位。

超过三成的毕业生认为,社会交际能力强是当前择业的最大优势之一。"有特长"、"成绩好"、"做过学生干部"位列其后。

北京工业大学就业服务中心有关负责人建议,毕业生在择业地点、职位等方面,切忌随众心理。要清醒地认识自我,结合自身的兴趣,选择自己更具竞争优势的职位。同时,要全面丰富就业知识,增加实践机会,提升就业能力。

3. 毕业于河北科技大学的小梁叙述了她毕业半年多的求职经历:首次拒绝她的是一家科研院所,当时她从报纸上看到了招聘启事,自己的学历、专业、年龄等都符合用人单位的要求,结果打电话一询问,对方说做实验经常要上夜班,不招女性;第二次找到一所私立学校,一进门对方就说只要男老师,因为"女生太麻烦了";接下来的几个单位都对女性做了种种限制。一次次碰壁后,小梁说,她准备和父母商量先考研!

中国政法大学国际教育学院夏教授说:"我带的研究生中,很多是像小梁这种情况,还有些硕士也是因找不到合适的工作而继续读博。"考了研就好找工作了吗? 今年刚满32岁的王女士四年前为了深造,辞去了一份待遇相当优厚的工作,但是研究生毕业后却发现找工作又成了难题。到任何一家单位,招聘人员都会转着弯地询问:结婚了吗? 两年内有无生育打算? 虽然她信誓旦旦地保证以工作为重,但最后还是被"客气"地拒之门外。调查中记者发现,在服务行业,女性的机会还能与男性均等;在专业技术领域,女性的就业压力最大。

4. 当大部分高校毕业生拿着个人简历奔走于大小招聘会时,也有一些女大学生悄悄地走进了婚介所,希望通过婚介所找到一位"成功人士"定下终身。日前,在合肥举办的一场白领征婚交友会上,一名合肥工业大学大四女生在母亲的陪同下,到现场"物色"男友,该女生有些羞涩,其母倒是落落大方。母亲告诉记者,她就这么一个独生女儿,现在就业压力大,女儿毕业后要找一份好工作不容易,所以想给她提前找个理想的男友,男方最好要有一定的经济实力,这样女儿以后生活轻松,做父母的也安心。

在女大学生登记的材料里,大多有这样的字眼:"本科以上,月收入不低于5000元,有房子,事业有成"的"成功男士",年龄一般要求对方长自己3岁以上。

记者采访发现,以前只在社会上流传的"嫁个好老公,少奋斗20年"、"嫁个有钱人"等口号，现在已成为一些女大学生的共识。一些用人单位的性别歧视让部分女大学生变得更为“现实”。大学校园里甚至流行着“男靠家，女靠嫁”的说法。一些即将毕业的女大学生甚至将婚姻视为就业的一条捷径，戏称为“曲线就业”。

5. 武汉科技大学工商管理专业大四学生小程只要看到招聘企业有招相关专业毕业生的名额就投简历，“网撒得大，机会才多嘛！”一些毕业生不了解自己的个性、兴趣和能力，不清楚职业发展面临的优势与劣势。小朱是该校营销系的毕业生，别人跑招聘会，网上投简历，忙得不亦乐乎，他却迟迟不肯出手。因为他的座右铭是“非外企不进，非沿海不去，非高薪不拿”。

美的、TCL等公司日前在武汉大学、华中科技大学举行招聘会，吸引了不少毕业生。一些毕业生在简历上大做文章，把自己包装成“顶级高材生”，一位学生甚至大言不惭地说：“简历不作假，典型一大傻。”小吴是某大学管理学院毕业生，他的简历中社会实践一栏让人觉得很有“分量”：4年大学从未间断过校外兼职工作，先后在快餐店、广告公司做业务员，此外，长期从事家教工作。大学4年自食其力，是人格和经济走向独立的四年。但据同学介绍，他仅大一做过家教，剩余时间除了泡网吧就是打球。

6. 当记者赶到位于湖南宁乡县城的湖南拖普信息教育学院时，跳楼学生吴××的尸体已被运走，现场虽然经水多次冲洗，可血迹依然清晰可见。通过吴的同学，记者了解到，吴是班上的学习委员，明年就要毕业了，除了编程这一门功课比较突出外，其他功课成绩一般，平时活泼开朗，可最近三四天，吴到长沙参加了一次人才交流会后人就变了，沉默寡言，表情忧郁，时不时说现在工作难找，自己又没学什么东西，对不起父母亲。昨天吃过晚饭后，他说睡不着，找到校医要安眠药，但没有拿到，想不到就出事了。

7. 大学生“零薪就业”表明许多大学生开始调整自己的心态，开始面对现实、降低自身的期望值，从这方面来讲也许是一个好现象。但是，“零薪就业”并不是一个理性行动，实为下策。无论是家庭富裕者还是家庭贫寒者，每个家庭为十数年寒窗苦读的大学生付出的人才“生产成本”都是巨大的。可能对于家庭富裕者，半年或者一年没有工资算不上什么，可对于那些期望孩子毕业后能补贴家用偿还读书债务的家庭来说，半年或者一年的工资并不是个小数目。对于大多数用人单位来说，它更看重的还是个人的能力。“零薪就业”一方面加剧了人才市场竞争的紧张度，另一方面也不能使求职者取得预期的效果。因此，想要通过“零薪就业”来增加竞争筹码的大学生们，一定要慎重考虑了。

三、申论要求

1. 请用200字左右的篇幅概括出给定材料的主要内容。(10分)

2. 根据给定材料，试分析高校毕业生就业难的原因。要求：分条叙述。字数250字左右。(20分)

3. 用250字左右的篇幅就给定材料所反映的问题提出解决方案，要求方案体现针对性和可操作性。(20分)

4. 就给定材料所反映的问题，自选角度，自拟题目，用1200字左右的篇幅进行论述。要求内容充实，论述深刻。(50分)

申论写作单元综合练习

一、回答下列问题

1. 什么是申论？其有何作用？

2. 申论应试能力包括哪些？

3. 申论的内容和结构有哪些？一般在表达上各部分有何不同？

4. 申论的概括要点力求做到哪几点？

二、情景模拟（结合下面的材料模拟申论应试写作）

给定资料：

1. 诚毅学院的晓峰（化名）说，自己住的学生公寓，一层楼上就有3个人在卖四六级考试的答案和作弊用的耳机。

晓峰说，明年就无纸化答题了，再要作弊非常困难。所以，今年很多学生"背水一战"。"我们楼里住着80多名学生，差不多有2/3的人在购买答案和耳机。"

四六级的答案分"考前"和"考中"两种，购买"考前"答案的同学在开考前的10分钟可以通过手机收到答案，设法带进考场。"这种答案的准确性值得怀疑，很多人都是购买'考中'答案。"晓峰说，"但购买'考中'答案的人一般还要购买耳机，否则接收起来很不方便。"

另一名同学告诉记者，卖答案和耳机是这半个月来学校里最火的"生意"，很多学生甚至开始倒卖。因为买的人多，今年的四六级答案价格比去年有所提升。四级答案在300元至500元之间，而六级的答案开口价就是1000元，还不能还价。作弊用的耳机价格在30元至100元之间，"卖家转手的次数越多，价格也越高"。

2. 考试是广大学生最为关注的一个话题。面对考试，每位学生都应该自觉地维护考风考纪，诚信考试，做文明大学生。

学风建设是大学校园一个永恒的话题，是实现培养高知识、高技能人才的良好条件，是一个系统的教育工程。优良学风的形成，考风是关键，考试作为人才培养过程中的一个重要环节，是检查教学质量的一种主要手段。优良的考风考纪不仅关系到学校的生存和发展，也关系到学生的前途和未来。从科学和长远的角度分析，考试作弊对考生身心及长远发展的危害是不容忽视的：一方面，作弊作为一种欺骗行为，必然引起本人的紧张不安，产生不必要的考试焦虑而影响答题，且一旦作弊失败，考生通常会因为羞愧、失望和沮丧等不良情绪的产生而影响下一科目的考试，甚至还可能在较长时间内存在心理上的"阴影"。另一方面，考生虽有可能通过作弊在某次考试中获得高分，但这并不能衡量该生真实的知识水平，更不利于该生今后学习的改进和工作的发展。因此，自觉克服各种不良因素的影响，彻底打消作弊念头，还考试以真实面目，才是考生明智的选择。

孟子有云："车无辕而不行，人无信则不立。"诚信对于每个人而言，就像是车的轮子一样，没有诚信的人是无法在人生的道路上走下去的。诚信是一种美德，一种品质，为我们中华民族世代所信奉。诚信是立身处事的准则，是人格的体现，是衡量个人品行优劣的道德标准之一。考试作为一种评价手段，是对同学们一个学期以来学习成果的检阅，评估大家日常的学习态度和学习效果，它能检验教师教学和学生学习的效果，这对于正确地评价教师和学生具有极其重要的意义。不劳，自然无获；收获，与耕耘相连。我们都明白，任何一点成绩的取得都不可能像幸运的绣球奇迹般地偶然降临。同时，考试也是一种人格考验，它让我们敢于正确评价自己，勇于承认学习上的失误和不足。考试成绩也许只能反映一个学生的学习能力和学习效果问题，但考试作弊反映的却是一个学生的品德问题。当代青年大学生是国家的希望和未来，承载着民族的光荣和梦想，我们有责任和义务去建立和维护诚信公平的社会风气。我们需要的不仅仅是优异的成绩，我们还需要真实的自我和高尚的人格，并像珍爱自己的生命那样珍爱自己的品行。我们更应当积极地投入到学习中来，汲取基础文化知识和专业知识，用知识武装头脑，用自己辛勤的汗水换取成功的喜悦，赢得他人的尊重，而不要违背公平原则，违背做人的基本准则。

胡锦涛总书记在提出“八荣八耻”的社会主义荣辱观时也强调过：“诚信是国民的基本道德，是一种品行，更是一种责任；是一种道义，更是一种准则；是一种声誉，更是一种资源。”这一点已得到了全社会的普遍认同，已成为评价人必不可少的标准。当前社会的激烈竞争，一方面是知识水平的竞争，另一方面是道德水平的竞争。要想在激烈竞争中立于不败之地，赢得他人与社会的尊重，大家就应该从现在做起，扎扎实实地学习知识，打好基础，提高自己，锻炼综合能力，诚信做人，诚实地对待每一件事情，每一场考试。

3. 一名正在撰写论文的大学生小萧在“天涯社区”发帖称，他在中国知网上下载的两篇硕士论文，整体框架完全一样，只把论文中的地名“江苏”改为“山东”，把江苏的统计数据换成山东的统计数据，其余几乎一模一样。“这篇抄袭的论文几乎就是用替换键搞定的。”这名网友将抄袭者称为“史上最牛抄袭者”。

近日备受关注的东北财经大学一硕士论文涉嫌抄袭事件有了最终结果，东北财经大学学位评定委员会2009年5月27日做出决定，抄袭者袁××被撤销硕士学位，收回已发放的硕士学位证书。

东北财经大学出台的《东北财经大学学位评定委员会关于撤销袁××硕士学位的决议》指出，经查实，该校2005级统计学专业研究生袁×的硕士学位论文《山东省FEEEP协调度研究》，系抄袭南京财经大学研究生曾××的硕士学位论文《江苏省FEEEP协调度研究》。袁××的抄袭行为违反了国家和学校的相关规定。

东北财经大学副校长马国强说，此论文属于比较严重的抄袭。本着对学生本人负责的态度，他还特地到学生所在单位进行了沟通，据学生介绍，这篇论文是通过在南京财大的同学“收集”到的。最终，学校形成了上述决议。

（引自：http://www.examda.com/gwy/test/slmt/20091214/0910067.html）

要求：

1. 请用简洁的语句概括出大学生诚信危机具体表现的几方面问题。要求：分条作答，不必展开陈述。(15分)

2. 根据给定材料中所反映的大学生诚信缺失的现象，谈谈你认为导致这一现象产生的原因有哪些。字数控制在400字左右。(35分)

3. 根据给定材料，以“加强大学生诚信教育的几点建议”为题，写一篇对策性文章。要求：中心突出，观点正确，内容充实，富有新意，语言顺畅。篇幅控制在1200字左右。(50分)

诉 讼 文 书

第三十章

诉讼文书概述

一、诉讼文书的概念和特点

(一)诉讼文书的概念

诉讼文书,是法律文书的重要组成部分。它是案件的当事人或其他诉讼参与人为维护和实现自身的合法权益,依照法定的诉讼程序,运用相关的法律条文向司法机关提出诉讼请求或答辩要求的书面材料。

诉讼文书,俗称“状子”,我国古代称之为“牒”、“讼牒”或者“辞状”。它是当事人为实施诉讼行为而制作的文书的总称。当事人在自身权益受到侵害或发生争议时,运用法律所赋予的诉讼权利,依法向司法机关提出维护自身合法权益的诉讼请求。这种诉讼请求,可以由案件的当事人自行书写,也可以委托律师或其他人代为书写。无论是自写,还是代写,其写作格式和要求相同,法律效果也一样。

现代社会是法治社会,一切社会活动必须纳入国家法治的轨道。法律不仅是管理国家、维护社会治安的重要工具,而且也是企事业单位和广大人民群众维护自身合法权益、解决各种纠纷、防止他人侵害的有效武器。在付诸法律解决各种纠纷的诉讼活动中,需要制作一系列的法律文书,而诉讼文书则是诉讼参与人起诉和应诉等活动的法律文书,在诉讼活动中起着重要的作用。

(二)诉讼文书的特点

诉讼文书作为一种特定的实用文体,有其自身的特点:

(1) 真实性。诉讼文书的写作必须以案件的客观事实为依据,坚持实事求是,客观真实地反映案情,不允许歪曲、篡改、捏造事实。

(2) 合法性。诉讼文书的制作必须依法办事,符合法定诉讼程序,其内容必须以法为准,所提诉讼请求要有法可依,阐明理由要合理合法。

(3) 规范性。诉讼文书不仅要求在制作程序上符合规范性要求,而且在写作格式与结构上也要符合规范化的要求,要严格遵守一定的程序规范,项目要齐全,措辞用语要准确恰当,杜绝歧义,书写要工整规范。

(4) 时效性。诉讼文书的写作有特定的时限要求,如上诉状、答辩状等,都有法律规定的时限,必须严格遵守这种时限。

二、诉讼文书的种类

制作诉讼文书主要是根据程序法。根据诉讼案件性质的不同，可以把诉讼文书划分为刑事诉讼文书、民事诉讼文书和行政诉讼文书三大类；按照适用的诉讼程序的不同，可分为第一审诉讼文书、第二审诉讼文书和申诉文书；按照文书内容和功能的不同，可分为起诉状、上诉状、答辩状和申诉状。

三、诉讼文书的作用

随着社会的发展，人们的社交日益频繁，各种纠纷也日渐增多，在使用法律武器解决各类纠纷的诉讼活动中，诉讼文书有着重要的作用，主要体现在如下两个方面。

(一)诉讼文书是启动诉讼程序的重要依据

由于诉讼文书是当事人为保护某些已经受到损害或者应该给予维护的合法权益而写的法律文书，呈送给司法机关后，司法机关一经审查合格就要立案受理，立案之后，诉讼程序就开始了。所以说，诉讼文书是诉讼程序发生的根据，是司法机关对案件进行审理的依据和基础，对司法机关了解情况和处理好案件具有重要的法律意义。

(二)诉讼文书能够保护当事人的合法权益

对当事人来说，提交诉讼文书是法律赋予他的一项诉讼权利，通过诉讼文书，可以陈述案情，讲清诉讼的理由和法律根据，阐明诉讼的目的和请求事项，以便于司法机关对案件进行审理。因此，诉讼文书不仅能帮助法院了解事实真相，也体现了国家对公民、法人或其他组织合法权益的维护和保障，是公民和法人行使诉讼权利、维护自身合法权益的重要手段和有力武器。

【思考与练习】

1. 你认为有无必要学习和掌握诉讼文书？请说明理由。
2. 结合实际，简述诉讼文书的特点。

第三十一章

民事诉讼文书

第一节　民事起诉状

一、*民事起诉状的概念及起诉条件*

（一）概念

民事起诉状是民事案件的原告或法定代理人，为维护自己的民事权益，就有关民事权利和义务的纠纷，向有管辖权的第一审人民法院提出诉讼请求时所制作和使用的一种法律文书，也称"民事诉状"。

（二）起诉条件

民事诉讼是法律行为，《中华人民共和国民事诉讼法》规定，民事起诉应具备如下条件：

（1）必须有民事权益或者其他民事纠纷才能写诉状。这些纠纷应属于民法、经济法、婚姻法等的调整范围。例如涉及财产继承权，知识产权（著作、发明、发现），债权，经济合同纠纷以及婚姻家庭纠纷等。

（2）原告必须是与本案有直接利害关系的公民、法人和其他组织。

（3）有明确的被告。

（4）有具体的诉讼请求和事实。

（5）诉讼必须向对本案有管辖权的第一审人民法院提起。所谓第一审人民法院一般指被告所在地的辖区基层法院。

二、*民事起诉状的写法*

民事起诉状由首部、正文、结尾三部分组成。

（一）首部

1．标题

不论是民事纠纷还是经济纠纷案件，标题一律写作"民事起诉状"。

2．当事人基本情况

在标题下面介绍原告和被告的基本情况，包括当事人的姓名、性别、年龄、民族、籍贯（外籍的写国籍）、职业、工作单位和住址。当事人的顺序，应先写原告，如原告有数人应分行依次写明，再写被告人的情况。如果被告是公民的，写明基本情况后，根据案情需要，还要说明与原告的关系。如在财产继承案中写明"是原告的胞弟"或"是原告的继母"等，让人首先了解当事人的关系。如果原告或被告有诉讼代理人，就紧接着另起一行列写代理人的姓名及基本情况，"代理人"要标明是"法定代理人"、"委托代理人"，还是"指定代理人"。如果原告系企事业单位、机关、团体时，则写明企业事业单位、机关 、团体的名称、所在地址和法定代表人的姓名、职务。如果还有"第三人"，则要写明第三人的姓名及基本情况，且根据案情需要，说明第三人和原告、被告的关系。

3. 案由

民事案件案由是民事诉讼案件的名称,反映案件所涉及的民事法律关系的性质,是人民法院将诉讼争议所包含的法律关系进行简要的概括。如工伤事故损害赔偿纠纷、劳动合同纠纷、遗产纠纷、侵犯商业秘密纠纷、发明权纠纷等。

(二)正文

正文是民事起诉状的主体。它包括以下内容:

1. 诉讼请求

民事诉讼案件中由原告直接提出的民事诉讼请求和主张,是在某种民事权益受到不法侵害和产生民事纠纷的情况下提出的,是原告希望通过诉讼所达到的目的。例如要求损害赔偿、债务清偿、履行合同、产权归还,要求与被告离婚,要求给付赡养费,要求继承遗产等。诉讼请求必须简单明了,清楚明确,具体可行;既要合法,又要合情、合理。与下文的事实互为因果关系。

2. 事实(包括证据)

这是重点,是请求人民法院受理案件的重要依据。它的主要任务是围绕诉讼请求全面客观地反映真实情况,即写明被告人作出侵权行为的具体事实和当事人双方权益争执或纠纷的具体内容(包括时间、地点、原因、情节及事实经过等)以及被告人一方所承担的法律责任。特别要把被告人侵权行为所造成的后果和应承担的法律责任以及当事人双方争议的焦点和实质性分歧写清楚。叙述事实要实事求是,一般按时间顺序写,要详略得当,突出主要情节,关键部分应详细,次要部分应简略,与本案无关的不要写。事实写清楚后,接着就应写明能证明所控事实的证据和证据来源、证人的姓名、职业、住址和交给的具体物证。举证的材料要具体,证据来源要清楚、确实、充分,达到足以认证的证明力。因为确凿无误的证据是人民法院审判案件的依据,它直接关系到诉讼是否成立以及诉讼的进程,是诉讼成败的关键。证据可在叙述事实经过时宣明,也可在叙述事实之后列举。

3. 理由

在提出事实和证据的基础上,援引有关法律条款、司法解释和政策法规,论证纠纷的性质和被告的法律责任,对所提出的诉讼请求和自己的主张作总结性的论述、分析,阐明原告诉讼请求的合法性。必要时,对于地方性的法规、条例、办法等规范性文件也要具体、详细地加以引用。

(三)结尾

(1) 写明致送机关的名称,分两行写明"此致"和"×××人民法院"。

(2) 具状人(或原告、自诉人)签名盖章,并注明年、月、日。如果有代书人,要写明代书人姓名、单位、职务。

(3) 附项,写明本状副本××件、物证××件、书证××件以及证人姓名和住址。

三、写作要求

(1) 民事起诉应该确切地反映当事人的意志和合法的请求,清楚地述说诉讼请求所根据的事实和理由、证据和证据来源,以及证人的姓名、住址,以便人民法院及时受理案件。

(2) 民事起诉状要求行文简明,层次清楚,结构严谨,语言准确、简练、质朴,标点符号正确，避免出现错别字。

(3) 民事起诉状要用诉状纸或十六开报告纸书写，一般为一式两份，交人民法院一份，对方当事人一份。如涉及的当事人较多，应让每人都有一份。

【例文1】

民事起诉状

原告：李××，男，1970年5月21日出生，汉族，住北京市朝阳区华严北里×号楼×室。

被告：北京市××科技有限公司，住所地：北京市海淀区万泉河路×号紫金庄园×号楼×室。

法定代表人：王××，经理

案由：劳动争议

诉讼请求：

1. 依法判令被告向原告支付未签订劳动合同的双倍工资差额66000元，

2. 诉讼费由被告承担。

事实和理由：

原告应聘被告方的销售经理职位合格后，于2008年5月8日进入被告处从事销售工作，从入职被告处开始，即遵守被告所制定的各项规章制度，接受被告的劳动管理，按照被告的安排进行工作，并由被告支付劳动报酬，原被告已形成事实劳动关系，但被告自始至终未与原告签订劳动合同，侵害了原告的合法权益。

2009年6月16日被告法定代表人王××电话通知原告终止双方的劳动关系，但未给予书面通知，其行为违反了劳动合同法的有关规定，也侵害了原告的合法权益。为了维护自己的合法权益，原告不得已向海淀区劳动争议仲裁委员会申请仲裁，要求被告向原告支付双倍工资的差额，但该委以原告未能提供充分证据证明原告与被告存在劳动关系为由，驳回了原告的申请。为此，原告特依据《劳动合同法》第82条的规定向贵院提起诉讼，请求依法公正判处，以保护原告的合法权益，维护劳动合同法的严肃性。

此致

海淀区人民法院

具状人：李××

2009年8月28日

附：本状副本1份。

(引自 http://blog.sina.com.cn/c×6699)

【例文简析】

这则诉状诉讼请求明确、具体，事实和理由陈述清楚，语言表达得体，写作比较规范，援引相关法律条款，有理有据，有较强的说服力。如能援引《劳动合同法》第82条的具体规定内容，依据则更为清晰。(《劳动合同法》第八十二条："用人单位自用工之日起超过一个月不满一年未与劳动者订立书面劳动合同的，应当向劳动者每月支付二倍的工资。")

第二节　民事答辩状

一、民事答辩状的概念、功能、种类

(一)概念

民事答辩状是民事诉讼中的被告或被上诉人根据民事起诉状或民事上诉状的内容，针对原告提出的诉讼请求或上诉人提出的上诉请求作出答复，并依据事实与法律，提出理由，进行辩驳的法律文书。

《民事诉讼法》规定：被告自收到人民法院送达的起诉状副本之日起十五日内提交答辩状，人民法院收到答辩状后，应在五日内将答辩状副本发送原告；被上诉人收到原审人民法院送达的上诉状副本十五日内应提出答辩状。当事人不提出答辩状，不影响人民法院对案件的审理。

(二)功能

根据法律规定，民事诉讼的第一审被告或第二审被上诉人提出答辩状，是其所享有的一项重要的诉讼权利，目的在于充分阐明答辩人的观点和主张，使人民法院能够比较全面地了解案件的真实情况，以利于对案件的处理。

(三)种类

民事答辩状根据提交的审级不同，分第一审答辩状和第二审答辩状两种。

二、民事答辩状的写法

答辩状的结构同样由首部、正文、尾部组成。

(一)首部

1. 标题

答辩状的标题不体现程序，只需写明“民事答辩状”即可。

2. 答辩人的基本情况

答辩人基本情况的写法同原告、上诉人情况的写法一样，若有法定代理人或诉讼代理人的，在答辩人的下面另起一行写明其基本情况。被答辩人的情况一般不作介绍，但刑事案件的二审答辩状一般要同时写明答辩人与被答辩人的个人基本情况。

(二)正文

正文包括案由、答辩理由和答辩意见两部分内容。

1. 案由

案由即答辩缘由，写明针对何人起诉或上诉的何案而进行答辩，起引入答辩理由的作用。常用“答辩人因×××诉××××一案，现提出答辩如下：”引起下文；若是第二审程序，则可表述为“因×××不服××××人民法院××××年×月×日字第×号××判决(或裁定)，提出上诉一案，现提出答辩如下：”。实际写作中，也可酌情采取其他方式表达，但无论采取什么方式，都应交代清楚针对谁起诉或上诉的什么案件提出答辩，都应遵循简洁、具体、清楚、明白的原则。

2. 答辩理由

这是答辩状的核心部分。在写法上，应针对原告或上诉人的诉讼请求及其所依据的事实、理由进行反驳与辩解，侧重点要根据起诉状或上诉状的内容来决定。

答辩时，要对原告或上诉人的诉讼请求作出明确的答复。答辩人对被告或上诉人诉讼请求的回应不外乎两种情况：一种是愿意接受其诉讼请求，这种情况则无需答辩，但这种情况极为少见；另一种是附有条件地承认或部分承认甚至是全盘否认其诉讼请求。在原告或上诉人所提诉讼请求不合理时，答辩人就要予以驳斥和争辩。

答辩要有针对性，一般只涉及原告或上诉人提出的诉讼材料，主要应针对其诉讼请求及其事实和理由，从事实证据、法律依据、法律程序等方面进行辩解与驳斥，证明其诉讼请求不能成立。具体驳斥方法可以有如下几种：

(1) 针对对方所陈与事实不符或证据不足之处，陈述事实真相，列举证据，以证明自己行为的合法性；或通过列举事实与证据，证明答辩人对原告的义务已经履行或消失，从而否决对方的诉讼请求。

(2) 针对原告或上诉人在适用法律上的错误，据法论理，指出对方引用法律失当，并列举有关法律规定进行充分论证，以揭示其诉讼理由与诉讼请求的不合法之处。

(3) 从诉讼程序上反驳，以诉讼程序立法的规定为依据，论证原告或上诉人没有具备或已经失去引起诉讼发生和进行的条件，从而使其诉讼请求不能成立。例如提出原告不是正当的原告，原告起诉的案件不属于受诉法院管辖，或原告的起诉不符合法定的起诉条件等。

在申述答辩理由时，以逐项辩驳为宜，且每项辩驳均应叙明事实真相，并提供充分证据与法律依据。此外，一审答辩状与二审答辩状在写作上应各有侧重点，前者主要针对起诉状的内容，而后者虽也针对上诉状的内容，但答辩时，答辩人作为一审的胜诉方，要侧重于维护支持一审的裁判结果，要尽可能地提出充分的证据和理由，证明原审裁判在认定事实和适用法律上都是正确的，反驳上诉人上诉的无理要求，并请求第二审人民法院维持原判。

写答辩理由时，对原告起诉状中真实的材料、正确理由、合法合理的请求，应予以概括肯定，不能强词夺理，进行诡辩。

3. 答辩意见

答辩意见是在阐明理由的基础上综合、归纳出来的，具体提出答辩人对本案处理的主张和请求。答辩意见可包括：根据确凿事实与证据，证明自己行为的合理性；依据有关法律条文，说明答辩理由的正确性；归纳答辩事实，揭示对方当事人相关行为和诉讼请求的谬误性；提出自己对本案的处理意见，请求人民法院公开合理地予以裁决，并可提出反诉请求。

(三)尾部

(1) 写明致送机关的名称，分两行写明“此致”和“×××人民法院”。

(2) 答辩人签名盖章，注明递交日期。如果有代书人，要写明代书人姓名、单位、职务。如系律师代书，可注明“×××律师事务所×××律师代书”。

(3) 附项，写明本状副本××件、物证××件、书证××件以及证人姓名和住址。

三、写作要求

(1) 提出答辩状必须在法定的期限之内，如民事答辩状必须在收到起诉状或者上诉状副本后的十五天之内提出，行政答辩状则必须在收到诉状副本后的十天内提出。

(2) 要按照对方当事人的人数，提供答辩状副本，由人民法院转交。

(3) 抓住要点进行反驳。针对对方证据中的不实之处，或者推理过程中的疏漏之处，或者引用法律的不确切之处，列举确凿事实，进行严密分析，证明对方的主张不能成立。

(4) 答辩要遵循实事求是的原则,如实反映所争执事实的固有面貌的实质,客观罗列自己所持有的反驳理由和各种证据,真实、客观、全面地答复起诉状或上诉状中所提出的诉讼请求,对方要求不合理,要用坚决的语气予以拒绝、驳斥,而对于对方诉告属实及请求合理的部分,应予接受认可,要合法合情合理地提出对案件的处理意见,而不能强词夺理,百般狡辩。

(5) 语言要简明犀利,用词要准确有力,推理要严密。答辩状是对起诉状、上诉状的辩驳,因此其语言文笔应该是论战性的。要善于用犀利有力的语言,找出对方的矛盾与破绽,击中其要害,驳倒其谬误。但语言的犀利有力并不等于意气用事和恐吓漫骂,答辩要平心静气,以理服人,不能恶言嘲讽,搞人身攻击。

【例文 2】

民事答辩状

答辩人:济南市某区某村民委员会,住所地:该村。

法定代表人:吴××,主任。

因赵××诉答辩人何××土地承包经营权转包纠纷上诉一案,答辩人提出如下答辩意见:

一、一审法院判决认定事实正确,适用法律准确,依法应予以维持。

1. 一审法院查明事实清楚。被答辩人诉称"2004 年麦收后,原告因故不能在家经营耕种承包地……2004 年 7 月 10 日,原告交纳了 2004 年度的农业税及其他费用,2004 年以后再未交纳费用。2008 年秋后,原告请求收回承包地……"以上被答辩人自认的事实均证实,自 2004 年 7 月至 2008 年长达四年的时间里被答辩人从未耕种过该承包土地。即被答辩人认可其离家出走,对其承包的土地弃耕、撂荒长达四年之久的事实。虽然根据《中华人民共和国土地承包法》第二十条的规定"耕地的承包期为三十年",但按《中华人民共和国土地管理法》第三十七条第三款"承包经营耕地的单位或者个人连续两年弃耕抛荒的,原发包单位应当终止承包合同,收回发包的耕地"之规定答辩人完全有权利收回该发包的土地。

2. 因被答辩人无正当理由对其承包的土地弃耕抛荒,严重违反了我国农村土地承包法及相关法律规定,如果任由该土地抛荒将会造成村委会集体利益的巨大损失。在被答辩人弃耕抛荒期间由第二被上诉人及其他五户村民缴纳相关农业税费并进行耕种,事实进一步表明,在被答辩人离家出走长达四年的时间里其原来所承包的土地被答辩人一直没有耕种,故要求答辩人赔偿被答辩人的损失没有任何依据,也是毫无道理的。

3. 被答辩人所诉赔偿数额与答辩人无关,按法律规定答辩人也没有义务赔偿被答辩人的转包费及损失费。理由如下:根据《最高人民法院关于审理涉及农村土地承包纠纷案件适用法律问题的解释》第六条第一款第(二)项规定"因发包方违法收回、调整承包地,或者因发包方收回承包方弃耕、抛荒承包地产生的纠纷,按照下列情形,分别处理:(二)发包方已将承包地另行发包给第三人,承包方以发包方和第三人为共同被告,请求确认其所签订的承包合同无效、返还承包地并赔偿损失的,应予支持。但属于承包方弃耕、撂荒情形的,对其赔偿损失的诉讼请求,不予支持。"以上法律规定足以表明答辩人没有义务赔偿被答辩人的任何费用。退一步讲,答辩人并没从中收取转包费,也没有因此给被答辩人造成损失。该案中被答辩人计算数目没有出具相关证据,其请求赔偿没有任何依据。

二、一审法院适用法律正确,程序合法,其判决依法应予以维持。

综上,原审判决认定事实清楚,适用法律正确,程序公正、合理。被答辩人无故对其承包的集体土地弃耕抛荒事实清楚，证据充分，该事实依法应予以确认，被答辩人上诉要求答辩人赔偿其损失没有任何依据。请求二审法院查明事实，依法驳回被答辩人的上诉请求，维护答辩人的合法权益。

此致

济南市中级人民法院

答辩人：济南市某区某村民委员会

2009 年 7 月 9 日

附：本答辩状副本 1 份。

（引自 www.51falvfuwu.com.cn）

【例文简析】

这是针对土地承包经营权转包民事起诉状所进行的答辩。该答辩首先澄清事实，然后恰当引用法律条文据理据法辩驳，最后提出驳回上诉、维持原判的请求，答辩针对性强，具有说服力。

第三节　民事上诉状

一、民事上诉状的概念、功能

（一）概念

民事上诉状是民事诉讼的当事人不服人民法院作出的第一审未生效的民事判决、裁定，在法定期限内要求向上一级人民法院提出的请求撤销、变更原审裁判或要求重新审判的法律文书。《民事诉讼法》规定：对判决提起上诉的期限为十五日，对裁定提起上诉的期限为十日。

（二）功能

在民事诉讼中，当事人不服第一审判决或裁定，在法定期限内提出上诉，请求上一级人民法院重新审理，是当事人法定的诉讼权利。这对于维护当事人的合法权益、避免错误裁决生效或促使二审维持正确裁决都有重要意义。民事上诉状也是上一级人民法院开启上诉审理程序的书面依据。

二、民事上诉状的写法

（一）首部

1. 标题

首行居中写明“民事上诉状”。

2. 当事人情况

简洁、准确地写明当事人的基本情况，即写明上诉人或被上诉人的姓名、性别、出生年月、民族、籍贯、职业、工作单位、住址等。

当事人是企事业单位、机关、团体的，需要写清单位全称、地址和代表人姓名、职务；有委托代理人的，也要写清代理人姓名、年龄、职务、住址以及与被代理人的关系；如果是委托律师代理的，需要写明律师姓名和律师事务所(或律师顾问处)名称；如果是公诉案件，则无被上诉人。因为检察机关是代表国家执法的，不是被上诉人。在“上诉人”、“被上诉人”之后，要用括号注明其在原审中的诉讼地位，如“原审原告”“原审被告”。

3. 案由

在介绍了当事人的有关情况后，要简明扼要地写清案由，即具体写出“上诉人因××一案，不服××人民法院于×年×月×日××字第×号的民事判决(裁定)，现提出上诉，上诉的请求和理由如下：”。

(二)正文

1. 上诉请求

上述请求即上诉人向第二审人民法院提出的撤销或变更一审法院裁判的请求。在提出上诉请求时，应根据具体情况，清晰、准确地说明对原审判决或裁定是全部不服还是部分不服，并据此提出相应的请求：请求全部撤销原裁判，或者要求改判原审裁判，或者要求第二审法院重新审理原审案件。比如：“上诉人因××一案，不服××人民法院于×年×月×日××字第×号×事判决(裁定)，现提出上诉，望撤销(或部分撤销)原判，予以重新审理。”

2. 上诉理由

上诉理由应以上诉请求为核心，根据有关事实和法律条文，针对原判决、裁定中的不当之处，进行辩驳。上诉理由是上诉人上诉请求合理性、合法性的依据。上诉理由是否充分有力，关系到上诉请求能否成立。这部分主要是针对原审裁判的不当之处，写明上诉的具体理由。一般来说，上诉理由主要从几个方面阐述：一是提出原审裁判在认定事实上的错误，阐述否定原审认定事实的证据和理由；二是提出原审裁判在适用法律上的错误，论证应予变更或者撤销的事实依据和法律依据；三是提出原审法院在审理案件、作出裁判过程中违反诉讼程序之处，指出应予纠正的法律依据等。

(三)尾部

写明致送机关的名称，上诉人签名盖章，注明递交日期、代书人、附项等。

【例文 3】

民事上诉状

上诉人(原审被告、反诉人)：兰州××工程设备有限责任公司，住所地：甘肃省兰州市××区西路×号，邮编 730060

法定代表人：王××，董事长

被上诉人(原审原告、被反诉人)：陕西××房地产开发有限责任公司，住所地：陕西省西安市友谊西路×号，邮编 710086

法定代表人：代××，总经理

上诉人兰州××工程设备有限责任公司(以下简称远达公司)因不服西安市××区人民法院〔2008〕××三初字第 681 号《民事判决书》，特向贵院提出上诉请求。

上诉请求：

请求撤销西安市××区人民法院〔2008〕××三初字第 681 号判决第二、三、五项；将判决的第四项的工程款数额 221,565.35 元改判为 843,860.00 元；承担逾期付款利息及本案诉讼费用。

上诉理由：

一、原审法院判决上诉人支付被上诉人违约金181169元，属于认定事实错误。

（一）因被上诉人××公司至今未付款，交工期限至今仍不能确定，也不存在××公司承担违约责任问题。

根据双方合同第十条第2项的约定，“设备及附材全部进场安装后一周内，甲方向乙方付清除质保金外的所有应付款”。根据××公司提交的2007年8月15日的《会议纪要》载明：“你们的电缆2007年3月份才进场，这是事实”，而电缆是所有设备中需安装的最后设备，电缆进场即意味着设备及附材已全部进场安装完毕，此意味着2007年3月××公司即具有付清除质保金外所有款项的义务；又根据××公司提供的2007年4月10日《机械式停车设备验收检验报告》载明：2007年4月10日所涉工程已验收为合格，既然已经验收合格，则说明设备及附材全部进场并安装完毕，此也意味着至2007年4月10日被上诉人即具有付清除质保金外所有款项的义务。

又根据双方合同第六条第5项的约定，“为了保证工程施工进度及工期，甲方应按合同所约定及时付款，逾期付款，工期顺延，所造成的一切损失均由甲方承担”。既然“逾期付款，工期顺延”，那么因被上诉人未付款，工期自然应顺延，因而交工期限至今还不能确定；既然“逾期付款，工期顺延，所造成的一切损失均由甲方承担”，因而不存在由上诉人承担因未交付的违约责任问题。

（二）原审法院认定上诉人2006年8月6日应当交付工程，自2006年8月7日起计算违约金无依据。

1. 2006年8月6日交工只是被上诉人单方面确定的日期，是其单方意思表示。

双方签订的合同约定的工期为100天，自甲方预付款之日起计算。甲方实际预付款为2005年8月15日，以此计算工期100天为2005年11月22日，即2005年11月22日为双方约定的工期，而2006年8月6日交工只是被上诉人单方面确定的日期，是其单方意思表示。

2. 双方签订的合同第二条与第八条第一款属于并列关系，不能适用后款而排除前款约定，且上诉人并未收到被上诉人××公司的开工通知。

合同第二条约定，“工期100天，自乙方收到甲方预付款之日起”计，而第八条第一款约定，“乙方应在2005年7月30日前将施工组织设计方案和施工进度计划提交甲方，甲方同意后须提前一个月通知乙方开工”。该两条约定互相矛盾，应按约定不明来认定，一审法院按第八条第一款约定进行判决无事实依据，且即使第八条第一款约定有效，那么一审法院认定也错误，理由为上诉人并未收到被上诉人××公司的开工通知，被上诉人也未提交有效证据证明上诉人收到其开工通知。

（三）原审法院将违约金算至2008年3月7日起诉日无依据。

根据西安市质量技术监督局××分局特种设备安全监察，以及陕西省特种设备质量安全监督检测中心检验报告显示，2007年4月10日本案所涉工程已验收为合格，既然已经验收合格，则说明设备及附材全部进场并安装完毕，那么被上诉人就具有付清除质保金外所有应付款的义务，其未付款，违约在先，上诉人不履行交付手续是行使抗辩权，要求上诉人承担违约责任无法律依据。

综上，原审判决认定自2006年8月7日算至2008年3月7日共违约579天无任何依据，原审判决审理查明部分并未显示上诉人违约天数的证据及事实，579天系采纳被上诉人单方意见。

（四）一审法院认定上诉人承担违约责任超出一审原告的诉讼请求，其既无事实依据，程序上也不合法。（略）

二、（略）

综上，原审法院认定事实不清，超出原告的诉讼请求予以判决程序上存在明显错误，请求西安市中级人民法院依法撤销××区法院的一审判决，支持上诉人的诉讼请求，以维护上诉人的合法权益！

此致

陕西省西安市中级人民法院

上诉人：兰州××工程设备有限责任公司

代理人：×××

二〇〇九年三月三十一日

（稿件来源：西安市贺××律师　有删减）

【例文简析】

这是一则建设单位和施工单位就设备安装工程引发的合同纠纷。上诉人针对一审法院判决上认定事实、审判程序的不服之处，引用多方证据进行辩驳、论证，提出自己的上诉请求。上诉状善于运用证据，表述逻辑性强，论证有力。

【思考与练习】

1. 民事上诉状的上诉人是一审中的被告还是原告？如何理解？
2. 简述民事答辩状的写作要领和常用方法？

第三十二章

行政诉讼文书

第一节　行政起诉状

一、*行政起诉状概述*

(一)行政起诉状的含义

行政起诉状是公民、法人或者其他组织认为行政机关及其工作人员的具体行政行为侵犯其合法权益,依法向人民法院提起行政诉讼,请求人民法院对其行政行为作出裁判,用以保护当事人合法权益的文书,也称"行政诉状"。

(二)起诉条件

提起行政诉讼应当符合下列条件:

(1)原告是认为具体行政行为侵犯其合法权益的公民、法人或者其他组织。

(2)有明确的被告。

(3)有具体的诉讼请求和事实根据。

(4)属于人民法院受案范围和受诉人民法院管辖。

二、*行政起诉状的特点*

(一)起因的单一性

行政起诉引起争议的对象是专指国家行政机关或其工作人员的具体行政行为,其他对象不能提起行政诉讼。

(二)起诉权的专属性

起诉人,即原告是专指受国家行政机关或其工作人员具体行政行为侵害的公民、法人或其他组织,作为被告的国家行政机关不能提出起诉。

(三)起诉程序的规范性

行政诉讼的起诉有两种程序:一种是申请行政复议,对复议决定不服才向人民法院起诉;另一种是原告直接向人民法院起诉。

三、*行政起诉状的写法*

行政起诉状包括首部、正文、尾部几个部分,与民事起诉状写作要求基本相同。

(一)首部

1. 标题

首行居中写明"行政起诉状"。

2. 当事人情况

分别写明原告和被告的有关情况。原告要写明姓名、性别、年龄、民族、籍贯、职业、工作单位和住址等情况，原告是法人或者其他组织的，应当写明法人或者其他组织的名称、所在地和法定代表人或主要负责人的姓名、职务。

被告栏要写明被告机关或组织的全称、地址，以及其法定代表人或负责人的姓名、职务。行政诉讼的被告只能是作出具体行政行为的行政机关或者法律法规授权的组织。

(二)正文

正文是行政起诉状的核心内容，其内容包括：诉讼请求，事实与理由，证据和证据来源，证人姓名和地址。

1. 诉讼请求

诉讼请求是正文的第一项内容，即是原告提起行政诉讼要解决的问题，要达到的目的。根据行政案件的特点，原告所提出的诉讼请求主要有：部分或全部撤销处罚决定；变更处罚决定；提出赔偿损失；等。原告可以针对被告具体行政行为的性质以及自己的权益受损害的程度，依法提出恰如其分的请求。

2. 事实与理由

这部分要写清楚提出诉讼请求的事实根据和法律依据。

事实部分应写明行政争议的焦点，着重写明被告及其工作人员侵犯起诉人合法权益的事实经过、原因以及造成的结果。理由则应根据案件的不同情况而有所侧重。例如，对于被告侵犯起诉人人身权和财产权的案件，要重点论述被告实施的具体行政行为所依据的事实不真实、证据不充分，或者违反了法定的程序，所使用的法律有错误；或者纯属被告超越职权范围、滥用职权的行为；或者该行政处罚过重、显失公平、侵害了起诉人的正当权益，等等。又如，对于被告不履行法定的职责或者故意拖延履行法定职责的案件，要着重论述依据有关法律的规定，起诉人应当享有的请求权、被告应当履行的职责和期限，从而指明被告在履行职责问题上的过错、给起诉人造成的损害结果以及被告在法律上应当承担的责任。

(三)尾部

(1) 写明致送机关的名称，分两行写明“此致”和“×××人民法院”。

(2) 具状人签名盖章，注明递交日期。如果有代书人，要写明代书人姓名、单位、职务。如系律师代书，可注明“×××律师事务所×××律师代书”。

(3) 附项，写明本状副本×件，物证×件、书证×件以及证人姓名和住址。一一列举证据及其来源，以便人民法院在办案过程中核对查实。

【例文 1】

行政起诉状

原告：林××，男，1962 年 4 月 21 日生，汉族，四川省成都市人，××市第二化工厂供销科科长，住该厂职工宿舍 3 号楼 401 室。

被告：××市公安局。

法定代表人：吴××，局长。

诉讼请求：

一、请求撤销××市公安局对原告的行政治安处罚裁决。

二、请求撤销××市公安局要求原告赔偿损失的裁决。

事实和理由:

本人多年来一家五口人挤住在单位的集体宿舍里,现三个子女已长大成人,20 多平方米的房子实在无法容纳,我不得不多次向本单位申请住房。2007 年年初,由地区管理局安排将产权属管理局的一套宿舍调整给我使用,我们一家欣喜万分。按管理局的要求,原住户白××应在 2007 年 9 月搬出,但直到国庆节白家尚未搬家。

我到白家询问,白说最近较忙。过阵子再搬,要我耐心等。约过了两个月。我见没有动静,又上白家询问,白说没找到合适的房子,无法搬迁。我又回去等了几个月,其间,我通过熟人了解白家搬迁的情况,都说没有这方面的消息。2008 年夏天,我又去了白家,将我家实际困难讲给白××听,希望得到他们的理解和支持,白××夫妇充耳不闻。我房子搬迁之事拖了将近两年。几经催促,白××始终不为所动;我和全家人被搞得心烦意乱、忍无可忍。2009 年 6 月 4 日晚 10 时许,我又只身到白××家,想让他说一个明确的搬迁日期。敲开门,白妻见是我,便说,白××不在家,就怒气冲冲欲关门。我为了问个明白,用力推开门走了进去。白妻问我:"你来干什么?"我说:"我只想问问,你们到底什么时候搬家?"白妻蛮横地说:"不知道!我们不搬又怎么样?"为此,我和白妻争吵起来,白妻边吵边动手要把我推出门外,我说:"按规定这房子本来就该我住,你没理由推我出去。"于是双方拉扯起来,拉扯过程中撞倒了一些家具,后来不知何故白妻突然尖叫一声蹲了下去,邻居发现动静,围过来劝告,我便回家了。

2009 年 6 月 8 日,××市公安局传讯我,我将上述情况原原本本陈述一遍。6 月 10 日,××市公安局以我非法侵入他人住宅,造成较严重后果,对我处以拘留 15 日、赔偿财物损失 180 元、负担白妻医疗费 1048.56 元的裁决。6 月 12 日,我向地区公安处提出申诉,公安处维持原裁决。

我认为××市公安局关于这一事件的裁决是错误的;认定事实有误,适用法律不当。第一,这房子是地区管理局分给我的,白××无理拒迁,直接损害我的正当权益,导致纠纷的发生,错在白家。公安局不问事情的前因后果就处我以拘留并罚赔款,是无视事实、是非不分。第二,我进入白家是为询问搬迁之事,事出有因,合情合理,属于正当行为,不能算是"非法侵入他人住宅"。第三,撞坏白家家具是由双方拉扯造成的,责任在双方。让我单方面承担全部赔偿责任显然是不合理的。第四,我只与白妻有过拉扯,并未殴打白妻,白妻受伤可能是在拉扯中自己撞伤,非我之过。断定由我踢伤,没有足够的根据。因此,根据《中华人民共和国行政诉讼法》第二条、第四十一条特向你院提出起诉。

证据和证据来源,证人姓名和住址:

书证:××市公安局第 001208 号治安管理处罚裁决书。

××市公安局第 018 号赔偿损失裁决书。

此致

××市人民法院

起诉人:林××

2009 年×月×日

附:本诉状副本 1 份。

(引自 www.zfanwen.com)

【例文简析】

该行政起诉状原告林××对被告××市公安局作出的行政治安处罚和赔偿损失的裁决表示不服，提出撤销原裁决的请求。请求事项清晰，事实陈述简明，理由充足，且能提供证据材料、援引相关法律条文，有一定的说服力。

第二节　行政答辩状

一、行政答辩状的概念

行政答辩状是在行政诉讼中，被告针对原告起诉状中提出的诉讼请求及其事实、理由进行答复、辩解和反驳的一种诉讼文书。答辩状的目的是用事实和法律驳倒原告，使诉讼有利于自己。

《行政诉讼法》规定：行政诉讼案件的被告应在接到人民法院送达的起诉状副本之日起十日内向人民法院提出答辩状，人民法院在收到答辩状之日起五日内将答辩状副本发送原告；被告不提出答辩状，不影响人民法院审理。

二、行政答辩状的写法

行政答辩状由首部、正文、尾部三部分组成。

(一)首部

1. 标题

首行居中标明“行政答辩状”。

2. 当事人情况

在标题之下，直接列写答辩人的单位全称和住所。接下来另起一行列写该单位的法定代表人或主要负责人的姓名、职务、电话。最后再另起一行逐一列出委托代理人及其姓名、职务。

3. 案由部分

案由部分主要写明对原告某某因何项具体行政行为起诉进行答辩；对何时收到起诉状副本，可写可不写。具体写法例如“答辩人对原告（公民的姓名，或者法人、其他组织名称）提起（案由，即具体行政行为名称）诉讼一案，答辩如下：”，或者写“答辩人于×年×月×日收到你院转来原告××提起××之诉一案的起诉状副本，现提出如下答辩：”。

(二)正文

答辩的论点和论据是答辩状的主体部分，大体包括以下内容：

1. 就案情事实部分进行答辩

对原告在起诉状中所叙述的案件事实经过与实际情况不符的地方，必须首先明确提出，予以纠正。列举和引用有关法律规定，说明具体行政行为的合法性，寻求人民法院给予司法保护。

2. 就法定程序方面进行答辩

(1) 如果起诉状指责被告作出具体行政行为不符合法定程序，而且这种指责是没有根据的，应当依法据理予以驳斥。

(2) 如果原告起诉违背法定程序，而人民法院又未发觉时，应当明确予以提出。根据法律、法规规定，某些行政案件在起诉前有其特定的必经程序。对于法定的在起诉前必须经过一次或者两次复议的具体行政行为，如果没有经过必要的申请复议程序，或者是虽经申请复议，但复议机关在法定期限内尚未作出复议决定，原告就直接提起诉讼的，被告在答辩状中应当摘引有关法律、法规的相应条款，指出原告起诉违背法定程序。

3. 提出答辩主张

在提出事实和法律方面的答辩之后，引出自己的答辩主张，即要求对具体行政行为判决维持或部分撤销，还是表示愿意重新作出具体行政行为。

被告在答辩状中所提供的作出具体行政行为所依据的规范性文件，可以在答辩状中举出有关法律、法规的名称，并摘引其相应的条款，以供受诉人民法院参考；根据情况需要，也可以将有关的法律、法规或其相应的条款加以复印，连同答辩状附送受诉人民法院。

(三)尾部

尾部同行政起诉状行文写法。

三、行政答辩状的写作要求

(一)要尊重客观事实

如实全面地反映案情，以利法院分清是非，依法断案。并依据法律和事实，说明答辩理由的正确性。

(二)要有鲜明的针对性

答辩应明确回答诉状中提出的问题，阐述己方对案件的具体主张和理由。答辩状要避免离开起诉状或上诉状所提问题，按主观愿望写自己认为有用的东西，要切实保证答辩状的针对性。

(三)要紧扣争议的焦点作重点辩驳

争议的焦点往往是是非判定的关键，答辩状应当把双方当事人在纠纷中关系实体权益的争议焦点作为重心，以事实为根据，以法律为准绳，来进行阐述、反驳和辩解。

【例文 2】

行政答辩状

答辩人：××××市公安局

所在地址：××市××大街××号

法定代表人：陈××，局长，电话××××

因刘××等人起诉答辩人滥用职权一案，现提出如下答辩：

一、刘××等人具有违法事实。

××学院学生刘××等 7 人自 2007 年入学后，经常聚集在学生宿舍或无人上课的教室内赌博。每当晚上学生宿舍熄灯后，他们就在楼道里或者学院的路灯下继续赌博，直至第二天凌晨。赌资也由最初的几元、十几元饭票发展到数十元、上百元生活费。据刘××在我局交代，最多的一次赌资达数千元，甚至将学习用品、衣物等押上。

对于刘××等人的赌博行为，其所在学院多次教育，但刘××等人不思悔改，直至发展到今年 4 月 26 日晚刘××等 5 人闯入其班主任胡××老师的单身宿舍，对曾经批评、教育他们的胡××老师进行恐吓和威胁。刘××等人的行为违反了《中华人民共和国治安管理处罚法》

第××条第×项、第××条第×项之规定,已构成违法行为。刘××等人在起诉状中称他们的行为“没有构成违法”,与法律规定不符。

二、对刘××等人予以行政拘留处罚,是公安机关的正当职权,符合法律规定。

依法对违反《中华人民共和国治安管理处罚法》的违法者予以行政处罚,是法律赋予公安机关的权力,属于公安机关正当的职权范围。在刘××等人行为构成违法且经该学院有关领导批评教育仍不能奏效的情况下,公安机关依据《中华人民共和国治安管理处罚法》中的有关规定,对刘××等人分别给予行政拘留7—15日、罚款200—1000元的处罚,既是正当行使国家法律赋予的权力,也是有法可依的。在对刘××等人的处罚过程中,公安机关并无半点滥用职权的表现。

三、刘××等人被学院开除,与公安机关无关。

刘××等人因违法行为被公安机关予以行政拘留。在此期间,刘××等人所在学院根据刘××等人行为的情节、性质和他们的一贯表现,作出开除学籍的处理。这是学院自身的职权,也是由学院自主决定的,公安机关并未参与意见。行政处罚与行政处分本是两个不同性质的问题,分别由两个不同的单位行使职权,却被刘××等人混淆,并在起诉状中指责“正是由于公安机关的错误处罚导致了学院作出错误的处理决定”。对于这种无理指责,公安机关是不能同意的。

综上所述,公安机关对刘××等人予以行政处罚具有事实和法律依据,并非滥用职权。请人民法院查清事实,驳回刘××等人无理的诉讼请求。

此致

××市人民法院

答辩人:××公安局

法定代表人:陈××

2009年5月25日

附:1. 本答辩状副本7份;

2. 刘××等违法证据材料11份;

3. 刘××等人交代材料9份。

(引自 www.f1168.com.cn)

【例文简析】

该答辩状针对起诉状提出的滥用职权的问题进行答辩,答辩事实叙述清楚,理由充分,并援引相关法律条文进行辩驳,且有多份证据佐证,有理有力,最后水到渠成地请求人民法院查清事实,驳回起诉人无理的诉讼请求,维护了法律的严肃性。

第三节　行政上诉状

一、行政上诉状的概念、功能

（一）概念

行政上诉状是行政诉讼的当事人不服人民法院作出的未生效的第一审行政判决、裁定，在法定期限内向上一级人民法院提交的请求重新审理并撤销或变更原审裁判的法律文书。

（二）功能

行政上诉状既是行政诉讼当事人声明上诉的诉讼文书，也是人民法院对行政案件进行第二审程序审理的依据。

二、行政上诉状的写法

行政上诉状的写法与民事上诉状基本一样。上诉理由部分，除指出原审判决（裁定）认定事实有误和违反诉讼程序之处外，主要应围绕权利和义务及行政机关的侵权行为来写，并说明原判决（裁定）在适用法律上的不当，提出纠正的法律依据。

【例文 3】

行政上诉状

上诉人：××省××县工商行政管理局

所在地址：××省××县城关镇

法定代表人：胡××，局长

被上诉人：××酒厂

所在地址：××省××县××乡

法定代表人：王××，厂长

上诉人因商标侵权赔偿一案，不服××省××县人民法院 2009 年 8 月 31 日〔2009〕×行初字第×号行政判决，提出上诉。

上诉请求：

1. 撤销××省××县人民法院〔2009〕×行初字第×号行政判决书；

2. 驳回本案原告无理诉讼请求；

3. 判决本案原告承担本案第一、第二审全部诉讼费用。

上诉理由：

2008 年 9 月，××酿酒公司向我局举报本案原告××酒厂在白酒瓶上使用了与该公司白酒注册商标“××牌”相近似的商标，侵犯了该公司的注册商标专用权，要求××酒厂停止商标侵权行为并赔偿损失。

经我局查证，××酒厂确实存在上述行为，并且给××酿酒公司造成经济损失。为此，我局于 2008 年 12 月 28 日作出决定，责令××酒厂立即停止商标侵权行为，并赔偿××酿酒公司经济损失 10 万元人民币。该决定作出后，××酒厂不服，向我局上级单位××省工商行政管理局申请复议。2009 年 1 月 17 日，××省工商行政管理局将我局决定改变为××酒厂赔偿酿酒公司经济损失8万元人民币，并维持了侵权行为性质的认定。

2009年1月25日，××酒厂向××县人民法院提起行政诉讼，请求撤销我局和××省工商行政管理局的决定。在一审中，我局明确提出该决定并非行政处罚，而是对××酒厂侵权行为的处理。但一审法院却以〔2009〕×行初字第×号行政判决书认定我局决定中的赔偿额过多，判决变更为××酒厂赔偿××酿酒公司6万元人民币。我局认为这一判决是错误的：

1. 根据《中华人民共和国行政诉讼法》第五条的规定，人民法院审理行政案件，只能对行政机关的具体行政行为是否合法进行审查。除行政处罚违法或显失公平外，人民法院不应代替行政机关对行政行为是否适当作出决定。

2. 我局及上级机关作出的责令××酒厂赔偿××酿酒公司经济损失的决定不属于对××酒厂的行政处罚，而是对××酒厂侵权行为的依法处理，人民法院不能以判决的形式变更这一处理决定的内容。

综上所述，本案一审法院对本案的判决违背法律的规定，超越职权，应予撤销。

此致

××省××地区中级人民法院

上诉人：××省××县工商行政管理局

法定代表人：胡××

2009年9月8日

附：本上诉状副本1份。

（引自 www.910fd.com）

【例文简析】

这则上诉状上诉人因商标侵权赔偿一案，不服××省××县人民法院2009年8月31日〔2009〕×行初字第×号行政判决，提出上诉。行文格式完备规范，事实陈述简练，逻辑关系清晰，能够援引相关法律条文逐条反驳原审判决的错误，符合行政上诉状的写作要求。

【思考与练习】

1. 行政起诉状的功能和内容分别是什么？
2. 行政答辩状的写作要求有哪些？
3. 简述民事起诉状与行政起诉状的区别。

第三十三章

刑事诉讼文书

第一节　刑事自诉状

一、刑事自诉状概述

(一)概念

刑事自诉状是刑事案件的被害人或者他的法定代理人为追究被告人的刑事责任,直接向人民法院起诉时提交的文书,也称"刑事诉状"。

(二)适用案件

可以使用刑事自诉状的案件包括:

(1) 告诉才处理的案件;

(2) 被害人有证据证明的轻微刑事案件;

(3) 被害人有证据证明被告人的行为应当依法追究刑事责任,而公安机关或者人民检察院不予追究被告人刑事责任的案件。

(三)自诉条件

(1) 必须是被害人或其法定代理人提起自诉的书状,其他人无权提起。

(2) 被告人的行为必须是构成犯罪的行为。

(3) 是向对本案有管辖权的第一审人民法院起诉的书状。

(4) 必须是对法定的自诉案件提起诉讼的书状,即对起诉才处理或其他不需要进行侦查的轻微刑事案件提起自诉的。

二、刑事自诉状的写法

刑事自诉状主要由三部分组成,即首部、正文和尾部。

(一)首部

首部应当依次写明两项:一是标题,写明"刑事自诉状";二是写明自诉人与被告人的基本情况,包括姓名、性别、年龄、民族、籍贯、职业、工作单位、住址、电话、邮政编码等。如果自诉人有法定代理人,应当在自诉人基本情况之下,另起一行写出法定代理人的基本情况及与自诉人之间的关系。如果被告不止一个,应根据其罪责轻重依次列写,罪责重者列前。

(二)正文

正文部分是刑事自诉状的重点,包括自诉人的诉讼请求,所依据的事实和理由,以及证据和证据来源,证人的有关情况。其中,诉讼请求应当具体写明被告人侵犯自诉人合法权益的行为性质以及在法理上所构成的罪名,向人民法院提出追究被告人刑事责任的请求;事实和理由则着重阐述被告人犯罪行为的具体内容,包括犯罪行为发生的时间、地点、犯罪动机、目的、手段、情节和后果等，以及足以证明被告人犯罪事实的证据，并援引刑法有关的规定对被告人的犯罪性质和应当承担的刑事责任加以论证，说明自诉人提起诉讼的合理性和合法性。刑事诉讼法要求自诉人首先负有举证责任，包括物证、书证或证人证言等。证据来源要列出证人的姓名和地址，以便法院查证核实。

（三）尾部

(1)写明致送机关的名称，分两行写明“此致”和“×××人民法院”。

(2)自诉人签名盖章，注明递交日期。如果有代书人，要写明代书人姓名、单位、职务。如系律师代书，可注明“×××律师事务所×××律师代书”。

(3)附项，写明本状副本××件、物证××件、书证××件以及证人姓名和住址。

三、写作要求

(1)叙述被告人的犯罪事实，应抓住关键问题具体叙述。

(2)自诉人认定被告人构成的犯罪应有法律依据，并应写明主要的证据以及所能证明的问题。

【例文 1】

刑事自诉状

自诉人：胡××，女，1967 年 10 月 2 日生，汉族，×××市人，高中文化，×××公司职工，住址：×××市××路 ××号

被诉人：章××，女，1969 年 8 月 22 日生，汉族，×××市人，×××厂职工，初中文化，住址：×××市××路××号

案由与诉讼请求：

虐待未成年人，请依法裁判。

事实与理由：

自诉人和被害人系亲生母女关系。2003 年 10 月 19 日，我与被害人的父亲因感情不和诉请法院判决离婚，女儿被判由父亲李××抚养。2004 年 9 月，李××与章××结婚，章××带有一女孩。婚后章××逐渐对我女儿产生憎恨，多次对其进行殴打和辱骂。2004 年 12 月 5 日，我探望女儿时，发现其右侧肋骨有青痕，赶忙询问缘故，女儿哭着告诉我是后母章××打的，因为那天她和妹妹(章××的女儿)争夺衣服，后母看见后用木棍打她，打到院中被邻居阻止才罢休，当天还没有让女儿吃饭。听后，我找章理论，其矢口否认，慌张躲避。我给了她警告，如果她再这样做我就向其单位揭发她的恶劣行为，章××日后有所收敛。不料 2006 年 6 月 7 日下午，女儿哭着找到我处，我发现她衣服凌乱，头发被揪掉了几缕，嘴角处有淤痕。忙问其缘故，女儿说后母因为她没有把衣服及时洗了，对她大打出手，还骂她“拖油瓶”。对于章××的行为我已多次警告仍无效，因此不得不诉诸法院，请求法律对我女儿保护，对章××依法制裁。

以上事实，都有邻居和被害人的奶奶可以证实。对于被告人多次的违法行为，情节已经相当严重，严重影响了女儿的正常教育和发育成长。章××已经触犯了《中华人民共和国刑法》第二百四十六条之规定，构成虐待罪。根据《中华人民共和国刑事诉讼法》第一百七十条之规定，依法向贵院提起诉讼，请求人民法院依法惩处。

此致

××××人民法院

自诉人：胡××

2009年1月18日

附：1.本诉状副本1份；

2.证人证言1份。

（引自 www.f1168.com）

【例文简析】

该刑事自诉状事实叙述清楚，着重说明对被害人虐待伤害的程度及造成的后果，然后引述相关法律条款，指明被诉人应当承担的刑事责任。该篇自诉状靠事实和证据说话，援引法律条文恰当，论证有力。

第二节 刑事答辩状

一、刑事答辩状的概念、功能

（一）概念

刑事答辩状是刑事被告人根据自诉人提交的刑事自诉状内容，有针对性地作出答复或辩驳的法律文书。

（二）功能

在刑事诉讼活动中，被告人以刑事答辩状的形式依法行使答辩权，对自诉人诉讼请求以及所依据的事实和理由进行有的放矢地反驳和辩解，有利于维护自己的合法权益，也有利于人民法院全面地了解案情，并作出公正的处理。

二、刑事答辩状的写法

刑事答辩状由首部、正文、尾部三个部分构成。

（一）首部

首部要求依次写明以下事项：标题为"刑事答辩状"；答辩人与被答辩人的姓名、性别、年龄、民族、籍贯、职业、单位、住址、电话、邮政编码等基本情况；答辩事由一般可以表述为"答辩人因……一案，现提出答辩如下："。

（二）正文

正文是刑事答辩状的重点部分，着重在于阐明答辩人的意见和理由。要求：一是针对刑事自诉人的诉讼请求明确表示答辩人的意见；二是指出刑事自诉状中所举事实和证据的不实之处；三是提出足以证实自己行为的合法性或者并不具有社会危害性的事实和证据；四是列举有关的法律规定，论证答辩意见的合理性和合法性，并请求法院公正处理案件。

（三）尾部

尾部则按顺序写明受诉人民法院全称，答辩人姓名以及答辩的日期，在附项中注明答辩状副本和有关证据材料的份数。

三、写作要求

(1)具有针对性,针对起诉状指控的内容进行辩驳。

(2)实事求是,举证有利,切忌歪曲事实、无理狡辩。

【例文 2】

刑事答辩状

答辩人:何××,女,36 岁,汉族,山东省济南市人,江苏省徐州市××局干部,住徐州市政府机关宿舍×栋×号,电话:562470,邮政编码:××××××

被答辩人:陈××,男,35 岁,汉族,江苏省苏州市人,江苏省徐州市××局干部,住徐州市政府机关宿舍×栋×号,电话:562498,邮政编码:××××××

答辩人因陈××指控答辩人犯诽谤罪一案,现提出答辩如下:

一、答辩人的行为不构成诽谤罪。

依照刑法第 145 条的规定,诽谤罪指故意捏造事实并加以散布,公然损害他人人格和名誉,情节严重的行为。构成诽谤罪的主要条件一是要有捏造并公然散布有损于他人名誉、人格的事实;二是出于故意,目的在于损害他人名誉和人格;三是必须情节严重。

从本案情况来看,首先,我没有捏造有损陈××名誉和人格的事实。今年 6 月 17 日,陈××在办公室内与他人发生两性关系,是我单位同事刘××、胡××亲眼所见,后来向我和我处王××处长作了反映,这有胡××、王××处长的证言为证,并非我的捏造;其次,我没有有意损害陈××的名誉和人格。我是在 6 月 28 日单位党组织生活会上对陈××的生活作风问题提出批评的,目的在于希望陈××引以为戒,能够吸取教训,加以改正,做一名合格的共产党员,这是很正常的同志式的批评意见,怎能被视为故意损害他人名誉和人格呢? 难道陈××犯了错误,就不能在组织内部进行批评教育吗? 由于我的所作所为并不具备诽谤罪成立的条件,所以不构成犯罪。

二、陈××的行为应当受到舆论和道德的谴责,人民法院应当驳回其诉讼请求。

陈××犯了错误,本应吸取教训,注意改正,但陈××却采取恶人先告状的错误做法,向人民法院提起诉讼,请求人民法院追究我的"刑事责任",并对他给予"精神损失赔偿"。我认为,对陈××这种知错不改、拒绝批评、一错再错的行为,应当给予舆论和道德的谴责。在这里,我请求人民法院查明事实真相,驳回陈××的诉讼请求,并给予相应的处罚,以寻求司法公正和对公民合法权益的保护。

证据和证据来源、证人姓名和住所:

1. 证人胡××证言;

2. 证人王××处长的证言;

3. 证人刘××,住徐州市××区××路 3 号。

此致

江苏省徐州市××区人民法院

答辩人:何××

××××年×月×日

附:1. 答辩状副本 2 份;

　2. 证据材料 2 份。

（引自 www. yaaolaw. com）

【例文简析】

该答辩状因陈某指控答辩人犯诽谤罪一案提出答辩，先依照刑法规定和本案情况分析，明确答辩人的行为不构成诽谤罪；其次认为上诉人行为应受到舆论和道德的谴责；最后提交了证人、证言等证据材料，富有说服力。

第三节 刑事上诉状

一、*刑事上诉状的概念及功能*

刑事上诉状是刑事被告人或自诉案件的自诉人及其法定代理人，对第一审人民法院作出的未生效判决（裁定），在法定期限内声明不服，向上一级人民法院提交的请求依法撤销或变更原审裁判的法律文书。刑事上诉状是刑事被告人或第一审自诉人及其法定代理人声明不服第一审裁判的诉讼文书，又是第二审人民法院启动上诉审理程序的依据。

二、*刑事上诉状的写法*

刑事上诉状由首部、正文、尾部三部分构成。

（一）首部

（1）标题：首行居中写明“刑事上诉状”。

（2）分别写明上诉人和被上诉人的姓名、性别、年龄等基本情况。如果是刑事公诉案件，则只需要写明上诉人（原审被告人）的基本情况，没有被上诉人一方，因为不能把国家公诉机关列在被上诉人的地位。

（3）写明原审人民法院的全称、案件编号和案由。

案由基本是程式化的文字，通常表述为“上诉人因××一案，不服××人民法院于×年×月×日××字第×号的刑事判决（裁定），现提出上诉”。

（二）正文部分

该部分包括：

1. 上诉请求

上诉请求应当明确表示上诉要求，即要求第二审人民法院部分还是全部撤原审裁判，或者要求第二审人民法院重新审理，改变原审裁判。

2. 上诉理由

上诉理由应当针对第一审裁判在认定事实、适用法律、诉讼程序等方面的不当之处，阐述不服的理由，特别应当注意提出上诉的事实根据和法律依据。

3. 证据、证人

证据、证人提出能够证明上诉人上诉请求合理性和合法性的证据，并列举证据材料或证人姓名，以便人民法院查证核实。

（三）尾部

（1）写明致送的上一级人民法院全称，分两行写明“此致”和“×××人民法院”。

（2）上诉人签名盖章，注明递交日期。如果有代书人，要写明代书人姓名、单位、职务。如系律师代书，可注明“×××律师事务所×××律师代书”。

(3)附项，写明本状副本××件、物证××件、书证××件以及证人姓名和住址。

三、刑事上诉状的写作要求

(1)上诉状应具有针对性。上诉状中摆事实、讲道理、援引法律时，都应紧密围绕上诉人所不服的原裁判中的问题，不能漫无目的或不着边际地陈述无关紧要的事实和理由。

(2)上诉状应具有说理性。对原审错误部分充分加以辩驳，要求有理有据，有事有证，依法分析，以理服人，不能只有观点而无材料，也不能只罗列事实而无鲜明观点。同时也要援引相应的法律条文作为依据。

(3)上诉状应具有逻辑性。要求所论事理符合客观事物的规律和逻辑。

【例文 3】

刑事上诉状

上诉人：刘××，男，1982 年 2 月 19 日生，汉族，小学文化，河南省滑县人，农民，住滑县王庄镇刘草滩村×号

上诉人刘××因涉嫌故意杀人一案，不服××市中级人民法院〔2009〕××初字第 12 号刑事附带民事判决书，现依法提起上诉。

上诉请求：

原审判决认定事实不清，证据不足，罪名定性错误且判刑畸重，依法要求高院查明案件事实，撤销原判，并改判给予上诉人较轻处罚或发回重审，以维护上诉人的合法权益。

一、在本案当中，上诉人认为自己不具有非法剥夺他人生命的犯罪故意，不符合故意杀人罪的法定构成要件，原审判决认定上诉人刘××行为构成故意杀人罪，属认定事实不清，证据不足，罪名定性错误。

根据我国《刑法》第 232 条规定，故意杀人罪在主观要件上要求犯罪主体主观故意的内容必须是非法剥夺他人生命，希望或放任他人死亡结果的发生。上诉人刘××在案发当时根本就不具有非法剥夺他人生命的犯罪故意，从原审的法庭调查中可得知，在本案中第一个想拿刀的是受害人陈××，被告人是在害怕陈××拿到菜刀后对自己不利时才追过去先把菜刀拿到手的，并且被告人在屋内拿到菜刀后，并没有直接向受害人陈××和陈××砍去，此时受害人陈××想从被告人手中把菜刀夺到他的手中，被告人刘××为免于手中的菜刀被受害人陈××夺走，从屋内跑到了屋外，而后被受害人陈××又追赶出去，并来回追了几次。最后，被告人刘××为了不让受害人陈××夺走自己手中的菜刀以伤害到自己，才在其与受害人陈××之间还有一段距离时，在其面前乱砍，目的是使受害人陈××害怕不再追过来夺自己手中的菜刀。而受害人陈××此时仍旧不顾危险冲上去夺刀，才造成受害人被砍伤的严重后果，受害人陈××见此情形，也上去帮其叔叔陈××夺刀，在三个人相互抢夺过程中，都不同程度受伤，最后致陈××死亡，陈××重伤。从以上整个案件的发展过程及被告人刘××的一系列行为看，被告人刘××主观上根本不具有故意剥夺他人生命的故意，不符合故意杀人罪的构成要件。

另外在原审的庭审活动当中，公诉人发表公诉意见时亦表述“被告人作为一个成年人，在其实施伤害行为时，其应该预料到其砍人的行为有可能造成受害人死亡的结果，而其仍实施该行为”，这也说明了上诉人在实施犯罪行为时，不具备杀人的故意，至多是一种过失。

从以上两点意见上可明确得知，上诉人行为不构成故意杀人罪，原审判决认定上诉人刘××行为构成故意杀人罪，属认定事实不清，证据不足，罪名定性错误。

二、本案是由婚姻家庭纠纷引起的，且受害人方负有重大过错，上诉人刘××主观恶性较轻，原审判决上诉人死刑判刑畸重。

2008年2月份上诉人刘××与受害人陈××登记结婚，婚后一个月，陈××就出现精神不正常问题，和上诉人又打又闹，严重时尿水不分，在上诉人把其送到医院时才得知其患精神病已多年，婚前陈××的家人从未说过此事，上诉人才感觉到自己受骗了。尽管如此，上诉人考虑到自己家庭条件不好，毕竟结了婚，仍旧给受害人陈××治病。住院几天后，上诉人带的钱花完了，于是就想让受害人陈××把结婚前上诉人给她的彩礼钱拿出来治病，受害人不肯，上诉人又向受害人的哥哥借钱，没借到。此时，这一系列事情深深触痛了上诉人，于是就决定诉讼离婚，但由于委托律师的问题，把案由起诉错误，法院没有判决离婚。而后又通过司法局调解，女方的离婚条件是拿钱就离，否则不离，最后上诉人退步不要求女方退还彩礼并把女方的嫁妆全部让其拉走，但由于其中四条被子已使用无法归还，上诉人答应这四条被子折价1000元，给付女方，可女方非要2000元，最后致使双方因四条被子折价数额问题没达成一致意见未能协议离婚；同时女方的上述刁难行为致使双方的关系僵化，进而也给上诉人留下了有理没地方说，没办法解决的心理阴影。

从以上上诉人的结婚和离婚过程看，受害人方在这件事的处理上有明显的过错，其要求不符合常理，女方对婚姻问题的上述处理态度是本案发生的直接诱因，女方应对本案的发生负有主要责任。再者上诉人在本案当中的主观恶性较小，其并不是出于逞强好胜、故意寻衅滋事等情况致人死亡的，完全是由于被迫无奈才去女方家谈判的，进而谈判不成在双方的相互争吵互殴过程中引发了本案。

根据以上事实，结合最高人民法院《全国法院维护农村稳定刑事审判工作座谈会纪要》(1999.10.27 法〔1999〕217号)“关于故意杀人、故意伤害案件的规定”及坚持“少杀、慎杀”，“严格掌握和控制死刑适用的标准，确保死刑只适用于极少数罪行极其严重的犯罪分子……对于被害人一方有明显过错或对矛盾激化负有直接责任，应慎用死刑立即执行。对于因婚姻家庭、邻里纠纷等民间矛盾激化引发的刑事犯罪案件，应当与发生在社会上的严重危害社会治安的其他犯罪案件有所区别”的刑事司法政策。上诉人认为原审判决上诉人死刑，量刑畸重，不符合罪、责、刑相适应的原则和构建和谐社会的司法政策。故依法上诉，请求高院能查清事实，考虑以上情节，对上诉人刘××给予从轻处罚。

另外，上诉人刘××在本案中认罪态度较好，无任何违法记录，此次犯罪是偶犯、初犯，且事出有因，在看守所内遵纪守法，表现较好，这些情节请高院审查本案时也能给予充分的考虑。

综上事实与理由，上诉人认为原审判决认定事实不清，证据不足，判决错误；对上诉人的罪名定性错误且判刑畸重。现依法上诉请求高院查清本案事实，并依法改判或发回重审，以维护上诉人的合法权益。

此致

河南省高级人民法院

上诉人：刘××
2009年5月13日
(引自 www.legaldily.com.cn)

【例文简析】

在这份刑事上诉状中，上诉人对原审判决不服，提出上诉理由，叙述事实真相，叙中有驳，援引相关法律条文，认为一审法院的判决量刑过重，要求改判。该状符合刑事上诉状的写作要求，并在文末提及上诉人的良好表现，有利于上诉成功。

第四节　刑事申诉状

一、刑事申诉状的概念、功能

（一）概念

刑事申诉状是申诉人因对已经发生法律效力的刑事判决或裁定不服，依法向人民法院或人民检察院提交的、请求按审判监督程序对案件重新审理的法律文书。除民事案件外，申诉一般不受时间限制。

（二）功能

根据《中华人民共和国刑事诉讼法》的有关规定，当事人、被害人及其近亲属对已经发生法律效力的刑事判决或裁定不服，可以向人民法院或者人们检察院提出申诉，请求人民法院重新审理。刑事申诉状就是申诉人不服判决或裁定的书面“声明”，也是人民法院依法决定按审判监督程序对案件进行再审的依据。

二、刑事申诉状的写法

刑事申诉状的写作内容和要求与刑事上诉状基本相同，只是所针对的是已经生效的刑事判决或裁定。刑事申诉状有两种格式：一是被害人及其家属或其他公民申诉的申诉状；另一种是原审被告人申诉用的申诉状。刑事申诉状的写法大致和上诉状的写法相同。

（一）首部

1. 标题

首行居中写明“刑事申诉状”。

2. 申诉人的基本情况

其中包括姓名、性别、出生年月日、民族、原职业或工作单位和职务、住址等，如果申诉人在服刑，还应写明判刑情况和现在何处服刑。如果申诉人系未成年人，应在其后写明法定代理人的姓名、性别、职业、工作单位以及与申诉人的关系。如果委托律师代理申诉，还应在次行写明律师姓名和律师所在的律师事务所名称。

3. 不服原审裁定的事由

其具体行文为“申诉人因××一案，不服××人民法院于×年×月×日××字第×号的刑事判决（或裁定、调解协议），特提出申诉，申诉的请求和理由如下：”。

（二）正文

1. 申诉请求

简明扼要地提出请求人民法院要解决的问题，申诉所要达到的目的。不论刑事、民事案件还是行政案件，申诉人均应提出请求法院撤销、变更原审裁判再审，如“请依法重新审理，作出公正的裁判”或“请撤消原判第×项，改判××××”等。

2. 申诉理由

申诉理由是申诉状的核心，不论是刑事、民事或行政案件的申诉理由，均应写明客观事实，列出证据，依法说理。

刑事申诉状的正文，即事实与理由部分，可以从生效判决或裁定认定事实是否清楚，情节有无出入，证据是否确实、充分，适用法律是否恰当，定性是否准确，审判程序是否合法，申诉人主张的从轻或从重，减轻或加重处罚的条件是否被遗漏，量刑是否错误等方面提出意见，阐述生效判决或裁定应予变更或撤销的事实依据和法律依据。这里应注意的是，提出事实上、法律上的根据必须要有理有据，不能无理申诉。

(三)尾部

(1)写明接受申诉机关的名称，分两行写明“此致”和“×××人民法院(或人民检察院)”。

(2)申诉人签名盖章，注明申诉日期。如果有代书人，要写明代书人姓名、单位、职务。如果委托律师为申诉人代书申诉状，应写明“×××律师事务所×××(姓名)代书”。

(3)附项。在向人民法院提交刑事申诉状的同时，应提交原审判决书或裁定书复印件一份。应当注意有无充分的事实根据、法律依据和理由，以及是否有充足的证据足以认定生效判决或裁定确实有错误。

【例文4】

刑事申诉状

申诉人(即被告)：李××，男，29岁，汉族，××省××县××乡××村农民，住××省××县××乡××村。现在押

申诉人李××对××县人民法院200×年×月×日(200×)×刑初字第×号刑事判决不服，提出申诉。

请求事项：

请求依法再审，重新改判。

事实与理由：

我因意外事故将帮我开山取石的姨父王××打死，××县人民法院认定我过失杀人，判我8年有期徒刑，我对此不服，认为法院认定的罪行性质不当，特提出申诉，请××市中级人民法院予以再审，纠正错判。

事实经过是这样的：我为建房，请姨父王××帮我开山打石作房基用。在开山过程中，我与邻村青年赵××发生口角，姨父帮我辩理，我也趁势夺过赵××手中所持猎枪向远处一扔，不想刚好将装有弹药的猎枪撞响，子弹飞出打在我姨父头部，经紧急送往医院抢救，终因子弹穿过大脑，伤势严重，抢救无效，不幸身死。事后，检察院对我提起公诉，指控我在争斗中犯有过失杀人罪。××县人民法院也认定我犯有过失杀人罪，判刑8年。我在惊魂未定中未作上诉，现仍在押。经过这几天的反复思考，我认为，此事件我虽有一定责任，但我既非故意，也不属于过失，纯属不能预见的意外事件。因此，××县人民法院认定我犯有过失杀人罪与法不合。判刑8年，量刑过重；且对于我设法补偿姨父的不幸、设法照顾姨母及其子女极为不利。有鉴于此，特向贵院提出申诉，请对此案进行再审，秉公改判。

此致

××市中级人民法院

申诉人：李××

200×年×月×日

附：1. 申诉状副本1份；

2. ××县人民法院判决书1份。

【例文简析】

这份刑事申诉书首先陈述事实，然后阐述法理，最后谈及无法对逝者遗属补偿。在摆明事实时，把“过失杀人”和“不能预见的意外事件”加以区别，既有事理分析，又有法律依据，各项内容都写得简明扼要。

【思考与练习】

1. 何为刑事自诉状和刑事上诉状？其有何写作要求？

2. 申诉状在何种情况下使用？

诉讼文书单元综合练习

一、名词解释

诉讼文书　一审　二审　民事上诉状　刑事申诉状　行政起诉状　诉讼请求

二、下面是根据案情所写的一份起诉状，请运用所学知识来分析该起诉状，回答下面的问题

案情：

2009年1月21日，重庆市民李某来到一酒店就餐。由于酒店地面洒了些油水，在走近餐桌的过程中，李某不慎摔倒，造成左脚踝关节骨折，遂起纠纷。双方就赔偿事宜争执不清。李某遂起诉至法院。

起诉书

岳阳楼区人民法院：

我叫李××，今年40岁。今年1月21日，我应朋友之邀，到××大酒店去吃饭，结果因餐馆地面泼有许多油水，导致我上桌时摔了一跤，摔成骨折。而酒店方却拒绝赔偿我的医药费。我实在无法忍受，于是只好用打官司的方式来解决问题。请人民法院做主，判决××酒店赔偿我的全部医药费。

此致

敬礼

李××

1. 该诉状从格式上说，共有几处错误？（a. 首部1处　b. 首尾部2处　c. 首尾部和正文都有错误）
2. 首部错在何处？（a. 标题错误　b. 缺当事人基本情况　c. 前两项都有）
3. 正文部分有无问题？（a. 有　b. 无）
4. 尾部的错误有几处？（a. 1处　b. 2处　c. 3处）

三、根据下面的龙威贸易公司负责人口述材料，写一份起诉状

龙威贸易公司负责人口述材料：2009年3月5日，通过招标，我单位与华远公司签订了安装单位内部局域网的合同。所需电脑50台和1台服务器及安装网线、调试运行均由该公司负责，总计设备费58万元，工程费5万元，合计63万元。3月10日，华远公司安装，3月20日完工，4月1日公司付款。安装后，自4月中旬开始，设备就三天两头出问题，起初打电话，华远公司还来修理、调整，后来干脆不来，让我们自己解决。合同上说“设备硬件保修一年，在一年内无偿更换”，可他们根本不履行。我们找了几个电脑专业人员，大家都认为是元件质量太差，所以，我们要求退货，但该公司不肯。我们觉得损失太大，故而要起诉它，不但要退货，还得赔偿我们损失。

四、模拟法庭

1. 消费者刘某到××商场购物。当她顺着柜台看商品时，跌入了商场地下室内摔伤。到医院检查，诊断为“左肩关节脱位，合并大结节断脱骨折，肱骨大结节撕脱骨折，左臂广泛性神经损伤，双腿多处外伤”。刘某找到该商场，要求商场承担责任，赔偿损失。而商场只表示同情，拒绝承担赔偿。双方协商不成，刘某遂向所在的人民法院起诉，要求维护其合法权益。

2. 2009年12月25日上午8时许，张三来到海淀图书城南口“麦当劳”用早餐。排队时由于人多，张三被后面的人拥挤，踩了李四的脚，李四口出污言秽语，肆意辱骂张三。双方争执中，张三的一句“你们民工就是这么没教养”激怒了李四，李四当场撕扯张三的衣服至内衣破裂，并骂出一些不堪入耳的话，后在“麦当劳”员工王五和围观群众赵六的劝阻下，双方才罢休。

后张三将李四诉至海淀区人民法院。

根据上述案情，由学生分别担任审判长（1人）、审判员（2或4人）、书记员、原告、被告、原告律师、被告律师等角色，模拟法庭审案。

附录

国家行政机关公文处理办法

（二〇〇〇年八月二十四日发布）

第一章　总　则

第一条　为使国家行政机关（以下简称行政机关）的公文处理工作规范化、制度化、科学化，制定本办法。

第二条　行政机关的公文（包括电报，下同），是行政机关在行政管理过程中形成的具有法定效力和规范体式的文书，是依法行政和进行公务活动的重要工具。

第三条　公文处理指公文的办理、管理、整理（立卷）、归档等一系列相互关联、衔接有序的工作。

第四条　公文处理应当坚持实事求是、精简、高效的原则，做到及时、准确、安全。

第五条　公文处理必须严格执行国家保密法律、法规和其他有关规定，确保国家秘密的安全。

第六条　各级行政机关的负责人应当高度重视公文处理工作，模范遵守本办法并加强对本机关公文处理工作的领导和检查。

第七条　各级行政机关的办公厅（室）是公文处理的管理机构，主管本机关的公文处理工作并指导下级机关的公文处理工作。

第八条　各级行政机关的办公厅（室）应当设立文秘部门或者配备专职人员负责公文处理工作。

第二章　公文种类

第九条　行政机关的公文种类主要有：

（一）命令（令）

适用于依照有关法律公布行政法规和规章；宣布施行重大强制性行政措施；嘉奖有关单位及人员。

（二）决定

适用于对重要事项或者重大行动做出安排，奖惩有关单位及人员，变更或者撤销下级机关不适当的决定事项。

（三）公告

适用于向国内外宣布重要事项或者法定事项。

（四）通告

适用于公布社会各有关方面应当遵守或者周知的事项。

（五）通知

适用于批转下级机关的公文，转发上级机关和不相隶属机关的公文，传达要求下级机关办理和需要有关单位周知或者执行的事项，任免人员。

（六）通报

适用于表彰先进，批评错误，传达重要精神或者情况。

（七）议案

适用于各级人民政府按照法律程序向同级人民代表大会或人民代表大会常务委员会提请审议事项。

（八）报告

适用于向上级机关汇报工作，反映情况，答复上级机关的询问。

（九）请示

适用于向上级机关请求指示、批准。

(十)批复

适用于答复下级机关的请示事项。

(十一)意见

适用于对重要问题提出见解和处理办法。

(十二)函

适用于不相隶属机关之间商洽工作,询问和答复问题,请求批准和答复审批事项。

(十三)会议纪要

适用于记载、传达会议情况和议定事项。

第三章 公文格式

第十条 公文一般由秘密等级和保密期限、紧急程度、发文机关标识、发文字号、签发人、标题、主送机关、正文、附件说明、成文日期、印章、附注、附件、主题词、抄送机关、印发机关和印发日期等部分组成。

(一)涉及国家秘密的公文应当标明密级和保密期限,其中,“绝密”、“机密”级公文还应当标明份数序号。

(二)紧急公文应当根据紧急程度分别标明“特急”、“急件”。其中电报应当分别标明“特提”、“特急”、“加急”、“平急”。

(三)发文机关标识应当使用发文机关全称或者规范化简称;联合行文,主办机关排列在前。

(四)发文字号应当包括机关代字、年份、序号。联合行文,只标明主办机关发文字号。

(五)上行文应当注明签发人、会签人姓名。其中,“请示”应当在附注处注明联系人的姓名和电话。

(六)公文标题应当准确简要地概括公文的主要内容并标明公文种类,一般应当标明发文机关。公文标题中除法规、规章名称加书名号外,一般不用标点符号。

(七)主送机关指公文的主要受理机关,应当使用全称或者规范化简称、统称。

(八)公文如有附件,应当注明附件顺序和名称。

(九)公文除“会议纪要”和以电报形式发出的以外,应当加盖印章。联合上报的公文,由主办机关加盖印章;联合下发的公文,发文机关都应当加盖印章。

(十)成文日期以负责人签发的日期为准,联合行文以最后签发机关负责人签发日期为准。电报以发出日期为准。

(十一)公文如有附注(需要说明的其他事项),应当加括号标注。

(十二)公文应当标注主题词。上行文按照上级机关的要求标注主题词。

(十三)抄送机关指除主送机关外需要执行或知晓公文的其他机关,应当使用全称或者规范化简称、统称。

(十四)文字从左至右横写、横排。在民族自治地方,可以并用汉字和通用的少数民族文字(按其习惯书写、排版)。

第十一条 公文中各组成部分的标识规则,参照《国家行政机关公文格式》国家标准执行。

第十二条 公文用纸一般采用国际标准A4型(210mm×297mm),左侧装订。张贴的公文用纸大小,根据实际需要确定。

第四章 行文规则

第十三条 行文应当确有必要,注重效用。

第十四条 行文关系根据隶属关系和职权范围确定,一般不得越级请示和报告。

第十五条 政府各部门依据部门职权可以相互行文和向下一级政府的相关业务部门行文;除以函的形式商洽工作、询问和答复问题、审批事项外,一般不得向下一级政府正式行文。

部门内设机构除办公厅(室)外不得对外正式行文。

第十六条 同级政府、同级政府各部门、上级政府部门与下一级政府可以联合行文;政府与同级党委和军队机关可以联合行文;政府部门与相应的党组织和军队机关可以联合行文;政府部门与同级人民团体和具有行政职能的事业单位也可以联合行文。

第十七条　属于部门职权范围内的事务，应当由部门自行行文或联合行文。联合行文应当明确主办部门。须经政府审批的事项，经政府同意也可以由部门行文，文中应当注明经政府同意。

第十八条　属于主管部门职权范围内的具体问题，应当直接报送主管部门处理。

第十九条　部门之间对有关问题未经协商一致，不得各自向下行文。如擅自行文，上级机关应当责令纠正或撤销。

第二十条　向下级机关或者本系统的重要行文，应当同时抄送直接上级机关。

第二十一条　"请示"应当一文一事；一般只写一个主送机关，需要同时送其他机关的，应当用抄送形式，但不得抄送其下级机关。

"报告"不得夹带请示事项。

第二十二条　除上级机关负责人直接交办的事项外，不得以机关名义向上级机关负责人报送"请示"、"意见"和"报告"。

第二十三条　受双重领导的机关向上级机关行文，应当写明主送机关和抄送机关。上级机关向受双重领导的下级机关行文，必要时应当抄送其另一上级机关。

第五章　发文办理

第二十四条　发文办理指以本机关名义制发公文的过程，包括草拟、审核、签发、复核、缮印、用印、登记、分发等过程。

第二十五条　草拟公文应当做到：

(一)符合国家法律、法规及其他有关规定。如提出新的政策、规定等，要切实可行并加以说明。

(二)情况确实，观点明确，表述准确，结构严谨，条理清楚，直述不曲，字词规范，标点正确，篇幅力求简短。

(三)公文的文种应当根据行文的目的、发文机关的职权和与主送机关的行文关系确定。

(四)拟制紧急公文，应当体现紧急的原因，并根据实际需要确定紧急程度。

(五)人名、地名、数字、引文准确。引用公文应当先引标题，后引发文字号。引用外文应当注明中文含义。日期应当写明具体的年、月、日。

(六)结构层次序数，第一层为"一"，第二层为"(一)"，第三层为"1."，第四层为"(1)"。

(七)应当使用国家法定计量单位。

(八)文内使用非规范化简称，应当先用全称并注明简称。使用国际组织外文名称或其缩写形式，应当在第一次出现时注明准确的中文译名。

(九)公文中的数字，除成文日期、部分结构层次序数和在词、词组、惯用语、缩略语、具有修辞色彩语句中作为词素的数字必须使用汉字外，应当使用阿拉伯数字。

第二十六条　拟制公文，对涉及其他部门职权范围内的事项，主办部门应当主动与有关部门协商，取得一致意见后方可行文；如有分歧，主办部门的主要负责人应当出面协调，仍不能取得一致时，主办部门可以列明各方理据，提出建设性意见，并与有关部门会签后报请上级机关协调或裁定。

第二十七条　公文送负责人签发前，应当由办公厅(室)进行审核。审核的重点是：是否确需行文，行文方式是否妥当，是否符合行文规则和拟制公文的有关要求，公文格式是否符合本办法的规定等。

第二十八条　以本机关名义制发的上行文，由主要负责人或者主持工作的负责人签发；以本机关名义制发的下行文或平行文，由主要负责人或者由主要负责人授权的其他负责人签发。

第二十九条　公文正式印制前，文秘部门应当进行复核，重点是：审批、签发手续是否完备，附件材料是否齐全，格式是否统一、规范等。

经复核需要对文稿进行实质性修改的，应按程序复审。

第六章　收文办理

第三十条　收文办理指对收到公文的办理过程，包括签收、登记、审核、拟办、批办、承办、催办等程序。

第三十一条　收到下级机关上报的需要办理的公文，文秘部门应当进行审核。审核的重点是：是否应由本机关办理；是否符合行文规则；内容是否符合国家法律、法规及其他有关规定；涉及其他部门或地区职权的事项是否已协商、会签；文种使用、公文格式是否规范。

第三十二条　经审核，对符合本办法规定的公文，文秘部门应当及时提出拟办意见送负责人批示或者交有关部门办理，需要两个以上部门办理的应当明确主办部门。紧急公文，应当明确办理时限。对不符合本办法规定的公文，经办公厅（室）负责人批准后，可以退回呈报单位并说明理由。

第三十三条　承办部门收到交办的公文后应当及时办理，不得延误、推诿。紧急公文应当按时限要求办理，确有困难的，应当及时予以说明。对不属于本单位职权范围或者不宜由本单位办理的，应当及时退回交办的文秘部门并说明理由。

第三十四条　收到上级机关下发或交办的公文，由文秘部门提出拟办意见，送负责人批示后办理。

第三十五条　公文办理中遇有涉及其他部门职权的事项，主办部门应当主动与有关部门协商；如有分歧，主办部门主要负责人要出面协调，如仍不能取得一致，可以报请上级机关协调或裁定。

第三十六条　审批公文时，对有具体请示事项的，主批人应当明确签署意见、姓名和审批日期，其他审批人圈阅视为同意。没有请示事项的，圈阅表示已阅知。

第三十七条　送负责人批示或者交有关部门办理的公文，文秘部门要负责催办，做到紧急公文跟踪催办，重要公文重点催办，一般公文定期催办。

第七章　公文归档

第三十八条　公文办理完毕后，应当根据《中华人民共和国档案法》和其他有关规定，及时整理（立卷）、归档。

个人不得保存应当归档的公文。

第三十九条　归档范围内的公文，应当根据其相互联系、特征和保存价值等整理（立卷），要保证归档公文齐全、完整，能正确反映本机关的主要工作情况，便于保管和利用。

第四十条　联合办理的公文，原件由主办机关整理（立卷）、归档，其他机关保存复制或其他形式的公文副本。

第四十一条　本机关负责人兼任其他机关职务，在履行所兼职务职责过程中形成的公文，由其兼职机关整理（立卷）、归档。

第四十二条　归档范围内的公文应当确定保管期限，按照有关规定定期向档案部门移交。

第四十三条　拟制、修改和签批公文，书写及所用纸张和字迹材料必须符合存档要求。

第八章　公文管理

第四十四条　公文由文秘部门或专职人员统一收发、审核、用印、归档和销毁。

第四十五条　文秘部门应当建立健全本机关公文处理的有关制度。

第四十六条　上级机关的公文，除绝密级和注明不准翻印的以外，经下一级机关负责人或者办公厅（室）主任批准，可以翻印。翻印时，应当注明翻印的机关、日期、份数和印发范围。

第四十七条　公开发布行政机关公文，必须经发布机关批准。经批准公开发布的公文，同发文机关正式印发的公文具有同等效力。

第四十八条　公文复印件作为正式公文使用时，应当加盖复印机关证明章。

第四十九条　公文被撤销，视作自始不产生效力；公文被废止，视作自废止之日起不产生效力。

第五十条　不具备归档和存查价值的公文，经过鉴别并经办公厅（室）负责人批准，可以销毁。

第五十一条　销毁秘密公文应当指定场所由二人以上监销，保证不丢失、不漏销。其中，销毁绝密公文

(含密码电报)应当进行登记。

第五十二条 机关合并时,全部公文应当随之合并管理。机关撤销时,需要归档的公文整理(立卷)后按有关规定移交档案部门。

工作人员调离岗位时,应当将本人暂存、借用的公文按照有关规定移交、清退。

第五十三条 密码电报的使用和管理,按照有关规定执行。

第九章 附 则

第五十四条 行政法规、规章方面的公文,依照有关规定处理。外事方面的公文,按照外交部的有关规定处理。

第五十五条 公文处理中涉及电子文件的有关规定另行制定。统一规定发布之前,各级行政机关可以制定本机关或者本地区、本系统的试行规定。

第五十六条 各级行政机关的办公厅(室)对上级机关和本机关下发公文的贯彻落实情况应当进行督促检查并建立督查制度。有关规定另行制定。

第五十七条 本办法自 2001 年 1 月 1 日起施行。1993 年 11 月 21 日国务院办公厅发布、1994 年 1 月 1 日起施行的《国家行政机关公文处理办法》同时废止。

主要参考文献

[1] 杨元华.秘书写作[M].上海:复旦大学出版社,2004.
[2] 张灿贤,徐文明.新编写作教程[M].北京:北京大学出版社,2005.
[3] 张国俊.新编应用文写作大全[M].西安:陕西人民出版社,1997.
[4] 王凤仙.现代应用文写作[M].青岛:中国海洋大学出版社,2003.
[5] 江少川.新编大学实用写作[M].北京:北京大学出版社,2002.
[6] 程学兰.大学实用写作[M].武汉:武汉大学出版社,2002.
[7] 洪威雷.应用文写作学新论[M].武汉:武汉大学出版社,2001.
[8] 曾国全.应用写作[M].成都:巴蜀书社,2003.
[9] 陈子典.应用写作大要[M].广州:广东高等教育出版社,1996.
[10] 张德实.应用写作[M].北京:高等教育出版社,2003.
[11] 吴明芳,李保初.应用写作技巧[M].北京:华文出版社,2006.
[12] 陈功伟.最新公文写作[M].广州:广东人民出版社,2001.
[13] 科技日报.
[14] 京华日报.
[15] 广州日报.
[16] 中国政府网.
[17] 应用文写作(yyw.com.cn).
[18] 中国教育信息网.
[19] 中国招投标网.
[20] 新华网(www.xinhuanet.com).
[21] 成功演讲网(www.yanjiang888.com).
[22] 中国经济信息网.
[23] 中国高职高专教育网.
[24] 中国法制网.
[25] 中商情报网.
[26] 卫生部政务网.
[27] 人民网.
[28] 中国广播网.